21世纪网络与新媒体专业系列教材

新媒体传播伦理与法规

徐敬宏　侯彤童　胡世明◎编著

清华大学出版社
北京

内 容 简 介

媒介伦理是由新闻实践的本质、目标所决定的内在要求,是指导新闻从业者行为的道德原则和行为准则,与媒体相关的法规则是为了维护社会秩序而制定的一套强制性的规则体系。伦理与法规二者既有联系又有区别,相辅相成。在数字化、智能化时代下,媒体形态、媒体环境更加复杂,媒体传播伦理和法规也要与时俱进。

本书立足于最新媒体环境,将理论和案例相结合,在编写过程中秉持了以下原则,这些原则构成了本书的特色。第一,生动通俗。本书以简练的文字、丰富的案例来解释、说明新媒体传播伦理与法规所涉及的众多概念,帮助读者理解其含义。第二,目标导向。本书的呈现次序是由简至繁,循序渐进,便于读者进行系统的学习。第三,内容实用。本书针对新媒体传播过程中出现的伦理失范相关问题进行了深入剖析,引发读者深入思考,帮助读者更好地理解传播伦理与法规的现状。

本书适用于高等院校新闻传播学相关专业的学生,对从事网络与新媒体相关专业的人员也有较高的参考价值。

本书封面贴有清华大学出版社防伪标签,无标签者不得销售。
版权所有,侵权必究。举报: 010-62782989, beiqinquan@tup.tsinghua.edu.cn。

图书在版编目(CIP)数据

新媒体传播伦理与法规 / 徐敬宏,侯彤童,胡世明编著. —北京: 清华大学出版社,2023.1
(2025.1重印)
21世纪网络与新媒体专业系列教材
ISBN 978-7-302-62445-5

Ⅰ. ①新… Ⅱ. ①徐… ②侯… ③胡… Ⅲ. ①传播媒介—伦理学—中国—教材 ②传播媒介—法律—中国—教材 Ⅳ. ①B82-052 ②D922.84

中国国家版本馆CIP数据核字(2023)第016843号

责任编辑: 邓 婷
封面设计: 刘 超
版式设计: 文森时代
责任校对: 马军令
责任印制: 宋 林

出版发行: 清华大学出版社
网　　址: https://www.tup.com.cn, https://www.wqxuetang.com
地　　址: 北京清华大学学研大厦A座　　邮　编: 100084
社 总 机: 010-83470000　　邮　购: 010-62786544
投稿与读者服务: 010-62776969, c-service@tup.tsinghua.edu.cn
质量反馈: 010-62772015, zhiliang@tup.tsinghua.edu.cn
印 装 者: 小森印刷霸州有限公司
经　　销: 全国新华书店
开　　本: 185mm×260mm　　印　张: 16.25　　字　数: 385千字
版　　次: 2023年2月第1版　　印　次: 2025年1月第4次印刷
定　　价: 66.00元

产品编号: 086977-01

序言 Preface

媒体不仅是人民群众知晓新闻、获取信息的主要途径，还是维护秩序、教化宣达、传承文化的重要工具，媒体的使用与表达应以维护公众权益、社会整体利益和国家利益为准则。

随着 5G 与人工智能时代的到来，媒体环境正在经历颠覆性的改变。海量内容、个性化信息服务极大满足了民众的信息需求，同时，新技术、新主体和新实践带来了诸多伦理与法律问题，新闻伦理的规制客体范围扩大，部分媒体充斥的正确价值导向缺失、缺乏事实核查机制、内容剽窃、侵权洗稿、散布虚假信息等行为不断冲击着各类媒体所应当坚守的伦理准则。在此背景下，新媒体传播伦理与法规显得更为重要，需要我们深入研讨，促进共识，重塑规范。

本书是在广泛借鉴国内外相关教材与学术文献的基础上，结合丰富的媒体发展和新闻生产实践案例形成的创新成果，内容涵盖新媒体伦理冲突与治理、新媒体行业自律规范、新媒体传播相关法规在内的广泛主题，并就相关定义、术语、政策及案例给出了最新的观点，探究了专业的新闻组织与生产者、自媒体从业人员、互联网平台需要遵循的新闻传播伦理准则和法律规制。此外，在每章末尾设置了思考题和实践任务供读者研究探讨。

最后，特别感谢邓雨欣、沈晓霞、杨波、袁宇航、张如坤、张世文、张学友等人在本书编写和校对过程中所提供的帮助。

编　者
2022 年 9 月

目录 Contents

第一章 新媒体概论 ... 1

第一节 新媒体概述 ... 2
一、理解新媒体 ... 2
二、新媒体的定义及分类 ... 2

第二节 新媒体的特征 ... 5
一、新媒体的媒介特征 ... 5
二、新媒体的技术特征 ... 5
三、新媒体的时空特征 ... 6

第三节 新媒体与传统媒体 ... 7
一、传统媒体的新形态 ... 7
二、新媒体与传统媒体的相互融合 ... 8
三、媒介融合 ... 9

思考题 ... 10
实践任务 ... 10

第二章 新媒体的传播 ... 11

第一节 新媒体的传播模式 ... 11
一、传播的基本模式 ... 12
二、新媒体的新传播模式 ... 13

第二节 新媒体的传播要素与传播属性 ... 14
一、新媒体的传播要素 ... 14
二、新媒体的传播属性 ... 16

第三节 新技术下新媒体传播的发展趋势 ... 17
一、5G 技术 ... 17
二、云计算 ... 17
三、物联网技术 ... 17
四、算法与大数据 ... 18
五、人工智能 ... 18
六、区块链 ... 19
七、虚拟现实技术 ... 19

思考题 20
　　实践任务 20

第三章　传播伦理概论 21
第一节　传播伦理的概念 21
　　一、伦理与道德 22
　　二、传播伦理 24
第二节　传播伦理的意义 26
　　一、传播伦理的理论和现实意义 26
　　二、传播伦理的合理性与必要性 27
　　三、对建设新时期传播伦理的呼吁 29
第三节　传播伦理的发展与现状 30
　　一、新闻伦理的发展与现状 30
　　二、大众传媒伦理的发展与现状 32
　　思考题 33
　　实践任务 33

第四章　新媒体传播伦理 34
第一节　新媒体传播伦理概述 34
　　一、新媒体传播涉及的伦理关系 35
　　二、新媒体传播产生的伦理变化 36
第二节　新媒体传播伦理的主要内容 39
　　一、新媒体传播伦理的三个方面 39
　　二、新媒体传播中存在的伦理问题 40
第三节　新媒体传播伦理的影响 47
　　一、新媒体伦理的理论影响 47
　　二、对新媒体传播提出的伦理要求 48
　　三、新媒体传播伦理的监管体系 51
　　思考题 52
　　实践任务 53

第五章　新媒体传播的伦理冲突与治理 54
第一节　新媒体伦理冲突的表现 54
　　一、数字技术下的真实与客观 55

二、经济驱动下的责任与公正 ... 56
　　三、公共利益下的个体权益 ... 57
　　四、流量追求与法制缺失 ... 57
　第二节　新媒体伦理失范案例分析 ... 58
　　一、传播主体的寻租腐败 ... 58
　　二、媒体信息的失实发布 ... 61
　　三、媒体逼视的隐私侵犯 ... 62
　　四、悲剧灾难的残酷呈现 ... 64
　第三节　新媒体伦理建设的挑战与新媒体伦理的构建 ... 67
　　一、新媒体伦理建设的挑战 ... 68
　　二、新媒体伦理的有效构建 ... 69
　思考题 ... 71
　实践任务 ... 72

第六章　新媒体伦理的自律规范 ... 73

　第一节　互联网行业的自律规范 ... 73
　　一、互联网行业协会的自律规范 ... 74
　　二、互联网行业自律规范的效力来源 ... 75
　第二节　网络社区的自律规范 ... 79
　　一、网络社区平台的传播特点 ... 79
　　二、网络社区平台的伦理困境 ... 79
　　三、网络社区平台的自律规范 ... 80
　第三节　新媒体伦理自律规范相关案例分析 ... 81
　　一、灾难事件：以马航 MH370 事件为例 ... 81
　　二、公益新闻：以"罗一笑"事件为例 ... 85
　　三、社会新闻：以《春节纪事：一个病情加重的东北村庄》为例 ... 87
　思考题 ... 90
　实践任务 ... 90

第七章　新媒体传播法规 ... 91

　第一节　传播法规的概念及意义 ... 91
　　一、法的概念及特征 ... 91
　　二、传播法规的意义 ... 94
　第二节　我国传播法规的体系构成 ... 97
　　一、宪法 ... 97

  二、法律 98
  三、行政法规 98
  四、行政规章 98
  五、法律解释 99
  六、国际公约 99
 第三节 新闻传播法的概念及内容 99
  一、新闻传播法的概念与属性 99
  二、新闻传播法涉及的内容 100
  三、新时代新闻传播法规建设 106
 思考题 109
 实践任务 109

第八章 新媒体传播的表达自由与规制 110

 第一节 表达自由的概念界定 110
  一、表达自由、言论自由与新闻自由 110
  二、表达自由的历史发展 112
  三、表达自由的价值表现 114
  四、新媒体环境中的表达自由及其特点 117
 第二节 表达自由的法律保障与限制 119
  一、表达自由的法律保障 119
  二、表达自由的法律限制 119
  三、保障与限制表达自由的法治原则 121
  四、新媒体环境中对表达自由的法律保障与限制 124
 第三节 表达自由的相关案例分析 128
  一、美国焚烧国旗案 128
  二、韩国：从《国家安全法》到《电信商务法》 131
 思考题 133
 实践任务 133

第九章 新媒体传播与虚假信息及其治理 134

 第一节 新闻的真实性 134
  一、新闻真实性的定义及特点 135
  二、不同媒介形态的新闻真实 138
 第二节 虚假新闻的内涵和表现形式 142
  一、虚假新闻的内涵 142

二、虚假新闻的表现形式 144
　第三节　新媒体虚假信息的法律规制及治理 146
　　一、健全法律法规 146
　　二、加强行业自律 147
　第四节　新媒体虚假信息的案例分析 151
　思考题 157
　实践任务 157

第十章　新媒体传播与国家安全及其治理 158
　第一节　新媒体传播与国家安全 158
　第二节　与国家安全相关的法律规制 161
　　一、煽动 161
　　二、泄密 165
　　三、冒犯国家信息主权 170
　第三节　与国家安全相关的案例分析——"棱镜门"案件介绍及评析 ... 175
　　一、案件介绍 175
　　二、案件评析 176
　思考题 179
　实践任务 179

第十一章　新媒体传播与淫秽、色情信息及其治理 180
　第一节　新媒体时代下的淫秽、色情信息问题 180
　　一、淫秽、色情信息的概念界定 180
　　二、新媒体下淫秽、色情信息的表现形式 182
　　三、新媒体下淫秽、色情信息的传播特点 184
　第二节　与淫秽、色情信息有关的法律规制及治理 186
　　一、我国与淫秽、色情信息有关的法律法规 186
　　二、网络淫秽、色情信息传播的治理现状及问题 189
　　三、治理网络淫秽、色情信息传播的对策建议 192
　思考题 195
　实践任务 195

第十二章　新媒体传播与侵权问题及其治理 196
　第一节　侵犯名誉权 196
　　一、名誉及名誉权的概念 197

二、新闻侵害公民名誉权的构成要件 ... 197
第二节　侵犯隐私权 ... 198
　　一、隐私及隐私权的概念 ... 198
　　二、我国法律对隐私权的保护 ... 200
　　三、新闻作品侵犯隐私权的方式 ... 201
　　四、新闻作品侵犯隐私权的排除 ... 202
第三节　侵犯公民个人信息 ... 203
　　一、公民个人信息的含义 ... 203
　　二、"非法提供"与"人肉搜索" ... 204
　　三、非法提供公民信息的界限问题 ... 205
　　四、我国个人信息保护的立法缺陷及完善建议 ... 206
第四节　新媒体传播与公民权利相关的法律规制及治理 ... 209
　　一、新闻传播侵权法 ... 209
　　二、中国新闻传播侵权法的渊源 ... 209
　　三、新闻传播侵权行为的构成要件 ... 211
第五节　新媒体侵权案例分析 ... 212
　　一、韩某等侵犯公民个人信息案 ... 212
　　二、范冰冰名誉权纠纷案 ... 213
　　三、庞理鹏诉东航案 ... 214
思考题 ... 216
实践任务 ... 216

第十三章　新媒体传播与著作权问题 ... 217

第一节　著作权概述 ... 217
　　一、著作权的概念 ... 217
　　二、著作权的客体 ... 218
　　三、著作权的主体 ... 219
　　四、新媒体服务提供者的网络信息传播权 ... 220
第二节　与著作权相关的法律规制 ... 222
　　一、著作权法的制定与修订 ... 222
　　二、著作权的归责原则 ... 223
　　三、解决著作权纠纷的途径 ... 226
　　四、侵犯著作权的法律责任 ... 227
第三节　新媒体传播侵犯著作权的案例分析 ... 228
　　一、新媒体环境下侵权主体范围不断扩大 ... 228

二、新媒体环境下侵犯著作权的手段更为隐蔽 228
　　三、新媒体环境下的侵权纠纷审理较为困难 229
　思考题 237
　实践任务 237

参考文献 **238**
　一、中文图书 238
　二、中文期刊、报纸和论文 242
　三、英文文献 247

第一章

新媒体概论

> **学习提示**
>
> "新媒体"一词产生于20世纪中后期。1967年,美国哥伦比亚广播电视网(CBS)技术研究所所长P.高尔德马克(P. Goldmark)发表了一份关于开发电子录像(EVR)商品的计划书,计划书中,他将"电子录像"称作"new media"(新媒体),"新媒体"这个概念由此诞生。[1]1969年,美国总统传播政策特别委员会主席罗斯托(E. Rostow)向尼克松总统提交的报告书中也多处使用"新媒体"(new media)一词[2],新媒体这一概念由此广为传播。利用数字技术,通过计算机网络、无线通信网、卫星等渠道,以及电脑、手机或移动设备等终端,新媒体得以向用户提供信息和服务。本章通过"新媒体概述""新媒体的特征"和"新媒体与传统媒体"三个小节,结合具体案例,对新媒体的特征和形式进行了剖析。

新媒体是一个相对宽泛的概念,目前学界对它并没有形成一个准确的定义,比如互联网媒体、数字电视、移动电视、手机媒体都属于新媒体。目前,我们所理解的新媒体就是建立在数字技术和网络技术等信息技术基础之上的各种媒体形式。相比于时间与空间上受限的传统媒体,新媒体往往能够实现跨时空的信息传递,因此,新媒体在技术、产品、服务等方面更具创新的可能,这也使得新媒体的概念不断延伸。

---

[1] 潘瑞芳,谢文睿,钟祥铭. 新媒体新说[M]. 北京:中国广播电视出版社,2014:3.
[2] 马为公,罗青. 新媒体传播[M]. 北京:中国传媒大学出版社,2011:7.

第一节 新媒体概述

一、理解新媒体

新媒体有广义和狭义之分。狭义的新媒体是指在大众传播领域,以数字化网络传播技术为基础,能够实现交互式传播的信息载体。广义的新媒体是指以数字技术、通信网技术、互联网技术和移动传播技术为基础,为用户提供资讯、内容和服务的新兴媒体,它们的共同特点是融合了多种传播技术,使传播可以在更多元的方式下实现。[①]

我们可以从不同的视角出发来理解新媒体的概念。从时间的视角看,与传统媒体相对的就是新媒体,新媒体往往兼具多种媒体的特征与特长。从技术的视角看,凡是基于数字技术应用于传媒领域而产生的新媒体形态,即为新媒体。从功能的视角看,新媒体是在互联基础上实现多对多或点对点传播,具有与用户互动等交互功能的媒体形式。从规模的视角看,媒体泛指从事大众传播的机构,因此,当新的传播形态达到大众传播的规模,即为新媒体。[②]

我们还可以从时间、空间和技术三个维度来认识新媒体。从时间维度看,纵观媒介发展史,每一次媒介技术的变革都会出现所谓的"新媒体",新媒体是相对旧媒体而言的,并非特指某种媒体,特别是计算机网络技术高速发展的知识经济时代,各类新媒体层出不穷,新媒体的外延在不断地扩展。从空间维度来看,新媒体提供的服务可以突破空间的限制,新媒体利用连接全球终端的互联网和通信卫星打破了地理区域的限制,只要有信息接收终端,在地球的任何角落都可以收到由新媒体传播的信息。例如,各种形式的视频对话、视频会议等,传播者和接收者之间能够实现共时异地的信息交流,参与个体在信息交流过程中均拥有控制权。从技术维度来看,数字技术是信息社会的基础技术,也是新媒体的核心技术。[③]利用更新迭代的计算机数字技术,新媒体能够通过互联网等渠道,以计算机、手机等终端,表达、传播、处理和存储所有的信息,向用户提供信息和娱乐服务。

二、新媒体的定义及分类

(一)新媒体的定义

"新媒体"是一个难以界定的概念,它的内涵和外延随着媒介技术的革新不断发生着变化。从不同的角度、根据不同的标准,人们能够看到新媒体的不同表现和特点。目前,给新媒体所下定义比较有影响力的观点主要包括以下几种。

联合国教科文组织对新媒体的定义为:"以数字技术为基础,以网络为载体进行信息

[①] 马为公,罗青. 新媒体传播[M]. 北京:中国传媒大学出版社,2011:8-10.
[②] 黄传武. 新媒体概论[M]. 北京:中国传媒大学出版社,2013:2.
[③] 潘瑞芳,谢文睿,钟祥铭. 新媒体新说[M]. 北京:中国广播电视出版社,2014:6-8.

传播的媒介。"①

美国《连线》杂志社认为,"新媒体是所有人对所有人的传播。"②

熊澄宇教授认为,"新媒体是个相对的概念。今天的新媒体主要指:在计算机信息处理技术基础上产生和影响媒体形态,包括在线的网络媒体和离线的其他数字媒体形式。"③

美国新媒体研究专家、资深媒体分析师凡·克劳思贝(Vin Crosbie)基于麦克卢汉的"媒介是人的延伸"的观点认为新媒体是"能对大众提供个性化内容的媒体,它使信息的传播者和接收者融会成对等的交流者,无数的交流者相互间可以同时进行个性化交流。"他还指出了新媒体的传播模式——既包括人际媒体的"一对一"和大众媒体的"一对多"的传播模式,还包括特质层面上的"多对多"的模式。④

(二)新媒体的分类

根据媒体表现形式不同,新媒体可以分为互联网媒体、电视媒体和手机媒体三类。

1. 互联网媒体

互联网媒体是以计算机互联网为基本传播载体的媒体形式。从目前的互联网媒体形态来看,互联网媒体主要表现为以下几种形式。

(1)博客。博客,又称网络日志、部落格或部落阁等,通常是指由个人管理、不定期张贴新的文章的网站。博客上的文章通常根据张贴时间,以倒序方式由新到旧排列。一个典型的博客是结合了文字、图像、其他博客或网站链接的新媒体形式。博客的即时性、自主性、开放性和互动性为人们提供了一定程度的话语自由,这种自由颠覆了传统媒体"把关人"的概念。从博客的传播模式来看,博客突破传统网络传播的界限和限制,实现了个人性和公共性的结合。

(2)虚拟社区(社交网络)。虚拟社区是网络空间中重要的集体交友方式与渠道,主要代表有Facebook、BBS等。近年来,虚拟社区得到了快速的发展,其中最有名的要数社交网络。社交网络即社交网络服务,源自英文SNS(social network service),中文直译为"社会性网络服务"或"社会化网络服务",意译为社交网络服务。社交网络包括硬件、软件、服务及应用。由于四字构成的词组更符合中国人的构词习惯,因此人们习惯上用"社交网络"来代指SNS。社交网络的典型代表有:人人网、开心网、天涯社区、虎扑。

(3)即时通信。即时通信(instant messenger,IM)是指能够即时发送和接收互联网信息的业务。随着移动互联网的发展,互联网即时通信也在向移动化扩张。目前,微软、AOL、Yahoo等即时通信提供商都提供通过手机接入互联网进行即时通信的业务,用户可以通过手机与其他已经安装了相应客户端的手机或电脑收发信息。国内最典型的是以微信、QQ为代表的即时通信工具。如今,即时通信不再是单纯的聊天工具,它已经发展成集交流、资讯、娱乐、搜索、电子商务、办公协作和企业客户服务等为一体的综合化信息平台。

微信(WeChat)是腾讯公司于2011年1月21日推出的一个为智能终端提供即时通信

---

① 匡文波. 关于新媒体核心概念的厘清[J]. 新闻爱好者,2012(19):32-34.
② 杨琳桦. 科技是第七种生命形态[N]. 21世纪经济报道,2010-11-29(13).
③ 熊澄宇. 中国媒体走向跨界融合[N]. 北京青年报,2003-08-18.
④ 张基温,张展赫. 新媒体导论[M]. 北京:清华大学出版社,2017:76.

服务的免费应用程序。微信支持跨通信运营商、跨操作系统平台，通过网络快速发送免费（需消耗少量网络流量）语音短信、视频、图片和文字。同时，微信提供公众平台、朋友圈、消息推送等功能，用户可以通过"摇一摇""搜索号码""附近的人"以及扫二维码方式添加好友和关注公众平台，同时还可以将看到的精彩内容分享给好友或分享到微信朋友圈。

（4）微博。微博，又称微博客（micro blog），是一个基于用户关系的信息分享、传播以及获取平台。用户可以通过Web、Wap以及各种客户端登录微博，以简短的文字或配图更新信息，实现即时共享。微博以半广播、半实时互动的模式创立了新的社交方式与信息发布方式，它的出现颠覆了传统信息分发模式和受众地位，使得每个参与者既是传播者也是受众，既是新闻发布者也是传播者。

2. 电视媒体

电视虽然是20世纪的产物，但是随着技术的进步，电视在新媒体时代也有着不同的使命和全新的发展，具体表现在以下两个方面。

（1）IPTV。IPTV（internet protocol television），即交互网络电视，一般是指通过互联网络，特别是宽带互联网络传播视频节目的服务形式。互动性是IPTV的重要特征之一。IPTV用户不再是被动的信息接收者，他可以根据需要有选择地收看节目内容。用户在家中可以通过计算机、网络机顶盒+普通电视机、移动终端（如iPad，iPhone等）三种方式使用IPTV。IPTV是集合了电视传输影视节目的传统优势和网络交互传播优势的新型电视媒体，它的发展给电视传播方式带来了革新。

（2）移动电视。从狭义上讲，移动电视是指在公共汽车等可移动物体内通过电视终端移动地收看电视节目的一种技术或应用。从广义上讲，移动电视指在手持设备上接收前面狭义所指的信号收看电视节目，或以移动网络观看即时类电视节目或其他影音产品。作为一种新兴媒体，移动电视的发展速度是人们始料未及的，它具有覆盖面广、反应迅速、移动性强等特点，除了传统媒体的宣传和教化功能外，还具备城市应急信息发布的功能。

3. 手机媒体

手机媒体是指以手机为视听终端的个性化信息传播载体，它是以分众为传播目标、以定向为传播效果、以互动为传播应用的大众传播媒介。作为继报刊、广播、电视、互联网之后的"第五媒体"，手机的基本特征是数字化，最大的优势是携带和使用方便。手机媒体作为网络媒体的延伸，具有网络媒体互动性强、信息获取快、传播快、更新快、跨地域传播等特性。手机媒体还具有高度的移动性与便携性。

此外，根据新媒体服务目的的不同，可以将新媒体分为信息提供类、商业交易类、广告宣传类和娱乐服务类四种类型。信息提供类主要是以传播新闻、股市等有价值的信息为目的的新媒体，如电子报纸、期刊、新闻、博客等。商业交易类主要是为商业客户提供虚拟的交易平台和服务的新媒体，如网上交易平台、网上银行等。广告宣传类主要是以广告和宣传为主要职能的新媒体，如电子广告牌、移动广告等。娱乐服务类新媒体则主要为消费者提供娱乐、休闲等方面的服务。这四类新媒体行业服务模式、生产程序、价值产生都存在显著的不同，采取这样的分类方式便于我们理解与新媒体相关的产业结构，以便针对不同的行业特点提出适合的发展对策。①

第二节　新媒体的特征

媒体对于技术的依赖与生俱来，如果没有造纸术和印刷术的进步，就不会有报纸的发展；如果没有无线电技术，就不会有广播；如果没有卫星传输技术和视频处理技术，就不会有电视；如果没有互联网技术，也就不会有网络和新媒体。从 Web 1.0 到 Web 3.0，网络技术和网络应用的发展，带来了信息传播途径及传播方式的革命性变化。新的媒介传播技术特征是新媒体最显著的特征。

一、新媒体的媒介特征

（一）数字化

数字化是人们对计算机及网络应用本质特征最集中的一种表述和归纳。2012 年 4 月 21 日，英国《经济学人》杂志以专题形式论述了当今全球范围内正在经历的第三次革命（the third industrial revolution），即数字化革命，具体表现为无论是图片、视频还是文字都可以用数字化的方式呈现在受众眼前。因此，新媒体在某种意义上可以说是"数字化媒体"。

（二）虚拟性

作为新媒体最重要的属性之一，虚拟性伴随着新媒体的成长不断拓展，并衍生出了虚拟人类、虚拟社区、虚拟商品等具有虚拟价值的新媒体产物。虚拟世界是人类对现实世界体验的再现与延伸。人们在网络虚拟空间获得了海量的真实信息，极大地丰富了人们对现实世界的理解，同时也对现实世界产生了巨大影响。②

（三）多模态

新媒体不仅支持用户传播文字、图片，还支持传播音频、视频等多媒体信息。多媒体信息形象生动、更易理解，可以使受众有一种临场感，获得视、听、触、嗅、动等多方位的体验与享受，最低限度地减少信息与受众之间的抵触性，使信息与人连接得更为紧密。同时，多媒体还具有鲜明的时代个性与广泛的应用性，适用于不同场所，可以产生更好的视觉效果，具有生动性和真实感，大大降低了信息传播的成本，又充分提高了传达率。③

二、新媒体的技术特征

（一）低损耗

大众媒体的信息在传输过程中经过了多次损耗，尤其是广播电视媒体的信息在传输环

---

① 马为公，罗青. 新媒体传播[M]. 北京：中国传媒大学出版社，2011：14.
② 刘雪梅，王泸生. 新媒体传播[M]. 广州：暨南大学出版社，2018：9.
③ 张基温，张展赫. 新媒体导论[M]. 北京：清华大学出版社，2017：78.

节的损耗最大。这里的损耗不仅包括信息传输过程中的物理性衰减，还包括对传播的信息内容所做的事实判断和价值判断的偏离，如编辑、审查等环节的影响。与传统媒体相比，新媒体在传播上的优势是信息在传递过程中几乎没有损耗，因为数字信号不容易被干扰或更改，只要基本的"0"和"1"模式仍然能被识别出来，原始信息的传送就能被还原。此外，新媒体在很大程度上消解了传统媒体的权威性，跳过了把关人环节，因此在信息传播过程中被人为干预或扭曲的可能性也大为降低。

（二）海量性

新技术的进步使得先进的传播手段和技术的获取门槛大大降低，每个人都可以成为传播者，将自己所想、所看、所经历的事，以特定的表达方式进行即时传播。无所不在的传播者、个性化的传播内容以及实时互动的传播方式，为信息量的海量增长提供了可能。新媒介的互动性、个性化、随意性、便捷性的技术特点，更是迎合了普通民众对信息通俗化、大众化的要求。

（三）低成本

尼古拉斯·尼葛洛庞帝认为，新的传播媒体带来的一个变化是新技术删减了媒体机构中的中间层面的组织，并且将大众传媒业重新精简为小型的作坊行业，并且生产一种媒体产品所需要的人力成本也大大缩减了。例如，在一台计算机上编辑发布资料，只要一个人就足够了。从传播成本上看，通过网络新媒体传送和收受信息的成本也日益走低。数字化信息在传递中几乎没有损耗并且可以重复利用，这样可以节省大量的资源，受众利用信息付出的成本也随之降低。[1]

三、新媒体的时空特征

（一）即时性

随着计算机网络技术的发展，新媒体可以让大众随时把自己的所见所闻、所思所想传播到网络中去。同时，大众可以决定接收信息的时间、内容、主题并且反馈得到的信息。传统媒体的单向传播被新媒体以点对点、点对面、面对面等丰富多样的传播方式所取代，新媒体传播的信息极为丰富，不受时间和地点的限制，可以做到随时随地传播信息。在网络上永远没有一手新闻，因为新闻总是在不断更新。[2]

（二）全球化

每一种新媒体的出现都扩大了信息传播的地理范围。纸张的出现让文字信息第一次突破了地理限制，无线传播技术的应用使信息可以存在于电波之中，传向地球各地。麦克卢汉于1962年在《古登堡群星》中曾描绘"由于电力使地球缩小，我们这个地球不过是小小的村落……电力可能会使人的意识放大到全球的规模……电力媒介将会使许多人退出

---

[1] 刘雪梅，王泸生. 新媒体传播[M]. 广州：暨南大学出版社，2018：65-67.
[2] 黄传武. 新媒体概论[M]. 北京：中国传媒大学出版社，2013：7.

原来那种分割的社会——条条块块割裂的、分析功能的社会，产生一个人人参与的、新型的、整合的地球村。"

（三）全天候

在大数据、云计算、人工智能等技术推动下，新闻传播格局正进一步发生深刻演变。新媒体的全天候不仅体现在传播主体全时段播报上，也体现在传播平台 24 小时不间断工作和传播受众全天候的信息需求上。新媒体借助互联网和无线传输技术（卫星和微波等），通过各种电子传播主体和平台，实现全天候信息传播。

第三节　新媒体与传统媒体

"新"媒体的出现并不是对"旧"媒体的替代，而是对"旧"媒体的补充和扩展。例如，广播媒介是对报刊等文字媒介在听觉上的补充，电视进一步补充了人类的视觉、听觉信息。媒体的交替融合符合历史发展规律，它不是以一种不同的、独立的方式出现的，而是具有显著的综合性，即利用数字技术和网络技术，将所有传统媒体形式融合在一起，形成一种全能的媒体新形式，即所谓的"媒体融合"。[①]

一、传统媒体的新形态

新媒体打破了传统媒体的生存格局，给传统媒体的发展带来了巨大挑战，但传统媒体并未宣告死亡从而退出历史舞台，反之，传统媒体利用自身优势，直面新格局。近年来，传统媒体提出了多种主张，力图以多种方式进行自我改变，来适应新媒体时期的不同要求。传统媒体根据自身的优势和特点，主要抓住内容、渠道、终端三个方面，主动向新媒体延展，力图打造出跨界与混搭的新媒体形式。传统媒体希望与新媒体以媒介融合为核心，实施全面转型升级，开创全媒体发展的新战略。

（一）播客

播客（podcasting）是数字广播的一种形式，这一名称是由苹果公司的产品名称 iPod 与广播（broadcast）组合而成的，指的是一种在互联网上发布文件并允许用户订阅以自动接收新文件的方法，或用此方法来制作的电台节目。博客的推动者之一多克·希尔斯（Doc Searls）将播客称为 POD casting（personal optional digital casting），他认为 POD casting 是自助广播，是一种全新的广播形式。POD casting 形式下听众可以按照自身意愿选择收听的内容、收听的时间，从某种意义上来说，播客就是一个以互联网为载体的个人电台。

（二）网络电视与社交电视

网络电视又称 IPTV（internet protocol television），它基于宽带高速 IP 网，以网络视

[①] 刘雪梅，王泸生. 新媒体传播[M]. 广州：暨南大学出版社，2018：16-17.

频资源为主体，将电视机、个人电脑及手持设备作为显示终端，通过机顶盒或计算机接入宽带网络，可随时收看数字电视、时移电视、互动电视等。网络电视的出现给人们带来了一种全新的电视观看方法，它改变了以往被动的电视观看模式，实现了电视按需观看，随看随停。

社交电视是指通过社交平台或社交终端来实现电视内容的社交化。在互联网终端的支持下，内容提供商、平台运营商以及广告主相互合作，可为用户提供多种服务。社交电视在依托多种技术终端的同时，重构了用户的消费体验，改变了用户看电视的习惯。[①]

（三）数字化期刊

作为主流媒体之一，期刊的编辑、出版、传播也经历着数字化变革。数字化期刊是期刊社将纸质作品输入计算机变成二进制的数字编码，并通过网络发送到用户终端，形成供用户浏览、阅读或下载的数字化作品，具有检索便捷、多向互动和成本低廉等特点。数字化期刊是未来期刊发行的发展方向之一，比如我国的《家庭》杂志，通过互联网多个平台进行转载，成功地利用不同类型媒介的内容差异，生产出个性化的产品来满足不同受众的需求，实现了信息资源的全方位挖掘和价值的再传播、再利用。新媒体为期刊的发展提供了难得的机遇。

（四）网络出版

网络出版又称为互联网出版，网络出版是指具有合法出版资格的出版机构，以互联网为载体和流通渠道，出版并销售数字出版物。互联网出版机构，是指经新闻出版行政部门和电信管理机构批准，从事互联网出版业务的互联网信息服务提供者。网络出版的出现使部分出版物彻底实现了无纸化出版，使出版物的形态、流通方式和结算方式发生了革命性变革，丰富了出版形式，促进了出版行业的发展，具有重要的市场价值。

二、新媒体与传统媒体的相互融合

新媒体与传统媒体的融合，不是单方面地把传统媒体转化为新媒体，而是新媒体与传统媒体两者之间的相互融合，即既有新媒体的传统化，也有传统媒体的新媒体化。

（一）新媒体的传统化

新媒体的传统化是一个必经过程。作为媒体中的一员，无论它拥有多么高端的网络技术，无论它注入了多少新锐的运营理念，只要进入市场，面对受众，就必然会受到各种传播规律、社会环境的制约与影响。为了保证各类信息的及时、快速采集，新媒体必须认真学习各种信息内容采访、编辑的技巧，学习版面编排与设计的规律，并学会如何处理与政府及企业的公共关系。

（二）传统媒体的新媒体化

传统媒体的新媒体化是媒体在发展过程中的自我需要和必由之路。新媒体对传统媒体

[①] 刘雪梅，王泸生．新媒体传播[M]．广州：暨南大学出版社，2018：45.

的冲击已经是不可逆转的潮流，已经走向成熟阶段的传统媒体必须顺流而动，抓住机遇，积极学习新媒体的传播技能和手段，主动谋求转型和发展，只有将自身武装得更加强大才能在与新媒体展开竞争时占据有利地位。[①]

三、媒介融合

（一）媒介融合的概念

媒介融合（media convergence）概念诞生于20世纪80年代的美国。尼古拉斯·尼葛洛庞帝提出，媒介融合即将原先属于不同类型的媒介结合在一起。美国马萨诸塞州理工大学媒体实验室教授浦尔在其著作《自由的技术》中指出，媒介融合是指各种媒介呈现多功能一体化的趋势。美国新闻学会媒介研究中心主任安德鲁·纳切松将"融合媒介"定义为"印刷的、音频的、视频的、互动性数字媒体组织之间的战略的、操作的、文化的联盟"，他所说的"媒介融合"更多是指各个媒介之间的合作和联盟。

2004—2005年，中国人民大学的蔡雯研究员发表的《融合媒介与融合新闻——从美国新闻传播的变化谈起》一文，最早把"媒介融合"的概念介绍到国内。2014年8月18日，中央全面深化改革领导小组第四次会议审议通过《关于推动传统媒体和新兴媒体融合发展的指导意见》，自此将"媒介融合"即"传统出版和新兴出版融合发展，把传统出版的影响力向网络空间延伸"作为战略任务提出，我国的媒体业转型逐步走进了深化改革的时代。

目前，全球化、大规模的媒介融合已经成为一种常态，媒介融合不仅是媒介形态上的"融合"，广义来讲，媒介融合还包括媒介功能、传播手段、所有权、组织结构等要素的融合。

（二）媒介融合的案例

1. 传统媒体和互联网融合

报纸和网络融合：报纸和网络融合迎合了受众的需要，随着人们消费媒介和使用媒介方式的转变，受众需要传统报纸所擅长的独特、高品质的内容，同时也需要网络传输的便捷、丰富、互动和多媒体形式。报网融合可以实现二者优势互补，由传统报纸发展为多介质、多媒体产品，成为既在内容生产上有独特竞争力，又具有网络媒体传播优势的新"信息传播体"。

例如，浙江日报报业集团研发建成智能化传播服务平台"媒立方"，为媒体深度融合提供了关键支撑。该平台采用云计算、大数据等最新技术，集舆情研判、统一采集、多种生成、多元分发、效果评估于一体，统筹采访、编辑、审核、传播、评估，不仅为新闻报道、舆论引导提供有力支持，也为跨媒体、跨业务提供了统一的平台。

广播电视和网络融合：对于广播电视而言，适应新的传播格局，与网络深度融合可以为节目提供多元化的传播渠道。实行跨媒介经营，有利于推动媒体产业发展，优化传统电视媒体的功能，借助网络平台加强节目与观众的互动，拓展新的节目形式。

[①] 林刚. 新媒体概论[M]. 北京：中国传媒大学出版社，2014：41-45.

2. 传统互联网和移动互联网融合

移动互联网兴起时，传统互联网是与移动互联网相对的 PC 互联网（又称国际网络）。2015 年后，随着"互联网+"战略的提出，传统互联网多指那些与产业结合不紧密的纯粹互联网应用。目前，移动互联网产业融合主要体现在网络的融合、终端的融合、应用与内容的融合。网络的融合是电信网和互联网融合的基础，终端的融合是电信网和互联网融合的保障，移动网与互联网的深度融合，必将带来新一轮的业务融合和内容融合，这必然会催生出许多新的应用模式。

3. 县级融媒体

2018 年 8 月 21 日至 22 日，习近平总书记在全国宣传思想工作会议上发表重要讲话，指出"要扎实抓好县级融媒体中心建设，更好引导群众、服务群众"，从国家战略层面提出了县级融媒体建设的发展要求。2018 年 11 月 14 日，中央全面深化改革委员会第五次会议审议通过了《关于加强县级融媒体中心建设的意见》，指明了县级融媒体中心建设的基本思路。

打造县级融媒体是一项复杂工程，据统计，我国目前有 2856 个县级行政区划单位，其媒体发展程度参差不齐，基础建设、技术、人才以及资金均存在差异，因此，布局县级融媒体需要走多元化道路，重视地方特色，不能一概而论。2019 年 1 月 15 日，中宣部和国家广电总局联合发布了《县级融媒体中心建设规范》《县级融媒体中心省级技术平台规范要求》，为县级融媒体中心的建设提供了操作指南和建设规范。

例如，2018 年 7 月 21 日，北京市海淀区融媒体中心正式挂牌，全市 16 个区融媒体中心宣告成立。北京市希望通过推动传统媒体与新兴媒体从简单相"加"到真正相"融"，最终实现优势互补，从而达到聚合共振的效果。

此外，一些地方媒体根据自身条件，依托已有资源，实现主流媒体从线下到线上的优势转移。例如，江苏省江阴市打造出"最江阴"微信公众号这一移动宣传阵地，坚守广电优势，微信公众号粉丝数达到 55 万，年创收 800 多万元。依托公众号，"最江阴"还发布了自身的移动客户端，通过微信平台为客户端引流，又以客户端内容反哺微信公众号，建成新媒体矩阵，发挥出融媒体传播的强大效应。

----- 思 考 题 -----

1. 如何理解新媒体的含义？
2. 与传统媒介相比，新媒体具有哪些特征？
3. 列出几个媒介融合的案例并分析其特点。

----- 实 践 任 务 -----

近几年，我国陆续建成了数千家县级融媒体中心，请查找 1~2 个优秀案例予以介绍并说明存在的优势和劣势。

第二章
新媒体的传播

> **学习提示**
>
> 媒介的发展与社会环境发展一致,环境的变化必然促进媒介的演化。从媒介进化论的视角看,每一次媒介演化都着眼于加强传播效果,拓宽信息传播渠道,丰富信息传播方式。目前,复杂多样的文化交流与生活方式,促使媒体传播的结构与方式发生深刻的变化。本章通过"新媒体的传播模式""新媒体的传播要素与属性"以及"新技术下新媒体传播的发展趋势"三小节介绍新媒体的传播。此外,文中还列举了新媒体传播的具体案例,通过对案例的剖析来加深读者对现阶段新媒体的认识。

如今,大数据、云计算、物联网、区块链、人工智能等新一代信息技术影响着新媒体的传播方式和形态。我们每个人既是内容生产者,也是内容传播者和消费者。本章通过结合新媒体对时间和空间、现实与虚拟、用户身份的转换以及新媒体的社会联络和动员能力,透视新媒体时代新闻传播的趋势与动向,探索新闻传播的规律与价值。

第一节　新媒体的传播模式

所谓模式,是科学研究中以图形或程式的方式阐释对象事物的一种方法。[1]用模式化方法去研究传播的内在结构以及构成的诸多要素,能够简化复杂的传播结构,进一步认识和研究传播的特点与规律。传播学研究中使用模式化方法建构传播模式,实际上就是科学

---

[1] 郭庆光. 传播学教程[M]. 2版. 北京:中国人民大学出版社,2011.

地、抽象地在理论上把握传播的基本结构与过程，描述其中的要素、环节及相关变量。

一、传播的基本模式

（一）传播过程的直线模式

传播学史上，第一位提出传播过程模式的是美国学者 H. 拉斯韦尔。1948 年，他在题为《传播在社会中的结构与功能》的论文中，首次提出了构成传播过程的五种基本要素，并按照一定的结构顺序对它们进行排列，形成"5W"传播模式或"拉斯韦尔程式"。①这 5 个 W 分别是英语中 5 个疑问代词的第一个字母，即：

- Who（谁）；
- Says what（说了什么）；
- In which channel（通过什么渠道）；
- To whom（向谁说）；
- With what effect（有什么效果）。

拉斯韦尔"5W"模式的提出在传播学史上具有重要意义，这个模式第一次将人们每天从事却又阐述不清的传播活动明确表述为由五个环节构成的过程，为人们理解传播过程的结构和特性提供了具体的出发点。实际上，后来大众传播学研究的五大领域，即"控制研究""内容分析""媒介分析""受众分析"和"效果分析"就是沿着"5W"模式的思路形成的。当然，作为早期的过程模式，拉斯韦尔虽然考虑到了受传者的反应（效果），却没有提出一条反馈渠道，因此，这个模式还是不完全的，主要表现在它为单向直线模式，没有揭示人类社会传播的双向和互动性质。

1949 年，美国的两位信息学者 C. 香农和 W. 韦弗在《传播的数学理论》中也提出了一个过程模式，称为传播过程的数学模式或香农-韦弗模式。②香农-韦弗模式是描述电子通信过程的，它由信源发出讯息，再由发射器将讯息转为可以传送的信号，经过传输，由接收器把接收到的信号还原为讯息，将之传递给信宿。在这个过程中，讯息可能受到噪声的干扰，产生某些衰减或失真。

（二）传播过程的循环和互动模式

1954 年，施拉姆在《传播是怎样运行的》一文中，基于 C. E. 奥斯古德的观点提出了一个新的过程模式，称为"循环模式"。③这个模式充分体现了大众传播的特点。循环模式认为构成传播过程的双方分别是大众传媒与受众，两者之间存在着传达与反馈的关系。作为传播者的大众传媒与信源相连接，又通过讯息与作为传播对象的受众相联系。受众是个人的集合体，这些个人又分属于各自的社会群体；个人与个人、个人与群体之间都保持着特定的传播关系。施拉姆的循环模式在一定程度上揭示了社会传播过程中的连接性和交织

---

① 哈罗德·拉斯韦尔. 社会传播的结构与功能[M]. 何道宽，译. 北京：中国传媒大学出版社，2013.
② SHANNON C E. A mathematical theory of communication[J]. The bell system technical journal, 2001, 5(3): 3-55.
③ SCHRAMM W. The process and effects of mass communication[J]. Political science quarterly, 1971, 70(2): 997.

性，具有系统传播的特点。

传播学家德弗勒的互动过程模式是在香农-韦弗模式的基础上发展而来的，它克服了前者单向直线的缺点，明确补充了反馈的要素、环节和渠道，使传播过程更符合人类传播互动的特点，与此同时，这个模式还增加了噪声的概念，认为噪声不仅对讯息，而且对传达和反馈过程中的任何一个环节都会产生影响。

（三）传播过程的系统模式

1959年，美国社会学学者J. W. 赖利和M. W. 赖利夫妇在《大众传播与社会系统》一文中提出了一个引人注目的传播系统模式：从事传播的双方，即传播者和受传者都可以被看作是一个个体系统，这些个体系统各有自己的内在活动，即人内传播。[①]个体系统与其他个体系统相互连接，形成人际传播。个体系统不是孤立的，而是分属于不同的群体系统，形成群体传播，群体系统的运行又是在更大的社会结构和总体社会系统中进行的，与社会的政治、经济、文化、意识形态的大环境保持着相互作用的关系。赖利夫妇认为，以报刊、广播、电视为代表的大众传播，也不外乎是现代社会各种传播系统中的一种。

1963年，德国学者马莱兹克在《大众传播心理学》一书中提出系统模式，把大众传播看作是各种社会影响力交互作用的"场"，影响"场"的因素很多，其中包括影响和制约传播者的因素：传播者的自我印象、传播者的人格结构、传播者的人员群体、传播者的社会环境、传播者所处的组织、媒介内容的公共性所产生的约束力、受众的自发反馈所产生的约束力、来自信息本身以及媒介性质的压力或约束力等。影响和制约受传者的因素有受传者的自我印象、受传者的人格结构、作为群体一员的受传者（受众群体对个人的影响）、受传者所处的社会环境、信息内容的效果或影响、来自媒介的约束力等。影响和制约媒介与信息的因素有传播者对信息内容的选择和加工，以及受传者对媒介内容的接触选择。此外，制约媒介的一个重要因素是受传者对媒介的印象，而这种印象是基于平时的媒介接触经验形成的。[②]

二、新媒体的新传播模式

美国新媒体研究专家凡·克劳思贝（Vin Crosbie）认为，人际媒体（interpersonal media）是"一对一"（one to one）的传播，大众传媒（mass media）是"一对多"（one to many）的传播，而新媒体（new media）是"所有人对所有人"（many to many）的传播。

与传统媒体不同，新媒体传播模式可以分为单向式传播（单向播撒）和交互式传播（多方对话）两种。单向式传播以线性的信息传播模式为主，是新媒体借助新兴的数字化技术来优化信息资源的传播，更好地实现了信息价值的传播。单向播撒和多方对话是两种影响深远的传播理念，二者并无高下之分。

彭兰教授在《新媒体传播：新图景与新机理》一文中提出"个人门户+人际媒介"的

[①] RILEY J W, RILEY M W. Mass communication and the social system//Sociology today: problems and prospects[M]. NewYork: Bagic Books, 1965.
[②] 郭庆光. 传播学教程[M]. 2版. 北京：中国人民大学出版社，2011：50-57.

新传播模式,即"个人门户"模式。今天的"个人门户"主要是指人们在社交媒体中的账号。处于社交网络中的每个用户都可以基于自己的账号构建出一个传播中心,它在整个传播网络中是一个传播节点,同时扮演着信息的生产者、传播者与接收者的多重角色。人们基于社交的需要不断发布内容,这些内容作为社交的"谈资"被他人分享,反过来,社交因素也常常促使人们对某些内容的关注。这种模式中,信息沿着人们的社交关系网络流动,社交和分享是内容生产与传播的动力。

"个人门户"模式改变了大众传播的机制,使大众传播建立在人际传播这一基础设施上,公共内容的传播越来越依靠"人媒",而不是传统意义上的"传媒"渠道。"个人门户"传播模式的出现加速了网络话语权力的分化。当然,"个人门户"模式中的权力中心并非凝固的,而是不断流动的。专业媒体要想充分激活"人媒",就需要充分借助人际传播的内在机理,特别是社交动力在信息传播中的重要作用,适应以关系网络为基础的新的传播模式。[①]

第二节 新媒体的传播要素与传播属性

一、新媒体的传播要素

(一) 新传播观念

观念是人们在实践当中形成的各种认识的集合体。这种集合体很容易产生一种惯性,并成为人们平常所说的思维定式。新媒体打破了传统媒体的思维定式,对旧传播观念进行突破与革新,它从"用户的需要"出发,探索一切可能的突破,对传统观念进行反思,不断地寻求新的答案[②],创造出了新的媒体传播范式,进而影响了整个社会对于传播的价值观念。

1. 需求导向

新媒体是以满足受众需求为根本目的,应用最新技术的现代化信息传播体系。受众需求是网络化、数字化技术突飞猛进的原动力,推动着新媒体的整体飞跃。因需求而生,为需求而发展,这就是新媒体的本质。[③]

传统媒体进行媒介内容生产和信息传输时,是以传播者为导向的,媒介组织和传媒工作者站在教育者和管理者的立场,基于主观经验去判断什么是受众应该接收的内容,什么是有价值的内容,在此基础上为受众提供产品和信息服务。新媒体从用户立场出发,致力于连接媒体和用户,它以用户为中心,以创造需求、适应需求为目的,一切表现手段和方法都是为用户需求服务的。理念的发展和技术的突破赋予了新媒体丰富的表现手段,同时,新的媒体营销理念也在形成。媒体就是在市场上进行竞争与运营的产品,在经营管理媒体

---

① 彭兰. 新媒体传播:新图景与新机理[J]. 新闻与写作,2018 (7):5-11.
② 林刚. 新媒体概论[M]. 北京:中国传媒大学出版社,2014:36.
③ 林刚. 新媒体概论[M]. 北京:中国传媒大学出版社,2014:9-10.

的过程中，对于用户或是受众需求的重视，对于市场需求的重视，成为新媒体发展的原动力，也成为新媒体之所以被社会接受的根本价值。①

2．创新性思维

近几年我国媒体发展迅速，新媒体的发展日新月异，各种形式的创意嫁接层出不穷。面对激烈的市场竞争，新媒体为了突出重围、崭露头角，会更加注重创新性和原创性。新媒体的这种原创性是时代所赋予的，是一种区别于内容、形式及理念的更具广泛意义的创新。②

3．个性化服务

在创新性思维下，新媒体能够提供的个性化服务是传统媒体所不具备的。在新媒体中，个性化的信息可以及时、准确地送达目标用户。在新媒体传播中，无论是出版者、传播者，还是消费者，对内容拥有对等的和相互的控制权，同样，互动和反馈也更加个性化。

（二）新传播主体

新媒体传播的一个典型特点是，由专业媒体人主导的大众传播扩展为全民参与的传播，传播门槛的降低，带来了"万众皆媒"的景观。"万众皆媒"意味着每个人都有可能成为信息来源，成为内容的传播者，每个组织或机构都能拥有自主的信息发布渠道。无处不在的自媒体，既是专业媒体的延伸，也是专业媒体的资源优化和补充。

（三）新传播关系

在新媒体时代，传播行为无论从形式到内容都发生了巨大变化，而一个不容忽视的重要特征就是传播主体构成的多样化，以及由此带来的传受关系的交互与模糊。互联网的出现，打破了以往"传播者为中心"的传播模式，使传播中的传受关系发生了根本性的改变，形成交互式传播，受众不再是简单的信息接收者，他们也可以成为信息生产与传播过程中的积极参与者和建构者。在新媒体技术的支持下，接收信息者同时可以传播信息，"传者"与"受者"的界定越来越模糊。而使用新媒体的低成本和低难度又降低了传播准入的门槛，拥有网络终端产品的个人，其所在地只要接入互联网，就可以参与信息传播了。个人利用新媒体进行传播的形式是多种多样的，如网络论坛、BBS、博客、播客、社交网站、网络视频和智能手机等③，新媒体给在传统媒介中没有发言权的"沉默的大多数"提供了说话及发布信息的权力。

此外，互联网、手机以及无线终端设备正在打破原有的传播区别，越来越多的信息传播过程已经无法再把大众传播与人际传播明确区分开来。这种具有"人际传播"特点的"大众传播"发展新阶段，就自然而然地成为"人际化的大众传播"。人际化的大众传播是指在借助新媒体工具进行大量复制、迅速传播信息的过程中，更加注重利用人际关系，实现信息的复合性传播。人际化的大众传播最显著的变化就是更加注重互动，传统的大众传播

---

① 林刚．新媒体概论[M]．北京：中国传媒大学出版社，2014：11-13．
② 潘瑞芳，谢文睿，钟祥铭．新媒体新说[M]．北京：中国广播电视出版社，2014：9．
③ 马为公，罗青．新媒体传播[M]．北京：中国传媒大学出版社，2011：43．

只关注发布的信息内容、范围以及数量,很少会关心受众对此传播会有什么样的反应、什么样的意见。而实际上,受众的评价、感受、态度,往往是决定一个新媒体是否真正适合用户、适应市场的重要标准,因此,发展中的大众传播必须要考虑受众的人际化需求。

二、新媒体的传播属性

(一)主动性

传统大众媒介基本是被动传播,受众在传播过程中往往只能被动接受,消极地扮演信息接收者的角色。无论是报纸、杂志等平面媒体,还是广播、电视等电子媒体,受众都处于同样的地位,传统媒介将信息"推"(push)给受众。

新媒体传播的主动性体现在使用者可以把媒体元素打散,受众自己选择"拉"(pull)出信息,并按照自己的需要对信息进行组合,真正实现对数字新媒体的内容进行点播。网络新媒体极大地提高了用户主动选择信息的可能性和可行性,比如,用户在阅读数字报刊时,可以随时发表自己的见解,提出补充或修改意见;在观看视频时,可以根据自己的时间安排和喜好自由选择观看时间和方式;在观看体育赛事转播时,可以自由选择观看的角度(机位)和画面。[1]

(二)碎片化

"碎片化"(fragmental)本意是用来描述完整的东西破碎成诸多零块,在信息传播进入网络时代以后,碎片化逐渐成为全球传播语境的一种现象性描述。碎片既可以指代我们每天使用媒体的时间,也可以指代我们阅读媒体的内容信息,通常指的是我们的生活被很多碎片化的内容所切分。碎片化现象不但引发了受众群体出现细分,也带来了受众个性化的信息需求,成为社会发展的趋势,以及传播者从事传播活动的主要依据之一。

(三)人本性

作为一项社会行为,传播的根本目的是维护人的利益,促进社会的健康发展。因此,符合人的发展需要的信息传播应该是自由的、充分的、便利的、有价值和有意义的,能满足个人生活和社会活动所需要的种种思想和精神的共享与交流。

保罗·莱文森(Paul Levinson)在《数字麦克卢汉:信息化新纪元指南》一书中对互联网等新媒体现象进行了深入的分析,认为在新一轮信息时代来临时,权力结构将面临巨变,数字时代打破了中央集权,个人角色因媒体赋权而变得更重要。[2]新媒体时代,人的需求和感受日益被重视,个人通过互联网、手机可以随时进行信息沟通,人际传播的性质和优势得到凸显和强化,传统的、倾向于无差异的广大受众,开始分隔为趣味相投的或者利益相关的小众,如各种各样的网络社团、论坛群体、短信交友俱乐部等。小众群体中以某种共通的特点为表征,人们更容易找到志趣相投的伙伴,获得更自由的表达空间,从而促进社会的多元化发展进程。

---

[1] 刘雪梅,王泸生. 新媒体传播[M]. 广州:暨南大学出版社,2018:61.
[2] LEVINSON P. Digital McLuhan: a guide to the information millennium[M]. London: Routledge, 2003.

第三节 新技术下新媒体传播的发展趋势

一、5G 技术

5G 技术，即第五代移动通信技术（5th generation mobile networks/5th generation wireless systems/5th-generation），简称 5G，是最新一代蜂窝移动通信技术，也是继 4G（LTE-A、WiMax）、3G（UMTS、LTE）和 2G（GSM）技术之后的延伸。5G 网络的主要优势在于，数据传输速率远远高于以前的蜂窝网络，最高可达 10Gbit/s，比 4G LTE 蜂窝网络快 100 倍。5G 网络的另一个优点是较低的网络延迟（更快的响应时间），其延迟低于 1 毫秒，而 4G 的延迟为 30～70 毫秒。由于数据传输速度更快，5G 网络将不仅仅为手机提供服务，而且还将成为一般家庭和办公场所的无线网络提供商，与有线网络提供商进行竞争。

喻国明教授提出，5G 技术不是改良型技术，而是革命性技术。5G 之所以可称作革命性的技术，主要体现在：① 万物互联、永久在线；② 创造不受容量限制的用户体验；③ 衍生出多种生产和生活场景；④ 拓展信息空间，加速人工智能的发展。随着 5G 技术的发展，除了个人生产内容（UGC）、机构生产内容（OGC）和专业生产内容（PGC），技术生产内容（MGC）将登上舞台，更为深入的个体的效果洞察便成为未来发展的重中之重[①]。

二、云计算

云计算（cloud computing）也可称为分布式计算机技术。计算机在追求更高速、更有效的运算速度的时候，产生了两种不同的思路：一是继续研发更大、更强的超级计算机，二是借鉴蚁群，通过应用程序将一项工作分解成非常多且非常小的单元，将各单元工作通过网络协调交由大量普通的计算机处理，从而发挥出超强的计算性能，这就是云计算的思路雏形。

随着网络的高速发展，云计算的概念被 Google 再度扩展，把各种通过网络提供需求，再通过网络响应，将强大的计算能力提供给终端用户使用的服务，均称为云计算。在云计算模式下，用户的电脑或者其他终端的性能已经不再重要，电脑等终端只需要成为信息输入与结果接收的端口，而将所有繁杂的运算过程交给网络及网络服务器进行。云计算的根本思想就是将现代社会中有限的个体力量聚集起来，进行有效的协调组织，联合成强大的中心，再将成果按需分配给相应的个体使用。[②]

三、物联网技术

媒体传播的各个环节，参与主体都未必仅是"人"，"万物皆媒"将带来数据采集与加

[①] 喻国明，曲慧. 边界、要素与结构：论 5G 时代新闻传播学科的系统重构[J]. 新闻与传播研究，2019，26（8）：62-70+127.
[②] 黄传武. 新媒体概论[M]. 北京：中国传媒大学出版社，2013：87.

工的自动化。在物联网等技术的支持下,各种智能化物体可以自动进行信息采集,这既包括自然与社会环境信息,也包括人的动态行为数据。与以往依靠人力进行的信息采集相比,物联网信息采集的深度和广度都远超人力所及,延伸到过去人的感官不能触及的信息维度,可以实现全天候不间断监测。

同时,"万物皆媒"意味着人们所获得和关注的信息,不仅来自人类社会,更多地会来自自然环境,人与人的信息互动也会扩展为人与物、人与环境的信息互动。随着智能化物体与人工智能等技术的结合,也可以完成信息的智能化加工与分发。物联网让人们的信息接收不再只依靠电脑、手机等这些专门的终端,而是可以在不同情境下,通过不同的智能化物体实现,如智能家居中的各种智能电器,甚至可能基于投影等新技术使得一切物体的表面都可以成为"屏幕"。①

四、算法与大数据

在传媒行业内与算法和大数据技术直接相关的产物就是个性化新闻内容推送。个性化信息推送可以基于"用户洞察"的个性化信息的智能匹配,即通过算法分析和过滤机制,根据个性化需求聚合相关的信息和应用,并以此对信息进行深度智能分析,以实现用户个性化、动态的需求。算法和大数据技术的进步不断推动着新闻业态的发展和变革,个性化内容推送作为一种相对成熟的人工智能技术,对于新闻业务链的创新发展产生了革命性的影响。

未来,个性化新闻推送机制的发展进路是通过人机对话的方式与读者"聊新闻",并根据人的需求挖掘个性化精准信息,用户获取的不单单是简单的新闻资讯,而是一整套相关的配套服务,内容获取平台也进一步演变为能够实现精准服务的超级内容社区,其技术重点在于,让个性化新闻推送走出"茧房效应",优化信息推荐机制。②

五、人工智能

目前,我国新媒体与人工智能技术的融合力度不断加深,规模持续扩大。人工智能技术的突飞猛进带动了媒体行业的飞速发展,全球新闻传播领域呈现出智能化发展趋势。习近平总书记在中共中央政治局第十二次集体学习时强调,推动媒体融合发展、建设全媒体成为我们面临的一项紧迫课题。人工智能技术不仅重塑了新闻生产的整个业务流程,而且改变了传媒产业价值链上的各个环节,还催生出新的媒体业态。

AIGC③时代,新闻创作、加工、运营、推荐、审核正在被人工智能重新定义。随着人工智能技术的成熟,国内外传媒业都开始将其运用到新闻生产传播的各个环节,数据挖掘被用于寻找新闻线索,机器人写作被用于内容生产,算法推荐接管内容分发工作等。人工智能已经渗透至信息采集、内容生产、内容分发与用户互动等全链条。数据表明,国内新闻工作各业务环节中,人工智能应用渗入程度最高的环节集中在舆情监测、线索收集、内

---

① 彭兰. 新媒体传播:新图景与新机理[J]. 新闻与写作,2018(7):5-7.
② 喻国明,侯伟鹏,程雪梅. 个性化新闻推送对新闻业务链的重塑[J]. 新闻记者,2017(3):9-13.
③ AIGC,即利用 AI 技术自动生成内容的生产方式。

容精准传播、用户画像等方面。人工智能应用对新闻报道的时效性、个性化新闻分发精确度及新闻生产效率的提升最被业内人士认可。

2019年12月,央视网宣布建设"人工智能编辑部"并发布三大AI传媒产品:国内首个AI时政创新产品——"I学习",覆盖全球的智能传播效果评估系统——"智晓",国内主流媒体首个商用级别AI内容风控平台——融媒智控云矩阵。其中,"I学习"将人工智能、大数据等前沿技术应用于时政报道,拥有最全面的智能化时政素材数据库,目前已开发出智能归档、多策略搜索、精准统计、图谱联想等功能。"智晓"能够对热点事件的传播强度、趋势、效果进行实时可视化呈现,帮助编辑快速判断选题,紧跟舆论热点。"融媒智控云矩阵"是国内主流媒体中首个具有自主研发完备知识图谱和主流算法模块的人工智能产品,拥有一套基于十年审核经验的信息知识图谱,具有结构化程度高、分类完善、来源权威等特点。

六、区块链

区块链是一个信息技术领域的术语。从本质上讲,它是一个共享数据库,存储于其中的数据或信息,具有"不可伪造""全程留痕""可以追溯""公开透明""集体维护"等特征。基于这些特征,区块链技术奠定了坚实的"信任"基础,创造了可靠的"合作"机制,具有广阔的运用前景。依靠结点连接的散状网络分层结构,区块链能够在整个网络中实现信息的全面传递,并能够检验信息的准确程度,这种特性提高了物联网的便利性和智能化。

区块链可以与其他新技术结合,比如"区块链+大数据"利用了大数据的自动筛选过滤模式,在区块链中建立信用资源,可双重提高安全性,并提高物联网的便利程度。区块链结点具有自由进出的能力,可独立地参与或离开区块链体系,不对整个区块链体系有任何干扰。

在媒体传播领域运用区块链技术,还可以对作品进行鉴权,证明文字、视频、音频等作品的存在,保证权属的真实性、唯一性。作品在区块链上被确权后,后续交易都会进行实时记录,实现数字版权全生命周期管理,也可作为司法取证中的技术性保障。

七、虚拟现实技术

虚拟现实技术(virtual reality,VR)是一种可以创建和体验虚拟世界的计算机仿真系统,它利用计算机生成模拟现实的环境空间,使用户沉浸到该环境中。为了营造真实感,虚拟现实技术往往利用现实生活中的数据,通过计算机技术产生的电子信号,将其与各种输出设备结合,使其转化为能够让人们感受到的现象。这些现象可以是现实中真真切切的物体,也可以是通过三维模型表现出来的我们肉眼所看不到的物质。在该技术加持下,各种物体、环境等通过计算机技术被还原、模拟出来。

随着虚拟现实技术的不断创新,该技术在影视娱乐、游戏、汽车、服装等产业得到了广泛应用,让玩家用户或买家在保持实时性和交互性的同时,大幅提升了体验的真实感。[1]

---

[1] 石宇航. 浅谈虚拟现实的发展现状及应用[J]. 中文信息,2019(1):20.

思 考 题

1. 和传统媒体相比，新媒体的传播模式分为几种？
2. 新媒体的传播特征有哪些？
3. 目前，有哪些新技术被应用到新媒体当中，这些新技术在其中发挥着怎样的作用？
4. 论述在新媒体传播情境下传播路径发生了怎样的变化。

实 践 任 务

1. 举出三个人工智能在传媒行业的应用场景。
2. 结合现实情况，谈谈你对新媒体传播的理解。

第三章
传播伦理概论

> **学习提示**
>
> 伦理是伴随着人类的社会行为发展而来的,它是包含在人类传播活动中不可或缺的重要因素。传播伦理作为传播过程及传播行为规范体系的重要组成部分,是确保社会活动和社会关系健康运作的重要体现。本章以传播学和伦理学的相关理论为基础,从传播伦理的概念出发,主要介绍传播、伦理、道德、传播伦理的基本内涵,在此基础上,分析传播伦理的重要意义,梳理传播伦理的发展历程和研究现状。

随着时代的日益变迁,技术、制度和文化正在改变着我们的生存方式,各主体秉持不同的诉求导致矛盾和冲突在所难免,全新的传播生态意味着我们正在经历着数据伦理、算法伦理和传播效果等多重困境,因此,我们应当理解和掌握传播伦理的概念与内涵。

第一节 传播伦理的概念

传播,是指人与人之间所进行的信息交流过程,是人类社会普遍存在的现象。

现如今我们所说的"传播",多是来自于英文"communication"一词。传播是通过说话、写字或是使用其他媒介来交换信息,强调传播依赖的载体。communication 源于希腊文的两个词根——cum 和 munus,cum 指与别人建立关系,munus 指效用、产品、作品、利益等,合起来意为"共有""共享"。[①]除此之外,"传播"还具有双向、共享的特性。

[①] 陈力丹. 传播学是什么[M]. 北京:北京大学出版社,2007:3.

一、伦理与道德

"伦理"（ethics）源于古希腊文 ethos，有道德、行为标准、习俗、风俗之意，"道德"（morality）源于拉丁文 mos，指风俗、习惯、品德等，由于在西方词源的意义上相近，在翻译时也常常将 ethics 翻译为道德，在实际使用中也时常将二者混用。但在中文语义层面，两个词语的内涵和外延存在差异，因此在讨论传播伦理时应该分别明确伦理与道德的含义，以免造成意义上的混乱。

（一）伦理

伦理这一概念在西方语境中的讨论开始较早，分析较为丰富。埃德加·莫兰将伦理看作一种律令，来自于个体的内在的源泉（个体精神的义务）和外在的源泉（文化、信仰、共同体规范）。[①]在中国语境下，从构词的角度来看，"伦理"包含"伦"和"理"，两者有其各自的含义。"伦"的本义是"辈、类"，在《说文解字》中的"伦，从人，辈也"，《荀子·富国》中的"人伦并处"，《礼记·曲礼下》的"儗人必于其伦"中均有所体现，可用于指代人际关系，如人伦、天伦等表述。伦理主要指人际关系中发展的规律、标准和客观秩序。《伦理学导论》将伦理定义为："'伦理'连用一般指处理人们之间不同的关系以及所应当遵循的各种道理或规则。伦理一词的特定含义是指关于人伦关系的道理。"[②]《伦理学方法》中指出，"伦理乃是具有社会效用的行为之事实如何的规律及其应该如何的规范。"[③]有学者提出，"伦理的本义就是人类的共同行为准则和规范。"[④]"伦理是以社会舆论、传统习惯和个人内在信念来调整个人、集体和社会之间关系的各种行为规范的总称。"[⑤]也有学者认为，"伦理，即调整人伦关系的条理、道理、原则，也即'伦类的道理'。"[⑥]从以上不同学者对伦理的定义得知，国内学者的看法大多趋同，都拆分"伦"与"理"看各自的含义再对其进行定义。在实际使用中，有学者倾向于将伦理和道德不做分辨，也有学者倾向于区分道德和伦理，在学术研究中审慎地使用；本书所提到的伦理的基础含义与道德一致，但内涵和外延在时代发展背景下有所不同，故特此区分。

（二）道德

道德主要是一种社会意识形态，是人们共同生活及其行为的准则和规范。"道"有法则、规律之意，"德"是人们共同生活及行为的准则和规范，两者连用始于先秦，可以理解为调节人们之间以及个人与社会之间关系的行为规范。[⑦]荀子最早将道德作为一个概念进行使用，在《荀子·劝学》中提及："故学至乎礼而止矣，夫是之谓道德之极。"可以看

[①] 埃德加·莫兰. 伦理[M]. 于硕, 译. 上海: 学林出版社, 2017.
[②] 倪愫襄. 伦理学导论[M]. 武汉: 武汉大学出版社, 2002: 7.
[③] 王海明. 伦理学方法[M]. 北京: 商务印书馆, 2003: 6.
[④] 袁祖社, 董辉. 公共伦理学[M]. 西安: 陕西师范大学出版社, 2018: 17.
[⑤] 李衍玲. 新闻伦理与规制[M]. 北京: 社会科学文献出版社, 2008: 1.
[⑥] 唐凯麟. 伦理学[M]. 合肥: 安徽文艺出版社, 2017: 3.
[⑦] 倪愫襄. 伦理学导论[M]. 武汉: 武汉大学出版社, 2002: 10.

出，道德的最高境界是万事按照"礼"的规定来办，因此，道德实际上是由于遵循了外部的行为规则而获得了内在的德行，这是由"道"和"德"自身的范围所规定的。

甘绍平则认为道德就是人际相处的行为规范。[①]也有学者将人与自然的关系、社会的公平公正纳入道德的范畴中去。马克思主义认为道德是调整人与人之间、个人与社会之间的行为规范的总和，是反映社会存在的社会意识形态之一。学者倪愫襄提出，道德作为社会意识形态之一，必须与政治、法律规范进行区分。法律和政治作为行为准则是可以用强制性手段推行的，而道德是约定俗成的规则，它依靠于意识形态、社会舆论的外在力量以及个人的内心信念、内在良知等内在力量来推动，并非是强制性地调节社会关系的规范。[②]我国学者主要从规则、规范、调节的对象去定义道德，总体上的理解趋于一致，对其在内涵和外延上的标准则有所不同。

（三）伦理和道德的区别与联系

从上述对于伦理和道德概念的解析得知，伦理和道德的内涵与外延不同。在现代西方文化中，伦理和道德的区别主要表现在以下几个方面。

第一，"伦理"和"道德"在进行道德选择或判断问题的正确性时是不同的状态，道德此时处于初级的实践状态，伦理则处于高级的理论状态。伦理比道德离生活实践的距离更远，从这一层面讲，它是对道德的研究，是理性概念。"道德"蕴含着某种文化中对与错的观念，而"伦理"是对法则进行文化反思的成果。

第二，"道德"与生活的选择行动的"规则"是密切相关的，"伦理"则是对这些选择的系统研究。"伦理"是抽象客观意志和抽象个人主观意志的统一，道德则更多指向主观领域，具有"应然"的旨趣。

第三，运用的生活领域不同，"道德"一般是运用于日常生活或私人领域中的非职业情境。

第四，"道德"具有主观性、情境性、个体性等特征，是指向个人生活中的内在、主观部分的品格，"伦理"则多运用于社会世界或公共生活中的职业语境，是一种公共生活中外在的、客观的理性规范，具有客观性、普遍性和习俗性等特征。[③]黑格尔曾对道德和伦理做出阐释，他认为，道德的概念是意志对它本身的内部关系[④]，是主张意志的法；伦理性的东西就是自由，或自在自为地存在的意志，并且表现为客观的东西，必然性的圆圈[⑤]。黑格尔的辨析点明了这两个概念的实质性区别，即道德是主观的，而伦理是客观的，这一点从道德作为约定俗成的规则中也能看出，道德并非强制性的规范。

除了从主客观的角度对其进行区分，伦理和道德还是整体和部分的关系。伦理和道德所指向的社会关系是一致的，在此基础上，道德是伦理的表现形式，即道德是部分，伦理是整体。在谈到"道德"时，"道"侧重于外在规范，而"德"指向内在规范，是指转化

[①] 甘绍平. 伦理学的当代建构[M]. 北京：中国发展出版社，2015：1.
[②] 倪愫襄. 伦理学导论[M]. 武汉：武汉大学出版社，2002：10.
[③] 尧新瑜. "伦理"与"道德"概念的三重比较义[J]. 伦理学研究，2006（4）：21-25.
[④] 黑格尔. 法哲学原理[M]. 范扬，张企泰，译. 北京：商务印书馆，1961：115.
[⑤] 黑格尔. 法哲学原理[M]. 范扬，张企泰，译. 北京：商务印书馆，1961：165.

为个体内在心理的社会规范。①伦理是整个人际社会交往发展的规律和行为规范，而道德是伦理概念中包含应当如何的行为规范的那部分。有学者认为，伦理的"理"是以"应当"的意识对现实关系的总结，而承担"应当"的形式和载体的主要是道德这一特殊的社会形式。②

由于伦理的外延不断扩展，伦理关系除了传统的人伦关系以外，还包含政治关系、国家关系等。伦理构成了道德的基础和前提，道德则是伦理的载体和形式。陈金华认为，伦理的核心是正当与不当，道德的核心是善恶与好坏；伦理的评价是是非、真伪，其规范带有强制性，是一种他律，具有普遍性、双向性，道德的评价是好坏、善恶，其规范带有自觉性，是一种他律，具有独特性、单向性；伦理是一种手段，是最基本的价值，道德是一种目的，是一种超越性的价值。③因此，伦理是客观的、具有强制性的；道德是主观的、具有自觉性的；伦理的内涵中包含着道德，道德是伦理的一部分。

二、传播伦理

（一）传播伦理的概念解析

传播伦理是传播过程或传播行为所涉及的道德关系。学者陈汝东提出："传播道德是人类传播行为的道德以及与传播行为有关的道德，是人类传播活动中处理各种利益关系时所遵循的行为准则。"④这一概念将传播细化成传播过程和传播行为，点明了传播伦理的研究对象，不仅包括传播主体的道德，还包括传播的道德观念、道德准则、道德行为等。也有学者指出："传播伦理是针对网络新媒体环境下一切传播媒介和一切传播主体的关于传播价值、传播内容、传播行为的应然规范的总和。"⑤传播伦理学的理论基础来源于传播学和伦理学，从传播的过程和范围来看，传播伦理的边界涵盖了整个传播过程。广义的传播伦理概念将所有传播范畴涵盖进去，狭义的传播伦理概念则仅涵盖传媒业的传播范畴，常称"媒介/媒体伦理"或"新闻伦理"。⑥

人类的传播活动随生命起源而存在，传播的外延之大，包含了整个人类社会的信息交流和思想传递。伦理是伴随着人类的社会性行为发展而来的，它是包含在人类的传播活动中不可或缺的重要因素。马克思、恩格斯在《德意志意识形态》中指出："思想观念、意识的生产最初是直接与人们的物质活动，与人们的物质交往，与现实生活的语言交织在一起的。观念、思维、人们的精神交往在这里还是人们物质关系的直接产物。"⑦传播最初发源于人们的物质生产和交往，早期人类传播活动的媒介大多是自身的身体语言或声音，处于与生命活动一致的阶段。随着社会生产力的发展与社会制度的变革，社会产生差异，人

---

① 王海明. 伦理学方法[M]. 北京：商务印书馆，2003.
② 倪愫襄. 伦理学导论[M]. 武汉：武汉大学出版社，2002：9.
③ 陈金华. 应用伦理学引论[M]. 上海：复旦大学出版社，2015：2.
④ 陈汝东. 传播伦理学[M]. 北京：北京大学出版社，2006：8.
⑤ 周挥辉. 论传播伦理的内涵建构[J]. 理论月刊，2018（4）：157-161.
⑥ 张咏华，贾楠. 传播伦理概念研究的中西方视野与数字化背景[J]. 新闻与传播研究，2016，23（2）：120-125+128.
⑦ 马克思，恩格斯. 马克思恩格斯选集第1卷（上）[M]. 北京：人民出版社，1972：30.

们的自我意识形成，传播活动在传播的过程中伴随着人类意识的发展而逐渐深化。

传播活动不是漫无目的地进行的，它是有意识、有目的地进行传播和交流，传播者在传递信息、交流思想的过程中蕴含着其想表达的意义。从传播的社会属性来看，它是人类进行交流、延续文化的重要形式，这种属性笼罩在人类伦理道德观念之下，因此，传播和伦理的连接是自然而然的。人的属性是复杂的，作为人类存在的体现，传播行为也是复杂的，传播行为发生的过程已然蕴含着伦理道德，并在传播的过程中不自觉地将伦理道德传递开来。传播伦理对于社会关系的形成和发展有着非常重要的作用，传播本身需要引入伦理道德的规范，以此来保证社会活动和社会关系的健康运作。

传播伦理包含信息的正义与非正义性、合理与不合理性、善与恶的价值判断等，是伦理在传播过程中的体现。根据"传播""伦理"的概念界定，以及传播伦理的研究对象范围，我们认为传播伦理是指在传播活动中，贯穿传播主体、传播过程、传播行为、传播媒介整个过程所涉及的社会关系以及社会性行为的规则、秩序和道德规范，并且它会随着时间和社会的发展不断地变化和更新。

（二）传播伦理的研究范围

传播的概念是广泛的，对于传播伦理的范畴讨论需要将广泛的传播背景与具体的实际情况相结合进行界定。根据拉斯韦尔的"5W"传播模型，一个完整的传播活动包括传播者（谁）、信息/内容（说了什么）、渠道（通过什么渠道传播）、接收者（传给谁）、产生了什么效果。传播的五大要素分别构成了传播学中的控制分析、内容分析、媒介分析、受众分析和效果分析五大领域。5W模式表明传播过程是一个有目的性的行为，表明信息在传播过程中携带着传播者想要传达的内容或情感。因此，从传播过程对传播伦理的范围进行限定，主要包括传播主体、传播内容、传播对象、传播行为、传播媒介、传播事件等过程中所包含因素的伦理道德规范。

在传播对象的层面，传播一般分为人内传播（自我传播）、人际传播（人与人之间的传播）、组织传播、集体传播和大众传播。人际传播和大众传播是最为基本的传播类型，对应了人类个体性与社会性的双重属性，即个体对个体之间的传播和在社会中对大众的传播。人际传播常常发生在人与人之间，包括日常面对面的交流和沟通，这样的传播形式与上文所说的人伦关系相对应，属于社会伦理的范畴。相较于人际传播的稳定性而言，大众传播处于更加复杂的环境，并且时刻处于变化之中，传播的社会性更为凸显。首先，面对更加多元化和复杂化的传播过程，传播对象数量庞大且身份不固定，传播渠道增加，干扰因素变多，社会伦理道德对它们的约束力量变小，为传播者突破传播过程的伦理准则提供了可能性。[①]其次，在大众传播的社会性背景下，道德的内涵和外延不断扩展，道德不再局限于对个体的约束，同时拓展至对于整个社会的约束作用。随着互联网技术的发展，人们进入和使用媒介的门槛变低，注意力经济的盛行催生了网络红人、网红经济等现象，在愈加开放的网络环境下和经济利益的驱动下，不少博人眼球的恶俗文化违反了传播过程的伦理准则，因此，大众传播伦理的道德规范制定具有必要性、紧急性和迫切性。从整体而

[①] 邓名瑛. 传播与伦理：大众传播中的伦理问题研究[M]. 长沙：湖南师范大学出版社，2007：3.

言，传播伦理一般聚焦于大众传播的领域中，讨论传播过程的伦理道德问题。

（三）传播伦理的特点

传播伦理是社会伦理的组成部分之一。从伦理学的逻辑体系来看，传播伦理属于应用伦理学的范畴，以人们生活中的实践问题和社会发展、科技发展中的道德问题作为其研究对象。传播伦理作为社会道德的一个方面，既具有道德的一般属性，如利他性、自觉性、理想性、层次性、阶级性等，同时从传播的角度来看又有差异性。简单来说，传播伦理的特点就是传播伦理的利他性、传播伦理的自觉性、传播伦理的理想性、传播伦理的层次性等。

具体来说，传播伦理的利他性指的是传播行为是有利于他人的，这种行为是符合社会道德规范要求的。传播伦理的自觉性研究的是传播主体实施道德自律，自觉实施符合社会道德行为规范的传播行为。传播伦理的理想性指的是传播的道德规范在社会现实的基础上产生并高于社会现实。传播伦理的层次性是指传播道德的内部构成以及存在方式是有一定层次的。此外，传播伦理道德区别于一般伦理道德的独特之处在于传播性。传播伦理特指人类传播领域的伦理道德规范，将范围限定在传播行为之中，与其他人类道德凸显区别。[1]

第二节 传播伦理的意义

传播伦理是一门由传播学和伦理学共同构成的新型交叉性学科，对于传播伦理的研究具有独特的意义，尤其是在现代社会背景下，技术的升级、制度和文化的变化带来的人类意识变化也将影响传播伦理内涵的改变，在繁复的信息环境和现实背景下，对于传播伦理的研究显得尤为紧迫。

一、传播伦理的理论和现实意义

首先，传播伦理作为传播学和伦理学共同构成的交叉学科，它的出现对于加强传播学界、伦理学界、媒介实务界以及公众和社会之间的沟通和交流等方面有着重要的意义。坎贝尔在《作为民主艺术的新闻事业》中提到，"市民、专家、新闻工作者和学者很少一同工作，我们往往局限于自己的领域。当我们在公共领域会面时，我们只携带了部分话语来参加对话。市民带来了要求而非期望；专家带来了知识而非弱点；新闻工作者带来了功绩而非失败；思想者带来了观点而非想象；这些要求、知识、信息、批评、功绩和观点为公共对话做出了贡献，而期望、弱点、物质、惶惑、失败和想象则遭到了嘲讽。所以，对话是不完整的。"[2] 传播和伦理的结合将研究对象的范围圈定到了人类的传播活动，这是有意义的，因为传播活动也在社会伦理框架的范围内，将这两个概念整合在一起进行讨论并产生新的

---

[1] 陈汝东. 传播理伦学[M]. 北京：北京大学出版社，2006：9.
[2] CAMPBELL C C. Journalism as a democratic art[J]. The idea of public journalism, 1999: 13-33.

学科，有利于为传播学界、伦理学界和公众之间搭建一个开放的平台，有利于促进思想的交流和问题的解决。作为新的学科的传播伦理的建立也具有重要的意义。

其次，有学者指出，当前传播伦理问题不仅影响了其自身的建设和发展，也直接影响了我国的社会道德重建的工程。传统的道德价值体系在多元传播环境的冲击下逐渐被解构，加大了社会道德"失范"的惯性，加重了社会道德重建工程的难度。而传播伦理的研究从一个全新的视角对当前社会道德重建的问题进行探索，为讨论社会道德重建提供了新的视角和方法。[①]

最后，传播的概念较为广泛，从传播过程和传播范围来看，传播所蕴含的元素较多，传播伦理从一个总领性的角度将它们囊括在一起，对其所包含的伦理道德进行了讨论，对于具体的，如新闻传播伦理、传媒传播伦理、广告传播伦理、网络传播伦理等领域具有指导意义。尤其是对于大众传播媒介来说，它在社会伦理中承担着多重角色职能，既是道德的传播者与教育者，通过媒介符号系统使大众受到道德价值观念的感染，又是社会价值的导师和道德规范的立法者。随着大众传媒的不断发展，它已然成为大众获取信息的主要渠道，在对于道德的传播取向上有着很重的发言权，此外，大众传媒在传播过程中将道德规范要求隐含在新闻、文艺、体育等节目内容中，通过各种媒体对受众进行交叉、反复的影响，形成围绕在受众生活周围的"道德信息场"。大众传播还是社会道德的监督者，它监督着社会道德的运行，督促人们遵守一定的道德准则，维护道德的尊严。[②]

二、传播伦理的合理性与必要性

（一）传播伦理的合理性

传播本身具有道德属性，并且通过与社会价值系统的关系表现出来。传播作为人与人或人与社会之间的行为，其本身受制于社会道德。传播主体在进行传播活动时会受到行业或职业道德规范的约束，超出这一道德范围的内容则会受到社会规范的冲击。从传播的过程来看，传播主体、传播渠道（环境）、受众等都具有一定的道德修养，传播行为发生在一定的社会道德环境中，并且传受双方进行一定的道德互动，因此在这个流动的过程中，传受双方的道德观念和修养可能因受到影响而发生变化。

传播伦理是人类传播活动中道德规范的体现，传播的社会性决定了传播伦理是社会伦理的一个组成部分，因此，社会伦理道德有时也会通过传播伦理来体现。由于传播在人类生命过程中占据着重要位置，即传播是人类生命的体现，有学者认为传播伦理在社会道德中所起的作用比在其他领域中更大，足以成为社会整体道德的基础。[③]

与此同时，传播和社会规范紧密相连。社会规范指的是社会中占统治地位的为社会上绝大多数人共同遵循的行为规则的总和。社会规范是通过人的言行在实践中发挥作用，而

[①] 郑根成. 媒介载道——传媒伦理研究[M]. 北京：中央编译出版社，2009：43-53.
[②] 郑根成. 媒介载道——传媒伦理研究[M]. 北京：中央编译出版社，2009：9.
[③] 李晓东，等. 走进伦理学[M]. 北京：中国社会出版社，2010：3.

传播的作用就是在社会实践的过程中对这种规范进行传递扩散。人在社会中成长的过程就是不断接受来自社会各方面对他进行传播的过程。传播与社会规范是相辅相成的关系，社会规范要变成社会成员心中共同承认的道德规范，传播在其中所起的作用不言而喻，是时时刻刻在提醒和强化的，而传播是形成社会规范的必要途径，在促进社会变化时，传播又推动了人类社会的发展，每一次新变革的产生都离不开传播，这有助于形成新的社会规范。

"先进的个体思想要想转化为社会心理，需要传播发挥作用；而要把社会心理转化为社会规范，使广泛的社会精神现象上升到意识形态，就需要广泛的传播去酝酿、沟通和交换意见，经过传播—反馈、反馈—传播的若干次反复，最后才能形成一种具有广泛影响的、有自身体系的社会规则。"[①]

（二）传播伦理的必要性

大众传媒在传播时应该注重传播的真实性，以促进社会的公平和公正，自觉承担其所拥有的社会道德责任。大众媒介作为现代信息社会的构成要素，构成了大众传媒生存和发展的基础，同时具有社会性，能够促进社会整体利益的发展。大众传媒的重要性决定了其承担的社会责任，以发挥出自身的社会功能。

大众传媒的发展随着时间的变化呈现出与社会的相互作用不断增强的趋势，这也决定了传播模式发展的重要方向，人们对大众传媒的认知也由浅到深，从单一的发展模式变为更多元的发展模式。此外，传播媒介的社会主体性也呈现出不断增强的趋势。从久远的集权主义时期到自由主义时期，再到 20 世纪对于大众传媒独立发展的呼吁，这其中也不乏各种社会道德问题。随着后现代大众传媒阶段的出现，社会意识的改变带动了社会意义和价值的消解，呈现出娱乐化倾向，时至今日，传播环境的多元性和接触媒介的易得性催生出来的网络文化和网红经济不乏背离社会道德的例子。根据黄富峰对于大众传媒与道德关系的认知，他认为，大众传媒的功能是其与社会建立道德关系的基础，通过大众传媒的信息传播的作用强化了人与人、人与社会的沟通，以形成人类社会，并指出大众传媒的社会功能主要包括以下四个方面。[②]

（1）参与社会协调，促进社会和谐发展。大众传媒能够渗透至生活的方方面面，成为动员社会成员的重要力量，也是社会生活的公共因素。社会和大众传播是相互渗透的关系，大众传媒通过议程设置的方式来参与社会协调，因此，议程设置也是大众传媒承担道德义务的重要方式之一。它的设立代表了公共利益，其目标是促进社会公正、公平。议程设置嵌入了媒介想要传达给受众的思想、观念和态度，通过对相关信息的选择、传递、解释等引导公众形成对某一事物的看法，形成比较一致的意见，以此促进问题的解决。

（2）监督社会环境，引导正确舆论。大众传媒在信息的流动和传播中占据主导地位，在收集和传播信息的过程中掌握一手资料，对可能发生的变化进行预测并向人们发出警示，以便引起人们的注意。

[①] 陈龙. 大众传播学导论[M]. 苏州：苏州大学出版社，2006：9.
[②] 黄富峰. 大众传媒伦理研究[M]. 北京：中国社会科学出版社，2009：1.

（3）传播先进文化，承担社会教育职能。大众传媒对所传播的内容具有选择性，优秀的文化能够引导人们向善，提升人的精神境界和道德水平，稳定社会秩序和建立道德规范。大众传媒应承担传播先进文化的责任，在社会文化发展中起到标杆作用，而优秀文化的选择则需要道德规范来发挥作用。

（4）提供娱乐功能，促进公众身心健康。随着经济社会的发展、人们精神文明的进步，人们对于信息的需求也在不断变化。在经历了长时间的工作、学习，在压力无处释放的时候，有时候无意义的信息或带有娱乐性质的信息的传递能起到缓解人们压力的作用，使人的情绪得到放松。但娱乐性也有积极和消极之分，在传播的过程中要在道德的标准下进行区别，选择具有正面价值的娱乐信息进行传播，最大限度地消除其负面影响，以促进公众身心健康发展。大众媒介除了表现出它的社会功能之外，还与政治、经济、文艺、教育、法律和宗教等社会元素相互作用，形成道德关系，在此就不赘述了。

三、对建设新时期传播伦理的呼吁

从互联网的发展速度来看，网络媒介场域相较于传统媒介场域而言，逐渐成为社会生活中重要的公共领域，由于网络媒介场域受限制较小，伦理道德失范时有发生。传播伦理道德失范具体表现为：内容质量低下，信息泛娱乐化、低俗化；群体极化现象并由此引发网络暴力；网络虚假信息、网络谣言以及网络欺诈和诽谤等。

例如，许多网络视频的传播中存在着诸如内容低俗、隐私泄露等把关不到位问题。2019年8月，山东枣庄有两个女孩模仿某美食创意短视频博主发布的"用易拉罐制作爆米花"视频，在进行操作后，高浓度酒精被点燃后引起爆炸导致受伤，其中一位女孩的烧伤面积达96%，最终因抢救无效而去世。因模仿网络视频中的行为而造成人身伤害的例子还有很多，在类似的网络视频的传播过程中，博主是否设置风险提示，短视频平台的审核机制是否有效都存在很多漏洞。

互联网传播的便捷性、获取信息的即时性等特点让虚假信息的快速传递成为可能。根据中国互联网联合辟谣平台的热点谣言分析可知，2019年大量谣言在网络中进行传播并引发一定程度的网络失序，如"高铁上教训霸座男获4个月拘役罚6万"视频被故意剪辑；"复兴号与和谐号飙车"视频未经证实就在媒体中发布。[①]从传播内容的角度分析，这类图片或视频能够引起关注的有公共事件，也有能满足人们猎奇心理的事件。由于技术力量使得制作虚假图片和视频变得非常容易，且没有传播成本，公众在面对这一类信息时也应该保持审视的态度，在未经证实前不轻易传播信息。

一些网红利用网络视频或网络直播进行非法传播活动，在一定程度上构成了网络欺诈。"乔碧萝殿下"曾是斗鱼APEX分区的主播，2019年7月25日，因在直播过程中遮脸的卡通图像掉落，"乔碧萝殿下"的真实相貌曝光，与其平时发布在个人平台上的照片完

[①] 中国互联网联合辟谣平台. 1月热点谣言榜单出炉，天上地下就是"盘它"[EB/OL]．（2019-02-03）[2020-12-25]. http://www.piyao.org.cn/2019-02/03/c_1210054515.htm.

全不同，引发了"萝莉变大妈"的网络热议。2019年8月1日，斗鱼直播平台公布处理公告，称经平台调查核实，该事件系主播"乔碧萝殿下"自主策划、刻意炒作，平台决定即日起永久停封"乔碧萝殿下"的直播间。随后"乔碧萝殿下"转战虎牙直播，被虎牙禁播。2019年8月4日，"乔碧萝殿下"又在Bilibili进行直播，被Bilibili永久封禁。

技术的升级、传播的复杂等因素都导致了矛盾冲突的加剧，暴露出传播伦理中的失范问题和社会隐患。在技术赋能的背景下，"每个人都进入了被计算的时代"。大数据时代人们的信息隐私变得更加不安全，人工智能的伦理规范、个人信息保护的失控和滥用、AI武器化和网络恐怖主义等事件使人们惊惧于自我保护的困难。[①]随着技术发展，企业在资本利益和社会责任的矛盾冲突下，也存在一定程度上的传播伦理失范。因此，建立伦理底线意识，对用户树立独立人格、启发理性思考，对企业树立责任理念、强化责任意识具有重要意义。

第三节　传播伦理的发展与现状

探索传播伦理的发展和现状有助于我们更好地掌握这门学科的发展动态，加深对其系统脉络的理解，从而能够更好地在社会实践中进行运用。传播伦理学属于传播学和伦理学的交叉学科，它的发展晚于传播学和伦理学。

一、新闻伦理的发展与现状

新闻伦理随着新闻活动的出现而产生，它是调整新闻活动与社会其他活动之间关系的道德规范的总称，最初多用于对新闻活动进行道德性约束。

古罗马时期，为王公贵族抄送行政公报的人需要履行忠实传递的义务，传送公文和消息的驿站也有严密的交接和保密制度。"两国交兵，不斩来使"也是军事传播的道德公约，史家的"秉笔直书"是对公众知情权的维护和尊重。古代的传播行为虽然对新闻活动产生了一定的约束，但还远远不及新闻伦理形成的地步。新闻伦理的形成与发展，产生在新闻职业道德出现以后。

17世纪初，近代定期印刷报纸的出现标志着新闻事业的诞生，新闻工作者作为职业被社会广泛认可，由此新闻职业道德开始了其自身的发展。作为新闻伦理的直接表现形式，新闻职业道德是人类社会依靠社会舆论、传统习惯和内心信念来维系的，是对于人的行为进行善恶评价的社会意识、原则规范和行为活动的总称。职业道德的产生有别于一般道德，它是以社会分工作为前提条件的，因此，新闻职业道德是随着新闻事业的产生而发展的。学者李衍玲将新闻职业道德的发展分为三个基本阶段，即自我发展阶段、国际化阶段和社

[①] 方兴东，钟祥铭，彭筱军. 全球互联网50年：发展阶段与演进逻辑[J]. 新闻记者，2019（07）：4-25.

会一体化阶段。①

第一阶段是自我发展阶段，主要是指 17 世纪初至第二次世界大战结束的时期，各国的新闻职业道德发展与各国的具体情况相关，当时尚未建立国际新闻道德控制体系。美国作为发达资本主义国家，其新闻事业以及其新闻职业道德的建设和发展也相对较为成熟。19 世纪 30 年代后，资本主义发展进入自由竞争阶段，商业化倾向在美国报业中的表现十分突出，为了追逐利润，报纸上出现了大量色情、凶杀、犯罪等低俗化内容，给社会带来了严重危害。19 世纪末的"黄色新闻"是重商主义的典型表现。20 世纪后市场垄断的加剧使得新闻业更加腐败，在新闻传播渠道减少的前提下，广告开始发挥作用，成为报业利润的主要来源，同时，刊登虚假广告的现象十分普遍。20 世纪 20 年代以来，人们意识到媒介力量的失控，掀起了"清垃圾运动"，将新闻职业道德建设提上日程。最早提出新闻职业道德问题的人是霍勒斯·格里利。美国新闻界在社会各界的监督下，新闻自律的职业团体和新闻职业道德守则开始出现。1934 年，美国记者制定了《记者道德律》，这是世界上第一个由职业团体制定的最有影响力的新闻道德规范。

我国近代新闻行业的从业人员注意到了新闻伦理道德问题，提出了明确、具体的新闻道德规范。著名报刊政论家王韬在《论日报行于中土》中说："顾秉笔之人，不可不慎加遴选。其间或非才，未免失小而遗大，然尤其细焉者也；至其挟私评人，自快其忿，则品其计下矣，士君子当摈之而不齿。"郑观应在《盛世危言·日报》中评道："执笔者尤须毫无私曲，暗托者则婉谢，纳贿者则峻拒之，胸中不染一尘，惟澄观天下之得失是非，自抒伟论……"②

英国在资本主义制度确立以前的封建时代，其报纸出版受到严格的管制。1586 年，英国颁布的《星院法案》对出版人员的资格和出版地都进行了限制。1695 年，英国议会废除该法案，英国新闻业从此进入自由发展的阶段。1953 年，英国成立了报业总评议会，对新闻职业道德问题做了总结性的规定，成为许多西方国家的样本。

第二阶段是国际化阶段，主要从第二次世界大战后至 20 世纪 80 年代初。这一阶段的新闻道德建设具有两个突出特点：一是国际化的新闻道德规范产生；二是许多西方国家建立了新闻评议制度。这两方面有力促进了世界各国新闻职业道德建设的发展，推进新闻职业道德建设更加深入。1916 年，第一届世界报业大会通过了《记者守则》，这是第一个具有国际影响力的新闻职业道德规范。1926 年，第一届泛美报业会议通过了旨在协调美洲国家之间新闻传播活动的职业道德规则，提出真实准确报道新闻、报道不掺杂个人意见、不借报纸之名谋取特权等要求。

第三阶段是社会一体化阶段，新闻客观主义作为西方新闻学的重要概念，于 20 世纪 60 年代受到新新闻主义的强烈冲击。新新闻主义是对客观主义理论的游离和发展，反映了新闻传播的社会化趋向，是新闻传播社会化的前奏。③随着社会的发展和技术的进步，新

---

① 李衍玲. 新闻伦理与规制[M]. 北京：社会科学文献出版社，2008：10.
② 李衍玲. 新闻伦理与规制[M]. 北京：社会科学文献出版社，2008：18.
③ 李衍玲. 新闻伦理与规制[M]. 北京：社会科学文献出版社，2008：10.

闻传播活动的社会化趋势变得越来越突出。网络传播环境的多元化要求新闻道德规范的内容也随之深化，需要更加注重新闻伦理与法制的协调配合以期适应新闻社会化。新闻的职业道德规范除从业人员对于自身的约束以外，还有行业外监督、组织监督，新闻委员会、媒介评论刊物的监督。在新媒体环境下，还需要社会舆论的力量及政府的推动来共同维护新闻伦理的良好生态，这其实对从业人员的职业能力提出了更高的要求。

二、大众传媒伦理的发展与现状

媒介和通信技术的持续快速发展，促使人们继农业社会和工业社会之后，提出了传媒社会的概念。[①]大众传媒对于现代信息社会而言是不可或缺的一部分，它承担着上情下达的重要作用，大众传媒伦理研究基于应用伦理学的方法，主要研究对大众传媒的道德关注和伦理等方面。

随着传媒技术的发展，传统媒体积极整合成为更大的传媒集团，新媒介和传统媒介也呈现出相互融合的趋势。大众传媒的主要特性是大众化，传播媒介在技术升级和环境变革的背景下呈现出多元化的特征，拓宽了人们的选择范围；对于大众而言，媒介形式和传递的信息纷繁复杂，在传播过程中对于信息的分辨需要自身媒介素养的提高，对于大众传媒信息的依赖性不断增强，成为人们生活的一个重要组成部分。大众媒介在人们的生活中具备传媒导向性，在经济和文化的发展背景下，大众传媒也呈现出产业化趋势，具备了明显的传媒特征。

当大众传媒伦理成为大众生活的一部分时，它所指涉的原本的职业道德规范产生了新的要求，大众传媒存在的价值、所形成的各种关系、对行为做出善恶判断和理性指导至关重要。大众传媒伦理来自传媒实践发展的要求，对大众传媒伦理的发展状况研究主要集中在以下几个方面。[②]

第一，关于大众传媒从业人员的职业道德研究。例如，联合国新闻自由小组制定的《国际新闻道德信条》是全球性的新闻职业道德规范。1991年1月，中华全国新闻工作者协会制定了《中国新闻工作者职业道德准则》。由于新兴媒介的迅速发展，大众媒介中的传受双方的边界逐渐模糊，这也对传播者的职业道德提出了更高、更新的要求，因此，媒介伦理研究需要突破职业道德规范的层次，扩大理论范围。

第二，各种具体传媒形式的伦理学研究蓬勃发展。大众传媒技术的发展使得新兴媒介的形式变得更具有综合性，传统媒介也正在复杂的媒介环境下进行转型变革，各种传媒的具体形式和伦理学进行研究结合，如新闻伦理、网络伦理、网络视频伦理等，这要求各种形式的传播媒体的发展要进行综合统一，进一步探究大众传媒伦理的内在依据和动力，掌握大众传媒伦理的本质发展规律。

第三，对于大众传媒各方面的具体道德问题进行深入研究。比如大众传媒的公信力、

---

① 乔治·恩德勒. 经济伦理学大辞典[M]. 王淼洋, 译. 上海: 上海人民出版社, 2001: 309.
② 黄富峰. 大众传媒伦理研究[M]. 北京: 中国社会科学出版社, 2009: 1.

自由度、性别歧视、隐私权等，尤其是在传播环境复杂化的情形下，对于隐私权保护和道德规范问题的探讨有着重要的意义。

第四，关于大众传媒的道德教化功能在社会道德发展过程中的作用和个体道德品质形成的影响。在现实环境下，我国的传媒生态发生了重大变化，新媒介的出现和流行，传统媒介的变革和转型要求我们在理解大众传播伦理时，除了依赖于健全法制和规范市场以外，自我媒介素养的提升也很有必要。

思 考 题

1. 请简要说明伦理和道德的区别和联系。
2. 传播伦理的概念是什么？
3. 传播伦理包括哪些研究范围？
4. 传播伦理具有哪些特点？
5. 传播伦理研究具有何种理论与现实意义？

实 践 任 务

请简要梳理国外新闻传播伦理的发展历史，与我国新闻传播伦理的发展相比较，指出具有哪些共性和差异。

第四章

新媒体传播伦理

> **学习提示**
>
> 媒介技术是一把双刃剑,在提高信息传播效率、促进新闻业界发展的同时,也带来了诸多伦理问题和挑战,这些伦理问题具体表现为受众隐私权等权利被侵害,虚假信息和有害信息泛滥等。针对新媒体传播所产生的伦理问题,尤其是在智能媒体技术广泛应用的背景下,我们有必要探寻合理的规制路径,针对新媒体伦理的研究也应向纵深努力,发展具有自身特色的理论体系。①

伴随着新媒体日益强大的影响力,新媒体传播的伦理问题不仅体现在新闻传播领域,其影响也渗透到了社会生活的诸多方面。我们探究新媒体传播伦理,旨在更加深入地诠释新媒体发展的特征及其规律,也为受众的媒介化生存提供可靠路径。

第一节　新媒体传播伦理概述

"媒体及信息和通信技术的持续快速发展,促使人们继农业社会和工业社会之后,又提出了传媒社会的概念。"虽然"传媒社会"概念的准确性有待商榷,但却提示人们,在现代信息社会中,媒体日益显示出其强大影响。②凭借现代化媒介技术的强势力量,迅速发展的新媒体已占据人们文化生活的中心位置,多元化和多样化的新媒体越来越深刻地影

---

① 常江,田浩. 克利福德·克里斯琴斯:用存在伦理学替代理性伦理学——媒介伦理研究对个体理性的"抵制"[J]. 新闻界,2020(1):4-10.
② 乔治·恩德勒,等. 经济伦理学大辞典[M]. 王淼洋,译. 上海:上海人民出版社,2001:309.

响着人们社会生活的各个方面，新媒体成为现代信息社会的重要构成因素。传播学的迅速发展正是对这一社会发展进程的积极回应，其中，新媒体伦理研究就是基于应用伦理学的方法，对新媒体的存在和发展方式所进行的道德关注和研究。

一、新媒体传播涉及的伦理关系

伦理关系是人与人在社会交往中不断形成的，它以一定的社会生活为基础，随着人们生活方式的变化而不同。在新媒体高速发展的背景下，人类传播活动中所涉及的伦理关系与传统的伦理关系也有所不同。

（一）人与自身的伦理关系

伦理是指在处理人与人、人与社会相互关系时应遵循的道理和准则。马克思认为个体要想在自然界中生存和发展，必须通过自己的劳动对客观事物加以改造以满足自身的生活需要，这也是人具有主观能动性的重要依据。因此，有自觉意识的人们知道自己该做什么，不该做什么，这本身就是人与自身伦理关系的体现。

在新媒体传播中，人与自身的伦理关系可以界定为信息的传播者与他所传播的内容之间的关系。在互联网世界中，信息传播主体是一种虚拟的存在，信息的传播也变得更加容易、便捷，仅仅通过几个简单的点击动作就能够完成信息的发布，并不需要信息传播者亲力亲为地向别人传播信息。在这种信息传播方式下，信息传播主体发布信息的成本大大降低，再加上缺乏必要的法律规制，与之相伴的就是信息传播主体的责任意识淡薄，继而信息传播主体作为公民的义务意识也逐渐淡化，随之就出现了人们在利用新媒体传播信息的时候没有自律意识，随意发布或者转发未经证实的信息，甚至是发布或者转发一些虚假信息等行为。

之所以会出现上述情况，主要原因在于互联网在为人们提供了一个更加方便、快捷的信息传播方式的同时，却无法为人们提供一个与之相适应的伦理规范体系，也就是说互联网仅仅是一种工具，它能够为人们传播信息提供便利，却不能自行生成与之相适应的伦理规范。在新媒体信息传播中，对新媒体信息传播者产生约束作用的往往是传播者自身的道德标准和自身品德，在缺乏相应法律、道德约束的情况下，传播者很容易出现对自我要求下降的问题甚至出现违法行为。

（二）人际伦理关系

除了人与自身的伦理关系，在我们身边最为重要的就是人际伦理关系。马克思曾指出："人的本质并不是单个人所固有的抽象物。在其现实性上，它是一切社会关系的总和。"[①]从这一点上来说，人际伦理关系对每个人都有着非常重要的影响。

在新媒体传播的过程中，也不可避免地存在着人际伦理关系，而这种人际伦理关系主要是通过新媒体传播手段连接起来的信息发布者与信息接收者之间的关系。新媒体传播与传统媒体传播相比，它所具备的一个非常重要的特点是，新媒体是所有人对所有人的传播，

[①] 中共中央马克思恩格斯列宁斯大林著作编译局. 马克思恩格斯选集（第1卷）[M]. 北京：人民出版社，2012：18.

而且新媒体传播在信息的审查方面要求很低，也缺乏相应的追责机制，在这种情况下，信息发布者能够很容易地发布未经证实的信息，甚至是虚假信息，而且不需要承担相应的责任。与此相适应的是，人们在通过新媒体接收信息、进行沟通交流的时候，不可避免地会提高警惕意识，而且每一次利用新媒体发布信息所产生的道德失范行为都会成为人们记忆中对新媒体不信任的标记，也会对人际伦理关系形成一定的冲击，造成不良的影响。

（三）人与社会的伦理关系

人与社会之间的伦理关系，即社会伦理关系。"人不是蛰居于世界之外的存在物。人就是人的世界，就是国家、社会。"[①]人是具有社会属性的活动体，每个人从出生那一天就进入某种特定的社会关系中，这种社会伦理关系随着他在社会中的不断前进，对其产生深刻影响。每个人所处的环境不同，个人的经历不同，会对各自道德观念的形成产生重要的影响。由于社会中每个人的家庭背景和国籍不同，阶级地位和民族信仰也不同，其所形成的思想意识和看待事物的角度都有这一时代和所处道德环境的烙印。在这种现实道德环境中，人们都会自然地承担起相应的社会道德责任，不做任何损害社会利益的事情。

在新媒体传播中体现出的人与社会之间的关系就是新媒体传播主体与社会之间的关系。新媒体传播主体与社会的关系不同于现实社会生活中的等级地位差别，它具有很大的平等性，人们之间的沟通更加广泛而无约束。这种无地域、无国界的传播特点不但缩短了各国人民之间的距离，而且突破了种族、地区的界限。然而这种无界限的平等有时也会让人们做出损害他人利益及社会利益的事，人们应当在追求个性化的同时承担相应的社会责任，使人与社会形成和谐的伦理关系。

二、新媒体传播产生的伦理变化

（一）传播伦理研究回溯

"人们自觉或不自觉地，归根结底总是从他们的阶级地位所依据的实际关系中——从他们进行生产和交换的经济关系中，吸取自己的道德观念。"[②]新媒体伦理的产生来自传媒实践发展的要求，对于媒体从业人员职业道德的研究开展得比较早，也比较成熟。例如，美国学者纳尔逊·克罗福特于1924年编辑了报业守则大全《新闻职业道德》，书中收集了许多有关新闻职业道德的信条，联合国新闻自由小组制定了《国际新闻道德信条》作为全球性的新闻职业道德规范，许多国家和新闻机构也根据自身的职业理念制定了适合自身发展的职业道德规范。

在我国，自从近代报业形成，王韬、梁启超等就论述了"报德"对办报人的重要性，此后，许多关于报业和新闻职业道德的论述以及各种新闻道德准则对新闻事业的健康发展起到了重要作用。1991年1月，中华新闻工作者协会制定了《中国新闻工作者职业道德规范》，另外还有诸多广告自律规则、出版工作者职业道德准则等，它们主要适用于以传播

[①] 马克思. 马克思恩格斯全集（第三卷）[M]. 北京：人民出版社，2008：199.
[②] 中共中央马克思恩格斯列宁斯大林著作编译局. 马克思恩格斯选集[M]. 北京：人民出版社，2012：133.

者为主体的传统传播模式,是对传播者的职业道德要求。

在新媒体时代,新兴媒体(被称为第四媒体的网络和被称为第五媒体的手机或综合传媒等)的迅速发展解构了传统的传媒关系,新媒体中的传播者和受众的界限不断模糊,二者的互动性进一步增强,这不仅使传播者的职业道德要求出现了许多新变化,而且新媒体中的新的道德问题也层出不穷。因此,仅仅强调传播者的职业道德不足以规范和适应新媒体的新发展,新媒体伦理研究需要进一步拓宽视野,突破将其仅仅作为职业道德研究的局限,扩大理论概括范围和提升理论层次。

关于各种具体新传媒形式的伦理学研究方兴未艾。新闻伦理、出版伦理、广告伦理等研究主要集中在具体传媒形式在社会结构和发展中的地位、作用以及与社会的相互关系层面。

文化产业化和新媒体集团的重组与变革是伦理变化的主要动力,而人与技术的关系以及人与新媒体之间的关系是网络伦理、手机伦理、新综合媒体伦理研究的重要视角。传媒技术的发展与人的道德精神的建构成为新兴新媒体伦理发展的内在动力。新媒体技术的发展使新兴新媒体的形式向着综合性方向发展,传统媒体也借助于新媒体的新技术积极实现自身的变革。这些都要求把各种传媒形式的发展综合统一起来,进行整体的伦理透视,进一步对新媒体伦理的内在依据和动力进行整体的哲学反思,研究各种媒介形式的变化及其相互影响,探求其内在的道德生长点,掌握新媒体伦理的本质发展规律。

对新媒体各个方面的具体道德问题研究逐渐走向深入。例如,关于新媒体的公信力、自由、媚俗、性别歧视、隐私权、弱势信息群体的保护等,都有不少研究文献。美国学者克利福德·G.克里斯琴斯等所著的《媒体伦理:案例与道德推理》,从具体案例出发研究了新媒体发展中的许多具体道德问题,并提出了解决问题的可能性道德对策。[1]陈超男所著的《彩色的天平——传媒伦理新探》,研究了传播中的自由、责任与公正,对传媒伦理问题做了初步整合,是国内第一部以"传媒伦理"命名的著作。[2]另外,还有大量的文献涉及诸多其他的具体传媒道德问题,追踪着新媒体实践的最新发展。这些具体的研究接触到了问题的前沿,比较具体和深入,但讨论问题的根本性道德理念还不十分明确,缺乏根本性道德观念的支撑。因此,新媒体伦理研究还需要从具体道德问题上升为理论,进行形而上的反思和追问,为新媒体伦理研究奠定统一的理性基础,目前在具体道德问题研究中还难以看到明确的研究范式,这制约了问题领域和研究的价值判定,急需探索具有本学科特色的研究方法和研究范式。

关于新媒体应有道德精神和道德责任的研究。加拿大著名传播学者马歇尔·麦克卢汉从传媒技术的发展与人的感知变化的相互关系出发,在其名著《理解媒介——论人的延伸》中提出了"媒介是人体的延伸"等观点,[3]把传媒技术的变革与人的生存方式联系在一起,为深入解读传媒技术与人的道德精神的内在联系提供了可靠的路径,借此路径同样可以反

---

[1] 克利福德·G.克里斯琴斯,等.媒介伦理:案例与道德推理(第九版)[M].孙有中,郭石磊,范雪竹,译.北京:中国人民大学出版社,2014.
[2] 陈超南.彩色的天平——传媒伦理新探[M].武汉:湖北教育出版社,2001.
[3] 马歇尔·麦克卢汉.理解媒介——论人的延伸[M].何道宽,译.北京:商务印书馆,2000:19.

观人的全面发展对新媒体提出的道德要求。我国学者李希光提出了公正性乃新闻学的核心原理:"新闻媒体的核心原则是公正。媒体的主要责任是帮助发掘真相,做一个监督社会和政府的'看家狗'。"[①]张国良在其主编的《新闻媒介与社会》中,将媒介文化作为渗透人心的"情感流",论述了媒介的社会功能与应该承担的道德责任。[②]公正性是新媒体道德精神的重要内容,新媒体的社会道德责任应是其道德精神的具体体现,新媒体承担其社会道德责任的基础是什么,新媒体的社会道德责任是如何统一在道德理念之中并衍化为具有丰富内容的道德品质的,新媒体道德品质的构成要素是什么等,应该进一步成为新媒体伦理研究的重要内容。

对新媒体的道德教化功能,它包括对社会道德发展的作用和个体道德品质形成影响的研究也在逐渐展开,其实质已涉及新媒体道德变化与社会整体道德发展之间的互动。在新媒体迅速发展的今天,传媒正以一种综合影响力的方式悄然改变着社会的发展历程,新媒体伦理已不仅仅是新媒体自身的问题,它的发展必将促进社会整体道德的变化。

(二)从传统媒体到新媒体的伦理变化

在以报纸、杂志、广播、电影、电视等媒体形式为主的时代,大众传媒的社会道德责任、传播者的职业道德以及传媒内部的道德关系引起了人们的强烈关注,但这种关注大多局限在一种行业式的关注和探讨,参与者主要是一些学者和从事大众传播职业的人士。

网络媒体和综合性媒体形式的发展,改变着传统媒体中传播者和受众的关系,新媒体突破了原来"大众化"的含义,实现了真正意义上的大众化。一是就新媒体自身而言,通过技术融合、分化和进步,呈现出多元化的特征,扩大了人们的可选择范围。通过技术创新,不仅让使用门槛、运行成本不断降低("傻瓜"式软件的推广、廉价接收设备的购买等),日益在深层次上影响社会发展和个人生活。二是就大众自身而言,自身生活空间的扩大和教育水平的不断提升,对新媒体信息的依赖性不断增大,信息需求和信息沟通的迫切性不断增强,获取和接收信息的能力也有了很大提高,新媒体日益成为人们生活的重要组成部分。因此,新媒体真正进入了大众生活,人们的生存方式和精神生活具备了传媒导向性,社会组织方式和社会生活方式越来越依靠新媒体,新媒体在政治制度的运行中也起到了前所未有的重要作用,新媒体呈现产业化趋势,使得社会的发展具备了明显的传媒特征。

新媒体通过步入大众的生活而对社会发展进程产生重要影响,从一个行业延伸到社会生活的各个方面,泛化到人们生活的各个层面,成为人人可以参与的"大众"行业和人们社会生活的重要组成部分。因此,传统意义上的传播职业道德已经远远不能适应媒体自身飞速发展的需要,更不能解释因其自身的迅速发展所带来的大众道德状况的变化(人们的道德由于使用了新媒体技术或者受了新媒体的影响而发生了重大改变),原来分门别类的新闻道德、记者道德、出版道德、网络道德、广告道德、手机道德需要在更广泛的意义上,需要在大众与新媒体的道德互动中,统一整合到更高的层次上,生成具有广泛解释力的新

[①] 李希光. 新闻学核心原理:公正性[J]. 采·写·编, 2003 (2): 58-59.
[②] 张国良. 新闻媒介与社会[M]. 上海: 上海人民出版社, 2001: 59-87.

媒体伦理。因此，新媒体伦理已不再是一种纯粹的职业道德，也不是某种具体传媒形式的道德，而是在此基础上形成的、关于新媒体存在和发展过程的一种道德存在，它要对新媒体存在的价值、所形成的各种关系和行为做出善恶判断和理性指导，实现人与新媒体的和谐发展。

第二节　新媒体传播伦理的主要内容

一、新媒体传播伦理的三个方面

　　传媒发展的商业化和集团化使其在社会发展中日益显示出强大力量，人们的生存理念、价值观念、生产方式、社会组织形式、社会交往方式、行为方式及生活评价方式等皆因新媒体的深刻影响而发生了重要改变。在社会变革和自身生存方式的变化中，人们需要对社会变革的原因以及自身发展所面临的挑战进行道德价值的判断、追问和反思。在信息时代，新媒体伦理顺势成为人们所要关注的重要话题，人们不仅要关注新媒体在自身发展中层出不穷的道德难题，还要关注由于新媒体的发展而引发的一系列其他道德问题，并积极寻求应对之策。因此，笔者认为新媒体伦理的内容主要包括以下三个方面。

　　第一，传播者的职业道德关系新媒体事业发展的规范性，它是新媒体伦理的重要组成部分。在研究过程中应注意两点：一是新媒体的构成要素随着新媒体技术的发展而发生着深刻变化，尤其是传播者与受众的关系已突破了传统的单向传播方式，具有双向互动性。例如，"微博"中受众和传播者的边界不再清晰，受众也成为传播者，传播者的职业道德应该顺应这种关系的调整。二是新媒体伦理不等同于新闻职业道德。随着媒介形式的日新月异及其对现代人生存和生活的深刻影响和改变，新媒体伦理所要关注的中心问题是：在新媒体已经成为现代信息社会的重要构成因素，并对现代人的生存方式已经发生重要影响的条件下，探讨传媒行为的伦理价值和伦理规范，研究新媒体各个方面的变化与人的发展的道德关系，揭示新媒体整体的道德存在，为新媒体的健康发展以及人在现代信息社会中的全面发展提供道德对策和道德建议。

　　第二，新媒体伦理的发展。学术界已对新媒体发展中的诸多实际道德问题进行了研究，但尚缺乏讨论问题的根基性理论支撑，影响了对问题的深入讨论和解决。因此，新媒体伦理研究需要在对不同层次的传媒道德问题进行反思和追问的基础上，深化理论研究。新媒体活动与人的生活方式改变的相互关系是新媒体伦理的逻辑起点，促进物质财富的增长和满足人的精神需求及提升人的精神品位是新媒体的根本道德理念。如此，就应把新媒体伦理研究提升到传媒道德精神与人的全面发展之间的内在契合层面上，更加深刻地理解新媒体发展的道德要求。

　　作为社会主体的重要组成部分。新媒体的道德行为有两个基本指向：一是指向社会的和谐与人的精神发展；二是指向新媒体内部的和谐与进步。前者是通过其对社会道德责任的承担而实现，在现有研究中往往以社会为主体，来说明新媒体的道德存在，从而提出新媒体在社会系统中享有的自由和应承担的道德责任。新媒体通过拥有自身自由的方式承担起应有的社会道德责任，促进社会的文明、和谐与进步。后者是通过深入到新媒体应有的道德精神追求，寻求新媒体的道德生长点。道德他律和道德自律是传媒行为有序和谐发展的重要保证，也体现出新媒体的道德精神追求，而新媒体各主体的和谐共处则是其积极承担社会道德责任的内在条件。

新媒体的道德观念发展。一般认为，新媒体的道德观念包括新媒体的自由、义务、权利、良心、公正，它们反映了新媒体道德实践中本质的、主要的、普遍的伦理关系和道德要求。如何利用新媒体的道德观念解决新媒体发展中的现实道德冲突，提出积极的道德对策则是传媒伦理理论走向实践和应用的一个重要问题。伦理学本身就是一门具有很强实践性的学科。因此，结合新媒体所处的社会道德环境和其自身发展中的具体道德案例，分析道德冲突，凝练道德范畴，提出道德建议和道德对策，寻求解决现实道德冲突的可能途径也是新媒体伦理所要面对的重要问题。

第三，学术界大多关注新媒体伦理自身，较少从新媒体伦理与现实社会道德的互动中探求新媒体伦理的发展方向。因此，阐明新媒体伦理在社会道德发展变化中的重要作用也是新媒体伦理研究的一个重要任务。新媒体伦理促进了社会公共生活空间的形成与改变，促进了社会整体道德的新变化。尤其是新兴新媒体（如网络、手机等）的迅速发展解构了原有的传媒关系和传媒方式，迫切需要人们从"技术—人—道德"的相互关系层面解读新媒体形式的变革与伦理要求的变化，寻求媒体的伦理存在与人的生存和发展之间的辩证关系，探索技术的变革所带来的人的道德关系变化（包括人与人、人与社会、人与自然关系的变革），不断提升人的媒介素养，更好地利用新媒体来服务自身的发展。总之，媒介技术的发展应以人的全面发展为尺度，新媒体伦理作为现代信息社会道德的重要组成部分，已成为促进社会道德发展与进步的重要力量。

二、新媒体传播中存在的伦理问题

在展开我们的分析之前，要就以下两类问题进行区分：一类是发生在网络空间中由网络空间的精神特征或社会特征决定的网络活动主体相互交往所引发的伦理道德问题，如侵犯网络隐私；一类是借助网络传播工具但在网络产生以前就已经存在，网络的产生使它们拥有了新的形式但其内容并未发生实质改变的伦理道德问题，如网络诈骗问题、"数字鸿沟"问题等。这两类问题是有区别的，前者与网络空间的精神气质和社会特征密切相关；后者虽然也采取了网络化的形式，但网络的精神气质或社会特征并不必然导致这些问题，它们更多的是受网络技术特征的影响，即网络的技术特征给这些问题的发生提供了更加便利的工具和手段。

归根结底，所有的网络伦理问题都有其社会生活的原型基础，只不过网络的出现使这些问题在网络空间中更容易发生，其表现形式也更为复杂，更难以控制罢了。从这个角度来说，网络伦理问题就是社会伦理问题的网络化形态。

（一）新媒体传播产生的伦理问题

对于迅速发展却又不十分成熟的新媒体传播，明显具有两面性。一面是新媒体传播的特征带给所有大众传播信息的自由度和接收海量信息的快感；另一面是新媒体传播的互动性、高效性、个性化等特点也为当前的传播环境带来了很多问题与困扰，使其陷入一定的伦理困境。

1. 价值观的扭曲和误导

价值观是指一个人对周围的客观事物的意义、重要性的总体评价和看法。价值观一方面表现为价值取向、价值追求，凝结为一定的价值目标；另一方面表现为价值尺度和准则，成为人们判断事物有无价值及价值大小的评价标准。个人的价值观一旦确立，便具有相对稳定性。但就社会和群体而言，由于人员更替和环境的变化，社会或群体的价值观念是不断变化着的。在新媒体传播中，传播空间的过度自由、传播环境的不断变化、参与传播人员的更替，导致通过新媒体平台传递出来的价值观偏离了传统的、正面的价值观，转向"唯金钱论""唯物质论"等扭曲的价值观。

在新媒体传播中，传统的价值观念逐渐被扭曲和误导，逐步完成了对传统伦理价值观念的解构。新媒体传播之所以能够对传统价值观念实现解构，从本质上来说，是由两种不同的传播方式决定的。在传统社会中，基本的社会结构还是处于熟人社会的阶段，人们之间的社会关系比较简单，仅仅是与熟人之间的关系，在这种情况下伦理关系也比较注重情义、人情，而在新媒体传播的社会观念下，人们之间的关系已经不再简单的是人与人之间的关系，而是演变成"人—媒介—人"之间的关系，人们所处的社会也不再是简单的熟人社会，而是可以同任何陌生人发生联系的社会，在这种情况下，传统社会讲求的情义、人情在新媒体传播社会变得不再是第一位的价值，而是让位于金钱、利益等价值观念。

随着市场经济的不断深入，传统媒体在市场化的浪潮下为了获得进一步的发展，不得不进行市场化经营，广告收入对媒体的影响与日俱增。在此影响下，扩大媒体影响力就成了媒体发展策略的主要思路。与此同时，新媒体构建起来的新型公共领域在传播信息的时候"秉承"了传统媒体的传播思路，为了赢得高点击率，同时也为了获得更高的经济利益，所传播的信息已经严重背离了我们的传统价值观。豪宅、名车、名牌包，这些奢侈的东西所传播的拜金主义、享乐主义、崇尚奢侈的价值观念对我们传统的价值观念造成了极大的冲击。在这一过程中，由于新媒体传播的特点决定了它可以将这些信息在短时间内传播到很广的范围内，进而导致了价值观被扭曲和误导。

2. 信息不对称和虚假信息泛滥

作为群体间信息传播的新型模式，新媒体传播深刻影响着人们的思维和生产、生活方式。同时也不可避免地带来了一些负面影响，其中信息不对称和虚假信息泛滥尤为明显。新媒体传播的开放性和自由性为虚假信息的泛滥提供了机会，同时也加速了虚假言论的传播速度，严重影响和阻碍了社会经济的稳步发展。

新媒体的高端技术加快了信息传播的速度，一些新媒体（如门户网站）一味追求信息的趣味性和海量性，使得一些不确定的、虚假的信息时常出现，影响了社会的正常秩序。尤其是在新媒体迅速发展的今天，伴随着"自媒体"时代的到来，人们可以利用网络、计算机系统,在门户网站、微博、微信等新媒体传播平台上自由地传递信息,有些人为了提高自身的关注度和知名度,有意虚构或故意夸大信息内容,这就导致大量虚假的、未经证实就被发布的信息充塞着网民的视线。在新媒体平台上几乎没有发布"门槛",任何人都可以随时随地发布消息,在缺乏自律的情况下,就很容易真伪共存,若是掺杂商业利益,则更使人真伪莫辨。

由于新媒体对于信息海量性和趣味性的传播要求,有些新媒体只能从别的网站大量转发一些能够吸引受众眼球的、赚取高点击率的新闻信息,而在对信息进行二次传播的时候并没有对其真实性进行核对,导致这些虚假信息在新媒体平台肆意传播。

3. 权利的侵犯与损害

新媒体传播的虚拟性和便捷性,使传播主体拥有了一个相对宽松的传播环境,在没有严格约束的环境之下,传播主体的言论自由得到了充分的满足。然而,言论自由的过分扩张必然导致公民个人权利受到侵犯和损害,主要表现为对名誉权、隐私权、著作权、"被遗忘权"的侵犯。

第一,对名誉权的侵犯与损害。所谓名誉权,是人们依法享有的对自己所获得的客观社会评价、排除他人侵害的权利,它为人们自尊、自爱的安全利益提供法律保障。侵犯名誉权在微博中应该是较为常见的,因为微博作为一种网络交流工具,它的功能之一就是博主可以对人、对事发表评论,表达自己的观点,而且这些评论和观点作为互联网上的公开信息能够为他人所查阅、获悉,因此,在微博盛行时期,其内容侵害他人名誉权的情况应该是比较常见的。

第二,对隐私权的侵犯与损害。所谓隐私,是指私人生活安宁不受他人非法干扰,私人信息保密不受他人非法收集、刺探和公开。从本质上而言,隐私权就是自然人所享有的自己的个人生活与个人信息免于被他人知悉、使用、侵扰和公开的权利。隐私权也是一项基本人权,是人之为人的一项重要权利,对于每一个人来说都具有非常重要的意义。新媒体传播侵犯公民隐私权是指利用新媒体这一传播平台,对公民的隐私权进行侵害的行为。现阶段,在网上出现了很多侵犯公民隐私权的事例,通过对这些事例进行分析,可以看到微博传播在侵犯公民隐私权方面有以下几个方面的特点。首先,侵权行为较隐蔽。在微博侵犯公民隐私权的事例中,侵权行为人一般都通过虚拟身份来实施侵权行为,他们常常利用网络的虚拟性来伪装自己。在这种情况下,被侵害人想要通过合法途径来维护自己的合法权益显得异常困难,这主要是因为如果要通过合法途径来维护自己的合法权益的首要条件就是要找到明确的侵权人,但在微博传播中要找到侵权人显得非常困难。其次,信息的传播速度非常快,造成的影响难以估计。由于新媒体传播是所有人对所有人的传播,在这种传播方式下信息的传播速度非常快,而且所造成的影响也很难控制,很有可能一个消息在很短的时间内就传遍全世界,在此情况下,侵权人侵犯公民个人隐私的行为在极短的时间内就能够造成难以挽回的损失。最后,追究责任人的责任很困难。在新媒体传播中,由于很难找到信息的源头,一个消息很可能在短短几分钟内就已经经历上万次甚至百万次的转发,这在很大程度上增加了追究责任人相应责任的难度。

第三,对著作权的侵犯与损害。在新媒体传播中,侵犯著作权的行为通常集中表现为两种形式:一种是微博、微信用户直接侵犯他人著作权的行为;另外一种是门户网站侵犯他人著作权的行为。其中，微博、微信用户直接侵犯他人著作权的行为主要是指未经他人允许将他人微博、微信的内容复制粘贴到自己的微博、微信中作为自己的微博、微信内容发表来达到牟利的目的。在网络时代，资源之间的相互共享既是网络本身的重要特征，也是一个能够为大众带来便利的方式，但在资源共享的过程中，应当尊重和保护原作者的著作权，引用他人的文章、微博等内容应当标明出处，同时也不能未经他人允许就将他人的著作直接复制粘贴到自己的微博、微信中，甚至是通过这种方式来牟利，这些行为严重侵犯了原创作者的著作权。

第四，对"被遗忘权"的侵犯。所谓的"被遗忘权"就是允许当事人删除自己或他人放置到互联网上的关于自己的令人尴尬的照片或者数据信息。[①]媒介智能化发展趋势一个显著的表征就是算法技术在信息传播过程中广泛而深入的应用。算法技术得以成功应用于新闻的生产、分发等环节的前提是大数据的支持，算法技术利用新闻算法平台所提供的关于受众的海量数据，可以为每一个受众制作用户画像。新闻算法平台利用这些或清晰或模糊的用户画像来实现新闻的个性化推送，进行针对性新闻写作等。然而这些用户画像一旦描绘形成，便难以抹去，个人在网络世界所遗留下的种种痕迹，包括受众个人基本信息、网络活动、言论、态度等将无限期保存在新闻算法平台的大数据库。因此，受众的"被遗忘权"也将不可避免地受到侵犯。

4. 信息茧房

信息茧房这一概念最早由美国哈佛大学教授凯斯·桑斯坦在《信息乌托邦》中提出，旨在诠释受众在面对浩繁的互联网信息时，更加倾向于依照自身兴趣选择性接触某些特定的信息，并且对其他信息进行排斥的现象。[②]在媒体智能技术，尤其是算法技术应用到新闻的生产与分发环节后，信息茧房不仅成为学界研究的热点，更引起了社会的广泛重视。因为信息茧房的存在，不仅会让受众的信息接收逐渐窄化，还会造成社会群体之间的隔阂与偏见、不同亚文化之间相互排斥等社会问题。[③]

（二）新媒体伦理问题的具体表现

马歇尔·麦克卢汉在《理解媒介——论人的延伸》中指出："我们塑造了工具以后工具又塑造了我们。"[④]随着网络空间的扩张，人们发现自己在充分享有由网络提供的大量有价值的信息资源的同时，网络社会由于自身的特点以及参与网络社会生活的主体差异带来了大量的令人不安的伦理道德问题，它们给我们这个本已不安宁的世界带来了新的导致不安定的因素。

1. 侵犯网络隐私

计算机网络作为网络空间主体进行交往的平台，是一个信息的海洋，有公有信息，也有私人信息。就网络交往主体来说，大多存在着这样一种心理，即尽可能地知悉他人的信

[①] 吴飞，傅正科. 大数据与"被遗忘权"[J]. 浙江大学学报（人文社会科学版），2015，45（2）：68-78.
[②] 喻国明，曲慧. "信息茧房"的误读与算法推送的必要——兼论内容分发中社会伦理困境的解决之道[J]. 新疆师范大学学报（哲学社会科学版），2020（1）：127-133.
[③] 彭兰. 导致信息茧房的多重因素及破茧路径[J]. 新闻界，2020（1）：30-38.
[④] 马歇尔·麦克卢汉. 理解媒介——论人的延伸[M]. 何道宽，译. 北京：商务印书馆，2000：2.

息,同时尽可能地使自己的信息不被他人知悉。这种的普遍心理现象实际上反映了共享他人信息和保护自己私人信息之间的矛盾,即网络隐私权和自由知悉权之间的冲突。在今天的网络交往中,交往主体的隐私权受到严重侵犯已是一个不争的事实,这既是一个法律问题,同时也是严重的网络伦理问题。

所谓隐私,是指公民的与公众利益无关的私人信息、私人活动和私人空间。[①] 隐私权即公民对自己的隐私所享有的权利,其核心是对自己的隐私依据自己的意志进行支配,具体表现为私人生活的安宁不受他人非法干扰,私人信息保密不受他人非法搜集、刺探和公开。网络空间中,大量发生的是对私人信息的侵犯,即未经信息权益人的授权而非法搜集、刺探和公开信息权益人的私人信息,其具体表现大致有如下几种情形。

一是政府和雇主的侵权行为。政府是行使公共权力的职能部门,它们在公民信息的收集、公开和使用等方面更有优势。比如,政府中的劳动、人事、卫生、统计、档案等部门,采集和使用公民的某些个人信息是它们的职权和职责,但这同时也增加了侵害公民隐私的风险。首先,是个人信息的收集范围问题,比如,应该提供哪些个人信息?哪些个人信息是不应该提供的?这往往取决于相关部门的自由裁量,而这恰恰是令人不安的。其次,上述部门有滥用权力的可能,表现为随意扩大采集和使用个人信息的范围。再次,在一些特殊的业务活动中,行政部门向一些营利或非营利组织提供公民的个人信息后,往往很难控制这些组织对个人信息的使用范围和使用方式,从而使个人信息的权益人受到侵害。人们的担心主要来自于以下方面:把数据出售给不负责任的供应商的可能,数据采集者不可信和不谨慎的可能,数据重组会生成有关个人详细的、组合的形象的可能,不准确的信息传播到其他渠道后难以纠正的可能。最后,雇主对雇员隐私权的侵害也是人们讨论得较多的一个问题,如雇主对雇员的网络监视,包括跟踪雇员的网上行踪、监视雇员的电子邮件,这些跟踪和监视有时是公开的,有时是秘密的。雇主到底有无这样的权力?由于在一种竞争非常激烈的环境中,雇员相对于雇主处在弱势地位,对于雇主的这种侵犯隐私权的行为,雇员常常是无能为力的。

二是软硬件制造商的隐秘的侵权行为。有些软硬件制造商在自己销售的产品中采用了自动收集个人信息的技术,可以在用户毫不知情的情况下收集到用户的个人信息。

三是网络服务商的侵权行为。随着互联网的广泛应用,特别是电子商务的应用和普及,许多商家希望了解用户的需求和兴趣,于是,它们出于商业目的采取各种技术手段来获取上网者的个人信息。例如,商家通过公共部门(包括政府、学校、医院等)获取个人包括姓名、住址、电话、年龄、性别、个人简历、健康状况等隐私信息,又如使用"监视软件"对用户进行秘密跟踪和记录。

四是电脑黑客和其他个人窃取网络用户的个人信息。黑客往往是网络技术高手,他们可以通过种种技术手段窃取网络用户的私人信息,如设计"黑客程序"驻留在电脑中,源源不断地获取他人隐私信息,或者攻击他人网站以获取他人隐私信息等。

网络隐私侵权行为的大量发生,其危害是巨大的。对被侵权人来说,它轻则使人失去

[①] 王利明. 人格权法新论[M]. 长春:吉林人民出版社,1994:487.

往日宁静的生活，造成沉重的心理负担，重则导致就业、个人事业和个人信用方面的障碍，甚至危及自己的生命安全。就网络本身来说，网络隐私侵权已成为网络和网络经济发展的不可忽视的障碍。因为个人信息得不到有效的保护，人们参与网络活动的热情就会大大降低。有调查显示，敏感领域内的新媒体之所以不能得到很好的发展，一个主要原因就在于人们担心自己的隐私得不到很好的保护。

2. 威胁网络安全

网络安全是国家安全的一项基本内容。自从网络诞生以来，对网络的技术攻击就和网络相伴而生了，主要包括黑客攻击和计算机病毒。就目前的情况看，对网络安全造成威胁的原因可分为以下三类。

一是威胁网络系统安全。随着计算机网络的不断发展，全球信息化已成为人类发展的大趋势。计算机网络具有开放互联、连接形式多样、终端分布不均匀等特征，易受黑客、恶意软件和其他不轨的攻击。网络系统安全主要是指计算机和网络本身存在的防止和避免遭受攻击和入侵，以确保网上信息安全的系统。当前应用较为广泛的三类常见的网络安全系统是防火墙、IDS（网络入侵检测系统）、IPS（入侵防御系统）。

二是威胁网络信息安全，主要是指网络系统的硬件、软件及其系统中的数据受到保护，不受偶然的或者恶意的原因而遭到窃取、破坏、更改、泄露，系统连续、可靠、正常地运行，网络服务不中断。

三是威胁网络交易安全。随着网络交易的普及，消费者除了使用银行卡支付外，也经常使用手机银行、支付宝、微信等方式进行支付，网络交易更加便捷，但也有不少不法分子伺机利用网络交易侵害消费者的财产安全。网络交易安全问题是指在电子商务虚拟市场交易过程中存在的交易主体信息、资金的被盗用，合同的法律效应、交易行为被抵赖等问题。

3. 充斥信息垃圾

信息垃圾又称网络垃圾或信息污染，主要是指我们上网时看到的并不需要的信息，这些信息包括垃圾邮件、网络色情（下文将做专门分析）、网络谣言、虚假广告或虚假信息等。这些信息污染不但侵占网络空间，分散网民的注意力，花费用户的时间和精力，使网络效率和诚信降低，而且对青少年的身心健康带来严重侵害。一些多余信息、过时信息、不健康信息、虚假信息、失真甚至错误信息也随着网络传播开来，这不仅给社会的价值观产生一些不良的影响，也严重危害了一些人尤其是青少年的身心健康。比如，据美国有线公司1998年的统计，该公司每天处理的300万份电子函件中，有三分之一是网上垃圾。各国政府为了解决信息过剩、消除信息垃圾问题都拨出专款，制订专项研究计划，力争解决这个令人头痛的问题。

4. 侵犯知识产权

在知识经济时代对知识产权的保护越来越引起人们的关注，这就自然地引起了信息共享与知识产权独有之间的冲突。从有效利用资源、促进社会进步的角度来看，信息共享是道德的，但是，信息产品的生产者在信息的生产过程中往往付出了大量的人力、物力和财力，因而，他们有权要求占有信息产品，通过销售信息产品来补偿其投入并获取利润。从信息传播的角度看，信息的传播需要相应的软件和硬件的支持，这些网络产品同样也需要大量的投入，这些投入也需要从网络用户中得到回报。此外，由于不同的人在经济条件、个人能力，甚至地区和民族之间等方面的差异，他们享有信息的条件也是不同的，由此也导致对信息共享精神的背离。这一问题的复杂性在于，无论是信息共享还是信息独有，都有正当的理由。因此，对于网络伦理来说，如何在信息共享与信息独有之间寻求恰当的平衡点才是问题的实质所在。

网络传播中侵犯知识产权的具体形式多种多样，如未经授权把产权所有人的产品在网络上发布，未经授权把产权所有人在网络上发布的信息作品进行转载或下载并在非网络媒体上发表盗版产品等。导致出现这些问题的原因，最关键的是对网络自由共享精神的误读。其实，产权保护与自由共享并不存在冲突，正因为有了产权保护，人们才会将自己投入了时间、精力、金钱等获得的新的知识和技术公开出来，让人们共同享有它们，从而推动社会的发展。如果没有产权保护，就不可能有对新知识和新技术的共享。可见，自由共享不等于免费共享。

5. 色情、暴力信息泛滥

在网络空间中，大量信息垃圾来自色情信息的充斥和泛滥，它们在网上流传，被网民浏览，成为危害网络健康发展的重要因素。迄今为止，人们对网络道德规范已有大量的论述，但是这些论述中有不少并未能针对网络信息传播的实质来展开，有的干脆就是将现实社会的道德规范简单地向网络社会进行移植，这无法揭示网络道德规范的实质及其特殊性。笔者认为，网络道德问题之所以大量产生，在很大程度上是网络主体滥用自己权利的结果，因此，网络道德规范归根结底是对网络道德主体权利的规范。由此，我们认为，应从网络主体在网络活动中的权利这一点入手，来探讨网络道德规范问题。

网络传播是利用网络工具进行的信息交流。每一个使用网络工具的主体既是信息的发送者，又是信息的接收者，因此在使用网络工具的不同主体之间形成了一种信息交换关系。网络传播中道德关系的本质就是网络主体间以信息交流为中心的善恶利害关系，由此可以引入"信息权利"一词来明确表达网络传播的道德关系本质。网络社会中的"失德"或"背德"行为的产生，大多与信息权利的不当使用有着密切的关系。因此，网络伦理首先要解决的就是有道德地使用网络信息权利的问题。

所谓权利，是指公民或法人依法行使自己的权力和享有的利益。[①]信息权利则是指人们依法行使对信息的权力和享有由此而来的利益。由于信息的交换过程由创立、发布、接收、储存和处理五个环节组成，因而信息权利相应地有信息生产权、信息传播权、信息接收权、信息占有权和信息处置权五项权利。五项权利相对应的就是五项义务，即信息生产过程中应承担的义务、信息发布过程中应承担的义务、信息接收过程中应承担的义务、信息占有过程中应承担的义务和信息处置过程中应承担的义务。因此，更具体地说，网络伦理要解决的，就是人们在使用网络工具进行信息交流的时候，拥有什么信息权利和义务，应该怎样选择信息行为，以及如何确定信息关系中的行为规范及其评价标准等方面的问题。

[①] 寇成茂. 权力与权利莫较劲[J]. 经济月刊, 1999 (7): 57.

第三节 新媒体传播伦理的影响

　　新媒体伦理研究是随新媒体实践的发展而发展的，只不过在传统媒体时期，由于新媒体在社会结构中的地位不够突出，在现实社会生活中的影响比较小，新媒体伦理研究主要集中在具体传媒形式的分门别类的研究，如出版伦理、新闻伦理、编辑道德、记者道德、广告伦理、计算机伦理等，研究的形式也是集中到点，虽然互有借鉴，但还没有将其整合成统一的新媒体伦理。在新媒体已成为人的一种重要生活方式的现代信息社会，新媒体伦理研究不仅要由点到面，将各种具体传媒形式的伦理研究统一起来，还要在统一的基础上，上升到更高的理论层次，新媒体伦理应向纵深努力，发展出具有自身特色的理论体系。

一、新媒体伦理的理论影响

　　具体而言，新媒体伦理研究的趋势主要包括以下几个方面。
　　一是新媒体伦理研究将对应用伦理研究产生重要的带动作用。应用伦理学的兴起，固然有学术发展的内在逻辑，它是对重逻辑分析而远离现实社会生活的分析伦理学的反叛，从而使伦理学研究回归人的生活本身，但更重要的原因却是20世纪中期以后，世界经济的迅速发展使人们的社会生活发生了剧烈变化，在诸多社会领域引发了大量的社会问题。尤其是新技术革命的出现，催生了大量新兴行业，一方面，人们对生活有着美好的憧憬和希望；另一方面，人也需要从伦理层面去认识和把握诸多的社会问题，因为这一系列社会问题直接关系到人的生存与发展，人们要对其进行善恶的追问。因此，伦理学需要转向，伦理学研究需要寻找新的问题、新的研究理念和新的研究模式。应用伦理学的兴起不是伦理学研究简单地面向生活的回归，而是向更高层次的发展。在新技术革命的浪潮中，矗立潮头的当属信息技术革命和传媒技术的迅速发展，传统的大众传播通过形式和内容的变革对人的影响不断加大，每一种新兴传媒形式的出现都迅速被大众所接受，同时，不同的传媒形式还在不断地整合，新媒体日益占据大众文化生活的核心位置，对人精神的形成和变化产生着至关重要的影响。因此，新媒体伦理研究也就成了应用伦理学研究的核心内容之一，新媒体伦理的研究必将带动整个应用伦理研究的发展。
　　二是新媒体伦理研究以人的生活方式的改变和人的精神家园的构建为己任，逐渐从伦理学研究的边缘走向中心地带。首先，新媒体伦理研究具有特殊的重要性。在被称为"信息化社会"的今天，新媒体不仅消解了传统的生活方式，也建构着一种新的生活方式。无论是消解还是建构都存在着风险和不测，而伦理的思考和追问是化解这种风险的最可靠办法之一，是对风险的自觉规避。因此，新媒体伦理研究是基于人的全面发展和精神发展走向的认识和把握，其责任可谓重大。其次，新媒体伦理研究已超越仅仅把新媒体道德当作一种职业道德的研究。新媒体已渗透于社会的各个行业和领域，新媒体自身的道德价值观念和其所言说的道德观念对其他类型的职业道德都产生着深刻影响，因此，正确处理新媒体具体职业道德研究与新媒体伦理之间的关系事关研究的定位。最后，新媒体伦理研究不仅需要哲学的抽象和反思，更需要各具体学科的支撑。哲学的抽象和反思是提升新媒体道德理念的必要手段，是对新媒体各种具体形式的伦理进行整合的重要方法，唯其如此，才能促进传媒伦理的纵深发展。同时，还应看到，新媒体伦理研究不仅需要各种具体传媒形式的伦理作为支撑，也需要借鉴更多其他学科的研究内容和研究方法，尤其是传媒学科和伦理学科，各具体学科的融合是新媒体伦理研究的重要平台。

三是新媒体伦理研究的批判性与建设性并存。反思和批判是应用伦理学研究的重要方法和任务，尤其是对新媒体而言，它主要是一种带有商业性的文化形态，不仅有着各种现实利益的驱动，还带有较多的主观性和随意性，在不断迎合大众的各种需求中获得发展，其内容和形式的变化速度都比较快，容易滋生不健康甚至是错误的东西；同时它又致力于满足人的精神需要，它生产的精神产品对人的精神状态产生直接的影响。因此，批判和反思就成为促进新媒体健康发展的重要保障。批判和反思的目的是更好地建构新媒体道德规范，尤其是作为信息技术的前沿行业，其发展速度和发展规模也是其他行业难以比拟的，新的问题定会层出不穷，需要有新的道德价值定位和新的道德规范，新媒体伦理的建设任务也就非常突出。因此，只有坚持批判和建设并存，才能适应新媒体伦理迅速发展的需要，才能通过新媒体促进人的全面发展。

四是从新媒体伦理的作用上看，它不仅应用于新媒体实践本身，还对社会整体道德的发展产生重要影响。新媒体伦理研究首先是对自身的道德反思、道德定位和道德建构，它要调整新媒体事业与社会整体发展、新媒体行业同社会其他行业、新媒体内部各组织主体、新媒体从业人员内部等各方面的道德关系，谋求新媒体良好的发展空间，促进新媒体自身的健康发展。其次，新媒体伦理研究的意义已超越仅仅是对媒体自身的规范和作用。由于新媒体在社会结构中的地位与作用日益重要，新媒体伦理已对社会整体道德的发展产生了重要影响，为解读现代社会道德的发展变化提供了重要路径。

二、对新媒体传播提出的伦理要求

（一）信息的创立（生产）权的使用和知识产权保护的伦理要求

按照信息传播的一般流程，传播的第一步乃是信息的生产，这就涉及信息生产的权利方面的伦理问题以及由信息生产权衍生的知识产权的伦理问题。

新媒体社会是更加自由的社会，这是人们的普遍认知。在这种认知背景下，人们往往以为在网络传播中或在网络社会生活中键盘和鼠标控制在我的手里，我想说什么就说什么，想写什么就写什么，想画什么就画什么，我是完全自由的，任何人不得干涉。其实，这是一个极大的误解，是对信息自由生产权的滥用，具体原因如下所示。

首先，我们知道，网络空间虽然具有一定的虚拟性，但虚拟性绝不意味着虚幻性或虚假性，相反，网络社会是现实社会的延伸。正如在现实社会中人们处在复杂的社会关系中一样，在网络社会中，人们同样处在复杂的关系中，网络社会中的活动主体绝不是孤立存在的，他们的行为也绝不是纯粹个人性的而不对他人发生影响的行为。这就是说，在网络社会中，作为信息传播第一步的信息的生产活动也绝不可能是个人任意表现自我的"舞台"，而是要受到网络社会关系制约的，这种制约就内含着信息生产自由的权利边界。

其次，网络再怎么发达，再具有特殊性，都只能是人类生活和生产的工具、手段，是为人类服务的，因此，新媒体活动都要受人类的生活和生产目的的制约，背离了这一点，网络将变得毫无价值，这也说明了网络信息生产权的自由是有限度、有边界的。

最后，从自由与责任的关系来看，自由的实质是责任。哲学家们早就指出过，意志自由是产生责任的前提，自由的程度越高，与此相对应的责任也就越大。这说明，网络空间的自由性不但不意味着主体道德责任的减弱，恰恰相反，它意味着主体的道德责任大大增大了。

具体到信息生产权的伦理边界来说，还要区分两种情况。一种情况是，信息生产者生产的信息只供本人使用，即信息生产出来后并不发布，因而，这些信息不会成为网络空间中的共享信息。在这种情况下，信息生产者的行为并不与他人发生关联，因而也就不存在与他人之间构成伦理关系的问题。如果说其中也有伦理关系的话，那么，这种伦理关系也仅仅是属于自我的伦理关系。另一种情况是，信息生产者生产的信息是用来发布的，因此，这些信息成了网络空间中的共享性资源。在这种情况下，信息生产者的行为直接与他人利益发生了关联，因而就不可避免地产生了信息生产的伦理问题。

这样，我们就不难理解为什么网络社会信息生产的自由权必然是受制约的、有限度的权利了，对于网络活动主体来说，信息的生产绝不是随心所欲的个人行为，坚守信息生产自由权的伦理边界是必要的，也是必需的。

（二）信息的发布（传播）权及其使用的伦理要求

在讨论这一问题之前，我们先来看看两种不同的网络信息发布形式。一种形式是，信息的发布者同时就是信息的生产者，即他（她）发布的信息是自己原创的信息。在这种情形下，信息的生产过程同时就是信息的发布过程。这和我们前面已经讨论过的信息生产权及其使用的伦理要求的第二种情形是相同的（以往，人们不区分信息的生产权和发布权，其根据就在这里），因此，信息生产的第二种情形的伦理准则同样适用于这种情形的信息发布。基于这个理由，我们在此不再加以讨论。需要讨论的是第二种形式的信息发布，即信息的发布者不是信息的生产者，或者说，他（她）发布的信息不是原创的信息。这种情形的信息发布和信息生产不是同一个过程，因此有必要对两者进行区分。通常，网络社会中的伦理问题，大量地产生在信息的发布过程中。

一个人要生产怎样的信息，发布怎样的内容，可以说完全依靠主体本人的自制或自律，外界干预不了，但信息的发布权却是可以用技术性手段或法律和道德进行规范的。例如，在技术方面可以建立"防火墙"对信息进行过滤，利用审核技术对通过敏感操作和违纪操作而发布的信息进行控制等。在法律、道德规范方面，可以对信息的发布权进行法律监管或政策规范，尤其是对于破坏性的程序（病毒）的发布和传播要进行监控。

那么在新媒体时代的网络社群成员在信息发布过程中究竟应承担何种道德义务呢？

在言论自由和表达自由的情形下，自由主义者把信息发布的自由权片面夸大，认为一个人在网络视野中想发布什么就发布什么，想发布到哪里就发布到哪里，因为键盘和鼠标都在他的手上。我们认为，在这一问题上，自由主义者实际上混淆了两个概念："能够"和"可以"。日常生活经验告诉我们：能够做的不一定可以做，能够做的不一定应当做。正因为如此，在信息发布过程中，信息的发布者仍然要从不同的层次来考虑自己的伦理责任，按照我们的理解，以下几个层次的责任是必须考虑的。

第一，从信息发布与人类整体的利益关系来看，信息发布者是人类社会的一员，而网络是人类社会重要的生产和生活工具，因此，所发布的信息不应损害人类社会的整体利益，而应有益于人类社会的进步与发展。

第二，网络活动主体不仅是人类社会的一员，在当代条件下，他（她）还是特定的民族和国家的一员，因此，所发布的信息不能损害民族和国家的利益，如不能发布反对宪法、危害国家主权统一和领土完整以及危害国家安全、侵害少数民族风俗习惯、破坏民族团结等损害国家利益的信息。

第三，网络活动主体还处在和他人的相互关系中，因此，在发布信息时，不得损害他人利益。例如，未经授权不发布涉及他人隐私的信息；不发布侮辱、诽谤他人的信息；不发布有损青少年身心健康的色情信息；不发布和传播电脑病毒；不发布虚假信息；等等。

第四，信息的发布以信息的生产为前提，因此，若发布的信息不是自己原创的信息，就必须避免侵害他人的知识产权。

（三）信息的接收（收集）访问权及其使用的伦理要求

当信息被生产并发布出来以后，在网络社会形成一种事实上的信息资源。这种信息是一种财富，每个拥有这种信息的人都有可能把它变成现实的利益。因此，在网络上信息的收集和访问密切关系到每个个体的发展，从而变得越来越重要。

网络社会遵循的是自觉奉献、资源共享的原则，因此，信息一旦进入网络，就成了一种共享性资源，每个主体都有平等地接收信息的权利。在网络上，对信息的接收是通过访问网站来进行的，而创建人对网站上的信息拥有知识产权。因此，通过访问网站来获取信息同样有伦理道德方面的要求，这些要求主要包括以下几点。

第一，不得通过非法手段进入别人的网站来获取信息。

第二，不能获取他人属于隐私权的信息，除非隐私权人愿意让他人获得自己的隐私信息，即隐私权人不再把这些信息看作是隐私信息。

第三，不应获取不利于自己身心健康的信息。

（四）信息的占有权及其使用的伦理要求

信息被生产、发布、接收（或访问）之后，就有一个信息存储和占有的问题。信息存储的方式有两种，一种是存储在大脑里，另一种是存储在电脑里，我们要讨论的是后一种情况。在个人电脑里，信息库中除了系统软件程序等预设程序信息外，大部分的信息是自动存储在电脑中的，尤其是互联网中的电脑，这种自动存储的过程是信息发布的结果，属于公共资源，无所谓所有权的问题。但有些信息被收集、选择、存储、加工之后，就有了新的价值，这是一种创造性的对信息的处置。信息的存储过程就是信息的个人占有过程。

（五）信息的处置权及其使用的伦理要求

信息的处置权指信息的接收和占有者对信息进行加工、组合和处理的权利，包括有权对信息收集、分析与综合、归纳与演绎、抽象和具体等思维加工组合；有权对信息发布、存储、出租、转让或出售。由于信息处置权是除信息占有权以外的一切权利的总称，因此信息处置权就是信息使用权。[①]

同样地，这些权利也是有伦理边界的。根据我们对信息处置权的理解，其中有些权利的伦理边界我们在上文中已有所论述，如信息的发布、存储等，因此，这里只就两个方面来谈谈相关的伦理要求。

第一种情况是在加工、组合从互联网上获得的公有信息时，应充分考虑到下述伦理要求：不得对他人发布的信息进行任意篡改，从而损害他人所发布信息的完整性和真实性。健康和谐的网络社会需要大量真实、完整、有用的信息，肆意篡改公有信息并加以发布，既是对此前的信息发布人的权益的损害，也是对网络社会健康发展的阻碍，因而，是必须在道德上予以谴责的行为。

第二种情况是私有信息的出租、转让或出售等方面的伦理要求。私有信息包括三种：个人私有、集团私有和国家私有。转让出卖私有信息都要求得到有关利益主体的授权和许可。这里的有关利益主体包括信息存储占有者和信息内容涉及的主体，尤其是涉及主体的隐私时，更要求得到该主体的同意和授权。

有些部门（如各地政府部门、学校、医院、银行等）很容易收集到登记者的名字、收入、健康状态、学历等相关信息，然后把这类信息出售给征信所而导致侵犯个人隐私权。为避免这类侵权行为的发生，在出售信息时，要考虑以下几点：一是信息来源是否合理、合法？出售来源既不合理又不合法的信息是违反道德的。二是信息内容是否健康？出售不健康的信息内容是不道德的。三是出售的信息是否得到了该类信息涉及的有关主体的同意？这些主体是否了解该类信息出售后将被如何使用？出售相关主体不知情的信息是违反伦理的。

三、新媒体传播伦理的监管体系

加强对新媒体传播行业从业者和普通使用者的道德责任感教育以及加强新媒体传播行业自律，在一定程度上只是对新媒体传播行业的软约束，并不能够有效地起到对新媒体传播行业的监督制约作用，因此，应当完善新媒体伦理的监管体系，对新媒体传播行业构建更为严格的约束机制，杜绝伦理失范现象的出现。具体而言，完善新媒体伦理监管体系，

[①] 陈灿军. 网络信息权利的几个伦理问题[J]. 湘潭师范学院学报（社会科学版），2007，29（5）：228-230.

应当从以下几个方面着手。

第一，完善相关法律法规。我国必须加快对互联网的立法，健全新媒体的管理法规制度建设，保障新媒体优良的传播环境。我国是实行依法治国的国家，法律在国家治理和社会运行中发挥着基础性的作用。完善在新媒体传播方面的法律法规，并使之成为健全的法律法规体系能够在法律层面上遏制伦理失范现象的出现。此外，健全相关方面的法律法规能够为新媒体传播行业和从业者的行为提供指引，这主要是因为，评议新媒体及新媒体工作者的职业道德行为，必须看其是否符合宪法和相关法律的规定。新媒体及新媒体工作者的行为和传播活动是否符合宪法和国家的有关法律、传媒方面相关政策条例的规定，成为评价新媒体及新媒体工作者的根本依据及基本标准。

第二，要加强政府的监督管理力度。政府、社会带头加强技术攻关，对媒体信息实行分级或过滤制度，如微博实行部分实名认证制，同时加强媒介立法和监督，对媒介信息实行严格把关，落实责任，引导和鼓励媒体传播健康的、积极的价值观和舆论内容，而对利用媒介进行犯罪的行为则实施严厉打击，创设健康的媒介氛围。政府在整个社会运行中发挥着重要的宏观调控作用，而在维持新媒体传播秩序方面，也应当重点利用政府的宏观调控能力，加强政府的监督管理力度。具体而言，一是要有效整合新媒体，避免新媒体各自为政、各自为战的局面。从目前的发展情况来看，新媒体正在朝着综合化的方向发展，作为政府应当顺应并引导这种趋势，促进新媒体传播的健康发展，避免在新媒体传播竞争中因为竞争过度而出现伦理失范等负面现象。二是作为政府应当制定在新媒体传播方面的相关政策，尤其是与国家宏观法律相适应的政策，确保国家法律能够落到实处，形成法律与政策的合力，有效避免伦理失范现象的发生，而且在伦理失范现象发生之后也能够及时控制形势，避免负面影响的扩大。三是作为政府应当想方设法利用新媒体在宣传方面的优势，着力宣传新媒体方面的优秀案例，通过优秀案例来引导新媒体企业的健康发展，进而形成良好的新媒体传播秩序，避免伦理失范现象的发生。

第三，要积极发挥社会组织的监督力量。社会组织在维护社会秩序运行中能够有效地起到第三方的监督作用，而能否利用好社会组织的力量，在一定程度上也会对新媒体传播伦理监督体系能否发挥更大的作用产生影响。因此，在我国应当着力探讨如何在维护新媒体传播秩序的过程中发挥社会组织的监督作用。在这一方面，我国可以借鉴西方国家的先进经验，在西方国家，主要通过建立传媒行业协会等各种社会组织来对传媒行业进行监督。我们应当鼓励中国互联网协会等相关协会发挥作用，并对这些协会进行监督。除此之外，还可以聘请有公信力的社会成员担任社会监督员，监督新媒体传播企业履行其应当承担的社会责任。

思 考 题

1. 新媒体传播涉及哪些伦理关系？相较于传统媒体时代产生了哪些变化？
2. 新媒体伦理问题具体表现为哪些方面？

3. 简述新媒体伦理问题的规制路径。
4. 智能媒体技术的应用会给新媒体伦理研究带来哪些新的议题？

实践任务

结合自身媒体接触的经验，谈谈你受到哪些新媒体伦理问题的困扰，又该如何规避？

第五章
新媒体传播的伦理冲突与治理

> **学习提示**
>
> 以移动化、微传播为特征的新媒体传播正在不断改变当前的媒体生态，不仅促使新闻传播机制呈现出新特点与新趋势，同时也给传播伦理规范带来了新风险与新挑战。谣言传播、信息失实、隐私侵犯、算法偏见等媒介失范现象层出不穷，正确处理新媒体格局下的媒介失范，加强传播伦理建设是一项重要而紧迫的任务。因此，我们必须了解并学习如何与时俱进，建构出既有实践指导价值又有理论探索意义的新媒体伦理价值体系。本章主要介绍新媒体伦理冲突的发展现状及具体表现，结合新媒体伦理失范的现实案例进行深入探索，分析新媒体伦理构建的主要路径。

随着智能媒体时代的到来，新媒体技术不断打破传统大众传播模式中时间、空间甚至文化体系的壁垒，信息传播渠道的多样化程度也随之增强，每个人都有可能成为信息的生产者和传播者。然而，新媒体传播的伦理失序问题同样接踵而来，不仅消解了一部分传统的社会道德，削弱了人的主体意识，也带来众多新的媒介伦理冲突与挑战。

第一节 新媒体伦理冲突的表现

公共传播伦理在智媒时代仍然具有不可忽视的作用。国际知名伦理学者克利福德·克里斯琴斯（Clifford Christians）[①]强调，新媒体时代媒介伦理的三个"原生规则"（proto norms）

[①] 克利福德·克里斯琴斯，美国伊利诺伊大学教授，传播伦理领域的国际著名学者。

仍是真实（truth）、人类尊严（human dignity）和非暴力（non-violence）。① 然而，技术的发展、市场的利益驱动、公共利益以及受众诉求与伦理规范都在一定程度上出现了难以调和的矛盾。

一、数字技术下的真实与客观

随着新媒体技术的不断发展，每天都有大量更新、更快、更丰富的信息涌入传播场域。互联网的快速变迁带来的是新的社会代价与风险挑战。信息传播门槛的降低加剧了诽谤、谎言和色情内容的滋生，信息复制和共享数字化提供便捷的同时也造成版权与隐私侵犯的泛滥。因此，互联网的巨大功能可能被滥用，导致侵害私有财产、蔑视传统道德规范的行为。②

尽管当前媒体技术的发展使得海量数据的快速传播得以实现，为信息生产以及更精准的分发提供技术性保障，然而，在这个自媒体蓬勃发展的时代，大数据技术带来的信息量的激增以及人工智能的技术陷阱也使得新媒体在技术发展与真实性之间产生伦理冲突。

（一）大数据技术

在大数据技术的推动下，数据存储单位的不断飞跃为提升信息处理速度和增加信息类型的多元化提供客观物质基础。信息接收者的获取渠道也在随之拓宽，海量的信息被推上高速运转的"传送带"，源源不断地进入受众的备选信息库。自媒体的蓬勃发展使得传统语境下的受众成为信息传播主体的"预备军"，呈现出身份"泛化"的特点。然而，高速且海量的信息传输对信息真实性的审核与保障提出了新的挑战。不仅如此，信息传播主体与接收主体角色之间不可控的双向流动进一步削弱传统传播机制中"把关人"的作用，由此导致信息核实难度的加大。

在这一冲突发生的语境下，保罗·布拉德肖（Paul Bradshaw）③提出"迭代新闻"这个概念，即在迭代过程中通过快速逼近事件真相来满足受众对相关新闻内容的渴求。但是，这可能只是"逼近最新的结果，而并不能确保其新闻报道的真实性、客观性以及价值取向"。④ 具体而言，在大数据与自媒体技术的物质基础上，面对海量信息以及分秒必争的信息更新频率，媒体为了占据报道优势，尽快满足受众的信息需求，会优先考虑如何提高抓取消息及推送的速度而将真实性的审核放置于第二位，在下一次发布信息时再对之前的信息内容进行修正。尽管"迭代新闻"这一机制有助于逼近真相，但是每次修正过程中，大量自媒体及公众的信息发布也会进一步加剧传播的不确定性，其迭代过程不可避免地形成了"信息发布—质疑—辟谣—继续发布信息"的循环。

在大数据的技术背景下，海量信息涌入与自媒体的高速发展使得"后真相"的态势愈演愈烈，随之而来的是普通大众日益质疑媒体发布信息的真实性，媒体公信力与渠道控制力逐渐减弱。

---

① 宁丽丽. 新媒体时代的媒介伦理倡导与道德干预：对克利福德·G.克里斯琴斯的访谈[J]. 国际新闻界, 2017, 39（10）：45-54.
② 理查德·斯皮内洛. 铁笼，还是乌托邦——网络空间的道德与法律（第二版）[M]. 李伦, 等, 译. 北京：北京大学出版社, 2007.
③ 保罗·布拉德肖，英国BBC数据记者，著名新闻博客Online Journalism Blog的创始人，曾提出数据新闻"双金字塔"结构。
④ 苏宏元, 舒培钰. 网络传播重构新闻生产方式：协作、策展与迭代[J]. 编辑之友, 2017（6）：58-62.

(二)人工智能技术

在新闻生产过程中,人工智能技术的介入将新闻全流程都纳入了人为无法识别的"黑箱",带来算法偏见、算法主权、透明度等诸多问题。① 当媒体工作者过度依赖算法及其他智媒技术,其报道信息的真实性必然就会受到数据、算法以及技术本身可靠程度的限制。预设算法的科学性、数据采集的准确性以及数据处理的质量都会对依赖算法的新闻报道的真实性产生强有力的影响。

另外,人工智能(artificial intelligence,AI)技术支持下的"deep fakes"(深度造假)也会引发技术发展与媒介信息真实性的伦理冲突。2019年8月,一款可以制作与明星"换脸"效果视频的软件 ZAO 一时爆红,用户仅仅需要上传一张自己的照片,就可以在 AI 技术的帮助下与明星偶像换脸,成为经典影视桥段的主角,几乎可以做到"以假乱真"。然而,这一 AI 技术的应用很快陷入争议的漩涡,不仅有法律上的侵权问题,还有媒介伦理的冲突。此后,应用"deep fakes"以及相关的换脸视频因为面临法律和公关等多重压力被撤下封杀。② 此类人工智能技术如果在网络新闻视频中被滥用,极易导致深度假新闻的泛滥,加剧技术发展与规制滞后的矛盾,影响正常的传播秩序。

二、经济驱动下的责任与公正

媒体具有传播信息、引导舆论的重要社会责任。媒体首先是一种信息组织,其次是一种利益组织。实质上,媒体产品作为一种特殊的商品具有双重属性,它既有一般商品的属性,也具有精神产品的属性。与此同时,媒体事业也具有事业性和商业性的双重属性。

在经济利益的驱动下,媒体所提供的信息的客观性将会受到影响。媒体寻租是经济利益和新闻专业性冲突的产物,戈登·塔洛克指出"寻租"是指"利用资源通过政治过程获得特权从而构成对他人利益的损害大于租金获得者收益的行为"。③ 在政治权力与经济利益的裹挟之下,国内外的媒体作为公共舆论机构凭借其巨大的社会影响力极容易卷入媒体"寻租"的伦理失范困境之中。在中国,新闻媒体的"寻租"行为有软文、红包、敲诈以及内参简报利用四种主要形态。

(1)软文:以新闻的形式做广告(多是机构性的腐败)。

(2)红包:收钱为人做宣传或者不刊发不利于对方的报道。

(3)敲诈:发现对方的问题,以监督之名收取对方的封口费。

(4)内参简报利用:通过内参、简报等直通高层的管道,先发批评文章,等领导转批之后,再收钱发表扬文字以消除影响。④

---

① 陈昌凤. 工具性兼人性:技术化时代的媒介伦理[J]. 新闻与写作,2019(4):1.
② 小军,赵宇. 争议漩涡中的 ZAO:换脸视频一时爽,隐私伦理火葬场[EB/OL]. (2019-08-31)[2023-02-09]. https://www.huxiu.com/article/315969.html.
③ 戈登·塔洛克. 寻租:对寻租活动的经济学分析[M]. 李政军,译. 成都:西南财经大学出版社,1999:27.
④ 吴飞. 呼唤媒体人的自我救赎[N]. 时代周报,2012-04-12.

三、公共利益下的个体权益

公共利益是一个社会和国家的整体利益，而新闻的最大价值就是要将那些危害公共利益的事件暴露出来。① 在传统媒体模式当中，新闻工作者强调个人隐私与公共利益两项合法权益的竞争与合作关系。通常认为，除去绝对隐私不可侵犯之外，当涉及公共利益时，一般性的个人隐私应该让位于公共利益。在新媒体的传播语境下，新媒体传播活动与个人隐私之间的伦理冲突仍难以避免，个人肖像、身份、隐私等内容在海量信息场域里易被曝光，具体表现在以下几方面。

第一，普通用户在拍摄、制作、发布视频或者从事网络直播时，比较缺乏隐私保护的意识和必要的视频处理能力。一方面，因为用户缺乏基本的媒介素养，欠缺媒介伦理的认知；另一方面，因为视频平台对内容审核把关不严，由此带来用户个人隐私和他人隐私的曝光。也许用户隐私的曝光并非主观故意，但隐私画面的曝光会对自己或他人造成恶劣影响，违反了尊重和保护他人隐私的媒介伦理规范原则。短视频和网络直播容易出现未成年人的个人隐私、肖像等人格权未被充分保护的情况。例如，幼儿园老师将幼儿园课堂教学和课间娱乐内容拍摄成视频后上传至抖音等短视频平台，尽管拍摄者称没有强迫儿童参与短视频拍摄，但如果未得到监护人的许可，仍可能涉嫌侵犯未成年人的肖像权或个人隐私。② 即使得到了监护人授权，在视频中公开未成年人的学习和生活细节，是否对其未来的生活造成影响、影像是否可能被其他人不当使用等，都存在媒介伦理上的风险，因此拍摄或传播未成年人视频影像需要特别谨慎。

第二，专业媒体在采用自媒体视频作为新闻素材和来源时如果不能充分保护视频中个人的隐私，容易造成新闻源的隐私被曝光。以2019年4月发生的"脆皮安全帽"事件为例，一名工人拍摄的反映工地安全帽隐患问题的视频被专业媒体转载报道，然而，最初专业媒体对这位工人的视频影像并未进行面部遮挡与变声处理，导致该名工人的个人信息被公开，对其工作与生活均产生了消极的影响。因此，专业媒体采用自媒体视频作为新闻源时，仍需遵循隐私保护的伦理要求，不能以自己只是转载了自媒体视频作为免责理由。

第三，在网络视频传播中，普通用户使用智能手机等便携设备，以维护公共利益、揭露社会问题为目的，拍摄、传播他人的个人信息，这也会导致个人隐私的曝光。这一情形的伦理争议与隐性采访类似。对于专业媒体而言，在职业伦理上对于隐性采访已有明确的约束与内部规定，然而对于普通用户来说，如何平衡公众利益与个人隐私保护，如何保证在公共场合合法地拍摄视频影像，如何保证所拍摄视频的公正与客观，这些问题都是当前网络视频传播中亟待解决的伦理难题。

四、流量追求与法制缺失

近年来，有些网络视频为了获取流量，呈现夸张化、低俗化的趋势，更有甚者已经

---

① 杨琪. 公共利益观在新闻传播中的应用[J]. 新闻界，2012（7）：8-10.
② 钟煜豪，张子翔，周娟. 有幼师在抖音上传学生短视频，抖音：接家长投诉核实后会删除[EB/OL]. （2017-11-25）[2022-04-30]. https://www.thepaper.cn/newsDetail_forward_1879714.

触犯了网络安全法规。呈现血腥、暴力、恐怖的画面是当前网络视频传播中伦理失范的一种重要表现。

以 2017 年极限运动爱好者吴咏宁的坠楼视频为例，吴咏宁在拍摄自己徒手攀爬高楼的视频时不慎坠亡，媒体未经其家属的同意，就将逝者手机中保存的生前失手坠楼影像公开传播，引发了公众的质疑和新闻业界的批评。学者魏永征指出，不应以图像展示死亡场面是国际传媒界的通行准则，融媒时代任何图像都拥有网络传播的可能，但是专业媒体应该有专业的操守。

此类视频病毒式传播的原因，一方面因为影像冲击力强，容易吸引用户的关注和转发；另一方面则因为用户对于视频内容缺乏判断力，容易轻信视频内容。2018 年，国家网信办联合多个部门开展网络短视频集中整治行动，共封禁违规账号 113 万余个，查删、拦截有害短视频 810 万条，处置了"内涵福利社"等 19 个网络短视频应用，依法约谈"快视频"企业。除了违法内容的监管和处理之外，网络短视频的治理工作主要针对"三俗"内容，采用包括平台自查自纠、依法约谈、依法查禁等方式。

我们还应看到，由于新媒体的开放性、匿名性、互动性等特殊性，相关法律的制定和实施存在一定难度。在新媒体环境下，法律主体的责任、追责对象的认定都存在较大困难。

2019 年年初，中国网络视听节目服务协会发布《网络短视频平台管理规范》及《网络短视频内容审核标准细则》，对宣扬不良、消极颓废的人生观、世界观和价值观的内容，渲染暴力血腥、展示丑恶行为和惊悚情景的内容，展示淫秽色情、渲染庸俗低级趣味、宣扬不健康和非主流的婚恋观的内容等方面都做出了明确的限定。这些规范性文件的出台有利于进一步加强网络视频行业的行业自律，提高网络平台和用户的媒介伦理自觉性。

第二节　新媒体伦理失范案例分析

一、传播主体的寻租腐败

案例 5-1

2015 年"网络敲诈和有偿删帖"十大典型案例[①]

1. 上海 21 世纪网涉敲诈勒索案

2014 年 9 月，财经媒体 21 世纪网包括主编、副主编在内的相关人员，因涉嫌特大新闻敲诈案被上海公安机关依法采取强制措施。涉案人员以 21 世纪网为主要平台，采取公关公司招揽介绍、业内人员物色筛选等方式，寻找具有"上市""拟上市""重组""转型"等题材的上市公司或知名企业作为"目标"对象进行非法活动。对于愿意"合作"的

---

① 国家网信办. 国家网信办公布"网络敲诈和有偿删帖"十大典型案例[EB/OL]. （2015-01-26）[2022-04-30]. www.cac.gov.cn/2015-01/26/c_1114134178.htm.

企业，在收取高额费用后，通过夸大正面事实或掩盖负面问题进行"正面报道"；对不与之合作的企业，在 21 世纪网等平台发布负面报道，以此要挟企业投放广告或签订合作协议，单位和个人从中获取高额广告费或好处费。警方初步查证，21 世纪网先后迫使 100 多家 IPO 企业、上市公司与其建立了合作关系，每家企业收取 20 万至 30 万不等的费用，累计数亿元。伙同 21 世纪网实施敲诈勒索的上海润言公关公司，2009 年以来的营业额超过 12 亿元。

2. 江苏昆山周禄宝网络敲诈勒索案

2015 年 1 月 22 日至 23 日，被告人周禄宝（男，29 岁，甘肃省陇西县人）涉嫌敲诈勒索犯罪案在江苏省昆山市人民法院第五法庭公开开庭审理。检察机关指控：2011 年 6 月至 2012 年 8 月，周禄宝以网上"曝光"负面消息为要挟，先后向广西鉴山寺索得 4 万元，向浙江乌镇修真观索得 6.8 万元，向江苏昆山全福寺索要 8 万元未遂；2012 年 9 月至 2013 年 1 月，周禄宝以为河北唐山一小区 216 户业主维权为由，在网上发布大量关于房地产开发公司的负面帖文，并假借维权之名，通过中间人成功索要 80 万元。2013 年 8 月，周禄宝被江苏省昆山市检察院依法批捕。

3. 江苏徐州社会焦点网、今日焦点网等网站系列敲诈勒索案

2014 年 10 月，社会焦点网、今日焦点网等 6 家网站负责人仲伟与窦某、姚某、阮某等 4 人，分别以敲诈勒索罪、贪污罪、受贿罪被法院判处有期徒刑 2 年 6 个月至 14 年不等，并处罚金 3 万元至 50 万元不等。该犯罪团伙自 2008 年起，假冒记者身份，实施敲诈勒索 120 次，涉及 7 个省 27 个市县，涉案金额 300 余万元。

4. 湖南衡阳格祺伟网络敲诈勒索案

2014 年 4 月，"网络大 V"格祺伟被正式移送起诉。经查，微博"意见领袖"格祺伟多次通过虚构、编造、夸大相关事实的手段，在互联网上不断发布涉及全国各地党政机关、企事业单位及社会名人的大量信息，并以曝光负面信息、发帖为要挟，或以删帖为名向当事人敲诈勒索钱财。2013 年 8 月，湖南省衡阳市公安机关成功摧毁了格祺伟犯罪团伙，逮捕犯罪嫌疑人 6 名，破获格祺伟等人涉嫌敲诈勒索案件 31 起，寻衅滋事案件 5 起，涉案金额累计达 330 余万元。

5. 江苏南京"黑客"有偿删帖案

2014 年 10 月，江苏省南京市玄武区法院以非法经营罪判处周某有期徒刑 5 年 3 个月，谭某有期徒刑 5 年，王某有期徒刑 4 年 6 个月。经查，2013 年年底，杭州某网络公司技术总监周某伙同谭某、王某，利用谭某通过"黑"进网站非法获得的西祠胡同网站多个版主账号及密码，提供有偿信息删除服务。法院审理认为，互联网是公共论坛，需要保护网民合法的舆论自由，周某、谭某、王某有偿删帖行为不仅侵犯了公民的言论自由，也扰乱了市场秩序，非法经营数额超过 25 万元，构成非法经营罪。

6. 广东深圳腾讯网编辑有偿删帖案

2014 年 9 月，北京市人民法院二中院做出终审裁定，维持一审判决，以非国家工作人员受贿罪和对非国家工作人员行贿罪，判处原腾讯网新闻中心健康频道编辑王某有期徒刑 6 年。经查，2009 年 11 月至 2012 年 8 月间，王某利用职务便利，违规帮助李某及北京雅歌时代广告传媒有限公司、新讯天下（北京）广告传媒有限公司等公司删除腾讯网网络信

息,非法收受对方给予的钱款19.4万余元。此外,王某还向搜狐公司网安中心高级经理何某行贿49.95万元,请其协助删除其他网站负面信息。

7. 北京杨秀宇有偿删帖案

2014年11月,北京市朝阳区法院以非法经营罪判处杨秀宇(网名"立二拆四")有期徒刑4年,罚金15万元,杨秀宇负责的两家尔玛公司分别被判处罚金50万和20万元。经查,2008年至2013年,杨秀宇任法人代表的"尔玛天仙公司"及实际控制的"尔码互动公司",多次以有偿提供删帖和发布虚假信息等方式,获取了非法经营收入总计达75万元,数额巨大,社会影响恶劣。

8. 北京口碑互动营销策划有限公司有偿删帖案

2015年1月16日,北京口碑互动营销策划有限公司及该公司3名高管杨飞、李金福、杨雪萍,因向客户提供有偿删帖服务、涉嫌非法经营,在北京市朝阳区法院受审。检察机关指控:该公司自2012年至2013年间,多次通过信息网络提供有偿删帖信息服务,经营额达218 200元。在此过程中,杨飞、李金福负责公司的经营,二人共同商议、决策后指派公司员工从事上述活动;杨雪萍及其主管的公关部员工具体实施有偿删除信息活动。在此案庭审中,杨飞等3人均表示认罪悔罪,法庭尚未做出判决。

9. 原中央外宣办副局长高剑云案

2014年4月,中央纪委监察部宣布,原中央对外宣传办公室五局副局长高剑云涉嫌严重违纪违法问题被立案调查。经查,高剑云在2008年至2010年间,利用职务之便,为某公司删除网上负面报道等提供帮助,索要、收受贿赂数额较大。高剑云的行为已构成严重违纪并涉嫌违法,目前已经被开除党籍、公职,涉嫌犯罪问题及有关线索已经移交司法机关处理。

10. 海南海口魏壹宁有偿删帖案

2014年11月,海南省海口市法院做出终审判决,以受贿罪判处海南省海口市公安局网警支队一大队原副队长魏壹宁有期徒刑10年。经查,2009年8月到2012年8月间,魏壹宁利用职务便利,通过帮助他人删帖收受"好处费"70余万元。作为互联网管理部门公职人员,魏壹宁利用职务之便删帖牟利,已经构成受贿罪,情节严重,社会影响恶劣。

【案例讨论】

新媒体传播行为中出现的寻租和腐败现象多是依托于媒体背后的资本逻辑,这类腐败现象主要依托媒体背后的市场资源,甚少有行政资源的色彩。市场化报刊或商业性网站,其背后市场赢利的导向使得它们在过度追求利润的过程中丧失底线,比如一些媒介管理者面对企业的负面新闻报道时,会用宣传禁令、宣传管制的名义把稿子压下来,其实实际上是他个人收了一笔好处费或者通过其掌握的公关公司(与其所在媒体无关)来收取公关费。①

对于一些传播主体来说,寻租腐败行为产生的原因完全可以归结于其本身不遵守伦理规则并且缺乏相关的法治意识。此外,部分传播主体也被所处的社会环境和"人情"陷阱裹挟,他们在伦理失范的模糊边缘游走时,接受报道对象的免费接待、红包,不接受反而

---

① 张志安. 新闻腐败背后是权力和资本双重逻辑[N]. 时代周报,2012-04-12.

会被视为异类"。①

记者的职业角色赋予其传播力和影响力，新闻报道过程中，记者权力使用的错位与越位造成的负面影响在新媒体时代被放大。例如，上海21世纪网涉敲诈勒索案暴露了主编记者的权力寻租问题，作为采编业务的主要负责人，原本并不拥有经营的权力，但是有些主编和记者却成了"广告中转站""广告发行站"，记者利用职务之便中饱私囊是权力错位的典型表现。另外，在湖南衡阳格祺伟网络敲诈勒索案和广东深圳腾讯网编辑有偿删帖案等案例中，传播主体利用自己的传播力为私欲而放弃客观、公正地报道新闻的原则，最终也受到了应有的惩处。

二、媒体信息的失实发布

案例 5-2

辟谣：网传"千岛湖巨型引水口"航拍视频是假的②

近日，网上出现了一则"千岛湖引水工程进水口"的短视频，视频显示湖水不停涌入湖中一个大洞，引发部分网民对千岛湖引水工程的误解及对千岛湖蓄水量的担忧。

千岛湖所在地淳安县的公安局网警大队发现该信息后，多方查证，确认该信息为谣言。视频内容与千岛湖毫无关联，其发生地位于美国加利福尼亚州，一个名为伯耶萨湖的人工湖中。湖面中的洞实为溢洪道，当地人称之为"光荣洞"。它为缓解加利福尼亚州的常年干旱做出了巨大贡献，其作用就像下水道口，能把湖里超出水平线的水，通过管道排放出去，然后流往干旱地区。

案例 5-3

《一个出身寒门的状元之死》③

《一个出身寒门的状元之死》（以下简称《状元之死》）在很短的时间里刷屏朋友圈成为爆款。《状元之死》描述的是一个出身寒门的状元，本科选择了会计专业，毕业后不断打工赚钱补贴家里，最终染病去世的故事。但讽刺的是，伴随火爆而来的是，一些读者对文章真实性条分缕析的推敲和质疑。

《状元之死》文章从一开始就竭尽全力营造一种真实感，这包括试图还原当年场景的黑白照片，以及作者在文末抛出的高仿真的慈善议题，宣称要为文中"去世的高中同学"的亲属略尽绵薄之力等。让人意外的是，即使《状元之死》的漏洞如此明显，也没有影响这篇公号文成为爆款，甚至有人明知道这个故事的真实性极为可疑，仍然坚持给出好评。

---

① 熊壮，贺碧霄. 失范视角下的社会转型时期新闻人员的职业规范[J]. 新闻记者，2012（10）：71-77.
② 互联网联合辟谣平台. 辟谣：网传"千岛湖巨型引水口"航拍视频是假的! [EB/OL]. （2019-09-28）[2022-04-30]. https://www.thepaper.cn/newsDetail_forward_4561751.
③ 宋金波.《一个出身寒门的状元之死》是"权健式文字保健品"[EB/OL]. （2019-01-30）[2022-04-30]. https://baijiahao.baidu.com/s?id=1624058451813684021&wfr=spider&for=pc.

后经查证，此文出自咪蒙及其团队之手，目前其账号已被封禁。咪蒙及其团队的文字产品经常引发巨大争议，《状元之死》虽不例外，但与以往相比也有特别之处，主要表现为以下两点：一是文章编造痕迹太重，漏洞太多，文章有多处不合常理之处；二是咪蒙团队试图突破"虚构"与"非虚构"的界限，并利用这种灰色获利。

【案例讨论】

案例 5-2 讲述了 2019 年 9 月网上出现了一则"千岛湖巨型引水口"的短视频，经过查证后发现，该视频是美国加利福尼亚州伯耶萨湖的溢洪道，与千岛湖毫无关联。诸如此类"移花接木"的视频，在社交媒体中并不少见，有时还成为谣言的源头，产生了不良的社会影响。专业媒体在报道新闻时，盲目采信自媒体发布的视频影像，缺乏对影像的核实和验证，"把关人"角色缺位，导致虚假网络视频被广泛地扩散。还应该注意到，网络视频传播中虚假影像的扩散经常是自媒体、专业媒体与网络平台合力造成的结果。专业媒体在视频的再生产环节未对信息进行核实，以及网络平台基于算法等智能技术进行热点推荐等，都可能加速虚假影像的传播。根据中国互联网联合辟谣平台 2019 年发布的十大热点谣言显示，由虚假影像的传播所引发的谣言在其中占有相当大的比重，这反映了网络视频传播中存在的违背真实性伦理规范的问题。

案例 5-3 对故事的捏造基于人在网络上的匿名性，网络的匿名性有时也表现出消极的一面。其他人看不到你的脸、听不到你的声音，这使人们的行为因不受限制而具有双重特点：一个在日常交流中不受重视的人在网上却备受尊重，或者平时温文尔雅的人在网上却脏话连篇。随着网络的发展，一整套网络礼节已经形成，人们在网上协作、交流时也往往遵循着一些常识，但这都被不断加入的无知新手、反社会分子、垃圾邮件、骗子和那些不慎重的人破坏了。在解决冲突时保持文明，实在不是件容易的事情。①这些负面影响也会导致受众对媒体的信任感逐渐消减，普通大众开始丧失对社会各种信任关系的判断力，进而被呈碎片化的表象和情绪化的宣泄主导，从不信任演变成信任异化。这也就使得很多媒介素养不高的网民无法与周边环境建立信任关系，一旦负面影响加大，甚至还可能引发整个社会的信任危机。

三、媒体逼视的隐私侵犯

案例 5-4

"汤兰兰案"报道②

2008 年 10 月 3 日，14 岁的女孩"汤兰兰"向黑龙江省五大连池市警方写了一封举报信，称其从 7 岁开始被父亲、爷爷、叔叔、姑父、老师、乡邻等十余人强奸、轮奸。此后，包括"汤兰兰"父母在内的 11 人分获无期徒刑和 5～15 年不等的有期徒刑，但多名被告

---

① 戴维·冈特利特. 网络研究：数字化时代媒介研究的重新定向[M]. 彭兰，等，译. 北京：新华出版社，2004：291.
② 王侠. 2018 年传媒伦理问题研究报告[J]. 新闻记者，2019（1）：15-29.

人以诬陷、刑讯逼供等为由提出申诉，请求再审改判无罪。

2018年1月19日，前《南方周末》记者王瑞峰以《家族、电子集体"强奸"之谜》为题，首先披露了"汤兰兰案"，但因发表在个人微信公众号上且不久后即删除，影响并不大。

1月30日，澎湃新闻发布了报道《寻找汤兰兰：少女称遭亲友性侵，11人入狱多年其人"失联"》（澎湃新闻微信公众号上的稿件名为《10年前，14岁的她以性侵等罪名把全家送进监狱，然后失踪了……》），文中暗示了案件的诸多疑点，如两张彼此矛盾的B超单、干爸、干妈得知汤兰兰被强奸这一消息的时间点说法不一、多名被告人当庭翻供、对刑讯逼供的质疑等。这篇报道引发舆论对案件关注的同时，也引发不少网友对媒体操守的批评，认为媒体不敢质疑公检法，而将落脚点放到寻找遭受性侵的女孩身上，并且文中图片有泄露受害女孩个人信息的嫌疑。

1月31日，《新京报》发表评论《被全家"性侵"的女孩，不能就这么"失联"着》，呼吁"以还原真相的名义，别让汤兰兰'失联'了"。对这篇文章，前《南方周末》记者、宾夕法尼亚大学传播学院博士生方可成评论道，如果说澎湃新闻的报道中存在诸多不足，那么《新京报》的评论将这种不足放大了十倍、百倍。对于媒体反复呼吁"汤兰兰"重新现身回应案件疑点的做法，也有很多网友表达了愤慨。

2月7日，黑龙江高院回应称对汤继海等人的申诉正在依法处理。7月27日，黑龙江高院公开开庭宣布，驳回"汤兰兰案"原审被告人汤继海、万秀玲等人的申诉。

正如《人民日报》评论所说的："客观冷静、深入扎实的新闻报道，对于我国法治建设，特别是一系列个案中公平正义的实现，起到了不可替代的作用。无论是在聂树斌案、呼格吉勒图案中为冤者平反昭雪，还是在于欢案、徐玉玉案中追问真相、呼吁反思，负责任的媒体、记者不仅发挥了关键的推动作用，同时也充当了理性分析的传声筒、法治理念的扩音器。在任何一个高度法治化的文明社会，都少不了媒体对真相的呼唤、对问题的质疑，让阳光和正义涤荡社会的每一个角落。"

然而，这次部分媒体对"汤兰兰案"的报道却遭到网友的广泛质疑甚至反感。通过仔细分析网友的评论可发现大众批评的重点并不是案情本身，而是媒体的操作方式。有评论认为，"这篇新闻特稿客观性存疑，倾向性明显……全篇文章似乎'证据'十足，结论呼之欲出，当年的受害者汤兰兰一定是个满口谎言、前后矛盾的骗子"。而"寻找汤兰兰"被解读为暗示公众去"人肉"汤兰兰。尽管报道使用的"汤兰兰"是化名，其关键信息也打码遮盖，但也有网友质疑当年的报案笔记：载有"汤兰兰"户籍信息的"常住人口详情"记录并无披露的必要。相关报道不仅侵犯受害者的隐私，而且可能导致"汤兰兰"的身份泄露，对其造成二次伤害。

网友的质疑指出了相关报道的缺陷所在，《人民日报》评论也指出："媒体进行监督，是职责所在，不能因可能有人'借媒体炒作、企图翻案'就迟疑退缩。但在媒体的个案监督过程中，如何有节制、更客观地传递信息、表达观点，考验从业者的媒体素养，这就需要每一个媒体、每一位记者更具法治思维、法治意识，更多地考虑自己对社会舆论的责任，以客观、理性的职业伦理，更好地推进问题解决，涵养整个社会的法治精神。"

另外，从媒体报道常规看，不排除是在舆论监督报道空间受限、采访无法突破的情况下，以"寻找汤兰兰"为切入口，倒逼公检法部门对案件回应、审查。但这种舆论动员的方式蕴涵了极大危险，显然不够审慎。对此，也有评论指出，正是由于近年来传统媒体不景气、调查性报道难以展开等原因，造成大批专业媒体调查记者流失，才会出现"汤兰兰案"报道水准下降现象。这些问题同样值得我们重视。

【案例讨论】

媒体逼视是指在报道中过度公开私人领域的行为。这种失范行为不仅会因触及个人隐私而给被报道的个体带来巨大的压迫感，而且会造成媒体在社会中功能的失调以及角色的错位。① 新媒体时代具有信息的即时性以及传播渠道的丰富性，这就使得个人隐私一旦泄露，相较传统大众媒体时代扩散的速度更快、范围更广，带来二次伤害的可能性也越大。然而，"媒体逼视"现象中最为突出的是个人隐私与社会公共利益之间的冲突，在新媒体时代的巨大竞争压力之下，过度挖掘他人隐私以吸引关注成为部分媒体平台的选择。当媒介将公众的视线转移至个人领域，必然会掩盖公众对事件背后重要社会问题的认知，这是对社会生活的不恰当干预，将妨碍大众传播媒介社会功能的履行。媒体逼视中，媒介往往以道义为名人为地造成逼视对象与公众的对立，使之成为"被看"者，影响社会关系的和谐有序。

四、悲剧灾难的残酷呈现

案例 5-5

"最残忍的采访"有违新闻伦理②

这两天，一张照片和一段视频在网上疯传。③照片的背景很杂乱，上面堆满了衣物和床单。照片的右侧，一个女子向里侧卧在床上，两手抓着床单，将脸捂得严严实实。左侧，有好几只指甲涂得鲜红的手握着话筒，将它们凑到女子的头边。话筒上，南方电视、广东卫视"今日关注"栏目、深圳电视台"公共频道"的标识清晰可见。

视频上，也是一群手持话筒的人走进了一间堆满废旧电视机的房子，他们围着一个身材瘦小的男子，这名男子跪在地上，头深深地埋了下去，用带着哭腔的声音说："我忍受的是所有男人不能忍受的耻辱和压力，我不愿意回忆，求求你们了，出去好吗？"

这张照片、这段视频，在网络上激起了普遍的反感，许多人都直呼这是"最残忍的采访"。清华大学新闻与传播学院教授陈昌凤对此冷峻评论道："有一种现场，呈现的不是专业性，而是无德、无知、利益至上。"也有网友在微博愤言："谁知道那些媒体的投诉电话？真想臭骂他们一顿。"

---

① 陈力丹，王辰瑶."舆论绑架"与媒体逼视——论公共媒体对私人领域的僭越[J]. 新闻界，2006（2）：24-26+1.
② 叶铁桥."最残忍的采访"有违新闻伦理[N]. 中国青年报. 2011-11-12.
③ 2011年发生的"杨武事件"，丈夫目击妻子被强暴，媒体无视个人尊严和隐私进行大量报道，并对受害方冠以"最怯懦丈夫"的评价。

2011年11月8日，《南方都市报》记者成希发表题为《妻子遭联防队员毒打强奸 丈夫躲隔壁"忍辱"一小时》的报道。报道称，31岁的安徽阜阳人杨武与妻子王娟（均系化名）在深圳宝安区西乡街道租房开了间修电器的小店，10月23日晚，杨武的同乡、西乡街道社区治安联防队员杨喜利来到他们家，毒打并强奸了王娟，杨武出于恐惧，在杨喜利对妻子施暴的过程中始终躲在杂物间报警，未敢出来制止。面对后来的责骂，杨武称自己"软弱、窝囊、没用，是世界上最窝囊和最没用的丈夫"。

这篇报道引起了社会的广泛关注。据报道，为了报道这条新闻，多家媒体的记者找到杨武家，用摄像机、相机、话筒和录音笔将杨武及王娟团团围住，一遍又一遍地向他们逼问事件的经过，尽管《南方都市报》此前的报道已经描述了受害人王娟的精神状态，称她"自事发后一直躺在家中不愿见人，也不愿与人对话，不吃不喝，精神失常，还时常撞墙"，并有自杀行为，但蜂拥而至的媒体依然找上门，一直逼问到王娟用被子捂住脸，杨武痛哭流涕地下跪哀求。

这些媒体的表现受到了强烈的非议，许多声音都质疑媒体道德的底线到底在哪里，甚至连首发该报道的《南方都市报》也有记者（纪许光）在微博上质疑："这样长枪短炮地对着一个刚刚遭遇不幸的女人，于心何忍？"他呼吁："忏悔吧！记者首先必须是一个具有基本道德判断的人！而不是冰冷的信息传播机器。"

作为首个报道者，《南方都市报》记者成希也被网友要求道歉，但成希在接受天涯论坛的访谈时称："事发十几天，杨武跟很多媒体求助过，但都没有得到任何回应……他找到了南都，我立即赶到现场进行采访报道，应他的请求报道此案。至于其他媒体粗暴采访，跟南方都市报无关。"

他还声称："在新闻伦理上，南都做了很大克制……原本我们是有机会跟他妻子对话的，但看她情绪过于悲伤，根本不忍打搅，只是看了她一眼。"但他承认，他报道中的个别表述呈现在报纸上"确实有所不妥"，比如他在与杨武的对话中直接对他说："你太懦弱了。"

一些媒体备受诟病，不仅因为报道方式，还因为报道内容。从视频上看，一些电视台报道此事时，呈现在读者和观众面前的是一种强迫式的采访，并强调女受害人处于崩溃边缘。"一有陌生人靠近，她立即就会惊恐地往后缩，并发出尖叫声。"同时，受害者虽然使用了化名，但他们痛哭流涕的表情却没做任何遮掩地呈现在画面上。11月9日的《江淮晨报》对此事的整版报道更是配上了这样的报道标题：《"我是世界上最窝囊的丈夫"是的，你还好意思说！》

这些报道让许多读者和观众感到愤怒，也引发了恶劣效应，女受害人因此而多次寻短见。

11月10日，《江淮晨报》在官方微博上道歉："在制作标题时，我们只是浅薄地对受害人杨某'哀其不幸，怒其不争'，未能做到应有的公正、公平，给受害人及读者带来了伤害，在此表示道歉。"

在许多人看来，媒体在报道此事件中的表现足以让人警醒和反思。新浪微博上的一项关于此事件中"最该反思的是什么"的调查显示，截至11日17时45分，2853名投票者中，有43%的人将票投给了"媒体不应泄露受害人隐私，并造成二次伤害"，另有22%的人认为"媒体报道失当,如指责丈夫杨武窝囊、怯懦等"。

资深媒体人、珠海联合国际学院国际新闻学专业副教授阮纪宏长期关注新闻伦理规范,他说,新闻报道不应该考虑读者或许想看强奸案受害者的感受,更不应该引导读者谴责受害人丈夫未尽责任。"这样的事件中,无论新闻元素有多丰富,新闻工作者都应该遵循一条金科玉律,那就是保护受害人的权利,特别是受性侵的受害人的权利,任何泄露他们身份的做法都意味着第二次伤害。"

事实上,此事件在新闻界内部也引起了广泛评论,许多记者也都将这些媒体的做法斥为"媒体暴力"。前中央电视台记者柴静在博客中认为这是媒体的羞辱,她写道:"这样一个新闻,被毫无尊严地、粗暴地曝光于他们的邻居、父母、孩子面前。他们确实不知道怎么反抗暴力,对自己最脆弱的保护,只能用袖子掩住脸,来避开采访。是的,这是一场羞辱,但不是他们的。"

《新民周刊》记者杨江也认为:"我们一些同行像狼外婆一样对受害人表演同情,生硬揭开伤疤,'循循善诱'刺激受害人痛苦回忆、掩面而泣甚至精神失常,这样做很不道德。"对于媒体究竟该如何报道此事件,杨江认为:"这种新闻除非当事人自愿讲述,否则还是采访丈夫、看视频吧,当事实已基本还原后再去采访的同行应尽量避免重复采访,尤其是避免让女受害者不断回忆"。他认为,强奸时的过多细节,如时间、动作、声音等压根就不是新闻所需要的,"这个事件中,案犯反倒不是新闻核心,很荒谬"。

案例5-6

详细记录的自杀案例[①]

2012年8月19日,执导过诸如《壮志凌云》(*Top Gun*)、《地铁惊魂*》(The Taking of Pelham* 123)、《雷霆壮志》(*Day of Thunder*)这些流行大片的电影制作人托尼·斯科特(Tony Scott)从加利福尼亚州圣佩德罗(San Pedro)的文森特托马斯大桥(Vincent Thomas)一跃而下,自杀身亡。托尼和其兄里德利·斯科特(Ridley Scott)同为导演,一起创办了一家制片公司。根据他家人的说法,托尼·斯科特并无可能导致他如此仓促行动的健康问题。在纵身跃下之前,他在车里和办公室里都留下了绝命书。

除了受害者的高知名度之外,从不同的角度——桥上、桥下,眼看着事件步步展开的日间游艇上——此次死亡的众多目击者和相关照片也是此次自杀事件备受瞩目的原因。

斯科特往下跳时驾车从桥上穿过的人们目击了事件的经过。根据《洛杉矶时报》的报道,人们的反应各不相同,有人认为自己看到的是自杀事件,有人认为那或许是极端的体育特技。

"他站在离栏杆很近的路面上东张西望。他东张西望,摸索着脚上的什么东西。他看上去很紧张。"戴维·席尔瓦(David Silva)对《洛杉矶时报》说。席尔瓦说斯科特"停了几秒钟,然后开始翻栏杆。他把脚放在栏杆顶上,又停了下来。然后他飞了出去。我马上想那家伙死了"。

---

① 帕特森,威尔金斯. 媒介伦理学:问题与案例[M]. 李青藜,译. 北京:中国人民大学出版社,2006:200.

59岁的埃里克·布里尔（Eric Brill）对《洛杉矶时报》说："我可以非常、非常清晰地看到他的脸。他非常决绝。他没有哭，看上去并不伤心，也不难过。他看上去就是非常坚决。"

根据TMZ网站的记者报道，"许多摄像机捕捉到了"那致命一跳的场景，"有一条显示托尼起跳前那一刻屈膝的姿势，TMZ已经得知，那些照片正在被疯狂买卖，为了钱"。

TMZ报道，有很多人用手机拍摄了此次自杀的视频和照片。他们补充说，附近一个商家的监控摄像也捕捉到了这个场景。TMZ拒绝购买该视频，但是说其他网站正在出价购买。

一个旁观者拨打了911，洛杉矶港口警察很快将斯科特的尸体打捞上来。尸检未发现癌症迹象——这个谣言在他的死讯传出几个小时后开始流传。

【案例讨论】

研究表明，新媒体时代的受众对假消息或谣言更敏感，但对新闻或新闻评论中不尊重他人或使用暴力图片、语言等现象不敏感，甚至能够接受。①在人人拥有意见表达通道的新媒体环境下，众多非新闻专业人士扮演了某些新闻信息，尤其是灾难性事件信息首发者的角色。由于灾难性事件多具有突发性，专业记者不在现场是常态。而刚好身处灾难现场的非新闻专业人士记录并发表于微博、微信等社交媒体上的信息，一方面具有极其珍贵的新闻价值，另一方面也可能由于各种主客观原因而具有片面性甚至是虚假性。非新闻专业人士所传播的灾难性事件信息对于专业的新闻媒体而言极具意义；对于专业的新闻媒体是否采用、如何采用、采用的标准以及其背后是否涉及新闻伦理等问题的探讨更具研究价值。②同时，专业媒体报道灾难性事件可能遇到的新闻伦理也包括尊重和是否残酷呈现的问题。如援引当事人（遇难者或家属）在社交媒体上发布的内容，而暴露其个人隐私或对其人格造成伤害，或是因残酷呈现造成二次伤害。更有一些直播平台直播具有高风险的挑战行为，凭此吸引受众、聚拢流量而不顾社会影响，这种无节制地消费用户的行为亟待管理。

对此，中国网络视听节目服务协会发布的《网络视听节目内容审核通则》中也明确禁止出现"展现过度的惊悚恐怖、生理痛苦、歇斯底里，造成强烈感官、精神刺激并可致人身心不适的画面、台词、音乐及音效等"内容和情节。③

第三节　新媒体伦理建设的挑战与新媒体伦理的构建

相对于新媒体技术的高速发展，现实社会实践中伦理意识和规范的探索与建设存在一定的保守性和滞后性。尽管如此，人们不能丢弃对新媒体伦理规范的建设，探索和建设与新媒体社会相适应的伦理规范是社会道德建设的必经之路。随着社会的发展与进步，人们

---

① 燕道成. 新媒介伦理建构的基本维度：责任伦理[J]. 湖南师范大学社会科学学报，2015，44（1）：145-153.
② 温克建. 论灾难报道中的新闻伦理[N]. 中国新闻出版广电报，2018-05-14（4）.
③ 年度传媒伦理研究课题组，刘鹏，方师师. 2019年传媒伦理问题研究报告[J]. 新闻记者，2020（1）：3-21.

关注的焦点已经不是探索和建设新媒体伦理是否有必要性，而是如何与时俱进，构建出既有实践指导价值又有理论探索意义的伦理价值体系，以澄清信息行为的伦理事实，探讨这种行为的伦理价值，总结其内在的道德规律，提出相关的道德准则。在关注人类本身这一终极目标的前提下，发展伦理学本身并真正建立起信息世界的伦理体系。[①]

正如美国学者理查德·斯皮内洛所言，构建伦理规范的步伐往往赶不上技术的步伐。值得注意的是，缺乏法律监管的伦理自律亦不能完全杜绝媒介伦理失范现象，健全技术化时代的媒介法规政策迫在眉睫，只有让自媒体平台或智能技术和产品引发的争议有法可依，明确责任主体，追责到人，才能有效制约人的行为和动机，纠正媒介伦理失范。因此，在新媒体环境下构建传播伦理是一个系统性、综合性的过程，需要进行多模态、立体化的建设。首先，要认识到新媒体传播过程中，传播伦理建设主体的定位与责任；其次，要通过自律和他律两个角度进行规范；最后，重视新媒体工作者及使用者媒介素养的提升以便于更好地完善媒体伦理的构建路径。

一、新媒体伦理建设的挑战

新媒体构建了虚拟世界，创造出与现实生活截然不同的全新生活方式和交往形式，因此，与虚拟世界并不匹配的传统伦理道德呈现出一定的滞后性，虚拟世界亟待形成适用的伦理道德体系。新媒体作为一个跨越时空、以社会公共关系为轴心、由无数陌生人构成的大型网络交往体系，使得人的交往模式复杂多变，人们打破了固有的价值观念，形成开放多元的价值理念。新媒体传播相关法律规范尚未健全，人们在新媒体环境中或者在运用新媒体时，主要靠社会传统伦理道德规范和个人道德观、内心信念来自我约束。由于缺乏刚性的法律手段，新媒体中道德失范问题较难监督，传统的道德约束在虚拟空间下效果有限。

（一）人的交往行为异化

交往是人类的一种生存方式。随着社会的发展，人与人之间的交往应更为自然、真实、合理、和谐，然而，虚拟社会易形成"交往异化"。"异化"是哲学概念，指原本属于人的东西或人活动的结果，取得了独立性，反过来成为制约人、统治人的力量。"交往异化"指交往关系代替人本身，取得了独立性和主动性，成为支配、决定人们交往活动的力量。失去了人的自我和本真的交往关系下，交往活动或交往行为失去了自由，变成了"伪交往"或者被迫交往。

目前，新媒体技术造成的交往异化现象十分明显。人们之间的真实交往越来越淡化，人与人之间的关系正在疏离。例如，微信、微博、抖音这些社交娱乐平台存在诸多"假互动"，有些转发、点赞、评论行为出于敷衍、回敬、交换，甚至只是一个机械的动作。

"伪交往"不断拷问着现代人的伦理道德。数据、符号的频繁使用，使得每个人的角色成为可以重新编构的符号。人的姓名、性别、年龄都可以是虚构的。造假、虚情假意以隐蔽、复杂的特征呈现，谣言、网络骗局推陈出新，防不胜防。"伪交往"妨碍人们进行

[①] 宋海龙. 网络经济时代伦理规范面临的挑战与出路[J]. 自然辩证法研究, 2003, 19 (6): 68-74.

正常的信息交流、情感交流，进而影响人的价值观、人生观的形成，最终影响整个和谐社会的推进。

（二）人的伦理道德难以受到保护

社会中的每个人既有自我的要求，又受到政治、法律、道德的支配与约束。现实社会交往中，伦理道德会以具体的行为方式呈现，相对容易发现和纠正，而新媒体中的交往较难约束，日积月累，伦理道德在技术外衣、"言论自由"之下，越来越弱化。例如，先进的技术手段不断侵犯着人们的隐私空间；信息能够突破空间复制和传播且部分信息还涉及个人隐私；隐私成为可以被贩卖的商品，对当事人造成了严重的影响。

（三）新媒体的伦理道德趋向多元

在新媒体创造的虚拟社会中，来自不同国家和地区的人们持有多元化的道德观。多元化体现了现代民主的进步，同时也不断造成冲突和矛盾。另外，新媒体为"伦理相对主义"提供了技术基础。"伦理相对主义"是一种用相对主义观点认识和解释道德本质与道德判断的伦理学理论，与"伦理绝对主义"相对。"伦理相对主义"认为，道德因道德主体、社会、文化环境等不同而不同，否认道德发展中的普遍规律。新媒体作为虚拟的公共空间，创设了公开又秘密的情境，其中的多元化、复杂性，进一步强化了"伦理相对主义"。

二、新媒体伦理的有效构建

（一）"三元"媒介伦理主体

当前，新媒体传播的发展已进入全民化和社交化的新阶段，内容的制作者、销售者和消费者这三个概念之间的界限不再泾渭分明[1]，任何参与的主体都能在这三种角色中任意转换。换言之，媒介伦理规范的边界不再固定，而是随着新的传播形态发生"游弋"和变动，加之网络信息纷繁复杂，哪些传播内容应该被媒介伦理所规范还不是特别清晰，需要进一步观察。在全民参与图像社交实践的当下，新闻传播的职业伦理正迈向一种普遍意义的社会伦理，即过去适用于职业新闻传播主体的影像传播伦理规范，亦同样适用于个体传播伦理主体和网络平台伦理主体。简言之，传播的职业伦理逐渐成为一种社会意义的伦理规范。有学者指出，网络社会几乎所有的传播行为都已经社会化，伦理问题的社会化就更为突出。[2]

大众传播时代，媒体伦理主体一般指的是职业新闻传播者及其媒体机构，媒体伦理或者新闻传播伦理是新闻记者和新闻媒体应遵守的伦理道德规范，具体表现为制度化、职业化和专业化。进入互联网时代，随着公众参与信息传播的地位和角色发生改变，公众作为信息传播者的伦理主体地位日益凸显。正如传播学者丹尼斯和德弗勒所指出的，今天数字媒体的伦理问题不仅是专业人士的问题，而且主要集中在一些普通个人或者媒体本身上。[3]

---

[1] 王晓红. 新型视听传播的技术逻辑与发展路向[J]. 新闻与写作, 2018（5）: 5-9.
[2] 彭增军. 从把关人到公民新闻：媒介伦理的社会化[J]. 新闻记者, 2017（4）: 51-55.
[3] 埃弗里特·E. 丹尼斯, 梅尔文·L. 德弗勒. 数字时代的媒介：连接传播、社会和文化[M]. 王春枝, 译. 北京：中国人民大学出版社, 2019: 397.

在算法新闻、机器人写作、人工智能等新的媒介技术蓬勃发展的当下，算法以及智能技术本身是否能够成为媒体伦理的主体，是否应当承担相应的伦理道德规范和社会责任，成为学界和业界关注的焦点。简而言之，人类正在进入智能传播时代，媒体伦理主体已经发生了很大的变化，"三元"伦理主体（职业新闻传播主体、个体传播主体、网络平台主体）正在或者已经形成。①

（二）完善伦理道德规范

在盲目追逐经济利益的当下，单纯依靠媒体的自律来强化道德性和防止道德行为的失当是远远不够的，应使新媒体传播的道德伦理规范化、制度化，明确惩治的规则并真正地贯彻实施。从新媒体使用者而言，新媒体伦理规范应包括个体伦理规范和行业自律规范。个体伦理规范能约束个体行为，并逐渐内化为个体的道德意识。例如，手机号和网络的实名制就是在保证公民信息传播自由的前提下，对传播行为进行制约的有效措施。另外，行业自律规范对新媒体行业及群体行为来说不可或缺，它是约束各网站、社交媒体平台的规范。

习近平同志在党的新闻舆论工作座谈会重要讲话中提出"新媒体也要讲导向"，这为规范新闻传播行为确立了根本原则，也为构建新媒体伦理规范指明了方向。新媒体伦理规范须以尊重社会公共利益和尊重国家利益为根本。从新闻传播的社会职能上看，新媒体一样要坚守社会效益优先原则，不能为了经济利益而侵害社会公共利益，②要杜绝有偿新闻、有偿沉默、低俗新闻等。面对敌对势力对中国的"诋毁"与"扭曲"，传播者要有敏锐的辨别力和坚定的思想意志，自觉维护国家利益。除此之外，新媒体伦理规范的制定还须遵循自主自律原则、无伤害原则、互惠互利原则、互相尊重原则等。具体来说，虚拟空间管控较难，需要个人自主自律；开放多元的新媒体应遵循对他人无害的原则，这是人类最基本的道德原则；由于新媒体自由、开放、共享的特征，互惠互利原则应成为重要前提，这种互惠互利适用于网站与用户之间、用户与用户之间，甚至网站与网站之间；新媒体环境下，不同的道德意识、道德观念和道德行为易产生冲突、碰撞和融合，新媒体参与者应相互尊重，求同存异，尊重他人的隐私权和版权。

（三）加强法律监督

在新媒体不断发展的当下，必须制定与完善新媒体法律法规，加强新媒体法制化建设和管理。我国政府十分重视网络立法工作，已颁布各种网络法律法规和部门规章达七十多部。例如，我国已经制定了《全国人民代表大会常务委员会关于维护互联网安全的决定》《互联网著作权行政保护办法》《中华人民共和国计算机信息网络国际联网管理暂行规定》等法律法规。部分地区也出台了相关规定，如北京出台的《北京市微博客发展管理若干规定》，规定微博注册必须实名制，要求微博运营商保障用户安全。这些法律法规，对维护互联网安全发挥了重要作用，也为依法管理互联网提供了基本依据。

但我国的网络立法还存在一些缺陷，比如位阶较低、内容过于宽泛、可执行性较低、公众参与程度有限等，影响了法律的有效性、权威性。此外，关于新媒体的法律体系还不

---

① 涂凌波. 网络视频传播再反思：伦理主体、伦理失范与传播伦理的重构[J]. 新闻与写作，2019（12）：30-37.
② 胡钰. 新知新觉：确定新媒体传播的伦理规范[N]. 人民日报，2016-03-02.

健全,不能完全覆盖各方面,某些失范行为找不到执法依据。对新媒体平台加强监管,如何健全法律法规,让法律法规在新媒体领域发挥常态、长效作用,是目前值得研究的课题。

(四)坚守行业自律

没有道德自由,就意味着大众传媒失去了自身的主体性;没有道德责任,就意味着大众传媒失去了与社会其他因素的联系。自由是大众传媒道德权利的内在基础,责任则是大众传媒享有道德权利的外在条件。①由于新媒体的自由开放,新媒体使用者更须提高道德自律,自觉为创建和谐媒介世界做出贡献。新媒体使用者包括新媒体从业人员和普通公众,涉及的道德包括职业道德和公民道德,鉴于其中普通公众人数众多,公民道德更须被强调。专业从业人员固然应遵守行业规则,而非职业传播者也须坚守公民道德。目前,新媒体传播尚未健全法律和道德体系,自律本身也是道德责任的最高体现。新媒体使用者应树立主体意识,遵守网络道德规范、网络礼仪等,并不断加强自身道德修养,提高媒介素养。

(五)开展伦理教育

除了法律和伦理规范的约束,还应通过学校、社会、家庭的合理引导,对新媒体使用者进行品德和文化方面的教育,以使得伦理道德真正内化于心。具体而言,首先,应鼓励新媒体主流文化的开发。当前,我国已充分认识到新媒体环境下主流文化建设的重要性,新媒体应利用各种数字化手段,寓教于乐,传播传统文化和主流价值观,提高信息品质。其次,通过学校、社会、家庭及各类媒体普及媒介素养教育,培养公众对传播媒体和信息的认知和评判能力;将媒介的风险传播素养教育作为重点,提高公众对风险性信息的判断力。新媒体的发展给人们传收信息带来了便捷,为公民的言论自由提供了良好空间的同时,也易引发伦理道德失范的问题,需要法律和道德规范的约束。

由于新媒体的复杂性和各方利益的博弈,构建新媒体伦理规范是个漫长且曲折的过程,新媒体环境下加强新闻专业主义的建设同样至关重要。新闻专业主义作为西方新闻工作者恪守的主要职业规范,我国应借鉴其并以尊重国家利益、尊重社会公益为出发点,向公众提供真实、客观、全面、公正的报道,并结合我国国情和实际重构具有中国特色的新媒体传播伦理规范。新媒体建设应以社会主义核心价值体系为依托,借鉴传统媒体经验,取长补短,提升信息品质,传播优质文化,积极引导健康舆论,助力良好媒介生态的形成。

思 考 题

1. 新媒体的伦理冲突有哪些具体的表现?
2. 请举例说明新闻媒体寻租的四种主要形态。
3. 在智能传播时代,"三元"媒介伦理主体分别代表什么?
4. 如何加强新媒体伦理规范的建设?
5. 新媒体的传播环境给伦理建设带来了哪些挑战?

---

① 黄富峰. 大众传媒伦理研究[M]. 北京:中国社会科学出版社,2009:100.

实 践 任 务

1. 选取一种新媒体伦理冲突的表现，搜集并整理相关资料，从国家、行业、机构、受众等不同主体的角度阐述这一问题的新媒体伦理治理的具体措施。

2. 选取近期发生的一则新媒体伦理失范案例，撰写一篇 800 字左右的新闻评论，分析造成其新媒体伦理失范的具体原因。

第六章

新媒体伦理的自律规范

> **学习提示**
>
> 随着人工智能的不断发展和信息时代的到来,新媒体逐渐成为人们获取信息最重要的媒介平台。人们通过新媒体获取信息,了解世界,和相识或不曾谋面的人互动。然而,新媒体环境也因其开放性和隐匿性,衍生出各种复杂且不易察觉的伦理问题,对当事人造成不可逆转的严重后果。为维护新媒体环境的健康,保证其可持续发展,新媒体传播必须建立适应自身发展的伦理道德规范体系。预防伦理失范,一方面靠制度从外部进行约束,另一方面靠伦理从内部进行约束。新媒体传播并非无禁区,应树立核心伦理理念,形成基本伦理共识。本章分别介绍了互联网行业和网络社区的自律规范,并结合具体的新媒体报道伦理失范事件进行深入分析。

自媒体作为新媒体的一种主要形式,为公众提供了表达的途径,可以满足公众表达的需求,起到推动社会进程的作用,但由于自媒体平台准入门槛较低,导致该平台上出现了诸多伦理失范现象。网络信息良莠不齐,自媒体平台充斥着虚假信息与非理性言论,主要表现为自我中心化、功利化、道德判断失衡、价值取向紊乱、责任感缺失等。在新媒体日益发达的当下,自媒体除了承担法律责任之外,还应承担起相应的社会责任和道德责任,严格遵守互联网行业和网络社区的自律规范。

第一节 互联网行业的自律规范

互联网行业要实现自我治理、自我约束、自我发展,首先需要订立一套现实可行的自律规范。自律规范应由互联网行业协会与其成员经过民主协商共同订立，国家强制力仅在事后起到保障作用，因此应为网络自律预留最大的空间。

一、互联网行业协会的自律规范

作为一种重要的自主治理形式，行业自律需要借助于一定的自主组织——行业协会来实现。互联网行业协会作为企业权益和市场秩序的维护者，在建立稳定的互联网行业竞争，以及构建良性的互联网行业合作秩序、促进互联网发展中发挥着重要的作用。在讨论互联网行业协会的实现行业自律之前我们需要厘清以下两个问题。

第一个问题，"权力"既是互联网行业协会进行管理的核心要素，同时也是互联网行业协会履行自律职能的重要保障。众所周知，权力的拥有者通常是国家，那么行业协会的"权力"从何而来？学界目前对此问题存在三种观点：第一种观点认为，权力来自法律的授权；[①] 第二种观点认为，权力来源于政府的委托；[②] 第三种观点认为，权力产生于组织内部，源于组织内部成员的一致同意。通过这三种观点可知，互联网行业协会的权力来源于法律的授权、政府委托及契约的赋予三种途径，这说明互联网行业协会具有监管的"权力"。

第二个问题，互联网行业自律这种监管方式是否适用于互联网管理过程中面临的所有问题？答案是否定的。目前，国际网络空间治理有三个体系，分别是网络安全法律体系[③]、网络权利保护体系和网络信息内容管理体系。[④] 在网络信息内容管理体系中，以行业组织自律为主导的网络自我管理方式，逐渐成为西方网络管理框架中的主导模式。在互联网信息内容的管理中，西方社会形成了非常发达的互联网行业自律组织体系，由于行业自律有着较灵活、易执行、成本低等特点，这已经成为当前国际互联网管理的共同思路。

2001年5月，中国互联网协会（以下简称"互联网协会"）成立，2013年，中国互联网金融协会（以下简称"互联网金融协会"）成立，《互联网协会章程》在"总则"中规定协会的宗旨在于"为会员需要服务，为行业发展服务，为政府决策服务"；在"业务范围"中规定其有"维护国家网络与信息安全""向政府有关部门提出政策建议，为业界提供相关信息服务""发挥互联网对我国经济、文化、社会以及生态文明建设的积极作用"等职责。《互联网金融协会章程》规定其业务范围包括"协调会员之间、协会及其会员与政府有关部门之间的关系，协助主管部门落实有关政策、措施，发挥桥梁纽带作用""组织开展行业情况调查，协助政府有关部门制定行业标准、业务规范，提出本行业中长期发展规划的咨询建议"。

随着2012年"微博法庭"上线、2013年新浪微博社区委员会和2014年新浪人民调解委员会设立，这些在线争议解决机构（online dispute resolution，ODR）的设立和完善，标志着一个个由网络平台、网络虚拟社区、各类与互联网相关的协会以及纠纷解决机构所

[①] 郭薇. 政府监管与行业自律：论行业协会在市场治理中的功能与实现条件[M]. 北京：中国社会科学出版社，2011：25-50.
[②] 余晖. 行业协会及其在中国的发展理论与案例[M]. 北京：经济管理出版社，2002：110-130.
[③] 鲁篱. 行业协会经济自治权研究[M]. 北京：法律出版社，2003：90-95.
[④] 马志刚. 中外互联网管理体制研究[M]. 北京：北京大学出版社，2014：90-102.

构建的互联网社会已然成型,其自组织的性质日渐凸显。互联网自律逐渐朝着纵深发展,成为不可忽略的社会治理力量。党的十九大报告中明确提出要"加强互联网内容建设,建立网络综合治理体系,营造清朗的网络空间",而这种"共建、共治、共享"的网络社会综合治理体系亦需要"社会协同、公众参与"的配合方能实现。

二、互联网行业自律规范的效力来源

网络自律的基础来源于网络自发形成的自律规则,这是规范网络社会秩序最直接和最有效的规则来源。然而,现代法治对自身规范的重视度不够,或是仅从单一的社会学、政治学、传媒学角度研究网络治理,或是在引入软法规范时与互联网社会相结合进行概括性论述,忽视从体系化的视角具体分析网络社会自律规范的表现类型、法律属性、效力来源,而以此为切入点剖析互联网社会如何通过国家法律之外静态的自律规范实现动态的社会治理,能更好地平衡社会自律规范与国家制定法之间的良性互动。

(一)互联网行业协会自律规范的效力来源

法律行为效力的根本来源并非来自国家制定法的授权,而在于个人自由意志的不可侵犯性,严守契约的拘束力以及自然正义观念,个人需要对自己做出的承诺负责,纵无国家制定法亦不受影响。实证法律制度对法律行为的承认,其意义在于国家基于社会秩序维护者的地位,承诺为有效的法律行为提供强制力支持,以排除有害于他人的行为之效力。而在国家介入之前,拘束当事人的力量来自于承诺作为道德行为之属性以及利益的驱动,倘若当事人都能够自觉履行承诺且不加害他人,社会将不再需要国家强制力的存在,公权力只在自发生成的拘束力于事无补之时起到事后保障作用,而不可能成为法律行为的效力基础。

人们对构成内部秩序、自生自发的正义规则的遵循,并不是遵循实证法律制度之命令的结果。为赋予每一法律行为以效力,将整个市场置于公权力管制之下,应采取消极控制的方式让每个社会个人和团体都可以按照自己的选择自由行事,最大化实现自我利益的安排。[①]公权力的强制性保障仅处于第二顺位。因此,有学者认为,网络自律规章具有契约与法律的双重功效,是两者之间特殊的"中间地带"。[②]

(二)互联网行业协会自律规范的法律效力

行业协会是一种社会组织,如互联网协会、互联网金融协会明确在其章程中宣示自己是"全国性、行业性、非营利性的社会组织,具有社团法人性质",按照最新颁布的《中华人民共和国民法典》的规定,行业协会应属于非营利法人。与网络社区章程一样,互联网行业自律规则的制定主体亦是社团内部的意愿代表机构,即权力机构。

《互联网协会章程》中明确规定,团体决议是由会员代表大会制定和通过的,形成自律规范的行为是决议行为,是互联网行业协会作为一个团体的独立内部意愿的形成过程。在此过程中吸收了表决者的个人意愿,最终通过决议行为产生的行业自律规范是团体的独

[①] 哈耶克. 法律、立法与自由[M]. 邓正来,等,译. 北京:中国大百科全书出版社,2000:56-70.
[②] 黎军. 基于法治的自治——行业自治规范的实证研究[J]. 法商研究,2006,23(4):47-54.

立意愿，表示由外部主体自愿加入而成为法律行为，引起行业协会与成员之间法律关系的产生、变动，从而具有法律拘束力。这种法律行为的效力如上所述，首先来自组织内部的自我约束，事后由国家强制力保障实施，有私法契约和国家法律的双重功效。然而，应特别注意的是，这种双重功效只发生在基于自愿同意而建立起约束关系的行业协会与其成员之间，来源于成员与社团合意之上的法律行为。

对于"中华律师协会""注册会计师协会"等职业性、专业性社团，一般实行从业人员强制入会制度，其协会章程无疑对所有从事该行业的人员均具约束力。那么，对于互联网行业协会制定的自律规范，协会成员之外的所有互联网行业从业者是否均应受其拘束呢？显然，行业协会之外的其他主体虽不受协会自律规范法律上的拘束，但社团外部主体依然可能依据行业自律规范采取行动，这是一种软法层面的约束。

上述的软法，是以拘束力是否有国家强制力为保障作为标准，是区别于国家制定法（硬法）层面而言的。协会之外的其他主体可能基于内心普遍认同、社会舆论的压力、相互利益的制衡或集体的强制，而同样会因行业协会的自律规则约束了自己的行动。[①] 这种拘束力不同于法律，不以外部国家强制力为后盾对行为进行认可和保护，而是受到软法特有的拘束方式——一种基于自愿的内部强制，这种强制机制的背后是来自利益的导向。

行业标准属于行业自律规范的一种，若未加入行业协会的交易主体明知本行业的交易标准却不予采用，反而采用比其标准更低者，不但会得到同行的负面评价，亦会遭到社会舆论的谴责，导致潜在交易相对人的排斥，这是以利益为行动导向的理性交易主体所反对的。未加入行业协会的其他个体之所以也会自觉遵从共同体的制度，社会舆论之所以能够发挥作用，根本原因就在于其背后的物质或精神利益影响了其行为的动因及选择。[②] 这便是软法对于硬法规范的优势所在，无须动用成本高昂的国家强制力，而通过利益共同体内部以利益为诱导、激励的软的拘束力，更能贴合社会群体的利益需求，达到甚至比国家制定法更好的约束效果。

因此，行业协会自律规范对于内部成员来说，具有契约的自我约束效力和国家制定法的法律拘束力双重功效；而对协会成员之外的主体来说，它虽不具备法律的拘束力，但具有软法层面的内部强制效力，这种对内以及对外的双向拘束力使得行业协会自律规范相较国家制定法能够更全面地规范网络社会秩序，达到更好的治理效果。

（三）互联网行业协会自律权的来源与公私法属性

网络社区组织内部的自律规范虽然涉及社区公共事项，用来维持社区的整体秩序，但仅限于社区内部事务的管理，旨在为社区内部成员服务，是属于订立游戏规则的私法组织自律规范。例如，《天涯社区公约》在"总则"中宣称，其提供多种社会化网络服务的目的在于"为会员创建快乐、尊严、自由的网上家园"。

而互联网行业协会的自律规范不再局限于社区内部私法上的权利和义务，更多地开始指向社团的社会职权、社会责任，包括协调市场与政府之间的关系，主要是政府借助行业

---

① 陈文华. 民间规则在民事纠纷解决中的适用[M]. 北京：中国政法大学出版社，2012：16.
② 江必新. 论软法效力兼论法律效力之本源[J]. 中外法学，2011（6）：1163-1170.

协会向社会提供公共服务，通过行业协会联系企业以完善其公共决策，行业协会协助国家主管部门落实有关政策、措施，向政府提出政策建议。政策事先通过社会组织传导给市场，而非通过刚性立法僵硬的实施，可以添加硬法的缓冲地带，灵活、柔性地对市场进行治理，其中行业组织便是沟通政府、市场和企业的桥梁和纽带。①比如互联网金融协会，它是根据国家部委联合发布的《关于促进互联网金融健康发展的指导意见》，由中国人民银行会同银监会、证监会、保监会等国家有关部委组织建立的国家级行业自律组织，与体制外生成的"民间自发"型行业协会不同，其属于体制内生成的"政府派生"型行业协会，受政府主管部门的干预较多，行政色彩也较浓，其所拥有的社会权力主要来自国家机关的授权和委托，这种社会权力开始具有公法上的意义。但对于互联网协会这种由从事互联网行业的网络运营商、服务提供商、设备制造商等从业者共同发起成立的组织，其自律权来源于成员权利的让渡。

相对于外生的建构性秩序规则，发源于组织内部、根据自身需求自发生成的秩序规则，更能符合互联网自身的内在特性，并能够为国家的后续立法累积实践经验并提供镜鉴。互联网社会自发形成若干类型的治理规范，包括网络平台与用户签订的服务协议等。网络虚拟社区的章程、公约以及各种具体管理办法，具有成员基于合意的契约拘束力和国家强制力作为后盾的法律拘束力。互联网行业协会章程、自律公约、管理办法以及行业标准对内与社区自律规则性质相同，对外还具有软法层面的内部强制效力，这种自治权力的来源包括成员从国家收回的权力向社会的让渡以及国家权力向社会的下移。通过网络社会全方位的自律规范体系，真正实现互联网业态下"社会协同、公众参与、法制保障"的良性互动，为互联网产业创新发展保驾护航，构筑新型社会治理范式。

习近平同志在党的新闻舆论工作座谈会上的重要讲话中提出"新媒体也要讲导向"，这为规范新时期新闻传播行为确立了根本原则。近年来，以移动化、微传播为特征的新媒体传播改变了媒体生态，也让新闻传播机制呈现出新特点，网民个体的自生产、再传播成为普遍行为。新媒体的繁荣让新闻传播的活跃度大幅度提升，同时也为新闻传播的有序发展带来了挑战。预防新闻传播失范，一方面要靠制度从外部进行约束，另一方面要靠伦理从内部进行约束。新媒体传播并非无禁区，需要树立一些核心伦理理念，形成基本伦理共识。②

（1）尊重客观事实。新媒体中的新闻传播追求"无事不报、不报不快"。一个新闻事件出现，往往快速报道、转发、传播，而且越是反常的内容传播得越快，甚至加上情绪化的评论，造成新媒体中充斥着许多不实信息。这种"快传播"很大程度上忽视了"事实第一性、新闻第二性"的新闻本源理念，它不追求在事实基础上进行传播，因而削弱了新闻传播的公信力。不容否认的是，不论传播方式如何，尊重客观事实始终是新闻传播的底线。每一次新闻传播都是对传播者信誉的展示，传播者必须对新闻源和新闻事实进行核实，在理性判断的前提下进行传播。

（2）尊重知识产权。新媒体传播中的大多数新闻内容并非原创，而是源自其他机构或作者的作品。当前，新媒体传播中的一个突出问题是渠道过剩、内容不足，这种现象源

---

① 罗伯特·C. 埃里克森. 无需法律的秩序[M]. 苏力, 译. 北京: 中国政法大学出版社, 2016: 1.
② 胡钰. 以"五个尊重"为着眼点，确立新媒体传播的伦理规范[J]. 红旗文稿, 2016（6）: 41.

于新闻采写的专业性和信息源的有限性。新闻内容作为新媒体传播中的核心资源，凝结了原创者的智力劳动，应予以充分尊重。这种尊重体现在新闻作品的署名权上，即转发新闻内容一定要注明作者及其代表机构名称；也体现在新闻作品的收益权上，即如果点击率为传播平台带来了收益，应与内容提供者分享。

（3）尊重个人隐私。在新媒体的新闻传播中，传播者获取信息更加便捷，非法传播后惩罚力不强，因而对涉及个人隐私的内容保护不够。大量揭秘性传播、透露个人信息的无意识传播，乃至"人肉搜索"的攻击性传播，构成了对个人隐私的侵犯。要维护良好的新媒体新闻传播秩序，必须把尊重个人隐私作为道德底线和行为共识。

（4）尊重社会公共利益。新闻作品既是公共品，又是商品。前者体现在新闻作品的社会服务功能上，后者体现在新闻作品的市场信息价值上。对许多传统媒体而言，其商业价值是通过以提供新闻产品为主业的整体影响力来实现的。而在新媒体的新闻传播中，许多传播者将新闻作品的商品属性无限放大，力求实现自身平台商业价值的最大化。这种行为忽视了新闻作品的公共品属性，导致出现低俗新闻、有偿新闻、有偿不闻，甚至出现赤裸裸的新闻交易行为，导致新闻传播的社会效益受损。[①]从新闻传播的社会职能上看，新媒体同样要坚守社会效益优先原则，不能为了经济利益而侵害社会公共利益。

（5）尊重国家利益。新媒体的新闻传播打破了国内外的界限，成为国际传播的大舞台。在这一舞台上，支持中国的正面声音在传播，诋毁中国的负面声音也不时出现。在负面声音中，不乏恶意丑化中国形象的谣言，利用"揭秘""独家新闻"等方式来否定中国领导人、中国政策、中国历史的内容，对此类"新闻"，新媒体传播者要有敏锐的辨别力和牢固的思想定力，坚决不传播，自觉维护国家利益。

新闻伦理的实现，离不开新闻传播者的自律。要实现这一自律，需要媒体从业者提高新闻伦理素养。在自媒体传播中，几乎所有网民都是新闻人，因此，新闻伦理素养培育面对的就不仅是新闻媒体，更要面对全体网民的新闻传播行为。这就需要充分发挥新媒体自身的传播效力，积极建设微博、微信与客户端中的新闻伦理传播平台，在新媒体中增强自我引导力量，逐步在全社会形成良好的新闻传播秩序。[②]

随着信息技术的高速发展，网络空间的虚拟性、匿名性、开放性和全球性等特点导致了网络世界乱象丛生，社会对互联网行业治理的要求日益增长。传统的法律和技术手段有其自身的局限性，而行业自律在网络治理中有其特有的优势。

当然，在发展和完善我国互联网监管制度的过程中，在具体的互联网行业自律规划和操作中，我们要考虑地方互联网发展的实际情况，以及国家整体的互联网发展规划。特别是针对地方和互联网行业在互联网监管方面能力不足、经验有限的现状，目前在涉及国家安全、社会秩序和行业发展方面，要侧重于中央一级统一部署和安排。在具体落实时，还要强化各级行政部门的协调和指引作用，待我国互联网行业自律形成了较为成功的经验模式后，再大胆放手让互联网行业发挥更加积极主动的自我监管作用。

[①] 尤达. 媒介运营战略下"网状叙事"结构演变与传播力提升——以 DC 漫画公司 IP 联动剧为例[J]. 南京政治学院学报, 2018, 34（2）：93-98.
[②] 胡钰. 确立新媒体传播的伦理规范[N]. 人民日报, 2016-03-02.

第二节 网络社区的自律规范

随着中国移动互联网的发展,以微博、微信等为代表的网络社区进入黄金时代,网络社区由于灵活便捷、平等自由等特点成为媒介新宠,但与此同时,网络社区的碎片化、平民化及相关法律不规范等特点使传统的媒介伦理已无法应对由此产生的新的网络伦理问题。在分析网络社区特征内涵的基础上,还需要厘清和界定自媒体伦理的概念内涵,审视网络社区伦理失范的相关现象及其主客观原因,从而进一步探究构建网络社区伦理的自律原则和策略。

一、网络社区平台的传播特点

在现代社会学中,社区是指地区性的生活共同体。要构成一个社区,应具备以下5个基本要素:一定范围的地域空间、一定规模的社区设施、一定数量的社区人口、一定类型的社区活动、一定特征的社区文化。传统社会学认为,社区与社区之间存在着种种差异,不同社区因结构、功能、人口状况、组织程度等因素不同体现出不同的分类和层次。[①]

网络社区是指包括BBS(论坛)、贴吧、公告栏、个人知识发布、群组讨论、个人空间、无线增值服务等形式在内的网上交流空间,同一主题的网络社区集中了具有共同兴趣的访问者。因此,网络社区平台传播往往具有主观性、情绪化的特点。

丹·吉尔默在提出"自媒体"的概念时,就曾指出:"草根新闻的兴起伴随着严重的道德问题,包括真实性和公然欺骗。"自媒体时代下,信息传播平台中的匿名用户经常会夸大某些事实,如在《罗一笑,你给我站住》一文中,就含有"重症室的费用,每天上万块""我们根本花不起这个钱"等夸大事实的信息。在微信朋友圈,常常会出现如"不转不是中国人""转发后一生平安"等字眼,尤其是部分网络水军,为了关注度,为了影响力,经常发布一些虚假信息。

二、网络社区平台的伦理困境

网络社区平台激发了全民展示的热情,将用户的现实生活展现出来,同时将志趣相投的用户连接起来,形成了一个社交网络,其存在的伦理困境值得加以探讨。

(一)个人隐私泄露风险

隐私权就是个人有依照法律保护自己的隐私不受侵害的权利。[②]当今时代信息泛滥,人们被各种信息包裹,对个人隐私的界定不再明显。譬如在抖音短视频中,有大量视频是

[①] 王磊. 互联网场域下社交网络社区规则研究——以微博社区委员会为例[J]. 科技与法律,2015(4):732-756.
[②] 张秀兰. 网络隐私权保护研究[M]. 北京:北京图书馆出版社,2006:23.

用户在自己家里拍摄的，观者可以非常直观地获取主人的诸多信息。家往往是一个人生活中最私密的空间，暗含了个人信息、兴趣取向、家庭成员关系等。①

另外，也有不少短视频与儿童有关，这些场景包括带娃、喂饭、萌娃金句等，这种将儿童生活上传到网络上的行为，极有可能将家长和孩子的诸多信息暴露在网上，给犯罪分子可乘之机。抖音等社交平台以社会大众生产内容为主，越来越多的人愿意向陌生人表达自己，展示生活中的趣事和个人独特的技能，在这个过程中，用户及其朋友、家人的隐私存在很大的被泄露的隐患。

（二）内容价值观偏离

网络社区平台强调普通社会大众的积极参与，没有严格的把关机制，很容易产生许多鱼龙混杂的内容。虽然绝大部分内容的价值观是正确的，但还是有偏离主流价值观的内容出现。网络社区平台的主要用户为年轻群体，青少年受众占很大一部分，他们的心智并不成熟，平台上偏离主流价值观的内容会对他们产生极大的不良影响。

（三）内容抄袭泛滥

网络社区平台的传播内容还存在着内容模仿、内容抄袭等问题。模仿是在人们之间接触和传播的基础上发生的，②众多传播内容以模仿为主，缺乏创新，重复生产、传播同一内容。而且，短视频平台的转发功能也会促使出现新一轮的模仿和抄袭，甚至有一些人模仿不当，给自己或身边的人造成了严重的身心伤害和财产损失。

抖音曾经出现过一个关于制作"沸腾虾"的爆款视频，不少人模仿制作并拍摄、上传到抖音。其中，一位抖音用户在模仿时不慎造成厨房着火，庆幸的是消防人员及时赶到，并未造成严重的生命财产损失。此外，一名男子为模仿抖音中大受好评的后空翻视频，意外将自己的孩子摔成了三级重伤，给孩子、家庭带来了不可挽回的损失。这种缺乏专业知识或缺乏保护措施而鲁莽模仿爆红短视频的行为需要我们引以为戒。

三、网络社区平台的自律规范

网络社区不能因为环境宽松就忽视媒体伦理的重要性。媒体公信力在新媒体时代更容易建立，也更容易摧毁，因此媒体需要"谨言慎行"。面对重大紧急新闻事件，媒体在向社会进行跟踪报道的过程中，不仅仅要保证新闻报道的时效性，更要在报道的同时体现出正确的价值观，不仅要体现媒体工作者基本的职业素养，更要体现媒体工作者的人文关怀。只有人性采访、人性报道才能避免对受访者的二次伤害，才能让受众了解到最真实、最准确的信息，也才能让社会公德受到保护。

和谐社会的构建是一项长期复杂的系统工程，需要社会各方面的努力配合才能实现。我们所要建立的社会主义和谐社会，应是民主政治、公平正义、诚信友爱、充满活力、安

---

① 高宇杰. 短视频社交平台中的伦理问题探析——以抖音短视频为例[J]. 新闻研究导刊, 2019, 10（14）: 61+130.
② 王立, 杨丽萍. 新媒体环境下的新闻报道反转现象——从人民网所评2015年十大反转新闻说起[J]. 新闻世界, 2016（10）: 75-78.

定有序、人与自然和谐相处的社会。这是我国在实现共产主义使命的过程中探索出来的，科学的、适合中国国情的理想社会发展模式。它是政治、经济、社会、文化和环境"五位一体"的和谐共生发展，不仅要求社会政治和商业经济的良性循环，同时要求社会大众精神文化的和谐。

和谐社会有两大方面的和谐，即人与人之间的和谐、人与自然之间的和谐。人与人之间和谐的实现离不开良好的社会文化环境，媒体责任伦理是促进社会主义和谐社会发展的一个因素，媒体责任伦理的建构关系着社会精神文化是否健康、积极。新闻媒体肩负着传播社会精神文明的责任，代表着社会的利益。因此，新闻工作者在履行职业责任的活动中，必须遵循与职业要求相对应的道德准则。

网络社区的伦理构建路径和策略必须从自律和他律相结合、加强技术监管和完善网络法律等方面进行。[1]首先，应将媒介伦理与公民道德教育结合起来，引导公民厘清在媒介场域里所应担当的责任、所应遵守的公共秩序和言行公德，培养他们对自己言行负责、对他人负责、对国家负责的理念；其次，将媒介伦理与青少年教育紧密结合起来，引导青少年树立正确的价值观和人生观，增强明辨是非和抵御低俗诱惑的能力；最后，加强培养公民的国家文化安全意识，引导公民对外塑造国家形象、发挥自媒体的文化外交作用，对内体现民族凝聚力、自觉抵御从自媒体渗透而来的西方反华思潮。

第三节 新媒体伦理自律规范相关案例分析

一、灾难事件：以马航 MH370 事件为例

2014 年 3 月 8 日 00:42，马航 MH370 航班在马来西亚吉隆坡国际机场起飞，计划 06:30 在北京降落。次日 01:20，航班在马来西亚和越南的交接处与胡志明市管控区失去联系。[2]

事实的扑朔迷离、事件的曲折发展，引发了包括中国在内的世界媒体和舆论的广泛关注。在马航事件中，中国媒体习惯性地向受众展示人道悲情和安抚情绪的"祈祷"，也成为公众、网民特别是新型社交媒体的微信、微博、媒体从业者、知识精英等广泛参与讨论的热点话题。

随着新媒体技术的发展，传统媒体不再是灾难报道的唯一传播主体。以互联网、手机等为代表的新媒体平台以其便捷性、即时性、信息存储的海量性以及开放性和互动性，成为另一大重要的新型传播平台。在新媒体环境下，灾难报道也不再遵循传统的单向度、直线传播模式，而是变为信息来源多样化、去中心化、交互性的循环传播模式。

在中国灾难新闻报道模板中，注重信息及时、准确发布是大多媒体的追求。在此次马航事件中，新型社交媒体发挥了快速、实时的特点，但在缺乏基本事实的前提下，这种快

---

[1] 易前良，孟婧. 电视传播中的伦理失范：以娱乐节目为例[J]. 中国电视，2013（10）：50-54.
[2] 郭恩强."媒介模板"的建构与协商：马航事件中中国媒体的职业行为与反思[J]. 编辑之友，2014（9）：76-82.

速又成为滋生谣言的助力器。在新旧媒体角力过程中，新媒体片面追求速度造成了诸多失误。《南方都市报》认为，随着传统媒体进驻微博、微信等社交平台，使得传播渠道增多，但另一方面报道的微博化、微信化也为其"权威性"带来了考验。①当持专业主义态度的媒体越来越少，越来越难以面向大众连续提供可靠的、优质的内容时，自媒体内容随意、粗糙、主观等弱点暴露无遗，读者面对众多信息就更难辨真假。②

有从业者警告，专业媒体的内容生产已经出现严重的微博化、微信化特征，其从选题来源、内容生产到信息发布已深刻地受到社交媒体的影响，甚至从某种意义来说，目前信息已开始严重脱"媒"——信息的发现方式、生产过程和发布渠道，都越来越游离于传统媒体机构的记者、编辑、办公室、报摊、电视之外，后果就是部分传统媒体"社交化"之后成为谣言放大器。两者相互影响下，让本已纷繁复杂的事态变得更为扑朔迷离。新媒体的速度优势对传统媒体的信息发布形成了极大的压力，个别传统媒体在缺乏真实信息源的情况下，与自媒体"抢时间"，给自身话语权的权威性打了折扣。③

新媒体环境下怎样走出灾难报道的伦理困境，是新旧媒体面临的一个共同问题。突破"官方通告"的模式，摒弃对商业利润的追逐，坚持人文关怀的原则或许能够为解决新媒体环境下灾难报道的媒介伦理问题提供解决建议。

新闻专业主义，就是要坚持理性、客观、中立的报道准则，真实准确地报道灾难信息，从根源上遏制失实信息和谣言的传播。要想维护媒体的独立性，要求媒体既要独立于政治团体，又要独立于商业集团，只有这样才能保持观点的中立，从而发挥"第四权力"的社会公器作用。人文关怀，应该作为灾难报道的指导原则贯穿始终，只有以人为本、尊重生命，才是灾难报道的真正价值和意义所在。只有媒体行业的自律和社会的他律机制有机结合，才能有效扼制灾难报道中媒介伦理问题的出现。

（一）突破"官方通告"的模式

灾难报道中的官方通告是指相关政府部门和媒体发布的权威信息。在灾难报道中，部分媒体沿用官方通告的模式发布灾情报道，却倍受公众指责，主要是因为其背后所表达的官本位立场。

例如，2015年1月2日，哈尔滨市道外区太古街发生严重火灾，造成5名消防员遇难，14人受伤。次日凌晨4点25分，哈尔滨市公安局的官方微博"平安哈尔滨"发布有关火灾情况的微博。通告全文585字中，"领导高度重视"占据258字。这种八股式通告促使网络舆情迅速升温，1日之内的转发量超过2478条。

这种八股式的灾难报道引发了舆论的严厉谴责。在重大的灾情面前，相关部门企图以"官方通告"来代替问责，以官话、套话来取代灾情报道，其背后所隐藏的官本位思维是引起公众反感的主要原因。把灾难变成政绩，忽略公众最关心的灾情信息，报喜不报忧，这种不分主次、喧宾夺主的做法，应当让官方媒体在使用新媒体进行宣传时引以为鉴。除此之外，部分具有新闻价值的灾情报道，在写作的角度上也充满了典型的宣传姿态和官腔

---

① 余玥. 公信力消失：社交媒体马航事件传播之痛[N]. 南方都市报，2014-03-14.
② 狂飞. 社交媒体时代，记者何为[N]. 南方都市报，2014-03-21.
③ 郭帅. 新媒体与自媒体：专业人士"逆袭"媒体人[N]. 新文化报，2014-03-29.

口吻,更多的报道沦为了政府部门的工作汇报。灾难报道的信息传播者必须突破居高临下的宣传姿态,客观地报道灾情,才能产生积极的传播效果。

(二)摒弃对商业利润的追逐

市场经济环境下,新闻生产也出现了明显的消费主义倾向。消费主义渗入新闻生产领域,表现为传媒在媒体市场竞争中,把新闻当作商品,把受众当作消费者,主动放弃新闻主义原则,为取得媒体竞争优势而不惜以媒体的权威性和公信力为代价。媒体为了追逐商业利润而迎合消费者,使得新闻出现娱乐化、煽情化倾向,也就是米兰昆德拉所说的"媚俗"行为。

在市场层面,新闻作为媒体产品以商品的形式存在。灾害来临时,为争夺市场竞争优势,把灾难变成了媒体的"狂欢"。很多媒体在进行灾害报道时关注更多的是媒体竞争,而不是灾害本身。以商品形式出现的新闻报道,在信息市场中,其主导因素不再是新闻规律和新闻价值,而是以资本为主导的权力机制,它控制了包括商品生产和交换的原则、信息内容变成商品后的价值导向。

这种媒体环境和媒体竞争状态,不仅导致媒体难以做真正有价值的深度报道,而且在新媒体的发展中,自媒体的商业化逻辑对专业化媒体有一定的引导甚至误导。自媒体不仅在事实上,甚至在价值观、情感上,都对专业化媒体产生诱导作用。一些新闻特写、灾难场景的再现,已经不再是新闻本身所必需的,而是为了迎合人们的信息消费需要,借用新闻手段行商业之实。①

新闻商业化已经成为社会现实并有其合理性,但是绝不应该是没有限度的。虽然我们要提倡多元化的新闻产品,尤其是在重大的灾难时期,应该以严肃性新闻为主导,不能让商业上的利益观念引领一个民族走向精神的荒漠,变为既没有信仰和悲剧感,也没有敬畏感甚至伦理的民族。

在新媒体环境下,媒体的信息生产不应该走向极端和扭曲,而应致力于提升媒介生产内容的品质与品味。如果媒体不计后果地迎合受众的低俗化需求,无限度地满足受众的非理性需求,就是对受众极不负责的行为,也严重背离了媒体的社会责任和职业道德。

(三)坚持人文关怀的原则

灾难事件中,一方面是新闻媒体的职责所在,抵达现场是记者的天职;另一方面,受灾者和家属在人性层面上希望受到尊重,隐私得到保护。两者在某种程度上存在矛盾,因而灾难性新闻报道不可避免地容易触及伦理防线。从目的善和行为善的角度出发,灾难报道中报道灾难信息属于目的善,而人文关怀则是在尊重生命的基础上实现行为善。

1. 尊重报道对象的隐私

人文关怀是灾难报道中最基本的伦理准则。灾难现场面对的是受难者的生命安全和救援者的救援工作。在特殊环境下进行灾难报道应该坚持以人为本,最首要的是要尊重生命,保护受灾者及其家属的隐私。灾难发生时,采访者需要对受灾者的隐私保持最基本的尊重。

---

① 刘璐. 揪心的人们[N]. 解放日报,2014-03-14.

生命至上，以人为本是灾难报道的首要前提。然而，不管是娱乐新闻、民生新闻还是灾难性新闻，都存在媒介逼视行为，也就是媒体及其从业者对个人隐私的侵犯。

汶川地震报道中，不少电视媒体直接展示受难者的遗体画面，未经任何处理；许多报纸将废墟中惨不忍睹的尸体照片刊登在显著位置，并配以对悲惨细节的文字描写。这类侵犯隐私、渲染悲情的做法，成为媒体界集体反思的重要方面。维护人的生命尊严，尊重隐私，应当成为灾难报道中的行业共识。

2. 坚持公共利益的价值准则

新闻专业主义原则一方面要求在灾难面前全面、真实、及时地报道灾情，另一方面也应该保护受难者的隐私。两者之间存在着难以调和的矛盾，要想在新闻专业主义和媒介伦理中寻求平衡，就要求媒体以公共利益为最高价值准则，不煽情、不媚俗。

首先，灾难报道要以公共利益为前提。媒体是社会公器，被称为社会的"第四权力"。灾难报道中，媒体更应该以公众利益为最高价值导向，要思考所报道的内容究竟是真正具有新闻价值，还是满足受众猎奇心理的新闻快餐？灾难面前，公众需要的只是准确、真实的灾情信息、伤亡情况以及灾情报道基础上的舆论引导。汶川地震时，《南方周末》以"泪眼之间，良知复苏；废墟之上，人性挺立"为宣传导向，把媒体报道集中于救援、安置、募捐中的政府作用和人性光辉上，走出了灾难报道煽情化、非理性的报道误区。

其次，媒体在灾难报道中应该发挥积极的舆论引导作用。媒体的舆论引导作用是通过传播中的"议程设置"功能实现的。正确的舆论引导，有助于缓和悲情气氛、推动灾情的妥善处置，维护社会稳定。错误的舆论引导将会造成社会恐慌，甚至引发舆情危机。例如，2009年，在汶川地震一周年之际，人民日报以《幸福从"吉娜"开始——北川重组家庭集体婚礼见闻》作为专题头条，从家庭角度展现灾区人民重建家园的信念和勇气。网易新闻以《房子》为题的专题图像报道，以平民化视角展现灾区人民重建家园的艰难历程。这类报道采用了平民化的温情视角，虽有别于国家、灾难、祈祷等宏大叙事，却体现着人文关怀。

在马航事件初期，媒体对家属的干扰成为各界讨论的热门话题，而媒体人也开始反思自己的职业行为。[①]知名记者闾丘露薇认为，媒体应该履行自己的职责，就是采访，但是同时也要专业，恪守伦理。当突发事件来袭，当巨大的悲伤瞬间降临时，请记得保留清明的理性。[②]有媒体发出新闻报道"二次伤害谁之过"的诘问，"多些理性分析，少些主观臆测；多些真相探索，少些催泪煽情；多些科学常识，少些怪力乱神。只有涉事各方各司其职、各尽其责，才能最大限度地避免谣言，并探寻真相"。[③]

也有媒体人提出，看待身处灾难现场的新闻人，并不一定要刻意回避，应该不问动机，只看他面对事实时，是否做到了诚实和专业。只要做得专业，新闻人就不必成为自虐心理的俘虏。[④]在汶川地震中部分媒体的煽情报道，三小时一煽情，五小时一鸡汤引起了公众

[①] 江帆. 灾难面前媒体不该做什么？[N]. 大江晚报，2014-03-17.
[②] 闾丘露薇. 社交传播：微博和微信有何不同？[N]. 广州日报，2014-03-11.
[③] 章诗依. 灾难现场的媒体人[N]. 经济观察报，2014-03-17.
[④] 刘士林. 编者的话：媒体失态[N]. 文汇报（上海），2014-03-17.

心理上的不适，而能厘清事件脉络的新闻事实和专业分析少得可怜，其实抒情之后需要事实、理性和逻辑，媒体令人信服的只能是专业。[①]因此，媒体从汶川地震开始在灾难事件中屡次使用的"心灵鸡汤报道法"造成的深刻影响是形成了中国突发灾难新闻报道的模式，而没有形成第一时间追问真相的新闻思维习惯。[②]

对新闻伦理与道德的反思已成为历次中国媒体灾难报道的必修课。这是因为，灾难报道模板的使用本身就充满着争议和风险，它必然包含着对受难家属动向的关注、对受众情感的动员、对社会情绪的安抚等伦理因素；而操作尺度难以把握，也往往使之成为媒体为追求眼球与市场而丧失专业性的合理护身符。

二、公益新闻：以"罗一笑"事件为例

在自媒体时代，每个用户都可以发声，成为信息制造者和信息传播者，并在一定程度上实现信息共享，而受众通过自媒体的互动又创造了新信息，使得信息的真实性与正确性难以辨别。更重要的是，自媒体时代的信息传播带有很强的商业目的，网络推手很容易利用自媒体制造话题，而罗一笑事件就是典型的案例。

2016年11月30日，《罗一笑，你给我站住》一文在朋友圈中被疯狂转发。文章的主人公名叫罗一笑，她是罗尔的女儿，罗尔是深圳一位著名的本土作家。文中写到，罗一笑由于身患重病，每天都需要巨额的医疗费用。文章引起无数网友动容，开始疯狂转发，并开始为罗一笑捐款。罗一笑被查出身患白血病，父亲罗尔就在微信公众号中将罗一笑住院的一幕幕记录在微信当中。在此期间，罗尔还与刘侠风创立"小铜人"这个微信公众号进行合作，在公众号上将罗尔发表过的文章进行整理后再次发布，读者每次转发便自动捐助1元，而所有筹集的费用均用于罗一笑的治疗。罗一笑的遭遇收获了许多同情，短时间内就筹集了巨额资金。

很快故事的风向发生了反转，有人在微信上爆出罗尔的个人财产情况，并将罗一笑医疗费用的报销比例公布到了网上。这时，有人开始质疑这是否是"小铜人"公众号的一种炒作手段，甚至开始质疑罗尔的作风问题。网上关于罗尔事件的讨论此起彼伏，掀起了一股舆论高潮。

此后有网友指出，这其实就是一次营销炒作，罗一笑并不需要故事中所提到的那么高的治疗费用，同时，罗尔不管是在深圳还是在东莞都有房产，筹集的善款对于罗一笑的治疗早就足够。有的网友认为罗尔的一系列举动都是"诈捐"，这一消息爆出之后，网络中开始出现许多慈善行为被消费的言论。由于网上出现了许多"小铜人"公司利用罗一笑事件进行营销炒作的言论，深圳市的民政局介入调查。

12月1日，罗尔站出来表示将会利用筹集的所有资金成立白血病患儿专项基金。到了下午5点，深圳市民政局在与腾讯、罗尔和刘侠风进行四方会谈后，决定将筹集的2 525 808.99元资金全部原路退还给所有捐赠或打赏的用户。12月4日，罗尔接受了采访，在采访中他

[①] 灾难面前，心灵鸡汤只是障眼法，不解决任何问题[N]. 新快报，2014-03-12.
[②] 路人甲. 逼近真相还需努力[N]. 香港商报，2014-03-17.

提到之所以不卖房救女,是因为自己还有一个儿子,想要将房产留给儿子。就在这几天内,罗一笑事件经历了太多转折,也掀起了多次舆论高潮。

微信中的网络暴力失范行为有网络言语暴力和网络行为暴力两种类型。

网络言语暴力指的是微信用户在网络当中发表的言论对当事人直接或间接造成伤害。尽管大多数微信用户的初衷是为了弘扬正义、惩奸伐恶,但其表达方式以及所采取的行动往往缺乏足够的理性,进而对当事人造成实质性的伤害。网络言语暴力表现在一些用户在微信朋友圈中发布一些极端的言论借以发泄自己现实生活中的不满,或者对他人进行言语上的攻击、侮辱和诽谤等。别有用心者会将微信这个传播平台的特性加以利用,选择具有一定社会心理基础的事件为对象,极尽煽情蛊惑之能事来编排内容与形式,然后得出相悖于国家政策的结论,危害国家与社会的安定。例如,一些海外的反动势力便利用微信平台对我国进行信息战和心理战,他们通过形式多样的组织对所谓的"持不同政见者"进行资助,授意这些人炮制出大量的"有理有据"的极端文章并通过微信的熟人社交关系网向国内渗透,长此以往必将危害国家政权的稳定。

网络行为暴力主要表现在通过曝光他人隐私等形式对他人造成侵权。虽然网民的这种行为立意是为了让更多的人不再受骗,但"人肉搜索"这种行为打破了当事人原有的正常工作、学习和生活秩序,其精神压力也从虚拟的网络世界转移到了现实生活当中,当事人及其家人的人身安全、精神状态等都遭受到了一定程度的伤害。

英国作家格拉德威尔的"引爆点"理论认为一个事物流行开来,至少要具备以下三个法则中的一个:个别人物法则、附着力法则、环境威力法则。其中,附着力法则是指事物本身的因素,能够给人留下深刻影响的能力。[①]在罗尔事件的前期传播过程中,尤其是在《罗一笑,你给我站住》一文的扩散期,文章本身在文本上构建出一种"悲情"的表达框架,作为一名媒体人他所构建的"卖文救女"的形象更加能够激起受众的同情心。

此外,文章所采用的宣传策略"转发一次就捐款一元",而转发的成本对于受众来说可以忽略不计。转发不仅可以使用户参与到公益事件中来,满足自己情感的需要,还可以塑造自己的形象,1元的成本和巨大的收益使得转发行为变得极为普遍。一旦转发量达到了"引爆点",在朋友圈中就会形成病毒式的扩散传播。格拉德威尔指出,流行发起的环境是非常重要的,人对自己周围环境的敏感程度比他们所表现出来的更为强烈,环境中一点微小的改变也可能引发人的行为产生巨大的变化。

公益传播"引爆后"形成的"舆论气候"环境,因为群体压力、道德压力以及情感代入等原因使更多的人参与到公益信息的传播中来。随着文章的扩散,群体的规模不断扩大,群体性迷失所产生的范围也随之扩大。在罗尔事件扩散的前期就有人对捐赠发起者的商业身份提出质疑,但是当时群体中的优势意见已经形成,反对意见被打压或者选择性忽略。公益传播要想实现传播效果的最大化就必须发挥出公益事件的公共属性,尽可能地吸引更多的群体参与进来,因此,在微信公益传播中触发"引爆点"是重中之重,但是公益事件能够"引爆"同情同样也能够"引爆"愤怒。

微信公益事件的参与者,势必希望能够精准地帮助到求助者,如果这一期望能够得到

[①] 马尔科姆·格拉德威尔. 引爆点: 如何引发流行[M]. 北京: 中信出版社, 2014: 75.

满足就会使参与者产生积极的情绪,产生良好的互动传播效果。但是,如果期望没有实现则会产生消极的情绪。在罗尔事件舆论反转过后,各种爆料罗尔经济状况的文章再次在朋友圈刷屏。之后经过多方协商,相关机构在12月1日确认了善款最终的处理办法,将"罗尔"和"P2P观察"两个微信公众号所收到的超过200万元的打赏全部原路退还,罗尔也在公众号上发文道歉。

随着事态的发展,网络舆论呈现出对罗尔一边倒的口诛笔伐。尤其是在罗尔接受媒体采访回应网上的质疑之后,一些公众号截取文章中的片段作为标题,如"罗尔回应为何不卖房救女:深圳的房子以后要留给儿子",造成新闻伦理失范。实际上,罗尔通过公众号以及媒体采访的形式对网络上的质疑都做出了回应,给出了较为合理的解释,但是这时罗尔在整个微信公益传播过程中已经毫无公信力,由于受众已经产生被欺骗感所以他们再也不会相信罗尔。

2016年12月24日,罗一笑去世,她的父母将其遗体捐献给深圳大学医学院用于临床医学科研和发展。对于这一行为,网友的评论中质疑仍然是主要的声音,很多人认为罗尔的举动是为了挽回形象,有人甚至怀疑是为了节约墓地钱,群体的意见再次走向另一个极端。①

不断的剧情反转耗费的不仅是公众的注意力资源,更是媒体的公信力,以至于受众产生了一种"等待新闻反转"的消极旁观心理。在这个快速发展的社会,做新闻不但要"快",更要"准"。技术发展拓展公众个体的传播力,但众多信息混乱事件表明,公众并没有具备使用这种权力的媒介素养,大众传播时代建立起来的传播秩序、传播伦理、媒介素养在新媒体时代已难以保障公共信息的正常有序传播,建立与新媒体逻辑相适应的媒介素养已迫在眉睫。②

三、社会新闻:以《春节纪事:一个病情加重的东北村庄》为例

2016年春节,一篇以"媒体调查"为切入点的《春节纪事:一个病情加重的东北村庄》在微博及朋友圈被疯狂转发。文中描述了诸如父亲濒死儿子却用低保金"行乐痛快"、媳妇辱骂婆婆、低保夫妇不顾儿子常年酣战牌桌等一系列现象。文章发出后引发舆论一片哗然,文中对东北农村的描述让"东北""农村""婆媳""留守"等话题成为人们茶余饭后谈论的热点,将信将疑者有之,不以为意者有之,但对于此类话题的评论却趋向负面。

这篇文章系《财经》杂志微信公众号策划的春节系列随笔文章中的一篇,策划该系列随笔的本意在借过年重温习俗、回溯传统、描述家乡变迁。后经了解,这篇文章的作者高胜科当年并未还乡,只是根据过往返乡见闻和今年春节电话采访写成文章,对于随笔中所述家乡的部分故事,在时间、地点、人物名称等细节方面也进行了加工,影响了文章的准确性,文字表述多有失当之处。

---

① 彭兰. 群氓的智慧还是群体性迷失:互联网群体互动效果的两面观察[J]. 当代传播,2014(2):4-7.
② 胡钰. 如何建构当代中国新闻舆论生态[J]. 新闻与写作,2016(5):12-15.

后《财经》杂志发布通告称:"官方微信公众号发稿把关不严,发表未经严谨处理的随笔文章,给文中所述地区群众带来负面影响,并给广大读者造成困扰,对此我们深表歉意。《财经》对文中所述细节正在进一步核实查证,今后将严格新媒体操作要求和采编规范,以此为鉴。"

以下为该文章作者高胜科就"返乡日记"发表的道歉信。

2016年春节期间,《财经》微信公众号开设系列随笔栏目"返乡日记",记者可以根据春节期间在家乡的个人观察与体悟进行写作。2016年春节,我没有返乡,通过电话采访以及此前多次返乡所见和族人讲述,我对家乡的一些变化有所感触,对一些美好传统的流逝和一些陋俗尚存的遗憾,使我写下这篇随笔。

我的错误在于没有返乡但文章却以现场纪实的方式表述,在写作时,对情感表达缺乏克制,一些细节处理不严谨。比如涉及家族人事时,在姓名、时间、地点、部分信息上模糊加工,影响了这篇随笔的准确性、客观性、严肃性。

作为一个传统媒体从业人员,我对随笔文体的要求以及新媒体写作认识不清,虽然主观意愿是希望家乡更好,但由于在采写上存在的不足和细节表述的偏差,它产生的负面影响巨大,对东北和我的家乡都过于沉重。

在此,我诚恳地向乡亲表示歉意,同时也向受到困扰的读者致歉,我也深刻意识到新闻记者的笔下有千钧力,不论报道还是随笔,都应该严格、严谨、严肃、客观、克制、克己。(《财经》记者高胜科,2016年2月26日)

《春节纪事:一个病情加重的东北村庄》(见图6-1)的文章经新华社记者深入事件发生地调查,发现文中描绘的礼崩乐坏的时间、人物、地点都是虚构的。当事记者也承认,当年春节自己人在北京,根本没有返乡。他解释说:"自己写的是随笔,不是新闻报道,希望村民不要对号入座。"

图6-1 公众号文章《春节纪事:一个病情加重的东北村庄》

记者的调查让真相浮出水面:返乡日记并非作者真的回乡所做的调查,文中所有的"真相"均为作者虚构。乡亲们见到调查记者时第一句话就说:我们快委屈死了!

习近平总书记在党的新闻舆论工作座谈会重要讲话中说"时政新闻要讲导向，娱乐类、社会类新闻也要讲导向"。这种无事实依据、无调查研究而凭空捏造的"原创类"谣言，无论是出于泄私愤而制造的话题，还是脱离调查的凭空捏造，伤害的不仅仅是文中提及的当事人及区域，还波及了与此相关或相似的群体。互联网为网民发表个人言论提供便利，但更需要网民在发表、传播言论时遵守相关的法律法规，加强道德建设，提高自律意识，自觉营造、维护良好的互联网言论空间，让情绪在理性、客观、真实的环境下进行表达。

《全国人大常委会关于维护互联网安全的决定》《互联网信息服务管理办法》等法律法规都明确规定，利用互联网造谣、诽谤或者发表、传播其他有害信息，构成犯罪的，依法追究责任。①②《新闻记者证管理办法》明确规定，新闻记者不得编发虚假报道，否则将给予警告、罚款、吊销新闻记者证，构成犯罪的，依法追究刑事责任。

以"农村"为主题的新闻报道总是自带"流量"，一方面，中国人往前推三代都是农民，国人的农村情结从未衰减，因此一直极为关注农村的发展。另一方面，春节是返乡高峰期，城乡差异、亲情冷暖的话题此时关注度更高，更易吸引眼球。虚假报道不仅白白浪费了公众的热情，而且也让中国农村很受伤。当然，之所以引起高度关注，源于报道中某些现象真实存在，如城乡发展水平的差异，但是反映这种真实存在的状况，要靠新闻记者深入基层、深入生活、深入调查后的真实报道，而不是靠捕风捉影、胡编乱造。

近年来一些刻意炮制的假新闻，无一不把事件锁定在公众高度关注的话题上。"纸馅包子"锁定的是食品安全话题，"北京人与外地人地铁上对骂"锁定的是地域歧视话题，"老外街头扶摔倒大妈遭讹"锁定的是社会道德话题……

习近平总书记曾强调，"真实性是新闻的生命。要根据事实来描述事实，既准确报道个别事实，又从宏观上把握和反映事件或事物的全貌。"这其中"澄清谬误、明辨是非"的要求赫然在目。随着新媒体影响力的提升，传统新闻媒体的责任意识更显重要。在鱼龙混杂的信息世界里，更需要专业新闻记者秉承职业道德，提升专业素养，学会独立思考，深入生活，认真调查，也需要新闻媒体在信息发布流程、把关制度建设等方面更加严格。

作为新闻工作者，本应该用这样的要求来警诫自己，规范自己的采编行为，而且主管部门也对"假新闻"持高压态势，然而，类似这样的虚假报道却屡次出现。这说明某些媒体对记者的管理依然不到位，反映了在媒体转型的当下，媒体从业者的专业素养不足甚至职业道德的缺失。③

中国人民大学新闻学院教授匡文波指出，微信中谣言传播的新特点值得关注。微信等社交媒体共享程度很高，能够满足受众个性化、多样化的需求，但这并不意味着在新闻的采写和传播过程中对新闻真实和可信性的要求就要降低。新闻不是小说或肥皂剧，真实可信始终是新闻的本质所在。④ "与微博相比，微信属于群体传播和人际传播，具有个人传播的特点，法律比较难以介入，因此微信谣言在短期内难以消除，只能靠自律。"王东林

---

① 全国人民代表大会常务委员会《关于维护互联网安全的决定》——2000 年 12 月 28 日九届全国人大常委会第十九次会议通过[J]. 计算机安全，2001（1）：52-53.
② 人民网研究员解读《互联网新闻信息服务管理规定》[J]. 新闻传播，2017（12）：1.
③ 李爱军. 自媒体时代虚假新闻有效治理的路径探析[J]. 传播力研究，2019，3（34）：52.
④ 谢艳军. 微信"反转新闻"产生的原因与防治[J]. 青年记者，2016（27）：27-28.

认为，面对社交媒体时代的谣言，有时候单靠自律或自觉很难构成约束力，需要采取一定的法律措施，如事后追责。如果制造谣言，产生不良影响，要承担责任，让信息传播者在获得充分话语自由权的同时，也承担义务。[①]

思 考 题

1. 网络新媒体会诱发哪些媒介伦理问题？
2. 举例说说现已出台了哪些互联网行业自律规范。
3. 网络社区、互联网行业协会自律规范的效力来源分别是什么？
4. 网络社交平台存在哪些媒介伦理困境？

实 践 任 务

选取 2~3 则近一年内自媒体平台出现的媒介伦理失范案例，分析其存在的伦理问题并提出合理的治理建议。

[①] 曾君洁. 自媒体时代的新闻真实性再探[J]. 邵阳学院学报（社会科学版），2019，18（6）：98-103.

第七章

新媒体传播法规

> **学习提示**
>
> 本章着重探讨了我国新闻传播法规的建设情况。中国目前还没有专门的新闻法或传播法，但对于新闻传播权利的保障及新闻传播活动的规范见诸宪法、法律及各规章制度中。需要注意的是，我们经常提及的表达自由或者新闻自由并非绝对的权利，其行使需要受到一定法律规范和道德的约束，一旦超过特定界限，便容易导致媒介失范问题。本章也列举了相关案例，以便学生能够更好地理解我国新闻传播活动中的权利和义务关系，强化学生对于新闻传播法规的理解。

作为具有普遍约束力的社会规范，法律对我们日常行为具有一般性的指导作用，规定了公民的权利与义务。新闻传播活动作为广泛社会活动的一种，其开展也受到相关法律法规的约束。明确我国新闻传播法规的内容和作用，对于培养优秀的新闻人才以及提升大众的媒介素养都具有重要意义。但囿于我国没有专门的新闻法，本章对于新闻传播法规的分析主要从宪法、法律、行政规章等法律条款中与新闻传播活动有关的内容入手，重点分析我国新闻法规的涉及内容、建设现状、立法原则等。

第一节 传播法规的概念及意义

一、法的概念及特征

（一）法的概念辨析

法是由国家制定或认可，以权利和义务为主要内容，由国家强制力保证实施的社会行为规范及其相应规范性文件的总称。不同的学派对法的概念有不同的认定：实证主义者认为法的概念有两类，一是以社会实效为首要定义要素的法的概念，二是以权威性制定为首要定义要素的法的概念；而非实证主义者所认为的法的概念既包括以内容的正确性作为定义要素，也包括社会实效性要素和权威性制定要素。为了对法的内涵和外延有更为清晰的描述，下文将概括性地分析几组相关概念。

1. 法治与法制

法制与法治两个概念常常被混淆使用，但它们在概念界定和适用范围上存在诸多不同。法制是包括法律制度、法律实践以及法律监督等系列活动在内的一套体制，是法律制度的总和。而法治则是一个相对于"人治"的概念，是"法律制度治理"的简称，具有更加丰富的内涵。法治是一种治国的方略、一种文明的法律精神以及一种理想的社会状态。从两者的关系上看，法制与法治是一个包含与被包含的从属关系。法制从属于法治，作为一种制度工具也可以为"人治"所用，其具体内涵不包含价值，而更偏重强调法律的形式化方面，强调"以法治国"的制度、程序及其运行机制本身；法治则包含了价值内涵，是一个政治、文化、社会意义上的动态概念，是法律运行的状态、方式、过程等。

2. 法律、法规与规章

法律是指由享有立法权的立法机关行使国家立法权，依照法定程序制定、修改并颁布，并由国家强制力保证实施的基本法律和普通法律的总称，可以划分为宪法、法律、行政法规、地方性法规、自治条例和单行条例。[①]

法规是指国家机关制定的规范性文件，是法令、条例、规则和章程等法定文件的总称。与道德不同，法规具有强制力，是一种外部规范，重在其现实性，是人类为了达成特定目标或实现某种价值而制定出来的各种命令或禁止的规定。法规也具有法律效力，就法律效力而言，宪法大于法律，法律大于法规。

规章是各级领导机关及其职能部门、社会团体、企事业单位，为实施管理，规范有关工作人员行为，在其职权范围内制定并发布实施的、具有行政约束力和道德行为准则的规范性文书的总称。按其性质和内容，规章可分为行政规章、组织规章、业务规章和一般规章。

3. 法律与道德

道德是一种不成文的社会价值规范，其本质与功能是对个人的活动和行为进行约束，从而达到协调人们的社会关系使其有序发展的目的。一直以来，道德与社会秩序和法学意义上的规范都密不可分，法律和道德之间存在众多联系，如两者都属于社会的上层建筑、法律是传播道德的有效手段和底线，道德是法律的评价标准和推动力量，在一定情况下道德与法律能够相互转化等。但法律与道德之间也存在许多区别，其中最大的区别为规范的强制力基础不同，除此之外，两者的起源、表现形式、具体内容规定、实现的方式和手段、调整的范围也不尽相同。法律与道德的区别具体包括以下几点。

首先，就两者的起源而言，道德早在原始社会时期就伴随着人类活动的产生而出现，且其内涵和表现形式随着社会的发展、各类问题的产生而不断丰富，人们通过道德价值观

[①] 法律的解释主要参阅：《思想道德修养与法律基础》编写组. 思想道德修养与法律基础[M]. 北京：高等教育出版社，2018；张文显. 法理学[M]. 4版. 北京：高等教育出版社，2011：47.

或舆论等方式调整彼此间的行为和社会关系，维持正常的社会秩序。而法律则是在阶级和国家产生后才出现的一种规范，是由国家制定或认可，并以国家强制力保证实施的，是反映由特定物质生活条件所决定的统治阶级意志的规范体系。

其次，道德和法律的调整对象和范围不同。道德的主要调整对象是人们的内心活动、价值观和主观思想，调整方式主要是通过社会舆论来教育、评价和感化人们，从而使人在这个过程中培养自身的道德义务感以及对善与恶的辨别能力，其调整标准较为模糊，规范性与法律相比也较弱，主要依靠人自觉自愿遵守。而法律的调整对象是人们的外部行为，是对人们行为的一种强制性规范和约束，法律干涉人们违反社会规范的态度和行为，当人们的行为达到损害社会秩序、违反法律的地步，法律将会对其进行制裁。

最后，道德和法律的表现形式也不同。道德没有硬性规定，其表现形式是原则性的，主要依靠人内心的信念和自觉性来遵守，社会对违反道德的人并没有具体的惩罚措施，缺乏约束力和强制力。而法律具有强制性的保障，在立法机关颁布和施行之后便形成了每一个社会成员都必须遵守的法律规范，同时，法律也规定了每一个社会成员都应享有的权利和义务，具有较强的约束力和强制力，一旦被违反，就会受到相应的制裁。

（二）法的本质特征

就其本质而言，法是一种强制性的社会控制手段。马克思主义认为，法的本质表现为法的正式性，反映法的阶级性并最终体现为法的物质制约性。法的内容既受社会存在的制约，也由一定的社会物质生活条件所决定，而生产力的不断变化促使包括法律在内的整个社会的发展变化；法既是社会的组成部分，也是社会关系的反映。在唯物史观的分析框架下，立法者并非创造法律，而只是在表述社会生活中客观存在的生产关系、亲属关系等各种社会关系以及相应的社会规范。因此，法的本质存在于国家意志、阶级意志与社会存在、社会物质条件之间的对立统一关系之中。在我国，法的本质是中国工人阶级领导下的全国人民意志的体现，法的根本任务是保障和促进中国社会主义现代化建设。

区别于其他上层建筑，法主要有以下四个显著特征。

（1）法是调整行为的社会规范。一般来说，法由法律概念、法律原则和法律规范三者组成。法的主要内容是法律规范，其在数量上超过了法律概念和法律原则，并对两者做出规定。

（2）法由国家制定或认可，具有普遍约束力。法具有很大的权威性，且因其由各种不同层次或类别的国家机关或专门组织（如立法机关、行政机关、中央机关、地方机关等）制定而具有不同等级的法律地位和法律效力。

（3）法对权利和义务做出了规定。其中，权利是指法律意义上的权利人或主体依法可以自主决定为或不为某种行为的许可和保障手段；而义务则是法律规定的人或主体应承受的某种限制、约束、负担或责任。在人民当家做主的社会主义制度下，权利与义务具有一致性，不存在只享受权利而不承担义务的情况。

（4）法是一种由国家强制力保证实施的社会规范，这代表着国家将会对违法行为实行法律制裁。法律制裁可以分为两类：一是由法院判决的制裁，即司法制裁；二是对民事违法行为的制裁，即民事制裁。

二、传播法规的意义

（一）规范新闻传播管理

法律是新闻传播活动的重要规范，新闻传播活动必须在国家的法律体系框架中运作。新闻传播活动对国家、社会和人民具有重要的影响力，新闻传播领域不是法外之地，也并非不受管控，因此，它必须遵循国家法律体系的基本规范。在新闻传播活动的全过程中，无论是传播渠道、传播内容、传播方式还是传播主体，都应该受到法律的管控和制约，同时，新闻传播主体也应该自觉地遵循法律的引导。

我国是由政府的新闻出版和广播电视行政管理部门代表国家行使对新闻单位和新闻传播活动的行政管理权，并通过行政法规和规章对其加以规范。通过行政管理部门对新闻传播主体和新闻传播活动进行管理，不仅能够保证新闻传播活动遵循和贯彻《中华人民共和国宪法》（以下简称《宪法》）以及各类法律的规定，从而取得良好的社会效益，为社会服务；同时也能够使得国家对新闻业的发展规模进行宏观调控变得更加便捷，使我国的新闻传播活动与国家经济、文化发展水平相适应，从而最大可能地满足公众的各类需要。新闻传播相关行政管理部门对新闻单位的日常工作依法行使管理权，并对新闻单位和新闻传播活动中的违法、违规行为依法行使行政处罚权。

（二）促进新闻传播自由

新闻传播或新闻出版自由随着近代民主政治的发展逐渐成为一种保障社会民主公平的重要基础。《宪法》没有将新闻自由权作为一项独立的权利，但其作为言论出版自由所衍生出来的一种权利，同样可以从我国现行宪法中找到法律依据。尽管我国新闻自由的发展取得了一定成果，但对新闻自由权的保护还不够完善，仍然有许多细节和特殊情况值得商榷。例如，随着微博、微信等即时通信工具的普及，"自媒体"和"公民记者"大量出现，原本只能由新闻媒体发布新闻的权利成为大众的权利，在这种情况下，新闻采访权利的法律边界、专业采访人员与普通公民的采访权利界限成为需要重点关注的问题，而传播法规对该界限的明确和规定便显得尤为重要。需要注意的是，新闻自由并非是绝对的，它需要受到一定社会道德和法律制度的制约，尤其是要受到法律强制力规范的制约。新闻传播主体如果不受约束地进行传播活动，势必会出现一些侵害他人、社会乃至国家利益的行为，对社会稳定和谐造成不良影响。

（三）维护国家安全和国家利益

新闻传播活动既是一种文化活动，也是一种社会活动，对社会各方面以及人民群众的生产生活具有重要影响，与社会制度和公众利益密切相连，与国家安全和国家利益息息相关。为了促使新闻传播活动最大可能地对国家、社会和人民发挥积极有益的作用，必须对其加以限制和规范，明确新闻传播的活动范围：对危害国家安全和利益的新闻传播活动进行严格禁止，如煽动分裂国家、窃取和泄露国家秘密、颠覆政权等；对影响社会思想健康、妨碍社会公共秩序的新闻传播活动进行严格禁止，如传播淫秽色情信息、传播封建迷信信息想等；对泄露公民隐私、侵犯他人名誉权等损害他人合法权益的新闻传播活动进行严格禁止，如滥用肖像、侵犯他人著作权等。

（四）推动民主法治建设

随着我国社会主义建设进程进入改革深化期，我国不仅面临着经济体制的变革，同时也面临着政治体制的改革。而传播法规体系的构建，不仅是我国坚持依法治国、建设社会主义法制国家的现实需要，同时也是我国民主政治建设的催化剂和推手。以法律法规的形式规定人民的新闻传播自由权，让人们在法律规定的框架体系内充分享受言论与出版自由，并且对新闻自由进行保护，才能使公民充分享有知情权和言论自由权。同时，通过传播法规的明确，新闻传播主体能够在法律规定的范围内对社会不良现象或政府失职事件进行批判，从而更有效、有保障地发挥新闻媒体的监督作用。新闻传播活动作为传播信息、揭露真相并且具有极广受众面的一项活动，对社会舆论和社会公平正义的发扬有着举足轻重的作用。要想使得新闻传播活动为人民服务、为实现社会主义核心价值观服务、为维护社会公平正义服务，就必须要让新闻传播活动在法律框架内有序运行，因此，构建传播法规体系显得尤为重要。

（五）明确传播行为的权利和义务关系

法律规定了新闻传播活动中传播行为的权利和义务关系。传播者受到《宪法》中言论自由条款的保护，言论可以自由发表或自由出版，但不能传播现有法律禁止的各种内容，违法者会依照已有的法律、法规、规章及其程序而受到行政的、民事的甚至是刑事的制裁。部分新闻媒体为了制造噱头，对一些敏感的案件进行毫无节制地报道，看似是为了追求事实真相，实则是在经济利益的驱动下产生的媒介越权行为。新闻媒体介入司法的不当报道，不仅践踏了法律的尊严，侵蚀了司法独立，损害了司法机关的公信力，同时也扰乱了整个社会的秩序，人为地制造了紧张情绪。

案例 7-1

《华夏时报》艾滋孤儿隐私侵权案

1. 事件背景与案例概况

2005 年 12 月 2 日，北京《华夏时报》在没有经过当事人同意和进行技术处理的情况下，在报纸头版和第 16—17 版中，用较大的篇幅刊登了多幅名为小莉的艾滋孤儿的脸部特写照片及其与父亲和弟弟的合影，并刊登了她的相关家庭信息。小莉原本住在河南省某县，父母因患艾滋病离世后，她作为艾滋病孤儿，在生活、精神上都遭受了很多困难和痛苦，备受歧视。后在"民间防艾第一人"高耀洁教授以及中共中央党校靳薇教授和香港慈善机构杜聪先生等热心人士的帮助下，小莉离开了河南，在其他人并不知道她身份和背景的地区学习和生活，逐渐地摆脱了阴影。然而，《华夏时报》却在既未对小莉进行任何采访，也未征得小莉或其抚养人同意的情况下，就发布了《艾滋孤儿几度被人当作摇钱树》等报道，严重侵犯了小莉的隐私权和名誉权，对其精神状态和日常生活产生巨大影响，甚至使其面临被退学的风险。

报道发出后,小莉的抚养人靳薇教授马上联系《华夏时报》讨要说法,但有关人员只做口头道歉,认为报道失当是"粗心"和"交接疏忽、技术失误"造成的,并没有承认对小莉造成的侵权行为。根据我国个人隐私权保护的相关法律规定及2006年3月1日开始实施的《艾滋病防治条例》,《华夏时报》的行为已经对小莉构成了严重的侵权行为,属于违法范畴。在得到小莉的授权后,靳薇教授于2006年3月1日将该报纸告上法庭。2006年3月6日,北京市朝阳区法院正式受理了这起"全国首例艾滋孤儿隐私权案",并于2006年4月25日第一次开庭审理。

原告方提出了三点诉讼请求:一是判令被告停止侵害;二是判令被告在《华夏时报》相同版面用相同篇幅赔礼道歉;三是判令被告赔偿精神损害费人民币十万元。

法院经审理判决:一是被告于本判决生效后十五日内在该报第一版显著位置就其2005年12月2日所刊相关照片及文章侵害肖像权、名誉权及隐私一事向原告小莉赔礼道歉,内容须经本院审核,否则,本院将在其他媒体刊登本判决主要内容,费用由被告承担;二是被告于本判决生效后十五日内赔偿原告小莉精神抚慰金两万元。

2. 案例分析

作为一家由中国残疾人联合会主管的新闻媒体,《华夏时报》在不经原告同意和授权的情况下私自刊登小莉的照片、事迹,并曝光其隐私身份信息,严重侵犯了其隐私权、名誉权和肖像权。作为社会弱势群体,艾滋孤儿本就难以享受与正常人同等的日常生活和社会地位,媒体擅自公布其隐私信息,直接破坏了他们的生活,并给他们本身就十分脆弱的心理带来了严重的伤害,使其承受非常大的心理压力和社会压力。另外,此案例也是自《艾滋病防治条例》实施以来的首例维权案,对该法律的实际运行和贯彻落实也具有重要的示范作用和意义,有利于弱势群体勇敢地维护自己的应有权利,引起社会公众对艾滋病患者的关注,有利于普及防艾知识,遏制艾滋病在中国蔓延。

媒体作为提供新闻报道、进行舆论监督的信息服务机构,享有宪法和法律赋予的新闻自由。就行使范围而言,有学者认为新闻自由可以划分为采访自由、传递自由、出版自由和批评自由四个方面。其中,采访自由强调新闻记者对新闻素材享有采访、发掘事实真相的权利,任何政府机关及其工作人员不得以任何理由加以阻挠。传递自由强调记者采写的新闻报道首先要传到新闻编辑的手中,而后才可以进行其他传播程序,传递不受任何限制。出版自由强调新闻媒体将新闻报道公开,让社会公众知道事件的来龙去脉,如果出版受到限制或者审查,将影响该种自由功能的发挥。批评自由强调每个公民可以畅所欲言,可以对各种新闻事件发表自己的观点,也可以批评政府及其工作人员的不法行为。

但是,这种自由并非是不受约束的权利,而应受到法律和伦理道德的约束,如果超越了边界,将会产生新闻侵权行为,引发媒介伦理问题。尤其在新媒体环境中,新闻报道传播的范围更广、速度更快,相应地,造成的影响范围也更大,侵犯他人隐私所带来的消极后果也更严重。本案例中,《华夏时报》在没有经过主人公小莉及其监护人同意和授权的情况下,便将其事迹和真实照片对外刊发,体现出该媒体对新闻自由的内涵理解出现偏差,既是对公共权力的滥用,也是对新闻传播事业的不尊重。

保护病人的隐私权是对患者人格的尊重，是医务人员应尽的义务，是媒体人应知、应做的基本常识。病人个人隐私被曝光，会使其受到更多的歧视和议论，人格权被侵犯、自尊心被伤害，不利于他们正常的生活和成长。从传播学的角度分析，媒体具有议程设置的功能，媒体的新闻报道和信息传达活动赋予了各种议题不同程度的显著性，并影响着人们对周围世界的大事及重要性的判断。《华夏时报》通过披露当事人的隐私来吸引受众的关注，但从其所报道的内容看，该报并非从关爱的一面进行议程设置，其报道活动将会造成一般受众对艾滋病人的歧视和艾滋病群体边缘化的进一步加深。新闻传播主体在进行新闻传播活动时，应充分、全面地考虑自己要传播的内容，充分尊重当事人的隐私权，保护当事人的权利不受侵犯。在对艾滋孤儿的报道中将当事人的姓名等个人隐私公布于众，体现出媒体已明显侵入了当事人的隐私空间，构成了对公民隐私权的侵害。当前新闻传播主体应当增强法制观念，掌握好"法"与"非法"的界限，自觉遵守国家的各种法律、法规，尊重法人和公民的各种合法权益，并且在法制轨道中严格规范新闻工作者的职业道德，避免出现损害公民名誉权、肖像权、隐私权等合法权益的新闻侵权行为。

第二节　我国传播法规的体系构成

法律体系指一个国家内，由各法律部门组成的、现行法律有机联系的统一整体，不包括国际法和已失效的国内法。当今中国正以构建中国特色社会主义法律体系为目标，试图构建门类齐全、结构严密、体例科学完备的法律体系。

由于我国没有专门的新闻法或传播法，因此对我国新闻传播法治建设的理解主要是以已有的宪法、法律条文以及部门规章中的相关说明为主，具体包括宪法、法律、行政法规、行政规章、地方性法规与规章、民族自治地方的自治条例和单行条例、特别行政区的法律与法规、法律解释、国际公约等。

一、宪法

《宪法》作为我国的根本大法，在当代中国的法律体系中具有特殊的地位，是我国社会主义法治体系的基础。我国现行《宪法》是 1982 年颁布实施、2018 年审议修订的，它不仅反映了当代中国法的本质和基本原则，也规定了我国的各种基本制度、原则，公民的基本权利和义务，各主要国家机关的地位、职权和职责等。《宪法》规定了传播中一切条文应该遵循的规则，是我国传播法治建设的最高指导原则。《宪法》第一条明确指出："社会主义制度是中华人民共和国的根本制度。中国共产党领导是中国特色社会主义最本质的特征。"这意味着，在推进中国特色社会主义事业的建设过程中，中国共产党始终发挥着总领全局、协调各方的领导核心作用，而新闻机构作为党、政府和人民群众的喉舌，必须坚持党性原则，明确"党媒姓党"的坚定立场。《宪法》第二十二条还对我国新闻传播事业的性质和任务做出了明确规定，即"为人民服务，为社会主义服务"，这一规定说明了新闻事业的文化属性。此外,《宪法》对表达权、知情权、著作权、隐私权等个人权利的保护也深刻影响了相关法律法规的制定,对我国新闻传播法规的建设和新闻传播活动的开展都具有重要的指导意义。《宪法》规定了众多新闻传播的原则,如表达意见自由、人民的知情权、新闻从业人员工作权的保障、言论自由、隐私权的保障等,它们是我国传播法规的根本指导法则。

二、法律

作为一种社会规范,法律是由享有立法权的立法机关行使国家立法权,依照法定程序制定、修改并颁布,并由国家强制力保证实施的基本法律和普通法律总称,分为专门法、行政法规、地方性法规、自治条例和单行条例。我国现行的与传播相关的法律主要有以下几种:《中华人民共和国刑法》(以下简称《刑法》)《中华人民共和国民法典》《中华人民共和国行政诉讼法》《中华人民共和国行政处罚法》等,其中《刑法》是规定犯罪和刑罚的法律,是最高的禁止性规范,对新闻传播活动进行约束,对与新闻传播活动相关的犯罪进行制裁;《中华人民共和国民法典》是对民事活动中一些共性问题所做的法律规定,是民法体系中的一般法,规定了因新闻传播活动而产生的民事责任的处理办法;行政法通过设定权利和义务、剥夺限制权利或减免义务等行政行为,以行政制裁为保障,调整行政主体与公民、法人或其他组织因新闻传播活动而产生的法律关系。还有一些法律与新闻活动具有强关系,如《中华人民共和国著作权法》《中华人民共和国国家安全法》《中华人民共和国档案法》《中华人民共和国广告法》《中华人民共和国保守国家秘密法》等。

三、行政法规

行政法规是以国务院为领导和管理国家各项行政工作,根据宪法和法律,并且按照《行政法规制定程序条例》的规定而制定的政治、经济、教育、科技、文化、外事等各类法规的总称。行政法规由宪法和法律授权制定,包括条例、办法、实施细则、规定等内容,其法律效力仅次于宪法和法律,高于部门规章和地方性法规。我国有管理各类传播媒介的专门行政法规、对新闻传播的具体活动进行管理的法规以及其他领域中与传播活动相关的法规,其中涉及新闻传播的法规有《出版管理条例》《关于严禁淫秽物品的规定》《广播电视管理条例》《国务院关于严厉打击非法出版活动的通知》《卫星电视广播地面接收设施管理规定》《音像制品管理条例》《电影管理条例》《印刷业管理条例》《外国记者和外国常驻新闻机构管理条例》等,地方性法规中,有《云南省出版管理条例》《贵州省广播电视管理条例》等,其法律效力仅限于本地区。

四、行政规章

行政规章是指国务院各部委以及各省、自治区、直辖市的人民政府和省、自治区的人民政府所在地的市以及设区市的人民政府根据宪法、法律和行政法规等制定和发布的规范性文件。国务院各部委制定的称为部门行政规章,其余的称为地方行政规章。我国与新闻传播活动相关的行政规章有国家新闻出版署制定的《出版物进口备案管理办法》《出版物市场管理规定》《新闻出版统计管理办法》等；国家广播电影电视总局制定的《广播电视广告播出管理办法》；国家互联网信息办公室颁布的《互联网新闻信息服务管理规定》等。

五、法律解释

法律解释是对法律和法规条文的含义所做的说明。依据解释是否具有法律效力分为正式解释和非正式解释。法律解释对于实现法律对社会关系的调整起着极重要的作用，是法律适用过程中一个必不可少的环节。我国的法律解释体系分为立法解释、行政解释和司法解释，与新闻传播活动相关的法律解释有《最高人民法院关于审理名誉权案件若干问题的解答》《最高人民法院关于审理名誉权案件若干问题的解释》等，它们都属于司法解释。

六、国际公约

国际公约指国家间有关政治、经济、文化、技术等方面的多边条约。国际公约通常为开放性的，非缔约国可以在公约生效前或生效后的任何时候加入。我国同外国缔结或参加的国际条约中与新闻传播活动相关的有《避免对版权使用费双重征税的多边公约》《世界版权公约》等。

从上述内容中可以看出，尽管我国并没有制定专门的新闻法、大众传媒法、广播电视法或报刊法等，但现行的各类法律、法规、规章等对我国的新闻传播活动以及新闻传播主体行为的禁止性规范和义务性规范已较为完备。因此，传播法规可以定义为以上所界定的法规文件中所有适用于规范、调整大众传播活动的条款和规定。

第三节 新闻传播法的概念及内容

一、新闻传播法的概念与属性

魏永征教授将新闻传播法定义为"调整新闻传播及其他大众传播活动领域各种社会关系，保障这个领域中国家利益、社会公共利益和公民与法人合法权益的法律规范的总和"。[①] 从狭义上来说，新闻传播法是指拥有立法权的国家机关依照立法程序制定的以"新闻法"为名称的专门性法律，但在我国并没有一部单独的"新闻法"；从广义上来说，新闻传播法是指现有法律体系中所有适用于新闻传播活动的法律文件条款，包括《宪法》中的有关规定，有关法律、有关行政法规与规章等各种法律规范性文件。就其属性而言，有学者将我国新闻传播法的属性总结为以下几个方面。

[①] 魏永征. 传统传播形态的颠覆和新闻传播法的架构——写于《新闻传播法教程》第六版出版之际[J]. 青年记者, 2019 (25): 71-75.

首先，我国新闻传播法具有政治属性。从新闻传播法调整的社会关系来看，传播者与受众、政府之间的关系是新闻传播法调整的基本关系；从新闻传播法的立法指导思想上看，意识形态、政务信息公开、政党政治等都是国家和社会政治生活的重大问题；从新闻传播法的权利和义务上看，新闻言论自由、政府言论管制、新闻舆论社会责任等都涉及国家的重要制度。

其次，新闻传播法具有经济法、行政法和民事法的属性。新闻传播作为一种媒介产业，其经营涉及与宏观调控法以及经济行政法在内的具有全局性的和社会性的制度，同时，其既可以反映民事权利和义务关系，还涉及行政管理，因而呈现出综合属性的特征。

最后，新闻传播法以维护个人权利与社会公共利益为目的，在总体上强调个人权利与社会公共利益的统一。就个人权利而言，言论自由、出版自由、政务信息知情权、监督权等是个人的基本权利；就社会公共利益而言，要实现个人权利，必须要建立一个社会传播空间和舆论公共平台，大众媒体打造的社会公共舆论平台必不可少，它能为个人提供意见和信息的自由市场，使公众从中获取日常需要的各类消息，充分地交换思想并对社会事物提出批评和建议。与此同时，新闻传播主体肩负着重要的社会责任，通过履行社会责任来维护和谐社会，实现社会的公平，以满足公共利益的需求。

二、新闻传播法涉及的内容

（一）表达自由

作为一项基本人权，表达自由已经在世界各国的立法和司法中被予以专门保护。虽然我国宪法中没有对表达自由的专门表述，但有关言论自由和出版自由的法律规定亦可视为对表达自由权利的保障。言论自由指公民享有按照自己的意愿针对政治和社会中的各种问题表达其思想和见解的基本权利，我国宪法第三十五条明确表明"中华人民共和国公民有言论、出版、集会、结社、游行、示威的自由"，第四十一条明确表明"中华人民共和国公民对于任何国家机关和国家工作人员，有提出批评和建议的权利；对于任何国家机关和国家工作人员的违法失职行为，有向有关国家机关提出申诉、控告或者检举的权利，但是不得捏造或者歪曲事实进行诬告陷害。"第四十七条明确规定"中华人民共和国公民有进行科学研究、文学艺术创作和其他文化活动的自由。国家对于从事教育、科学、技术、文学、艺术和其他文化事业的公民的有益于人民的创造性工作，给以鼓励和帮助。"作为言论自由的延伸，出版自由指公民可以通过公开出版的形式，自由地表达自己对国家事务、经济和文化事业、社会事务的见解和看法。出版自由一般包括两个方面的内容：一是著作自由，二是出版单位的设立与管理必须遵循国家宪法和法律的规定。《中国人民政治协商会议共同纲领》第四十九条、《宪法》第三十五条、《中华人民共和国香港特别行政区基本法》第二十七条、《中华人民共和国澳门特别行政区基本法》第二十七条、《公民权利和政治权利国际公约》都为我国的出版自由提供了法律保障。

但表达自由并非完全不受限制，它在法律体系和框架下运作，是传播主体权利和义务的统一，受到政治、经济、法律、环境等多重因素的限制。表达自由是法律保障的自由，其实现也必定在法律规定范围之内，如我国《宪法》中第五十一条明确规定"中华人民共和国公民在行使自由和权利的时候,不得损害国家的、社会的、集体的利益和其他公民的合法的自由和权利",《公民权利和政治权利国际公约》中第十九条和二十一条明确指出,公民在发表意见、传递消息的过程中,必须尊重他人的权利或名誉,保障国家安全、公共秩序、公共卫生和道德。任何鼓吹战争的宣传,任何鼓吹民族、种族或宗教仇恨的主张,构成煽动歧视、敌视或强暴者,都是法律禁止的行为。

(二)虚假信息

作为新闻的基本特征之一,真实性是新闻的生命所在,也是新闻媒体公信力的来源。虚假信息不仅会使新闻传播主体失去公信力和信誉、削弱新闻报道的作用、侵害公众的知情权,而且严重时甚至会扰乱社会秩序,危害社会和谐,损害广大人民群众的利益。1995年新闻出版署先后发布了《报纸质量管理标准(试行)》和《社会科学期刊质量管理标准(试行)》,并在其中明确了"报纸所载内容必须真实、准确;稿件选用要求具有指导性、新闻性、时效性和可读性",还规定了报纸必须在读者群体中建立起良好的社会形象和信誉。以往对于虚假新闻,除去侵权的行为发生之外,一般采取道德规范和批评教育的方式,1999年新闻出版署发布规章,宣布对报刊刊载虚假、失实报道的行为将采取行政措施和进行行政处罚。近年来,针对网上出现的各类虚假信息,国家网信办一方面扎实推进网络立法,努力通过健全的制度体系来推动"依法治网、依法办网、依法上网",出台了包括《网络信息内容生态治理规定》在内的多项规章制度;另一方面也积极开展日常治理和专项整治,采取约谈、限期整改、关停等方式集中处理网络空间中的造谣、传谣现象,力图构建清朗的网络空间。

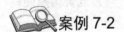 案例 7-2

《淄博从未进过长春长生生产的疫苗》

2018年7月19日,《鲁中晨报》刊发《淄博从未进过长春长生生产的疫苗》,报道称:"被爆出狂犬病疫苗生产过程中存在记录造假等行为后,长春长生生物科技有限责任公司 2017 年曾生产过问题百白破疫苗一事又被旧事重提。记者从淄博市食品药品监督局了解到,淄博没有进过该企业生产的疫苗,市民不管是接种百白破疫苗还是狂犬病疫苗都是安全的。"

该报道见报后,有淄博市民很快晒出了自己孩子的接种记录,可以清楚看到曾三次接种长春长生生产的疫苗,接种地为淄博新区预防接种门诊。2018年7月22日,《鲁中晨报》微信公众号发布致歉声明《我们错了,诚恳道歉!》:"本报7月19日7版刊发的《淄博从未进过长春长生生产的疫苗》一文,经调查,已认定该信息不实、报道有误。本报采编环节对采访到的相关信息,没有进一步求证核实,把关不严,误导了读者,我们诚恳道歉并引以为戒。目前,鲁中晨报社已经启动问责程序,将对包括总编辑在内的所有责任人进行严肃问责。"在疫苗风波的关键时刻,《鲁中晨报》从贴近性和敏感性的角度将重要新闻本地化,报道了这样一条新闻,最终却只是起到了负面效果,损失了自己的公信力和信誉。

(三) 国家安全

国家安全，一般是指国家政权、主权、统一和领土完整，以及相关的国家政权、社会制度和国家机关的安全。维护国家安全涉及国家的领土完整、主权独立和社会制度的巩固，关系到社会的稳定、经济繁荣和人民的幸福。我国《宪法》第五十二条规定"中华人民共和国公民有维护国家统一和全国各民族团结的义务"；第五十三条规定"中华人民共和国公民必须遵守宪法和法律，保守国家秘密，爱护公共财产，遵守劳动纪律，遵守公共秩序，尊重社会公德"；第五十四条规定"中华人民共和国公民有维护祖国的安全、荣誉和利益的义务，不得有危害祖国的安全、荣誉和利益的行为"。与国家安全相关的主要法规还有《中华人民共和国保守国家秘密法》《中华人民共和国国家安全法》《科学技术保密规定》《中华人民共和国国防法》《中华人民共和国军事设施保护法》《中华人民共和国军事情报条例》《新闻出版保密规定》等。

《中华人民共和国电信条例》第五十六条规定"任何组织或者个人不得利用电信网络制作、复制、发布、传播含有下列内容的信息：（一）反对宪法所确定的基本原则的；（二）危害国家安全，泄露国家秘密，颠覆国家政权，破坏国家统一的；（三）损害国家荣誉和利益的；（四）煽动民族仇恨、民族歧视，破坏民族团结的；（五）破坏国家宗教政策，宣扬邪教和封建迷信的；（六）散布谣言，扰乱社会秩序，破坏社会稳定的；（七）散布淫秽、色情、赌博、暴力、凶杀、恐怖或者教唆犯罪的；（八）侮辱或者诽谤他人，侵害他人合法权益的；（九）含有法律、行政法规禁止的其他内容的。"

《广播电视管理条例》第三十二条规定"广播电台、电视台应当提高广播电视节目质量，增加国产优秀节目数量，禁止制作、播放载有下列内容的节目：（一）危害国家的统一、主权和领土完整的；（二）危害国家的安全、荣誉和利益的；（三）煽动民族分裂，破坏民族团结的；（四）泄露国家秘密的；（五）诽谤、侮辱他人的；（六）宣扬淫秽、迷信或者渲染暴力的；（七）法律、行政法规规定禁止的其他内容。"

《刑法》中还规定了泄露国家秘密罪、向境外非法提供国家秘密罪、非法获取国家秘密罪、非法持有国家秘密罪等罪名，明确指出危害国家主权、领土完整的安全信息不得在新闻媒介上传播，如《刑法》第三百九十八条规定"国家机关工作人员违反保守国家秘密法的规定，故意或者过失泄露国家秘密，情节严重的，处三年以下有期徒刑或者拘役；情节特别严重的，处三年以上七年以下有期徒刑。非国家机关工作人员犯前款罪的，依照前款的规定酌情处罚。"在新闻传播活动中，不能登载煽动危害国家安全的言论，不能泄露、非法获取、向境外非法提供国家秘密。

案例 7-3

大庆油田新闻报道泄密事件

1959 年 9 月 26 日 16 时许，我国在松辽盆地发现了世界级的特大油田——大庆油田。当时，我国对大庆油田的具体地点等详细信息是对外保密的，不做详细公开报道。然而日本人却找到了大庆油田的准确地理位置，并根据分析得出了大庆油田的规模和年产量，推测出当时中国由于炼油设备不足，很可能要向国外购买炼油设备的现实情况。同时他们还得出结论，中国由于产油能力大大超过炼油能力，必然会向国外出口原油，进口炼油设备，由此日本能从中获得很高的经济效益。

日本人是如何知道大庆油田的相关信息的呢？1964年4月20日，《人民日报》发表了记者袁木等人撰写的长篇通讯《大庆精神大庆人》，这是第一篇公开向全国报道大庆油田的长篇通讯。日本就是从这篇报道中获悉中国已经建立了一个新的大油田。这篇通讯附有一张合影，在照片中，王进喜等五名石油工作者身穿大棉袄，日本人根据照片上人物的衣着判断出大庆应在冬季温度-30℃的东北，大致位于齐齐哈尔与哈尔滨之间。

1966年7月，《人民画报》刊登了一张王进喜的照片，在照片中，王进喜顶着鹅毛大雪，握着钻机手柄眺望远方，在他身后散布着星星点点的高大井架。日本人根据照片中王进喜所握手柄的姿势，推断出油井的直径；从王进喜所站的钻井与背后油田间的距离和井架密度，推断出了油田的大致储量和产量。

1966年10月，《人民中国》杂志发布了一篇歌颂大庆和大庆人的通讯，其中在介绍王进喜时运用了以下文字："王进喜一进马家窑，望着一片荒原，兴奋地说：'好大的油海！这一下可把石油工业落后的帽子甩到太平洋去了！'"这篇报道给日本人提供了两个重要信息，一是大庆油田在马家窑，二是这个油田产量极高。由此，日本人推测中国的炼油设备不足，要解决这个问题，中国会选择出口原油、进口炼油设备。于是，日本很快就派出了两个代表团到中国进行谈判，第一个是购买原油的代表团，第二个是向中国出口炼油设备的代表团，也因此，日本从中获得了巨大的利润。

（四）新闻侵权

新闻侵权是指新闻报道侵害他人受法律保护的权利，涉及的内容和范围较为广泛，主要表现为对姓名权、肖像权、隐私权、名誉权、著作权等公民个人权利的侵害。

名誉指公民的品德、声望、信誉、形象、性格等方面的社会评价。名誉权指公民或法人对自己在社会生活中所获得的名誉享有不可侵犯的权利。新闻侵害名誉权，用发表新闻的手段使公民或法人的名誉权受到伤害的行为主要有以下几种表现：报道内容无中生有，凭空捏造，造谣中伤他人；采访时偏听偏信，未核实情况以至于报道的主要事实失实；报道内容真实，但使用了侮辱性的语言诽谤他人名誉。新闻侵害名誉权的构成要件有三点，分别是：行为人实施了侮辱、诽谤等侵害行为；指向特定的受害人，损害事实的存在；行为人主观上的过错。

公民隐私指公民个人生活中不愿意被他人知晓的秘密。隐私权指公民享有的不愿意公开的个人生活秘密和个人生活自由的人格权利。新闻侵害隐私权指在新闻作品中公开他人隐私而使他人隐私权受到伤害的行为。新闻侵害隐私权的构成要件有四点：新闻侵害隐私权行为客观存在（侵害隐私权的作品已经发表、新闻作品中包含他人隐私）、受害人可以被指认、导致了损害结果的出现（精神痛苦和财产损失）、行为人主观上的过错（故意的过错、过失的过错）。例如，新闻媒体对复旦投毒案的报道，在犯罪嫌疑人未被起诉之前，其姓名、年龄等基本情况就被公开报道，部分新闻媒体还公布了其微博或公开其个人信息让群众进行"围观"，这让嫌疑人的匿名利益丧失了其应有的重要性，构成了明显的侵权行为。

公民肖像指公民个人形象通过绘画、照相、雕刻、录像、电影等艺术形式，使公民外貌在物质载体上再现的视觉形象。肖像权是公民可以同意或不同意他人利用自己肖像的权利，是自然人所享有的对自己的肖像所体现的人格利益为内容的一种人格权。肖像权包括公民有权拥有自己的肖像，拥有对肖像的制作专有权和使用专有权，公民有权禁止他人非法使用自己的肖像权或对肖像权进行损害、玷污。常见的侵犯公民肖像权的行为主要有未经本人同意、以赢利为目的使用他人肖像做商业广告、商品装潢、书刊封面及印刷挂历等。我国《民法典》第一千零一十九条规定：任何组织或者个人不得以丑化、污损，或者利用信息技术手段伪造等方式侵害他人的肖像权。未经肖像权人同意，不得制作、使用、公开肖像权人的肖像，但是法律另有规定的除外。未经肖像权人同意，肖像作品权利人不得以发表、复制、发行、出租、展览等方式使用或者公开肖像权人的肖像。

著作权，也称版权，意指公民、法人依照法律规定对自己的科学、文学或艺术等作品享有的专有权利，包含著作人身权和著作财产权两个大类，其中，著作人身权包括发表权、署名权、修改权、保护作品完整权；著作财产权又可以分为复制权、发行权、展览权、出租权、表演权、放映权、广播权、摄制权、翻译权、汇编权、改编权、信息网络传播权。新闻传播侵犯著作权指未经著作权人同意，又无法律上的依据，使用他人作品或行使著作权人专有权的行为，分为直接侵权、第三人责任、违约侵权和仅侵犯作者的精神权利等。构成侵犯著作权的行为通常应具备四个要件：造成损害事实的行为必须具有违法性质、侵权人所实施的行为客观上给受害方带来伤害、侵权人所实施的侵权行为与损害后果存在因果关系、行为人主观上的过错。《中华人民共和国著作权法》第五十二条和第五十三条中对侵害著作权的具体情况进行了详细说明，包括未经相关著作权人许可，擅自侵占、剽窃改编或传播他人作品；未经制作者许可，播放、复制或传播他人的版权图书或录音录像制品。值得注意的是，随着通信技术的发展，网络侵权现象已经成为当前打击盗版的主要对象。在最近的"剑网2020"专项行动中，国家版权局、工业和信息化部、公安部、网信办四部门联手出击，展开为期5个月的网络空间打击盗版活动，重点关注视听作品、社交平台、电商平台、在线教育等关键领域的既有问题。

（五）禁止宣扬邪教、淫秽、色情等危害社会的信息和内容

我国最高人民法院和最高人民检察院在相关司法解释中对邪教做出的定义是：邪教指冒用宗教、气功或者其他名义建立，神化首要分子，利用制造、散布迷信邪说等手段蛊惑、蒙骗他人，发展、控制成员，坑害群众、摧残生灵、危及社会的非法组织。

1999年和2001年最高人民法院和最高人民检察院两次发布司法解释，对宣扬邪教的行为增加了刑事制裁，加大了打击力度，对制作、传播邪教宣传品按《刑法》相关条款进行处罚。其中，制作指编写、印制、复制、绘画、出版、录制、摄制、洗印等行为；传播指散发、张贴、邮寄、上载、播放以及发送电子信息等行为；邪教宣传品指传单、标语、喷图、图片、书籍、报刊、录音带、录像带、光盘及其母盘或者其他有宣传作用的物品。

新闻出版署制定的《关于认定淫秽及色情出版物的暂行规定》中第二条对淫秽出版物进行了定义："淫秽出版物是指在整体上宣扬淫秽行为，具有下列内容之一，挑动人们的

性欲,足以导致普通人腐化堕落,而又没有艺术价值或者科学价值的出版物:(一)淫亵性地具体描写性行为、性交及其心理感受;(二)公然宣扬色情淫荡形象;(三)淫亵性地描述或者传授性技巧;(四)具体描写乱伦、强奸或者其他性犯罪的手段、过程或者细节,足以诱发犯罪的;(五)具体描写少年儿童的性行为;(六)淫亵性地具体描写同性恋的性行为或者其他性变态行为,或者具体描写与性变态有关的暴力、虐待、侮辱行为;(七)其他令普通人不能容忍的对性行为淫亵性描写。"

我国《刑法》第367条规定:"本法所称淫秽物品,是指具体描绘性行为或者露骨宣扬色情的诲淫性的书刊、影片、录像带、录音带、图片及其他淫秽物品。有关人体生理、医学知识的科学著作不是淫秽物品。包含有色情内容的有艺术价值的文学、艺术作品不视为淫秽物品。"如上所述,我国到目前为止,已经建立了一定体系的淫秽出版物的认定标准,即"淫秽—色情—夹杂淫秽色情—排除性标准"的四层认定体系;同时,在审查和认定主体上,建立了"县级以上公安机关—各省、自治区、直辖市出版管理部门—国家出版管理部门"的三层认定主体及程序。

其他禁止传播的内容主要有宣扬封建迷信、破坏民族团结的内容等,这些内容败坏社会风气,主张违法犯罪,严重损害了社会主义精神文明的建设,尤其会对未成年人产生严重的消极影响。新闻出版总署制定的《关于部分应取缔出版物认定标准的暂行规定》对此做出了具体界定。

关于涉及宣扬破坏民族团结内容的犯罪,《刑法》第249条规定:"煽动民族仇恨、民族歧视,情节严重的,处三年以下有期徒刑、拘役、管制或者剥夺政治权利;情节特别严重的,处三年以上十年以下有期徒刑";《刑法》第250条还规定了"在出版物中刊载歧视、侮辱少数民族的内容,情节恶劣,造成严重后果的,对直接责任人员,处三年以下有期徒刑、拘役或者管制。"这类犯罪侵犯了少数民族群体的人格尊严,明知作品内容有歧视、侮辱少数民族的性质,仍然蓄意印制出版,情节恶劣,造成严重后果,严重伤害了少数民族的感情和自尊心,破坏了民族之间的和睦关系,甚至会引起民族纠纷。

案例 7-4

快 播 案

2014年8月8日,快播公司法人兼总经理王欣在韩国被抓捕归案。2014年9月,案件被移送到人民检察院审查起诉,2015年2月6日,北京市海淀区人民检察院对其提起公诉,罪名是传播淫秽物品牟利罪。2016年1月7日,案件在北京市海淀区法院开审,王欣和其他三名高管否认指控。2016年9月,快播案再次开庭。王欣表示,快播软件被用来传播淫秽视频是一个不争的事实,而公司没有采取有效的监管手段,导致了大量色情内容传播,在社会责任与公司利益的权衡中,快播公司忽视了前者,自己作为CEO理应承担法律责任。自此,王欣被判处有期徒刑3年零6个月,罚款100万元。

快播的技术具有"主动抓取"和"缓存"的功能,为不同用户进行视频分享(共享)提供了技术支持。如果一个快播用户观看的视频中含有淫秽视频,那么该视频就可以与其他用户共享，而随着分享的人数增多，就会从点对点的分享变成在不特定多数人之间的分享。因此，尽管快播不是原始视频的提供者和制作者，但它使信息实现了多数受众的分享（共享）和流通，符合界定"传播"淫秽物品的标准——扩散性和公然性：扩散性是指淫秽物品在一定范围内的流传和散布；公然性在传播淫秽物品罪中的特定内涵是指淫秽物品不加隐蔽地向不特定的人或多数人散布。快播平台上的缓存功能，使得快播的行为表现不限于实现一对一的传输，它拥有一个能够存储大量淫秽色情物品的仓库，而该仓库不加锁也不加密，可以方便地任由他人取拿。从实质功能的角度来看，这是一种传播能力更强、传播范围更大的"色情传播"。淫秽色情信息的传播屡禁不绝，新闻传播主体对此应负不可推卸的责任。面对色情淫秽视频在其平台上传播的现实情况，快播公司一直采取放任和不作为的态度，其行为已经实际介入到了淫秽视频的传播中，这体现出快播公司对市场需求的盲目迎合和对利润的贪婪追逐，从另一个方面也体现出外部监管的欠缺。

三、新时代新闻传播法规建设

（一）概念和内涵

新闻传播法规指新闻传播法的规范化和制度化，是国家机关制定的、调节新闻传播活动中各种关系的法律与制度的综合。一般来说，新闻传播法规有两种类型：一是以立法形式制定有关新闻传播活动的法律规范性文件，这样的法律文件在东西方国家都较少见，较为典型的是俄罗斯专门设置了《大众传媒法》，其包括了民法典、刑法典、信息法、广告法、刑诉法、选举法、反恐法、反极端主义法等多部法律的内容；二是以最高法院和上级法院的判例为标准来审理新闻传播案件，没有成文的新闻法，如英美法系，虽然没有新闻法，但是拥有《广播法》《电信法》等专门规制广播电视的成文规定。

新中国成立后，全国人大以《宪法》为核心，拟定并发布了相关法律来对新闻传播业进行管理。而后到 1980 年，上海代表赵超构在全国人大五届三次会议上提出了制定《新闻法》的呼吁和建议；1999 年的"两会"期间，数位全国人大代表和政协委员向大会提交了关于"加强新闻舆论监督"的提案，呼吁加快制定和颁布《新闻法》，通过立法有效加强和规范中国的舆论监督和新闻传播。之后，《新闻法》的制定进入了中国的新闻立法规划，并被国家新闻出版署列入了 2010 年的工作计划中，国家新闻出版署也曾起草过《新闻法》草案。但直到今天，我国仍然没有颁布专门针对新闻传播活动的新闻传播法，我国的新闻传播法规渗透在宪法、法律、行政法规、地方性法规、规章、特别行政区法律法规、民族自治地方的自治条例和单行条例等中，表现为法律、法规、司法解释等文件，形成了一个完整的法律体系，其核心为言论出版自由。

（二）基本原则

我国新闻传播法规的基本原则有三条。

首先是言论出版自由的原则。言论出版自由在新闻学中被表述为新闻自由，公民享有言论出版自由的权利，但言论出版自由不可滥用。《出版管理条例》第五条规定"公民依法行使出版自由的权利，各级人民政府应当予以保障。公民在行使出版自由的权利的时候，必须遵守宪法和法律,不得反对宪法确定的基本原则,不得损害国家的、社会的、集体的利益和其他公民的合法的自由和权利。"

其次为坚持"两个服务"方向的原则,即坚持为人民服务和为社会主义服务的方向。《宪法》第二十二条规定"国家发展为人民服务、为社会主义服务的文学艺术事业、新闻广播电视事业、出版发行事业、图书馆博物馆文化馆和其他文化事业,开展群众性的文化活动。"《出版管理条例》第三条规定"出版活动必须坚持为人民服务、为社会主义服务的方向,坚持以马克思列宁主义、毛泽东思想、邓小平理论和'三个代表'重要思想为指导,贯彻落实科学发展观,传播和积累有益于提高民族素质、有益于经济发展和社会进步的科学技术和文化知识,弘扬民族优秀文化,促进国际文化交流,丰富和提高人民的精神生活。"

最后是国家发展与行政管理的原则,由国家对新闻传播事业实行行政管理。《出版管理条例》第六条规定"国务院出版行政主管部门负责全国的出版活动的监督管理工作。国务院其他有关部门按照国务院规定的职责分工,负责有关的出版活动的监督管理工作。县级以上地方各级人民政府负责出版管理的部门(以下简称出版行政主管部门)负责本行政区域内出版活动的监督管理工作。县级以上地方各级人民政府其他有关部门在各自的职责范围内,负责有关的出版活动的监督管理工作。"

(三)法律关系

新闻传播法律关系是指新闻传播法律规范所确认和调整的在新闻传播活动过程中参与各方所形成的权利和义务关系。我国新闻传播法律关系有以下几个特点:首先,新闻传播法律关系是国家意志的体现,是新闻传播法在新闻传播活动中的实现与体现;其次,新闻传播法律关系以法律上的权利和义务为内容,一方享有权利必须以另一方履行义务为前提,一方履行义务必须以另一方享有权利为前提,权利和义务是对立统一的关系;最后,新闻传播法律关系以国家强制力作为保障。

在新闻传播活动中享有权利和承担义务的组织或人是新闻传播法律关系中的主体,具有表达者、被报道对象和普通受众三种身份,主要分为以下几类:新闻传播从业人员、新闻传播媒体、政府、企业事业团体、公民或自然人。其中,新闻传播媒体是最重要的新闻传播法律关系主体,在我国主要有电视台、广播电台、出版社、互联网等。新闻从业人员,如记者、编辑等,指从事新闻传播行业中采访、编辑、管理、印刷、广告、发行等各个环节的人员,他们在从事新闻传播活动时,享有一定的职务权利和职务义务。在新闻传播活动中,新闻法律关系主体权利和义务所指向的对象为新闻传播关系中的客体,主要包括物、新闻传播行为和智力成果。

(四)新媒体时代的传播法规建设

近年来,以社交媒体为代表的新型传播平台的勃兴,极大地改变了以往由传统媒体所构建的传播形态和话语模式。得益于技术赋权,受众能够更加自主地参与新闻生产实践,演变为与媒体之间的"共动"。而大量用户原创内容(user generated content,UGC)平台的兴起在为受众的话语表达提供便捷的同时,也引起了学界和业界对于算法分发机制的担忧。尽管有学者认为算法并不必然导致"信息茧房"的产生,但近年来愈演愈烈的"网络巴尔干"现象却不得不让我们思考：如何在新媒体时代发挥技术的正向价值，减少技术歧视与信息不对称现象？如何构建清朗的网络生态环境，维护国家网络安全？如何在保障言论自由的同时，更好地规范互联网话语表达？

从新闻传播法规的建设情况来看，我国目前尚未形成专门的新闻法，但有关新闻传播权利的保障和约束已经体现在宪法和各级法律规章制度中。因此，在既有的法律框架内，我国通过积极的立法探索与执法实践，着力推进新媒体时代的网络传播法治建设，在宪法、法律法规及执法层面都呈现出新的景象。

现行《宪法》第二十二条明确指出，新闻广播电视事业要坚持"为人民服务、为社会主义服务"的方向。这一理念自1993年正式写入我国《宪法》以来，一直作为指导我国新闻传播活动的重要方针，将其放置于网络传播语境中仍具有较强的适用性。当下传统媒体经营困难、几经寒冬已经是不争的事实，其所面临的首要困境是如何在"事业性质、企业管理"的双重身份中寻找平衡，以实现自身的长足发展。在探索的过程中，媒体融合和市场化转型为传统媒体的发展提供了新的思路，但这并不意味着新闻传播机构可以抛弃人民导向和价值导向。恰恰相反，在建设新型主流媒体的过程中，传统媒体只有坚持"为人民服务"和"为社会主义"服务的方针，才能真正重掌麦克风，提升媒体公信力，而不是走上"流量至上"的歪路。

在法律法规方面，2016年通过、2017年实施的《网络安全法》在我国网络传播法治建设中具有重要意义。作为我国实施网络空间管辖的第一部法律，《网络安全法》规范了网络多元主体的责任和义务，以法律的形式催生了一个维护国家主权、安全和发展利益的"命运共同体"。从整体上看，《网络安全法》从网络安全支持与促进、网络运行安全、网络信息安全、监测语境与应急处置以及法律责任等方面较为系统地说明了我国在网络空间治理上的道路选择和方法手段；从具体的法律条文看，《网络安全法》在第九、第十、第十二条中明确指出网络服务商、运营商、公民和法人等的权利和义务，强调各主体在参与网络传播过程中必须要遵守社会公德和法律约束，不得危害网络生态和国家安全。尤其第十二条关于"任何个人和组织使用网络应当遵守宪法法律，遵守公共秩序，尊重社会公德，不得危害网络安全，不得利用网络从事危害国家安全、荣誉和利益，煽动颠覆国家政权、推翻社会主义制度，煽动分裂国家、破坏国家统一，宣扬恐怖主义和极端主义，宣扬民族仇恨、民族歧视，传播暴力、淫秽色情信息……"的规定，对治理新媒体时代泛滥成灾的网络谣言和暴力事件提供了法律依据，也体现出我国在保障国家网络安全、规范新闻活动方面坚持实事求是、与时俱进的立法实践。

从执法层面来看，自2011年成立互联网信息办公室以来，我国的互联网生态治理便呈现出了新的景象。此后，在网信办的推动下，以"剑网"行动、"清朗"行动、网络"扫黄打非"行动为代表的诸多网络专项行动成为互联网治理中的常态手段。与之相匹配的还有各种管理规定，如《互联网直播服务管理规定》《互联网用户公众账号信息服务管理规定》《网络信息内容生态治理规定》等相关文件，着力对新媒体环境中的网络内容生态开展治理。

其中2019年12月15日公布、2020年3月1日正式实施的《网络信息内容生态治理规定》对网络信息内容生态治理概念做出界定，明确了内容生产者、网络服务平台和信息使用者在从事网络传播活动中应遵循的制度规范,要求网络信息内容生产者应当遵守法律法规,遵循公序良俗,不得损害国家利益、公共利益和他人合法权益;网络信息内容服务平台应当履行信息内容管理主体责任,加强本平台网络信息内容生态治理,培育积极健康、向上向善的网络文化;网络信息内容服务使用者应当文明健康使用网络,按照法律法规的要求和用户协议约定,切实履行相应义务,在以发帖、回复、留言、弹幕等形式参与网络活动时,文明互动,理性表达。同时,该规定也进一步说明各级网信部门的行政职责所在:地方网信部门负责统筹协调本行政区域内网络信息内容生态治理和相关监督管理工作,地方各有关主管部门依据各自职责做好本行政区域内网络信息内容生态治理工作。依循这种治理思路,凭借成文的部门法规和灵活的专项行动,由网信办牵头的多部门网络生态治理实践成为我国网络传播法治建设中的独特景观。

思 考 题

1. 简述我国的传播法规体系。
2. 新媒体时代,我国传播立法实践应该注意哪些内容?
3. 制定新闻传播法规有什么意义?
4. 新闻侵权的概念和表现有哪些?
5. 我国新闻传播法制的概念和基本原则是什么?
6. 《网络安全法》对于规范网民话语表达,建设清朗网络空间有何指导性意义?

实 践 任 务

结合我国媒体的性质和国家立法实践,试思考为何我国直到现在都没有一部专门的新闻法或传播法?

第八章
新媒体传播的表达自由与规制

> **学习提示**
>
> 作为公民的基本权利之一,表达自由具有重要的理论价值和实践意义。古今中外众多先贤都曾为争取表达自由而奋力抗争,无论是弥尔顿在《论出版自由》中的慷慨陈词,或是伏尔泰的名言"我不同意你的观点,但我誓死保护你说话的权利"中传达出的自由精神,都指引我们追随理性的微光,捍卫个人的言论自由。本章着重介绍了表达自由的概念、历史发展、价值表现及其所受的法律保护与制约,并在章节中引入了较多案例分析,旨在加深学生对表达自由这一概念的理解,帮助其建立起新媒体环境中表达自由的清晰认知。

作为现代民主法治社会的一项基本人权,表达自由被各国法律给予全面和系统的保护,并形成了一整套关于表达自由的法学理论与法律保护制度。随着社会的发展,特别是科学技术的日新月异,新媒体环境中的表达自由从其外在的表现形式到反映出来的具体内容都有了巨大的发展。本章将从表达自由的概念和历史发展切入,着力对表达自由所体现出的价值表现加以分析,继而总结出新媒体环境中表达自由呈现出的崭新特征。此外,本章也会对表达自由的法律保障与限制进行具体阐释,并且借助案例展开进一步的探析,以帮助学生更好地理解表达自由这一议题。

第一节 表达自由的概念界定

一、表达自由、言论自由与新闻自由

在对"表达自由"的概念界定上,学术界及各国立法实践中皆有着不同的阐释与见解。

据统计，世界上以宪法或宪法性文件明文规定公民表达方面的基本权利和自由的国家共有102个，而其中有关公民表达方面的基本权利和自由的不同称谓就有41种之多。[1]除了"表达自由"（freedom of expression）外，被使用最多的类似称谓是"言论自由"（freedom of speech）。[2]对"表达自由"进行不同的界定在很大程度上受到了不同的民族文化及社会基础的影响，但从总体上讲，其在思想自由与表现渠道通畅的根本层面并不存在分歧。

在我国，"表达自由"时常与"言论自由"的提法混用，且有部分学者认为，表达自由可以等同于言论自由。郑保卫认为"表达自由实际上就是言论自由、说话自由"[3]，莫纪宏也提出"表达自由也称言论自由、意见自由"[4]。这些学者主要从"表达自由"的狭义概念出发，认为其与"言论自由"有着共同的指向，即"将所见所闻所思以某种方式或形式表现于外的自由"[5]。在这里，表达自由仅包括口头而不包括以其他形式发表意见的自由。

不过，更多的学者倾向于强调二者的不同之处，即认为"表达自由"的内涵与外延要大于"言论自由"。李怀德曾指出，"表达自由是指公民有权通过口头、书面或音像设备自由表达自己的思想和意见。表达自由是言论、出版、著作、新闻等自由的合称"。[6]从新闻传播学视角来看，陈力丹曾提出"言论、出版（包括新闻）、结社、集会等的自由，是现代精神交往政策的主要特征。这些'自由'通常指的是同一个意思，即表现自由"。[7]

总的来看，对表达自由内涵的表述可分为狭义、中义、广义与最广义四类，而如前文所述，其中狭义的表达自由即指言论自由；中义的表达自由包括言论（含讲学）自由、出版（含著作）自由、新闻自由和艺术表现自由；广义的表达自由在前述基础上又囊括了集会自由、结社自由、游行自由、示威自由、请愿自由和信息自由（知情权）；而最广义的表达自由则认为还应包括加入政党和参加政党活动的自由，选举与投票的自由等。[8] 在新媒体传播环境中，人们观点或意见的表达方式呈现出了极大的多元化趋势，网络上的各种图片、歌曲、视频都成为人们表达意见的方式，并且这些方式还在随技术的发展而不断更新、蜕变。因此，本书认为，采用广义的"表达自由"的概念表述更加符合当前的媒体环境。

另外，表达自由并不等同于新闻自由，应对二者间的关系进行辨析。从概念上看，新闻自由是表达自由的重要组成部分。从历史上看，新闻自由的思想是随着报纸这一印刷媒介的发展壮大而得以逐步完善的，因而其诞生要远远晚于言论及表达自由。从权利的角度出发，正如法国思想家伏尔泰的名言"我不同意你的观点，但我誓死保护你说话的权利"，表达权一直以来被视作是人类的基本权利之一，是神圣而不可侵犯的。而新闻自由则从来

---

[1] 甄树青. 论表达自由[M]. 北京：社会科学文献出版社，2000：8-10.
[2] 黄惟勤. 互联网上的表达自由：保护与规制[M]. 北京：法律出版社，2011：2.
[3] 郑保卫. 新闻立法刍议[J]. 中国广播电视学刊，1989（3）：57-61.
[4] 莫纪宏. 宪法学[M]. 北京：社会科学文献出版社，2004：315.
[5] 侯健. 言论自由及其限度[J]. 北大法律评论，2000（2）：62-127.
[6] 李怀德. 论表达自由[J]. 现代法学，1988（6）：17-19.
[7] 陈力丹. 精神交往论：马克思恩格斯的传播观[M]. 北京：开明出版社，1993.
[8] 黄惟勤. 互联网上的表达自由：保护与规制[M]. 北京：法律出版社，2011：4-7.

不是一项绝对的权利，这一概念与对其的规制是始终相伴而生的，任何一个国家都没有无限制的、任意的新闻自由。

二、表达自由的历史发展

自诞生以来，表达自由的外在表现形式与反映出的具体内容都随着社会的发展与时代的变迁而有着不同的面貌，其产生与发展的历史进程具体可分为如下几个时期。

（一）思想源头：雅典城邦的民主实践

表达自由的思想源头最早可以追溯至古希腊时期，其最初的表现形式便是言论上的自由。古希腊人认为，自由地发表意见和参与公共事务是人与生俱来的权利。在作为雅典最高权力机关的公民大会上，任何年满二十周岁的男性公民皆可参加，与会者能够自由发言且有权对现行政策和任何公职人员进行评议、提出意见。[1]

然而，尽管古希腊对自由辩论的推崇一定程度上体现出了言论自由的观念，这一时期的自由却是十分有限的，并且仅仅停留在一种现象的阶段而并未结成思想的硕果，甚至有学者剖析道，"古希腊时代的人，对自由的厌恶远甚于对专制的厌恶。他们害怕一个纪律散漫、道德沦丧的城邦远甚于害怕一个专制的城邦。"[2]公元前399年，古希腊哲学家苏格拉底以引进新神、毒害青年的罪名被雅典公民大会判决服毒自杀，成为西方历史中因言论而获罪的早期典型案例。

同一历史时期的中国，表达自由的思想也出现了萌芽。成书于春秋时期的《国语·周语上》中载道，"防民之口，甚于防川。川壅而溃，伤人必多，民亦如之"，是告诫君主堵住百姓的口就像堵塞河川一样严重，对于应当言论正当引导而不是压制。春秋战国时期各家思想百花齐放，大批谋臣策士的游说与辩论在一定程度上体现了言论自由的风气。

不过，这种早期表达自由的繁荣景象仅仅是昙花一现。此后，欧洲便进入了漫长且黑暗的中世纪，封建专制统治与罗马教会的神学枷锁使得人们的表达自由受到了极度的压制。罗马教会作为整个欧洲封建制度的精神支柱，利用神学与教条将这一时期民众的思想紧紧地束缚了起来，"对于这种人（异端分子和背教者）就应当施加压力，甚至在身体上给予拘束，强迫他们履行自己曾经答应承担的义务并遵守他们曾经表示愿意永远遵守的教律"。[3]放眼中国也同样如此，春秋战国后秦国大一统，华夏大地确立了首个封建君主专制政权，表达自由成为上层统治阶级的专有权利。自此，下层民众的言论表达和思想交流陷入长期的黑暗之中。

（二）初步确立：启蒙运动的理性微光

14世纪中叶到16世纪，随着强调"以人为本"的文艺复兴运动和强调"信仰自由"的宗教改革运动相继兴起，欧洲社会开始对宗教神学的绝对权威产生质疑，并且开始了对

---

[1] 施治生，沈永兴. 民主的历史演变[M]. 北京：北京出版社，1982.
[2] 侯健. 言论自由及其限度[J]. 北大法律评论，2000（2）：62-127.
[3] 托马斯·阿奎那. 阿奎那政治著作选[M]. 马清槐，译. 北京：商务印书馆，1963：130.

个人价值与精神自由的追求。这一时期新兴资产阶级的力量逐渐强大,科学技术的进步也使得传统教义对于世界和宇宙的解释逐渐变得无法令人信服,这些都为表达自由观念的初步确立奠定了基础。

17—18 世纪,种种关于言论自由的论述为日后表达自由作为一项权利被提出贡献了思想土壤。英国思想家约翰·弥尔顿在其长篇致辞《论出版自由》中,首次对表达自由的内涵做了较为系统的论述,并对后世产生了深远影响。中世纪以来,禁书与出版审查制度成为宗教权威与政治统治者进行思想控制的重要工具。自 16 世纪出现报纸后,英国便采取诸多措施对出版业进行严格限制,包括设立出版许可制和事先审查制度、赋予星法院和宗教高等法院查处不合格出版物的权力等。1644 年,弥尔顿因未经许可出版书籍被传唤至议会答复质询。在演讲中,他对《出版管制法》展开了激烈的抨击,强调"让我有自由来认识、抒发己见并根据良心做自由的讨论,这才是一切自由中最重要的自由"。弥尔顿认为,人的自由可分为宗教自由、家庭自由以及公民自由三类,而出版自由作为家庭自由的一部分,是其他自由的基础。他继而指出,出版管制令不仅不能消除罪恶,反而会抹杀真理,而真理只有在自由争辩中才能愈加显示其真理的性质。[1]

之后,以促进人的自由与发展为宗旨的启蒙运动拉开帷幕,成为推动表达自由理论发展的重要浪潮。在启蒙运动思潮的影响下,宣扬言论自由和批判政府的理论与实践在英国得到了较为蓬勃的发展。在理论方面,加图在《论言论自由》的书信中写道"没有思想自由,就没有智慧;没有言论自由,就没有政治自由",成为追求表达自由的经典论述之一。在实践方面,英国报人威里克斯在其主编的《北不列颠》中激烈抨击国王政府,宣扬言论自由,之后他因被控煽动性诽谤罪而遭到通缉,该报也因此遭到查封。这一事件爆发后,英国又出现了许多论述言论自由与煽动性诽谤罪之间关系的匿名小册子,使表达自由的功能上升到了政治层面。[2]

在这一背景下,表达自由的思想由欧洲传入了美洲殖民地,同时,表达自由权也在欧美分别得到了进一步的法制化。1789 年,法国《人权宣言》的条款中明确指出"自由传达思想和意见是人类最宝贵的权利之一,因此各个公民都有言论、著述和出版的自由,但在法律所规定的情况下,应对滥用此项自由承担责任"。1791 年,美国宪法第一条修正案便规定:"国会不得制定限制言论自由的法律",这也被视为美国对表达自由权利的至高宣言。美国宪法之父詹姆斯·麦迪逊也曾指出"行政机构不被认为是不会犯错的,立法机构也不被认为是万能的,它们都是经由选举产生的,都是负有责任的。在这种情况下,给予媒体一定程度的自由就是自然的和必要的"。从这一论述中可以看出,美国的新闻自由思想在此时已经开始发芽,并逐渐成为表达自由的重要组成部分之一。

(三)蓬勃发展:宪政体制的法律保护

19 世纪后期,表达自由的思想逐渐向整个欧洲甚至世界扩散,并逐渐发展为西方自由主义的重要组成部分。1859 年,英国哲学家约翰·穆勒在《论自由》一书中论证了言论自

---

[1] 弥尔顿. 论出版自由[M]. 吴之椿,译. 北京:商务印书馆,2009:45-47.
[2] 侯建. 表达自由的法理[M]. 上海:上海三联书店,2008:38.

由与个性解放对人类社会文明的巨大贡献，就此奠定了表达自由思想在西方社会中的主流地位。到了20世纪，英国政治哲学家哈耶克继承了对自由问题的论述，并指出法律是自由的基础，作为自由的保障，法律是实现自由的条件，从而较为详细地阐明了法律与自由之间的关系。哈耶克认为，"法律的目的不是限制和废除自由，而是保护和扩大自由"[1]，这一观点也推动了表达自由在各个国家更进一步的法制化进程。

在立法层面上，较早的国外法律包括：1814年，挪威王国《宪法》第100条即规定，"言论自由，不论内容如何，任何人均不得因其出版或发表的著作而受得惩处，但蓄意或明显地表示本人或煽动他人反对法律，蔑视宗教、道德或者宪法权力，或者对抗命令，或者对任何人进行诬告或诽谤者除外。任何人有权对管理国家或其他任何问题坦率地表达自己的意见。"1867年，奥地利《关于国民一般权利的基本法》第13条同样规定，"每个人有权在法律的范围内自由地通过口头语言和书面语言、印刷品或者是图形表达其观点。新闻既不得建立审查制度，也不得受到许可证制度的限制。对邮件的行政性检查制度不适用于内地的出版物。"

到了20世纪，世界上大多数国家的宪法都以不同的表述形式对思想和表达自由加以规定。据统计，截至1976年3月31日的142部民族国家宪法中，规定了观点自由的宪法占12.7%，规定了思想自由的宪法占15.5%，规定了观点和思想自由的宪法占11.3%，规定了出版自由的宪法占11.3%，而规定了发表意见自由的宪法则占据87.3%。[2]第二次世界大战后，在众多国际与区际人权公约中也对表达自由的权利做出了规定。例如，1948年联合国大会通过的世界首个人权问题的国际文件《世界人权宣言》第19条规定，"人人有权享有主张和发表意见的自由；此项权利包括持有主张而不受干涉的自由，和通过任何媒介和不论国界寻求、接受和传递消息和思想的自由。"

三、表达自由的价值表现

在对表达自由的价值表现总结上，学者们的观点各异。我国学者甄树青认为其包括政治自由说、精神自由说、思想自由说、人身权利说、公共自由说、社会行为说、制度权利说、精神自由与思想自由混合说八个方面，以及健全人性、探索真理、弘扬民主、疏导社会、昌盛文化、捍卫自由、和平亲善、娱乐大众、润滑经济九种细分价值；[3]王锋则将其价值归为知识碰撞与获致真理、健全民主与民主监督、健全人性与自我实现、社会疏导与和平亲善、推动经济与繁荣文化五种。[4]也有学者将表达自由的宪政价值加以细化研究，认为其对现代宪政理念的建构与促进是其最直接且最有意义的价值。[5]

国际上在表达自由的价值问题上同样没有形成统一的观点。在美国，法学家托马斯·艾默森曾指出，"表达自由有四个价值：确保个体自我实现的手段；增进智识和发现

---

[1] 邓正来. 社会秩序规则二元观——哈耶克法律理论的研究[J]. 北大法律评论，1999（2）：395-445.
[2] 亨利·马尔塞文，格尔·范德唐. 成文宪法的比较研究[M]. 陈云生，译. 北京：华夏出版社，1987：154-156.
[3] 甄树青. 论表达自由[M]. 北京：社会科学文献出版社，2000：66-80，109-137.
[4] 王锋. 表达自由及其界限[M]. 北京：社会科学文献出版社，2006：66-79.
[5] 黄惟勤. 论网络表达自由[D]. 北京：中国社会科学院研究生院，2010.

真理的过程；保障社会成员参加国家决策的方法；实现一个更具适应性从而更稳定的社会的方式。"美国联邦最高法院大法官布兰代斯则认为，吾国立国先贤秉持一信念，亦即，国家的最终目的乃是协助个人自由地发挥其天赋才能，并且国家在治理国事时必须深思熟虑，切不可仅凭一己之喜怒而肆意行事……欲求长治久安，必须给人们机会以自由的讨论表达既存的委屈以及如何加以救济之道。①罗伯特·博克将其观点进一步总结为表达自由的四类价值：促进个人才能之发展、自由表达之快乐、增进社会之稳定、保障政治真实之发现与传布。②

综合前人的研究成果，笔者认为表达自由的价值可概括为内在价值与外在价值两个层面。内在价值指对表达者本人的价值，外在价值则指对表达者以外的他人、国家、社会等的价值。

（一）表达自由的内在价值

1. 获致真理的前提与基础

表达自由与真理之间的关系是其价值表述中历史最为悠久的一项，这一思想源于"观念市场理论"，也称真理论，其中心思想认为表达受到的限制越少，就越有利于激发公众追求真理的热情，有利于真理的发现。弥尔顿的经典名篇《论出版自由》中在批判当时英国的出版许可制度时，对表达自由在获致真理中的价值就有着较早的表述，"虽然各种学说流派可以随便在大地上传播，然而真理却已经亲自上阵；我们如果怀疑她的力量而实行许可制和查禁制，那就是伤害了她。让她和虚伪交手吧。谁又看见过真理在放胆地交手时吃过败仗呢？她的驳斥就是最好的和最可靠的压制。"③因此，弥尔顿认为出版许可制度侵犯了人们"基于自身认识、抒发己见并根据良心做讨论"的一切自由中最重要的自由，并且会使观念市场失去许多重要的观点、意见和信息，不利于人们在比较和取舍各种不同的意见、观点和信息的过程中获得真理。

继承了这一思想，约翰·穆勒进一步指出，对思想和讨论自由的任何压制都是不应当的，即便是错误的意见也同样如此。他认为"可怕的祸患不在部分真理之间的猛烈冲突，而在半部真理的平静压息……到人们只会偏注一方的时候，错误就会硬化为偏见，而真理本身由于被夸大变成谬误也就不复有真理的效用"。④也就是说，只有在意见的冲突中才能够寻得真理。

真理论认为，只有赋予人们表达自由的权利，才能真正实现意见的交流与传播，使人们在思想的自由市场中发现并接受真理。这一思想在美国最高法院与表达自由有关的判决中占有着十分重要的地位，是其保护表达自由的实践中最为主要的理论依据。美国大法官霍姆斯（Holmes）曾在判决书中写道，"吾人所欲求的至高之善唯有经由思想的自由交换，才比较容易获得……检验真理的最佳标准是将思想的力量置于自由竞争的市场上"⑤，并

---

① 林子仪. 言论自由与新闻自由[M]. 台北：元照出版有限公司，1999：51-55.
② ROBERT BORK. Neutral principles and some first amendment problems. Indiana law journal[J], 1971: 24-25.
③ 弥尔顿. 论出版自由[M]. 吴之椿，译. 北京：商务印书馆，2009：53.
④ 约翰·密尔. 论自由[M]. 程崇华，译. 北京：商务印书馆，1959：55.
⑤ Abrams v. United States, 250 U. S. 616, 630（1919）（霍姆斯和布兰代斯：异议）.

且"根据你的意志去思想并按照你的所想去言说,这是必不可少的发现和传播政治真理的路径。"①

2. 人格独立与自我实现的必要条件

表达自由可以使个人充分阐释自己的思想观点,展示自身的个人能力,进而使人提升自我、完善自我、充分实现自我价值。德国古典哲学创始人康德曾指出,人失去了表达自己的自由,就是对自己的否定,而失去了作为人的独立,就会抹杀人的尊严。人一旦失去了表达自由,就容易在精神上沦为他人的奴隶,从而丧失个人的人格独立。美国耶鲁大学教授托马斯·艾默森则认为,"一切人在他自身的人格发展过程中,均有形成自己信念和意见的权利,同时,他也拥有表达这些信念与意见的权利。因为如果他不能表达的话,即使他拥有信念和意见,也没有任何意义",因此他认为"保障个人自我实现"是表达自由的重要价值之一。②

(二)表达自由的外在价值

1. 健全民主制度的基石

美国密歇根大学哲学教授卡尔·科恩在《论民主》一书中曾指出,"在一个社会中把言论自由限制到什么程度,也就在同样程度上限制了民主。"③就民主宪政体制的建设而言,表达自由与民主制度是相辅相成、彼此支持的。

一方面,民主政治的本质是多数人的统治,其主要依靠定期的公正选举来实现统治,而公正的选举则要求候选人与选民之间有充分的沟通交流。④民主制度除了依靠必要的民主程序来集中反映人民的意愿外,更加需要公民的自由表达。只有通过自由的表达,候选人才能够向选民阐释自己的政治主张,选民才能够表达自己的真实意愿,多数人统治的原理正是基于此实现的。

另一方面,表达自由确保了社会公众能够对国家权力的运行表达自己的意见,从而保证民主监督的实现。其中,在社会舆论监督中,新闻媒体发挥着巨大的、难以替代的作用。媒体的言论如若被限制而被迫成为公权力囚禁人民思想的枷锁,那么民主监督就更加无从谈起了。

因此,表达自由是"制约公共权力和避免民主从多数统治走向多数暴政的重要保障",⑤如果没有了表达自由,民主政治便无法得以有效运行。正是这样,有许多学者将"表达自由"作为测量民主政治的指标之一,如加西罗斯基(Mark Gasiorowski)便将法治、官方意识形态、言论自由、结社自由、政党数目与性质及选举等要素作为民主的测度指标。⑥

2. 社会稳定与文化繁荣的保证

无数历史事实向我们证明了,钳制思想、限制言论是引起社会动乱与爆发革命的根源

---

① Whitney v. California,274 U. S. 357,375(1927)(霍姆斯和布兰代斯:附议).
② 甄树青. 论表达自由[M]. 北京:社会科学文献出版社,2000:162.
③ 科恩. 论民主[M]. 聂崇信,朱秀贤,译. 北京:商务印书馆,1988:141.
④ 杨士林. 表达自由在我国构建和谐社会中的价值[J]. 法学论坛,2008(3):95-101.
⑤ 侯建. 表达自由的法理[M]. 上海:上海三联书店,2008:65.
⑥ 郭秋永. 当代三大民主理论[M]. 北京:新星出版社,2006:7.

之一，更是使文化发展停滞不前的重要因素之一。在欧洲，16—17世纪的宗教改革运动之始，缘由便是反抗罗马教会的思想控制以争取信仰自由，最终民众通过思想斗争与武装斗争迫使罗马教会妥协。在我国，秦时焚书坑儒、汉时"罢黜百家，独尊儒术"、清时的文字狱等一系列对表达自由的束缚，皆招致了社会的动乱，并且进一步使得优秀的文化遭到毁灭性的打击。

当人们对社会的不满无从发泄时，这种不良情绪在日积月累之下就十分容易转化为暴力的反抗行为。就此，美国社会学家科赛尔提出了表达自由的"社会安全阀"作用，即"在维护社会和群体的生存、维持既定的社会关系中，发挥安全阀一样的功能"①，进一步维护社会稳定。同时，只有当人们拥有表达自由时，艺术与文化的创作才能够摆脱束缚，整个社会的文艺领域才能够迸发生机，百家争鸣、百花齐放的繁荣景象才能得以出现。

四、新媒体环境中的表达自由及其特点

从媒介演进历史的角度看，网络信息技术的迅速发展使得信息量、信息传播与处理速度、信息应用速度等皆有了显著的提升，依托于互联网的新媒介更是大大地提升了人们的表达能力，实现了信息传递、交流、沟通的无障碍。美国知名网络法律人士迈克尔·戈德温（Michael Godwin）曾指出，互联网"把出版自由的全部力量交到了每一个个人的手中"。国际伦理与信息技术协会主席理查德·斯皮内洛也曾说道，"网络明显地拓展了人们行使《第一修正案》赋予他们的表达自由的能力。"②

不过，新媒体时代既是表达自由的黄金时代，同时也为表达自由的保障与实现提出了许多新的挑战。正如美国马萨诸塞州理工大学教授浦尔（Ithiel de Sola Pool）在《自由的技术》一书中所言，"联网计算机将成为21世纪的印刷机。如果它们不能够免于公共（也即政府）的控制，那么非电子化的机械印刷机、演讲厅和个人携带的书本所持续享受的宪法豁免也许会变成某种离奇而过时的东西。我们有义务对下述选择做出决定：在21世纪的自由社会，电子传播是会在经过百年奋斗而建立的印刷自由的条件下展开，还是这一伟大的成就会在有关新技术的恐慌中丧失殆尽？"

与传统媒体时代相比，新媒体环境中的表达自由具有以下几个新特点。

（一）匿名性

匿名性是互联网技术环境的一大特性，目前国际上现行的绝大多数互联网规则并不要求网民提供自己的真实信息，彼得·斯坦纳于1993年刊登在《纽约客》杂志上的题为《在网上，没有人知道你是一条狗》的知名漫画便是最好的说明。从积极的方面看，表达的匿名性给予了人们更大的自由，能够促进人们的信息交流与意见表达。但是，在匿名的传播空间中，信息来源的不确定性会使得现实生活中支配人行为的伦理与道德感弱化，从而引发如网络色情、诽谤性言论、欺诈行为、侵犯版权等违法行为。

因此，是否要推行"网络实名制"成为长期以来的一个讨论热点，在理论与实践中都

---

① 侯健. 言论自由及其限度[J]. 北大法律评论，2000（2）：62-127.
② 理查德·斯皮内洛. 铁笼，还是乌托邦[M]. 李伦，等，译. 北京：北京大学出版社，2007：53.

有着较大的争议。以韩国为例，2007年7月，韩国政府为遏制网络暴力而从部分网站开始施行网络实名制，仅四年后这一制度便遭到了分阶段废除，并最终于2012年8月被韩国宪法裁判所以"网络实名制使言论自由受到限制、个人信息通过网络泄露并被非法利用的风险增加……"等原因判决该制度违宪并被彻底废除。

（二）平等性

网络空间因其特殊的分散性结构使得整个网络呈网状分布，其中并不存在一个中央权力机构加以控制。新媒体环境的匿名性与分散性，使得人们能够以更加平等的身份进行观点的表达，"每个人在网络中都有平等的发言权，最聪明人说的话不会比笨人说的话更重要。"[①]

同时，移动互联网的普及更进一步降低了新媒体的"准入门槛"，且"提速降费"政策推动了移动互联网流量使用量的大幅增长。第44次《中国互联网络发展状况统计报告》中指出，截至2019年6月，我国网民使用手机上网的比例达99.1%。另外，与五年前相比，我国移动宽带平均下载速率提升约6倍，手机上网流量资费水平降幅则超90%。[②]而抖音、快手等主打"草根文化"的平台逐渐占领了主流市场，这也进一步表明，"去精英化"的新媒体环境为人们平等的表达自由提供了沃土。

（三）即时性与互动性

互联网技术颠覆了传统媒体时代的传播模式，使得信息几乎实现了"零时差"的传递。新媒体平台为每个人都提供了发言的平台，同时突破了交流中时间与空间的障碍，我们能够利用网络即时发表自己的看法并且立刻得到他人的反馈。公民的言论在新媒体环境中能够随时张扬、扩散与聚合，这也使得网络舆论的力量异军突起，传统媒体时代可能被"封锁"的消息在如今则可能迅速引起大范围的传播与讨论。

（四）公共性

在开放的网络空间中，人们所进行的个人表达一经发布便会转变为社会表达，更进一步看，公众的网络表达内容很大程度上包含了对政治、经济、社会、文化等公共领域及有关公共事件的看法与意见。互联网也为民主参与和民主监督提供了极大的便利，"当互联网被广泛应用于政治后，它必然推动公民与政府官员的直接对话，提高民意在政府运作中的分量，从而在很大程度上改变未来政治参与的结构与模式"。[③]由此可见，新媒体环境中公民表达的公共性得到了强化，"互联网+政治"也已成为表达权的时代新特色。

（五）全球化

网络传播为超越国界与国家主权的、在全世界范围内所展现的沟通与联系、交流与互动提供了媒介平台，速度快、多变化、无边界、多维度等特点抹平了时间与空间的差异，

---

① 安德鲁·基恩. 网民的狂欢[M]. 丁德良，译. 海口：南海出版公司，2010：28.
② 中国互联网络信息中心（CNNIC）. 第44次《中国互联网络发展状况统计报告》[R/OL]. （2019-8-30）[2020-01-02]. http://www.cnnic.net.cn/hlwfzyj/hlwxzbg/hlwtjbg/201908/t20190830_70800.htm.
③ 李永刚. 我们的防火墙[M]. 桂林：广西师范大学出版社，2009：58.

使人们表达的全球化成为可能。有学者指出,"在互联网监管体系尚未完备的一段时间,中国网民在网络世界里已经部分实现了言论、结社、示威的新闻自由"。[①]

目前许多如Twitter、Facebook、YouTube等的大型网络社交媒体中都体现出了这种表达的全球化——来自全世界各地的用户在同一个平台上实现了实时的交流与对话,甚至这些平台自带的翻译功能的不断完善让人们的表达逐渐突破了语言的障碍,"向世界喊话"已成为现实。

第二节 表达自由的法律保障与限制

正如前文所言,表达自由作为人的一项基本权利,得到了国际人权公约和大部分国家的承认,它对于人类社会的发展与进步更是具有十分重要的价值。在实践中,表达自由的实现要求公权力提供宪法与法律方面的保障,但同时也受到具体法律条文的限制,因而在客观上存在一定界限。

一、表达自由的法律保障

作为一项法律权利,对表达自由的保障主要通过立宪与立法两种手段。从宪法规定来看,世界各国对于表达自由的立宪保障大体可划分为以下三类。

一是直接保障,即宪法中明文规定不得通过立法来限制表达自由,并且在实践中通过司法判例和制定非专门性法律来保障表达自由。[②]

二是间接保障,即宪法中原则性规定保障表达自由,但又规定了限制表达自由的例外情况,或规定公民在行使权利时也要遵守义务。

三是限制侵犯,即宪法通过禁止性规范,较为具体地限制政府对公民表达自由的侵犯,以达到保障公民表达自由的目的。

除上述立宪保障外,一些国家也对表达自由进行立法保障,也就是根据宪法规定的原则,通过制定专门性法律或在一般性法律中对其加以保护。通过立法保障,国家能够将宪法中关于表达自由的条款具体化、程序化,使其更具有可操作性。

二、表达自由的法律限制

(一)限制表达自由的两种理论立场

美国著名社会学家亚历山大·米克尔约翰(Alexander Meiklejohn)在其著作《表达自由的法律限度》中指出,言论自由并不是说每个人都有一个不可剥夺的权利,可以在他选择的任何时间、任何场所,以任何方式发表言论;大家并不认为任何人可以想说就说,想

[①] 李永刚. 我们的防火墙[M]. 桂林:广西师范大学出版社,2009:149.
[②] 甄树青. 论表达自由[M]. 北京:社会科学文献出版社,2000:209.

在什么时候说就在什么时候说，想说什么就说什么，想说谁就说谁，想对谁说就对谁说；任何一个理性社会的存在都会基于常识而否认这种绝对权力的存在。① 由此可以看出，表达自由是有界限的，即表达者自由表达而不必担心法律的强制惩罚是存在一定限度的，超出了限度便会构成权利的滥用。关于能否限制表达自由，理论界存在着以下两种立场。

一是绝对主义立场，即认为对表达自由的保护应是无条件的，因为这种自由是"天赋的"或"不可侵犯的"权利。在此类观点中，美国最高法院大法官雨果•布莱克的观点十分具有代表性，他认为包括诽谤和色情在内的一切思想及其言论表达都应该受到绝对保护。② 时至今日，绝对主义论者们已经做了一些让步，即开始承认对言论的某些限制是必要的。从这一角度出发，米克尔约翰所持的观点同样也可归属于绝对主义立场。米克尔约翰把言论分为公言论（public speech）与私言论（private speech），并指出只有涉及必须由大众直接或间接投票表示意见且与公益有关的"公言论"或者说"政治性言论"，才是宪法的保护对象，应受到绝对保护，而与自治无关的"私言论"则无此特权。③

二是相对主义立场。这一观点认为，表达自由往往会与公民的人格权利、公共利益、国家安全等价值发生冲突，而绝对保护表达自由必然给其他合法利益造成一定的损害。因此，相对主义论者们认为，对表达自由的限制需要法律予以协调，以实现社会的平衡和公正，其与绝对主义论者最主要的区别是，它并不强调表达自由的优先保护地位。目前，相对主义的立场基本支配了各国有关表达自由立法和司法的实践，在面临利益冲突问题时，各国普遍采用"利益衡量法"（the balancing of interests formula），也就是主张以利益衡量的方法来解决利益冲突。

（二）限制表达自由的参照物

对于表达自由而言，一般性的限制有两个参照物，即社会和国家的公共利益与私人的利益。④

首先，公民在行使表达自由权利的时候不得泄露国家秘密，宣传反革命言论，不得煽动叛变或政变，不得教唆他人犯罪。其中，对社会的公共利益可能造成的损害主要有两种表现：一是对社会道德的腐蚀，如某些片面追求低级趣味的媒体，不顾社会道德标准而大量出版、刊登宣传淫秽色情、拜金主义等内容，严重影响社会风气与青少年的成长；二是对宗教信仰的诽谤，如污蔑、贬损某宗教中的内容而引起宗教纠纷，破坏社会秩序。

对国家利益可能造成的损害则主要包括以下两类行为。一是泄露国家机密。我国《刑法》第111条规定了非法提供国家秘密、情报罪，即不得为境外的机构、组织、人员窃取、刺探、收买、非法提供国家秘密或者情报。⑤ 二是煽动政变或叛变。对此，我国《刑法》第103条第2款规定，"煽动分裂国家、破坏国家统一的，处五年以下有期徒刑、拘役、管制或者剥夺政治权利；首要分子或者罪行重大的，处五年以上有期徒刑。"⑥

---

① 亚历山大•米克尔约翰. 表达自由的法律限度[M]. 侯健，译. 贵阳：贵州人民出版社，2003.
② T. 巴顿•卡特. 大众传播法概要[M]. 黄列，译. 北京：中国社会科学出版社，1997：8.
③ 侯健. 言论自由及其限度[J]. 北大法律评论，2000（2）：62-127.
④ 胡锦光，韩大元. 中国宪法[M]. 2版. 北京：法律出版社，2007.
⑤ 中国人民共和国第八届全国人民代表大会第五次会议通过. 中华人民共和国刑法[M]. 北京：中国民主法制出版社. 1997：26.
⑥ 中国人民共和国第八届全国人民代表大会第五次会议通过. 中华人民共和国刑法[M]. 北京：中国民主法制出版社. 1997：24.

其次，表达自由权利的行使必须尊重他人的隐私权和名誉权；不得侵犯他人的私生活领域；不能侵犯他人的知识产权，以及剽窃、篡改、假冒等侵害他人著作权、商标权、发明权和发现权等权利的行为①；未经他人同意不得披露他人隐私；不得侮辱、诽谤他人以损害他人利益。另外值得注意的是，报纸、杂志中发表涉及他人名誉等人格权利的报道或文章，在当事人提出答复或答辩文稿时，有义务予以发表；在被证实原来发表的报道或文章为虚构或歪曲时，有以同样途径予以更正的义务。这一更正的权利即是从保护私人利益的角度出发，对媒体的表达自由加以限制。

三、保障与限制表达自由的法治原则

立宪与立法为表达自由的保障提供了法律上的依据，但对其切实的保障还有赖于行宪与执法的过程。从现当代世界各国长期以来的行宪、司法实践中，可总结出如下几个保障与限制表达自由的法治原则。

（一）明显与即刻危险原则

该原则最早由美国最高法院大法官霍姆斯在其"思想与观点的自由市场"理论基础上提出，此后被广泛应用于司法实践中。1919年在"申克诉合众国"案中，霍姆斯在判决书中首次提出该项原则，"每一项行为的性质都取决于实施它的环境。给予言论自由的最严格的保护也不会去保护一个人在剧院里谎称失火而导致的恐慌。"②同年，他在"亚伯拉姆诉合众国"案中对此原则进行了正式的阐述，即"一种言论如果造成或者企图造成明显或即刻的危险，而此种危险将导致合众国遭受依照宪法可以予以制止的某种实质性危害，那么合众国依照宪法可以对此种言论加以惩罚"。③

此后，大法官布兰代斯在1927年"惠特尼诉加利福尼亚州"案中对此原则进行了修正，并对"即刻"做出解释："除非言论所能引起的明白的祸患是如此紧迫以致来不及充分讨论就会发生，言论所导致的危险就不应是明显且即刻的。倘若还有时间通过讨论来揭穿谎言和谬误，得以教育的方式防止祸患，那么补救的办法就是更多的言论（more speech），而非强制的缄默。"④他指出，"危险"不但有相当可能"即刻"发生，而且事件的发生必须产生严重危害，不然表达自由就受宪法第一修正案保护而不受联邦与各州政府的禁止，使得该原则自此确立。20世纪40年代，这一原则得到了普遍认可，成为美国联邦最高法院适用于表达自由限制的基本原则。

明显与即刻危险原则实际上是在国家的安全利益与公民个人的言论自由间做出的平衡，这一原则确立了国家容忍公民言论自由的限度。不过，由于该原则在"明显"与"即刻"的程度上难以把握，其标准不够具体和明确，因而在实践中常无法给予表达自由充分的保障。到了20世纪60年代末，美国最高联邦法院也不再使用该原则。

---

① 谢鹏程. 公民的基本权利[M]. 北京：中国社会科学出版社，1999.
② 侯健. 言论自由及其限度[J]. 北大法律评论，2000（2）：62-127.
③ 甄树青. 论表达自由[M]. 北京：社会科学文献出版社，2000：223.
④ 侯健. 言论自由及其限度[J]. 北大法律评论，2000（2）：67-132.

(二)利益衡量原则

利益衡量原则源于庞德的社会学法学，他认为法律或法律秩序的任务或作用，只是承认、确定、实现和保障利益，各种利益之间总是有重叠的或冲突的，因此在制定、解释和适用法律时就会产生"对这些利益如何估量？对它们如何评价？用什么原则来决定它们相互之间的分量？在发生冲突的情况下，哪些利益应让位？"等根本性的问题。[①]对此，庞德认为要以最小限度的阻碍和浪费来尽可能满足各种相互冲突的利益。

"利益衡量"的原则，就是对两种或者两种以上相互冲突的利益进行分析和比较，找出其各自的存在意义与合理性，在此基础上做出孰轻孰重、孰是孰非的价值判断。北京大学法学院苏力教授曾指出，在权利冲突时，法律应当按照一种能够避免较为严重的损害的方式来配置权利，或者反过来说，这种权利配置能使产出最大化。[②]

在世界各国与表达自由有关的司法实践中，这一原则得到了越来越多的应用。以美国为例，最高联邦法院在不再适用明显与即刻危险原则后，逐渐倾向于在具体案件中比较言论自由与其他利益之间的轻重缓急，进而得出一个具有高度局限性的结论，这种"逐案权衡"的方法实际上便是利益衡量原则的典型体现。[③]1941年，美国大法官弗朗克福特在"布里奇斯诉加州案"的异议中首先提出该原则，而后在1950年"美国电信协会诉道兹案"中，这一原则也得到了多数法官的支持。[④]类似地，在日本，其宪法中规定了以公共福利作为限制基本权利之界限的公共福祉原则，采取的同样是利益衡量原则。[⑤]法院在与表达自由相关的判定中常常将其与公共福祉加以比较、衡量，分析限制与不限制表达自由所取得的利益何者为大。如果公共福祉的利益大于表达自由，则对后者加以限制；反之，则保护表达自由。

不过，这一原则同样也存在着一定的弊端，即总是倾向于牺牲少数人的利益，以获得所谓的效益最大化或大多数人的最大幸福，继而往往牺牲少数人的利益和长远利益以保护多数人的利益和暂时利益。[⑥]除此之外，这一原则也会使得法律的判断标准不可捉摸，因为其赋予了法官在利益取舍上的自由裁量权，继而使得结果是否公正取决于法官是否具有高超的法律智慧和高度的正义感，同时取决于法官对冲突的权利的价值判断。在对言论结果不可预见的情况下，人们往往倾向于自缄其口，人们的表达自由实际上便在客观上被限制住了。

(三)优先地位原则

这一原则又称自由优先原则，即认为表达自由是最重要的人权，因此具有优越的地位。根据此原则，只有当政府能够证明其限制表达自由是为了避免迫在眉睫的、严重的真正危险时，此限制才被认为是合法的，否则对表达自由的限制皆会被推断为违宪。

[①] 沈宗灵. 现代西方法理学[M]. 北京：北京大学出版社，1992：295.
[②] 侯健. 言论自由及其限度[J]. 北大法律评论，2000（2）：62-127.
[③] 侯健. 言论自由及其限度[J]. 北大法律评论，2000（2）：67-132.
[④] 刘清波. 论美国联邦最高法院及其最近的判例[J]. 中外法学，1991（2）：52-58+30.
[⑤] 甄树青. 论表达自由[M]. 北京：社会科学文献出版社，2000：261.
[⑥] 林子仪. 言论自由与新闻自由[M]. 台北：元照出版有限公司，1999：51-55.

优先地位原则的思想主要源自美国，持这一观点的人认为表达自由"在美国的宪法层次结构中占有最高的优先地位。法官们有保护这些权利的特殊职责，因而应当对侵犯这些自由的行为抱持怀疑的态度"①。

（四）禁止事先限制原则

对表达内容限制的手段本质上可以分为事前预防（prior restraint）和事后追惩（subsequent punishment）两类，目前事前预防制已被大多数国家所抛弃，因为其限制的依据主要是主观的臆测而非言论所引起的现实危害。禁止事先限制原则有时也被表述为事后限制原则、禁止事先约束原则等。事前预防制，特别是检查制和报告制以及对于印刷媒体的许可证制在原则上是不合理的，其所施予的限制总是超过实际的需要，因而此类制度只可用于严格限定的极少数场合。

具体来看，禁止事前限制意味着，不得在演讲、书籍、报刊、广播电视节目发表、出版、发行、播放之前实行许可证发放措施或对于表达的思想内容予以检查。②此外，在事后追惩时需注意两个原则：第一，事后惩罚的严厉程度不能超过必要的程度；第二，事后惩罚的条件和范围必须严格精确地界定，规范性语言不能"过度宽泛"（overbreadth）和"含糊笼统"（vagueness），有关法规必须予以限制性的解释。③

禁止事先限制原则对保障表达自由的实现起到了极大的作用，但这一原则也并不是绝对的，其并不适用于以下两种情况：其一，在军事基地进行的言论要经过军事管理机关事先批准；其二，政府有权对情报人员或前情报人员的言论进行事先限制。不过需要特别注意的是，上述情况仅仅是对禁止事先限制原则的例外，且这种例外必须要有法律的明确规定。④

（五）最少限制手段原则

最少限制手段原则要求在限制表达自由时采用的多种限制手段中，必须选择限制最少、最轻或最小的手段，尽量减少对表达自由的限制。⑤这一原则旨在防止国家权力对于表达自由的过度束缚，即通过对政府限制表达自由手段的规制来实现对表达自由的保障。

按照这一原则，政府限制公民的表达自由，如果可以选择较为缓和的限制手段就能达到限制的最终目的，而却采用较严厉的或过当的手段，则必须予以违宪审查，并判其违宪。例如，为了维护居民生活的安宁，可以对街道上用广播车发表演讲的行为予以必要的限制，如规定扩音器的音量等。但是，如果因此一概禁止在白天使用扩音器，则其限制的手段明显过于严厉，就是对最少限制手段原则的违反。

（六）禁止法律模糊和禁止限制过宽原则

禁止法律模糊原则也可以称为明确性原则，它要求法律必须具有足够的清晰度，即法律

---

① 伯恩斯，等. 美国式民主[M]. 谭君久，等，译. 北京：中国社会科学出版社. 1993：113.
② 甄树青. 论表达自由[M]. 北京：社会科学文献出版社，2000：211-212.
③ 侯健. 言论自由及其限度[J]. 北大法律评论，2000（2）：62-127.
④ 阎晓璐. 论表达自由的法律保障[D]. 大连：辽宁师范大学，2009.
⑤ 甄树青. 论表达自由[M]. 北京：社会科学文献出版社，2000：218.

必须明确地规定公民应当遵守的行为规范，使其可依规范而行动，避免受到法律的制裁。①以美国为例，如果一项法律采用模糊的措辞来"禁止或要求从事某一种行为，使具有通常智力的人必然要猜测它的意义，并且对它的应用意见不一即为违宪。"②而涉及表达自由的法律，则被要求符合更为严格的标准：此类法律绝不能给予执法者过多的自由裁量权，使民众因恐惧犯法而不敢运用受保护的自由权。美国联邦最高法院在1948年"温特斯诉纽约州案"等案件中，对于谴责"亵渎的"电影的法律以及谴责"如此充斥着流血和淫欲的犯罪行为……以致成为教唆暴力和堕落犯罪的媒介"的出版物的法律，均因其规定模糊而被判决违宪，最终予以推翻。

禁止限制过宽原则又可称为准确性原则，它要求有关表达自由的法律规定不得过于宽泛，以避免将受保护的表达和不受保护的表达都纳入禁止之列。在此原则之下，对于表达自由限制的范围、标准漫无边际的法律，往往从字面上就会被判定为违宪。例如，美国一项法令中曾规定，对放映带裸体画面电影的任何汽车露天影院，如果从街道即可看到其银幕，就构成妨害公共利益的行为和刑事犯罪。此项法令被裁定因过于宽泛而违反宪法第一条修正案，最终被判定无效。

（七）内容中立原则

内容中立原则指的是对表达加以与其所传达的信息内容、传达效果并无直接关系的限制，即当政府不得不对表达进行限制时，应当尽量不限制表达的内容，而限制表达的时间、地点、场合、方式。同时，该原则也要求政府不能因为担心民众会对某个观点、信息、意见产生不良反应就对其进行限制，政府也不能因为某种观点或理论特别适合自己的政策就利用自己所掌握的各种资源，包括从立法上对其进行资助。③

按照此原则，政府应当对观念市场上的各种观点、想法、意见保持中立。政府在制定与言论有关的法律时，应当尽量避开对言论内容的限制。如果政府的法律或行政措施涉及言论的内容，就应当接受更为严格的司法审查。

不过，内容中立原则建立在美国人对思想自由的推崇上，即认为政府不能仅仅因为社会认为某一思想令人厌恶或不能接受，就禁止人们表达这种思想。但从某种意义上讲，内容中立原则对表达自由形式的限制，可能阻断人们表达的途径，客观上限制和剥夺了表达自由。因此，美国法律要求政府根据内容中立原则调整表达自由时，必须举证证明表达的方式和公共秩序不协调，且必须为信息传播留有足够的选择途径。④

四、新媒体环境中对表达自由的法律保障与限制

基于互联网技术的新媒体凭借去中心化、信息化和开放性、自由性等特征，为人类意志的自由表达提供了一个前所未有的通畅环境。新媒体上的信息传播与接收已经成为普通

---

① 甄树青. 论表达自由[M]. 北京：社会科学文献出版社，2000：219-220.
② 兰泽塔诉新泽西州案. 合众国最高法院判例汇编（第306卷）. 1939：451.
③ 王四新. 限制表达自由的原则[J]. 北京行政学院学报，2009（3）：77-80.
④ 邱小平. 表达自由：美国宪法第一修正案研究[M]. 北京：北京大学出版社，2005：379-422.

公民日常生活的重要组成部分，为人们充分表达自我意愿与诉求提供了多元的话语平台。不过与此同时，"网络谣言""粉丝骂战"等新媒体上表达无序的新问题也在不断滋生，并且对公民的个人利益和社会秩序造成了较大的影响。社交媒体上如何坚守言论自由的底线？政府对新媒体是否需要加强进一步监管？社会公众在新媒体使用中又应保持怎样的科学与理性之态度？① 这些问题都引发了人们的普遍关注。世界各国也开始着手制定或研究与新媒体及网络相关的政策与法律，以期对其加以规范。

在对网络表达自由的法律保障与限制上，1995 年在非政府组织"第十九条"与国际反新闻审查中心联合召集、与南非的维特瓦特斯兰德大学合作举办的国际会议上，通过了《约翰内斯堡关于国家安全、言论自由和获取信息自由原则》，这一原则对此后各国对表达自由的规制具有较大的国际影响，其中无罪推定、刑罚适应等主张具有一定的参考价值，不过其对个人言论的保护程度较高，相对忽视了与公共利益的平衡。因不同的既有法律与社会传统，不同的国家在对网络表达自由的法律保障与限制上存在着较大的差异，故下文将分国家予以简要介绍。

（一）美国

美国早就着手探索互联网的规制模式，自 1978 年以来，美国先后出台了 130 多项涉及互联网管理的法律法规，仅在 1996 年到 2001 年互联网发展的爆发期，美国就通过了《1996 年电信法》《数字千年版权法》《儿童在线保护法》《儿童互联网保护法》《统一电脑信息传送法》等法案，其内容可谓包罗万象。就表达自由来看，1996 年，美国克林顿政府颁布的针对网络色情的《传播净化法案》（CDA）受到了侵犯成年人表达自由的质疑，后被联邦最高法院判决违宪。而作为对《传播净化法案》的修正与替代，1998 年年底，克林顿签署的《儿童网络隐私法》和《儿童在线保护法》也同样受到了依据第一修正案的质疑和挑战。②

由于美国的宪法第一修正案规定了表达自由的最高准则，因此法治手段有时候反而被掣肘，使得涉及实质性规制的立法无法在法院那里得到支持。美国在网络表达自由的规制上，开始日益侧重于行业自律等手段。1997 年 3 月，美国联邦传播委员会公布了《网络与电讯传播政策》报告，其中在对网络与传统媒体的比较评估的基础上提出了如下主张：① 政府政策应避免不必要的管制；② 传统媒体管理规范不全然适用于网络管理。此后，美国开始转而对网络内容的部分做劝导与管理，并呼吁家长、从业者、学校与图书馆及政府相关部门多方合作，对于保护儿童不受具有影响儿童身心发展的信息侵害，投入更多的心力。③

"少干预，重自律"是当前美国互联网规制的一个主要思路，为了维护表达自由与内容规制之间的最大平衡，既充分保障表达自由的最大空间，又充分发挥政府的协调职能，美国政府通过立法制定了相应的法规政策，使互联网规制有法可依；同时，加强行业自律组织的实践行为，两者相辅相成，互为补充。④

---

① 王方. 由英国骚乱看言论自由[N]. 人民日报，2011-08-18.
② 张向英. 《传播净化法案》：美国对色情网站的控制模式[J]. 社会科学，2006（8）：136-143.
③ 范杰臣. 从多国网络内容管制政策谈台湾网络规范努力方向[J]. 资讯社会研究，2002（2）：205-223.
④ 张化冰. 互联网内容规制的比较研究[D]. 北京：中国社会科学院研究生院，2011.

（二）德国

德国对互联网规制的特点集中表现为"自由"与"规制"并重，它是第一个对网络危害性言论进行专门立法规制，同时也是第一个因允许违法网络言论发表而对网络服务提供者进行行政归罪的西方民主国家。①作为大陆法系的典型代表，德国通过互联网立法实践，一方面对互联网内容加强了规制，另一方面也通过立法确立了网络自由的原则。同时，政府在互联网规制过程中严格执法，以将法规政策落到实处，实现有效管理。

1997年6月13日，德国通过了世界上第一部全面规制网络内容的法律，即《规定信息和通信服务的一般条件的联邦法令——信息和通信服务法》，简称《多媒体法》。《多媒体法》在以下三个主要方面对德国的互联网控制产生了重要影响：① 它强调互联网服务提供商对非法内容传播的责任，比如在有关纳粹复兴内容的传播上，"将会使用该法律"或"可以技术性地阻止其传播"；② 它通过根据法令设定的特定的"网络警察"来监控危害性内容的传播；③ 它将在网上制作或传播对儿童有害内容的言论视为一种犯罪。②2003年4月，德国政府通过了《广播电视和电信媒体中人格保护和少年保护国家合同》，又称为《青少年媒介保护国家条约》。该条约详细规定了互联网上不允许向青少年提供的十种有害内容，再次加大了德国使用立法对互联网进行监管的力度。③

与美国类似，德国在宪法中也规定了表达自由的权利，同时也把互联网言论划归为"言论"的一种，并将之纳入了表达自由的保护范围。不过，德国在《基本法》中明确规定了表达自由权，同时也允许普通法对表达自由加以限制。而美国的宪法第一修正案则规定普通法律无权对表达自由权利进行限制，从根本上杜绝了新的立法限制表达自由的可能性。因此我们可以看到，德国在网络管理中更趋向于在"自由"原则和"限制"原则之间取得一种平衡，进而显得更为严苛。

而从司法实践的角度来看，德国在网络表达自由与其他利益冲突的衡量中，对于其的限制体现得尤为明显，尤其是在涉及反儿童色情以及反法西斯复兴的言论方面，"公共利益"在与"个人的表达自由"的衡量中占了上风。④在管理机构上，自2003年开始，德国联邦有害青少年出版物检察署就开始负责检查所有互联网内容中不适宜青少年观看的部分，该署的职责正式由对传统媒体的规制扩展到了对互联网上。此外，德国联邦内政部则负责检查互联网上不适宜传播的内容，尤其重点监控和防范儿童色情信息的传播。该部门十分重视在规制过程中技术的运用，其专门组织专业技术人员成立了"信息和通信技术服务中心"，以便为互联网内容传播的规制提供技术支持和指导。⑤

（三）新加坡

新加坡是世界上推广互联网最早且互联网普及率最高的国家之一，也是在网络规制方面最为成功的国家之一。与对传统媒体管理的措施类似，新加坡对网络媒体也在立法、执

---

① 邢璐. 德国网络言论自由保护与立法规制及其对我国的启示[J]. 德国研究, 2006（3）: 34-38+79.
② 邢璐. 德国网络言论自由保护与立法规制及其对我国的启示[J]. 德国研究, 2006（3）: 34-38+79.
③ 郝振省. 中外互联网及手机出版法律制度研究[M]. 北京: 中国书籍出版社, 2008.
④ 邢璐. 德国网络言论自由保护与立法规制及其对我国的启示[J]. 德国研究, 2006（3）: 34-38+79.
⑤ 张小罗. 论网络媒体之政府管制[M]. 北京: 知识产权出版社, 2009.

法、准入以及公民自律等方面进行了严格管制。

新加坡是主张政府必须强制介入网络内容管理的国家之一，早在 1996 年新加坡就制定了《网络管理办法》，规定了网络活动必须遵守的相关规定，又颁布了网络行为规则，为网络的健康发展确立了一个最低的标准。①1997 年 10 月，新加坡广播局制定了《新加坡互联网行业准则》，其中阐释了新加坡互联网规制政策的主要思路和内容。②几乎与此同时，在互联网专家委员会的建议和产业界的支持下，新加坡广播局修订了《互联网行为准则》和新的《互联网产业指导原则》，更加侧重于实践层面的具体操作。其中，《指导原则》要求 ISP（网络服务提供商）和 ICP（网络内容提供商）以及其他电信服务团体（如从事音像信息服务、联机服务（如 BBS）的机构）必须根据《分类指导通知》进行分类指导注册。③

当前，新加坡已经基本形成了对互联网规制的法律框架，能够在确保国家安全及社会稳定的前提下，最大限度地保障国民的表达自由，其主要内容包括：① 对互联网实行注册登记制度；② 明确规定了互联网内容服务商和技术服务商的责任；③ 确定了新加坡互联网管理的重点领域；④ 强调行业自律和用户自律相结合。④

比较有特色的是，新加坡大力强调道德建设在网络表达规制中的作用，提倡以正确的社会价值观来倡导和谐的网络秩序，维护互联网的健康发展。1991 年，新加坡国会通过了关于"共同价值观"的白皮书，其主要内容包括：国家至上，社会为先；家庭为根，社会为本；社会关怀，尊重个人；协商共识，避免冲突；种族和谐，宗教宽容。⑤新加坡新闻与艺术部（MITA）也曾明确表示，媒体内容审查的目的在于维护社会秩序和公共道德，其具体包括保存传统的亚洲价值观；维护种族、宗教和谐；维护社会秩序；保护儿童与青年免受不宜信息的危害。⑥以此为基础，新加坡政府进一步规定，媒体"不得与政府提倡的社会价值观相违，尤其禁止传媒鼓励、放纵和渲染淫秽色情的内容和极度暴力的内容，以维护社会道德和信仰的安全，从而维护政府的统治及民众思想的净化。"⑦

（四）日本

不同于上述国家主张对网络表达实行行业自律或制定专门法律的做法，日本政府注重以现行的法律作为管理网络内容的主要规范。从时间上看，日本在互联网的规制管理上起步较早，1985 年 5 月，日本就通过了《信息处理促进法》，要求促进政府行政信息的公开，加强信息的国际交流以促进网络信息产业的发展；同年 6 月，日本又修改了《著作权法》，将计算机程序纳入了法律保护的范围。1995 年，日本政府制定了《日本信息通信基础建设基本方针》，指出日本要把 1995 年作为"信息通信基础建设元年"，且其中已经有了具体保护个人隐私的相关条款。⑧

---

① 秦绪栋. 网络管制立法研究[J]. 网络法律评论，2004（1）：117-151.
② 陈晓宁. 广播电视新媒体政策法规研究[M]. 北京：中国法制出版社，2001.
③ 陈晓宁. 广播电视新媒体政策法规研究[M]. 北京：中国法制出版社，2001.
④ 张化冰. 互联网内容规制的比较研究[D]. 北京：中国社会科学院研究生院，2011.
⑤ 王靖华. 新加坡对大众传媒的法律管制[J]. 东南亚纵横，2005（2）：33-38.
⑥ 卢正涛. 新加坡威权政治研究[M]. 南京：南京大学出版社，2007.
⑦ RODAN GARRY. The internet and political control in Singapore[J]. Political science quarterly, 1998, 113(1): 80.
⑧ 谢青. 日本的个人信息保护法制及启示[J]. 政治与法律，2006（6）：152.

此外，日本政府尤其注重对网络色情的监管与打击。日本相关法律规定，对散布、传播淫秽的图书、画册及其他制品等行为做了相应规定，如果有违法律规定，将处以2年以下有期徒刑或者250万日元以下罚金，另外以贩卖为目的而持有以上物品的视为同罪。在《关于处罚致使儿童卖春、儿童涉黄相关行为以及儿童保护法律》中规定，利用互联网、手机等媒体散布有害信息者，可视情节的轻重给予判刑3年并罚款300万日元，或者判刑5年并罚款500万日元的处罚，此规定即可被视为对网络表达自由的一种限制。①

（五）中国

经过近十几年来的努力和探索，当前我国已经形成了立法规制为主、自律和技术手段为辅的网络管理格局。

从立法的层面上看，我国目前并没有制定一部系统的、专门的互联网规制法律，而是主要采用制定单项法律和行政法的方式来调控互联网的运行。其中，关于网络的专门法律主要有2000年通过的《关于维护互联网安全的决定》；行政法规主要有1994年颁布的《中华人民共和国计算机信息系统安全保护条例》、1996年颁布的《中华人民共和国计算机信息网络国际联网管理暂行规定》、2000年颁布实施的《互联网信息服务管理办法》、2002年颁布实施的《互联网上网服务营业场所管理条例》；还包括如《互联网上网服务营业场所管理办法》《电子认证服务管理办法》等有关部门规章及最高人民法院司法解释。②

在行业自律方面，我国越来越多的互联网服务提供商（ISP）、跨国公司、大学和其他组织已签署了由中国互联网协会起草的旨在打击"网上犯罪"，防止"有害信息"和"不健康竞争"传播的《中国互联网行业自律公约》（以下简称《公约》）。《公约》中承诺，禁止"制作、发布或传播危害国家安全和危害社会稳定的有害信息"，其中对我国互联网行业的信息服务、网络用户权益保护以及解决争议的自律机制等也做出了规定。此后，《互联网新闻信息服务自律公约》《中国互联网版权自律公约》《中国互联网视听节目服务自律公约》等公约的相继签署，也持续地推动我国网络行业自律的发展。

不过，我国在有关公民网络表达自由领域的立法尚存在位阶偏低、内容滞后、技术不够科学等不足之处，其实践性与可操作性仍比较低，这也表明我国在对新媒体环境中表达自由的规制之路上仍然任重而道远。

第三节　表达自由的相关案例分析

一、美国焚烧国旗案

（一）案例介绍

在美国，国旗象征着国家的辉煌和荣耀，代表国家的团结和伟大，为此，美国50个

---

① 林兴发，杨雪．德国、日本手机网络色情监管比较[J]．中国集体经济，2010（31）：199-200．
② 薛京．论网络表达自由的限制与保障[D]．北京：中国政法大学，2007．

州中有 48 个通过了保护国旗不受玷污的法律。但在美国历史上也曾多次发生焚烧国旗案，有一批对自己政府不满的美国人，希望以此作为表达自己观点的方式，来批评和抗议美国政府的一些做法，其中最为著名的是联邦法院于 1989 年判决的"得克萨斯州诉约翰逊案"。

1984 年 8 月，共和党在美国西部得克萨斯州（Texas）的达拉斯举行全国大会，再次推选保守的总统里根（Reagon）作为共和党总统候选人竞选连任。在其第一届任期内，里根对内实行"劫贫济富"的财政和税收政策，对外扩军备战，与苏联进行新的冷战，因此遭到了一些左派人士的猛烈批评。对左派人士来说，共和党大会是他们表达不满和愤怒、吸引民众和媒体眼球的大好时机。一群自称"革命共产主义青年旅"（Revolutionary Communist Youth Brigade）的团体，在其领导人格里高利·李·约翰逊（Gregory Lee Johnson）的率领下穿过达拉斯市中心，对共和党偏袒大企业的政策进行抗议。他们一边呼喊反对共和党、反对里根的口号，一边用喷枪向沿路的政府机构大楼涂鸦，还不时地破坏草坪和绿树泄愤。该团体的一位成员随手拔下一家银行门前为庆祝共和党大会而悬挂的国旗递给了约翰逊。当他们来到市政厅前时，约翰逊将一瓶煤油倒在了这面国旗上，他的伙伴则用打火机将其点燃。他们一边焚烧这面国旗，一边开心地欢呼歌唱："美国，红、白、蓝，我们对你吐口痰。"当时有不少旁观者在场，但面对狂热亢奋的示威者，他们都敢怒不敢言。

一位目睹了整个过程的便衣警察用对讲机向警察总部做了报告，随后警察便逮捕了约翰逊，并指控他违反了得克萨斯州的一项州法，即禁止亵渎"庄严的东西"（venerated object），庄严的东西不仅包括美国国旗，也包括得克萨斯州旗、公共纪念物和墓地。除了阿拉斯加州（Alaska）和怀俄明州（Wyoming）两个偏远州外，当时美国其他 47 个州和华盛顿特区均有类似的地方法律。该法对于亵渎的定义是：行为者明知其破坏行为会严重冒犯那些看到和发现其所作所为的人，仍一意孤行。检察官很容易就找到了一些目击者作为证人，他们明确表示，焚烧国旗是对他们情感的严重冒犯，为此他们心痛不已。因此，约翰逊被判有罪，处以有期徒刑 1 年和 2000 美元罚款。约翰逊和他的伙伴对判决不服，便将案子上诉到得克萨斯州的刑事上诉法院（The Texas Court of Criminal Appeals）。

在法庭上，约翰逊对自己的所作所为振振有词："我烧国旗时正是里根被提名为总统候选人。不管你是否同意，当时没有其他象征性的言论能比焚烧国旗更有力地表达（我们的看法）。这完全是一个姿态。我们有新的爱国主义，不是没有爱国主义。"出乎意料的是，上诉法院不仅推翻了定罪，而且接受被告辩护律师的看法，认定约翰逊的所作所为乃是一种"象征性的言论"（symbolic speech），因此，应该受到宪法第一修正案言论自由条款的保护，并认定违反美国宪法的不是约翰逊，而是这项得克萨斯州法。

但是，由于得克萨斯州的刑事上诉法院无权宣布得克萨斯州州法违宪，所以此案上诉到了联邦最高法院。1989 年 3 月 21 日，联邦最高法院开庭审理此案。控辩双方进行了一场激烈的辩论，最终联邦最高法院以 5∶4 的票数表决通过了维持原判的决定。①

（二）案例评析

此案作为美国判例史上最著名的案例之一，负责案件审理的最高法院法官形成了针锋

---

① 洪鸿，翟志勇. 国旗保护它的反对者——得克萨斯州诉约翰逊案[J]. 苏州大学学报（法学版），2015，2（02）：141-160.

相对的自由与保守两派,将对"言论"与"行为"进行区分的辩论推向了高潮,使得"象征性表达"最终被纳入宪法第一修正案的保护范围。

此案中最为重要的问题是,焚烧国旗是否属于一种受宪法第一修正案所保护的"象征性言论"。此前,最高法院在对此的判定上显示出了模糊的一面,有些践踏国旗的行为被认为违法,而有些则被认为是受宪法第一修正案所保护的。[①]此案中针对这一点,法官布仁南(Brennan)非常巧妙地区分了"言论"(speech)与"行为"(conduct)之间的不同。对美国政府来说,限制有害行为要比限制有害言论容易得多。因此,布仁南首先强调约翰逊的亵渎虽然也是一种行为,但却是一种"表达行为"(expressive conduct),因为它旨在"传达一种特定的信息",它"带有足够的交流成分而成为宪法第一条和第十四条修正案的保护对象",但在"表达行为"和"纯粹表达"(pure expression)之间还是有区别的。最高法院在美国诉欧柏林中裁定,"如果同一行为既有言论成分又有非言论成分,而且政府有充足的和重要的理由来调节非言论成分时,对宪法第一条修正案的自由可加以偶尔的限制。"据此,得克萨斯州认定约翰逊的焚旗行为包含了一种有害的非言论成分,必须加以限制,因为他完全可以不采取这一亵渎行为来批评美国。针对这一说法,布仁南指出,得克萨斯州不能因为焚旗所包含的有争议性的内容或者仅仅因为造成对他人的冒犯,而以这种"偶然调节"作为限制言论的借口。既然是焚旗所表达的政治信息而非焚旗本身伤害了他人,因此,它实际涉及的就是言论,因此必须经受"最严格的审查"。而根据美国最高法院 1969 年的一项判决,只有那种煽动他人立即进行煽动和挑衅性暴行的言论,才能以此加以限制。根据这一理解,布仁南得出结论,"第一条修正案有一项最基本原则:政府不得因社会发现某种观念本身令人生厌或不合人意,就去禁止人们表达这一观念。"[②]根据这一原则,"州政府防止扰乱治安的公共利益并不支持这项定罪,因为约翰逊的行为并未扰乱治安。州政府对维护国旗作为民族和国家统一象征的愿望,亦不足以支持其对约翰逊政治表达的刑事定罪。因此,我们维持得克萨斯州刑事上诉法院的判决。"

联邦最高法院对此的一纸判决,意味着全美 48 个州和哥伦比亚特区有关保护国旗的法律失效。尽管联邦最高法院在判决中强调:"事实上,我们今天的判决将加强——而非削弱——国旗在我们社团中理应受到的尊敬。我们的决定再次肯定了国旗本身最能反映的自由原则。我们容忍类似约翰逊在本案中的批评行为,乃是我们力量的标志和源泉。我们惩罚亵渎,并不能使国旗变得神圣,因为如果这么做,我们就淡化了这个令人崇敬的象征所表达的自由。"

经过此案,"象征性表达"经由国旗与言论自由的纷争最终得到了最高法院的认可,使它拥有了与纯言论同样的地位,并在此后成为美国联邦法院和法律界所认可的一项原则。[③]此案也比较典型地反映出了公民表达自由受到宪法保护的法律特征,由于在宪法中作为基本人权加以确认,因此表达自由就具有对抗国家权力的效力。国家权力机关,包括

[①] 邵志择. 表达自由:言论与行为的两分法——从国旗案看美国最高法院的几个原则[J]. 新闻与传播研究,2002,9(1):80-89+96.

[②] 邱小平. 表达自由:美国宪法第一修正案研究[M]. 北京:北京大学出版社,2005:369,379-422.

[③] 邵志择. 表达自由:言论与行为的两分法——从国旗案看美国最高法院的几个原则[J]. 新闻与传播研究,2002,9(1):80-89+96.

立法、行政和司法机关在内,不能在缺少充分、合理的理由的前提下,随意做出限制公民表达自由的决定或措施。表达自由作为基本人权,在保护公民自由地表达自己的思想、观点时,赋予了公民很大的"自由空间"。思想是绝对自由的,只要没有付诸行动,任何言论停留在思想和口头上都是言论自由的范畴,都应该受到保护。美国最高法院对"言论""象征性言论"与"行为"之间的区分,无非是希望最大限度地为更广泛意义上的各种表达自由提供坚实的宪法保障。[①]

二、韩国:从《国家安全法》到《电信商务法》

(一)《国家安全法》与表达自由

从 20 世纪 80 年代初期到 90 年代中期,韩国社会发生了一系列的变化,韩国的民主化进程有了长足进步。总的来说,这段时期的案例体现了韩国民主政治的发展对法院平衡表达自由与国家安全冲突的影响。

以 1986 年《言论》杂志案为例,这本地下刊物详尽地披露了韩国文化与信息部在此前一年中陆续向新闻出版界发布的、依惯例不可外传的数百页"新闻报道与出版"指令。此后,当局迅速逮捕了两位协会相关责任人以及一名提供该文件的记者。当时在韩国的法律框架内难以对这种披露行为予以定罪处罚,于是当局以被告故意持有宣传朝鲜共产主义意识形态的禁书为由,指控该三人触犯了《国家安全法》。汉城(今称首尔)地区刑事法院独任法官判定前两位被告有罪,但驳回了对该记者的有罪指控。此后,历经十年,在被告不断提出上诉和申诉并迫于公众舆论的巨大压力之下,加之韩国 1990 年宪法法院在涉及"国家安全与表达自由"立场上的重大变化,地区刑事法院对该案进行重审并撤销了针对被告的有罪判决。

该案中,法庭启动了表达自由的"明显与即刻危险"标准,否定了原判决对《国家安全法》的适用。法庭主张,如依《国家安全法》惩治被告,那么被告所持的所谓颠覆性书籍的内容必须符合"明显与即刻危险"标准,即对国家的生存构成威胁,且会对自由民主政体的基本秩序造成实质性损害。如果这些书的内容并不会引起上述后果,或者是否正在造成这些危害并不清晰,那么被告就不应受到《国家安全法》的惩罚。最终法庭判定:"从整体上来判断,很难做出这些书可能产生'明显与即刻危险'的结论。"[②]

国家安全与表达自由之间的冲突是每一个国家在任何一个历史阶段均必须直面的重大问题,通过这一案例我们能够看到保障表达自由的原则在司法实践中实际且有效的运用。

(二)《电信商务法》与表达自由

作为世界互联网普及率最高的国家之一,韩国在网络内容规制方面采取了相当严厉的措施,该国最早成立了互联网内容审查机构(后期宣告失败),并采取网络实名制管理。在这一背景下,韩国在网络新媒体环境下表达自由的限制与保障上较早地产生了一定的冲突

[①] 黄惟勤. 互联网上的表达自由:保护与规制[M]. 北京:法律出版社,2011:2,4-7.
[②] 高中,刘道远. 韩国国家安全与表达自由案例研究[J]. 时代法学,2005,3(4):112-119.

案例。

1995年，韩国国会通过了《电信商务法》，其中第53条规定：信息和通讯部长可以发布命令，要求网络服务提供商拒绝、停止和限制危害公共秩序和良好社会习俗的内容传播。该规定以"破坏性通讯"为标题，由此确立了韩国互联网规制中的重要法律原则——"破坏性标准"。该规定实际上给予了政府对网络内容进行规制的相当大的权力，即可以直接通过行政指令要求电信服务商审查网络内容。

在此基础之上，与《电信商务法》配套的"总统法令"则对"破坏性标准"进行了进一步明确，阐述了什么叫"危害公共秩序和良好习俗"，即：① 含有引导犯罪和鼓动犯罪行为内容的通讯；② 含有引导反政府行为内容的通讯；③ 含有妨碍良好习俗和其他社会秩序内容的通讯。根据这一标准，韩国互联网安全委员会（KISCOM）有权力监控互联网上所有涉及"危害公共秩序和良好习俗"的内容和站点，而且可以随时要求网络服务提供商切断这些内容和站点的接入通道。如果服务商拒绝执行KISCOM的指令，KISCOM可以要求信息和通讯部长亲自发布要求服务商执行的命令。在此情况下，如果网络服务提供商继续拒绝执行命令，则将受到刑事处罚。这一"破坏性标准"自公布之始就遭到了社会各界的强烈质疑，尤其是针对"危害公共秩序和良好习俗"具体范畴的界定，一些信息自由组织认为其过于模糊不清，完全是给予了政府随意审查言论、限制表达自由的权力，因而是违反宪法的。

2002年6月27日，韩国宪法法院最终以规定过于模糊，难以对其进行客观界定因此很难对网络不良信息予以有效规制为由，判决"破坏性标准"违宪。宪法法院还指出，尽管关于"破坏性标准"的规定是在网络信息内容已经得到传播后，经审查发现其危害公共秩序和良好习俗，然后才向网络服务提供商发布命令。但网络服务商为了保证自己的安全往往会提前对有关内容予以限制，因而客观上构建了一种"预先审查体系"。网络服务提供商相对于用户来说，明显处于优势的地位，因此"破坏性标准"干扰和限制了网络用户的表达自由权利。韩国宪法法院在判决中直接引用了美国联邦法院对CDA案件的判决词：互联网是"共享的市场和表达媒介"，互联网上的表达自由必须受到充分保护。

在经历了数度冲突后，《电信商务法》《关于促进信息通信网络利用与信息保护法》和《青少年保护法》三部法律最终共同构建起了韩国政府的网络内容法治框架，尤其是其中的几项根本性原则奠定了韩国政府对互联网传播进行严厉规制的基础。在《电信商务法》的法律框架下，KISCOM先后发布了几部专门的法令，进一步完善了网络内容规制框架。比如2001年4月发布的《不当Internet站点鉴定标准》和同年7月发布的《互联网内容过滤法令》。这两部法令从法律依据上确立了互联网内容过滤的合法性，要求在全国范围内限制色情及"令人反感"的网站站点接入，过滤不法和有害信息等。

从上述案例中我们可以看出，韩国政府对互联网内容传播一直秉持"严格规制"的态度，并通过出台一系列法律法规和政策来构建严密的框架体系，对网络不法信息和不良信息进行监管。但政府的这种做法也在另一方面大大侵害了韩国民众的表达自由权利和网络信息权利。随着韩国民主改革进程的日益加深，韩国国民的权利意识也在不断增强。针对政府对网络表达自由的限制，越来越多的言论和通信自由保护组织以及学者、律师等均要求获得与出版一样的言论自由，同时要求修改有关法律和内容分级制度等规制措施，以保障国民更多的个人权利得到实现。[①]

思 考 题

1. 如何理解表达自由、言论自由和新闻自由之间的关系？
2. 请简要说明表达自由的历史发展过程。
3. 表达自由的价值表现包括哪些内容？
4. 与传统媒体时代相比，新媒体环境中的表达自由呈现出了哪些新的特点？
5. 如何理解"表达自由是相对的而非绝对的"？

实 践 任 务

请自选一个与表达自由相关的案例，分析其理论价值和实践意义。

[①] 张化冰. 互联网内容规制的比较研究[D]. 北京：中国社会科学院研究生院，2011．

第九章

新媒体传播与虚假信息及其治理

> **学习提示**
>
> 　　新媒体传播环境下，真假信息鱼龙混杂，虚假信息的辨认难度提升，要想辨别信息的真实性无论是对专业的新闻工作者还是普通用户而言都提出了更高的要求。本章从真实性的概念出发，在明确概念的基础上抽丝剥茧，结合经典的虚假新闻案例进行分析，探究新媒体环境下虚假信息的传播机制以及治理措施。

何为真实性？不同学者从不同角度给予了不同的解答，新闻传媒领域的真实性又是否等同于一般意义上的真实？不同国家也给出了不同的回答。随着媒介技术的发展，不同媒介本身对于真实性又有何影响？这种影响又如何作用于我们的感知？厘清以上问题，对于学习虚假新闻的传播机制与治理措施十分必要。

第一节　新闻的真实性

真实即实事求是，尊重事物存在、发生与发展的本来面貌。"真实性"一词源自希腊语，最初用于描述博物馆的艺术展品，后多被用于哲学范畴的探讨。

真实作为一个复杂的概念有着三重规定：一指客体世界本身的运动、变化、发展及其规律性；二指认识的真实性、真理性，在这重含义上，当人的认识反映了客观事物及其规律时即谓"真"，否则即谓"假"；三指人所追求的一种境界，在这种境界中，人的思想和行为达到了与规律性的高度一致。[①]根据客观世界的运动规律和人类认识活动的对应，又

[①] 周文彰. 狡黠的心灵：主体认识图式概论[M]. 北京：中国人民大学出版社，1991：53.

可以从唯物主义和唯心主义两方面展开思考。列宁在《唯物主义和经验批判主义》一文中提及:"从物到感觉和思想,还是从思想和感觉到物?恩格斯主张第一条路线。马赫主张第二条路线,即唯心主义的路线。"①这两条路线也体现着唯物主义和唯心主义的对立。唯物主义认为物质是客观实在的哲学范畴,不依赖于人的感觉存在,却能为人的感觉所复写、摄影和反映,也就是物质是第一性的,而意识是第二性的。这就要求我们要尊重客观世界的存在及其运行规律。新闻工作者作为事实的记录者和信息的传播者,更要坚持唯物主义,做到实事求是。

一、新闻真实性的定义及特点

陆定一在《我们对于新闻学的基本观点》中曾对新闻的定义进行探讨:"新闻是什么?唯物论者认为,新闻的本源乃是物质的东西,乃是事实,就是人类在与自然斗争中和在社会斗争中所发生的事实。因此,新闻就是新近发生的事实的报道。新闻的本源是事实,新闻是事实的报道,事实是第一性的,新闻是第二性的,事实在先,新闻(报道)在后。"②

在新闻业中,真实是新闻的生命,也是新闻的本质属性。自新闻业诞生以来,无论是资产阶级新闻界还是无产阶级新闻界都将真实性奉为新闻报道活动的根本准则与基本要求。《联合国国际新闻信条》第一条规定:报业及所有其他新闻媒介的工作人员,应尽一切努力,确保公众所接收的消息绝对正确,他们应该尽可能查证所有消息的内容,不能任意歪曲事实,也不可故意删除任何重要事宜。

美国1922年通过的原名为《新闻界信条》,1975年进行修订并更名为《美国报纸编辑人协会原则声明》的第四条提出,新闻媒介要坚持真实与准确原则。对读者真实,是真正的新闻职业的基础,必须尽最大努力保证新闻内容是准确的、无偏见的,所有各方的立场都必须在文中公正地显示。社论、分析文章及评论须持与新闻报道的事实相一致的准确标准。重大的事实失误和遗漏,必须及时、显著地予以更正。

英国在1974年6月29日由英国全国新闻记者联合会通过的《行为准则》第三条要求:"新闻记者应努力保证所传播的信息是公正而准确的,避免把评论和猜测当作既定事实,避免由于曲解、筛选和错误而提供虚假新闻。"德国《公共宣传原则》(报业准则)第一条便指出尊重事实,为大众提供准确的新闻报道是新闻职业最重要的原则。俄罗斯于1994年6月23日在莫斯科举行的俄罗斯新闻记者代表大会上通过的《新闻记者职业道德准则》第三条要求:"新闻记者只传播、评论认为可信的并且知晓消息来源的消息,尽力避免因不完整、不准确、故意隐瞒重大社会信息、传播明知有误的信息而对其他人造成伤害。"

我国的《中国新闻工作者职业道德准则》也在第四条对新闻的真实性做出了详尽要求,指出新闻工作者要坚持发扬实事求是的作风,深入基层、深入实际、深入群众,加强调查研究,报实情、讲真话,不弄虚作假,不得为追求轰动效应而捏造、歪曲事实。

在我国,学者们也从不同的角度对新闻的真实性进行了探讨。杨保军在《新闻真实论》

---

① 列宁. 列宁选集(第2卷)[M]. 北京:人民出版社,1995:36.
② 中国社会科学院新闻研究所. 中国共产党新闻工作文件汇编[M]. 北京:新华出版社,1980:188.

中指出，新闻真实是新闻与其反映对象的符合性及其符合程度。新闻的本质是一种事实信息，新闻传播者的本职是传播事实信息。在传播状态中，新闻（报道）是对新闻事实的反映，是对新闻事实信息的传播，是对新闻事态变化的符号再现。新闻把客观事实作为本源，把对事实本身面目的呈现作为第一目标，把与事实对象的完全符合作为自己的理想追求。因此，事实性真实是新闻真实最基本的、首要的特性。①

丁柏铨在《新闻理论新探》中以广告和文学为参照来看待新闻的真实性，提出虽然真实性对于新闻、广告和文学都有着重要的意义，但新闻对事实有着更高的要求，离开了事实就无所谓新闻。②

胡正荣在《新闻理论教程》中提出新闻真实性包括两个方面的要求。一是新闻报道中的事实完全真实，它包括两个层次：第一层次是新闻报道中的每一个具体事实必须真实，完全符合客观实际；第二层次是新闻报道中的事实概括必须真实。二是新闻报道中的事实要和这类事实的总体一致，即我们不仅要保证新闻中具体事实和概括事实的准确无误，而且要求新闻中的事实符合这类事实的总体状况和相互联系，能够代表和反映客观事实的总体实际。③

童兵在《新闻传播学原理》中指出，新闻传播必须真实，主要基于以下三点：一是传受双方都要求新闻传播的全过程都实事求是，不增添任何附加的成分；二是只有通过提供真实的新闻报道，才能实现新闻传播的使命；三是如实报道新闻，是实事求是认识路线在新闻传播中的运用，也是这一科学方法论对传播工作者的要求。④

综合以上观点，可总结出新闻真实有着如下几个特点。

其一，新闻真实是事实性的真实。新闻是对现实世界的如实反映，因此要做到事实真实，要求新闻在传播过程中要注意各个要素是真实、客观和准确的。新闻事件中的时间、地点、人物、原因、经过、结果等要素和环节都经得起核实，是确实存在并发生的，这就要求新闻工作者在报道中要明确事实，注意核对细节。

其二，新闻真实是过程性的真实。现实世界是处在不断的发展和变化中的，因此事实也并非定格的状态，这就要求新闻工作者在报道中、在动态中寻求事实，报道事实。

其三，新闻真实是即时性的真实，即某一时间节点的真实。正是因为现实世界是变动的，因此新闻工作者只要准确报道了事物当下的状态便可以说它满足了真实性的特点。然而一些新闻工作者为了争得头条，在抢新闻中屡次报道假新闻。因此，新闻媒体在报道工作中不仅要保证真实性，还要遵守新闻职业道德，不可为了蝇头小利而置新闻原则于不顾，这对整个新闻行业而言都是极大的危害。

其四，新闻真实是有限的真实。新闻报道者应该尽力做到对客观事实的真实报道，但客观现实作为客观存在，新闻工作者通过自己的认识活动去呈现这样的现实不可避免地会带有一些个人主观色彩。作为个人，新闻工作者只能尽力约束和克制主观性，提高个人的认识能力，最大限度地呈现客观现实。

---

① 杨保军. 新闻真实论[M]. 北京：中国人民大学出版社，2006：98-99.
② 丁柏铨. 新闻理论新探[M]. 北京：新华出版社，1999：185.
③ 胡正荣. 新闻理论教程[M]. 北京：中国广播电视出版社，2001：68.
④ 童兵，展江，郭青春. 新闻传播学原理[M]. 北京：中央广播电视大学出版社，1999：96.

因此，我们要认识到以下几点。

其一，新闻真实指的是新闻报道的真实，主要是说事实层面的真实，如通讯、消息通讯、新闻特写、新闻公报、调查报告等体裁对真实性的要求就非常高。而新闻评论则要求的是公正性、合理性，侧重于对事实的解释与评析，这些并非准确意义上的新闻真实。

其二，现实事实与新闻事实虽然都指的是客观事实，但二者又是存在区别和差异的。现实事实是这个世界事实的总和，而新闻事实只是现实事实中很小的一部分，它是被新闻传播者从现实事实中择取出来的。虽然新闻事实是对现实事实的最新反映，但它所体现出的现实事实也只是冰山一角，并不是现实事实的全貌。新闻事实和现实事实是个别与一般的关系，也是普遍与特殊的关系，现实事实相对而言是简单和纯粹的，但现实事实是复杂多元的，难以通过新闻事实得以体现。

其三，新闻只是人们认识现实事实的一种方式和手段，这种方式甚至不是最科学的，它所带给人们的也只是关于新闻事实的真实。从事传播的新闻工作者们也只是普普通通的人类，他们通过职业道德规范做到对新闻事实的真实，但依旧无法保证这是现实世界的真实。新闻，作为社会大众认识、了解现实真实的一种中介，也有其局限性。因此，我们无法指望通过新闻就能彻底了解到真实的世界，通过对新闻业的能与不能的认识，能帮助我们更好地认识这个世界，与这个世界好好相处。

其四，新闻事实作为人们认识和了解这个世界的手段之一，并不优于或可以替代其他认识世界的手段。美国报人李普曼在其《舆论学》一书中提出拟态环境，即信息环境，它不是现实环境"镜子式"的再现，而是传播媒介通过对象征性事件或信息进行选择和加工、重新加以结构化后向人们展示的环境。人们由于实际活动的范围、精力和注意力有限，不可能对整个外部环境都保持经验性的接触，对超出自己亲身感知以外的事物，人们只能通过各种"新闻供给机构"去了解和认知。因此，新闻真实所提供给人们的是新闻认识层次上的真实，人们在通过新闻事实认识现实世界时，应当对其有正确的认识。从根本上来说，新闻能提供给人们最新的、最真实的关于世界的动态，已经具有很大的价值，而诸如对这个世界的发展进行推断或是预测则不在其任务范畴之内。

真实性虽然被各国新闻业奉为报道的基本原则，但在不同的国家和地区也有着操作层面上的差异。总体而言，新闻传播的真实性原则体现在以下几个方面。

第一，事实层面的真实性，即新闻报道中所提到的事实要保证准确无误，符合客观实际。这包括三个层面：其一是新闻报道中的主要要素的真实性，主要体现在报道的"5W"上；其二是在要素真实的基础上，保证对要素的描述要符合客观实际，不能掺杂报道者个人的主观臆想，新闻写作虽然也是一项创作性活动，但是写作者不能主观地去为写作对象"加戏"，即使要得出结论也应当提供相对应的事实素材；其三是新闻报道中所引用的资料来源要可靠，尽可能对资料的背景加以说明。这个层次也是新闻真实性在操作层面的最低层次，是对所有新闻从业者最起码的要求。

第二，新闻报道的总体真实，即新闻报道中的事实要与实际生活中的同类事实总体相一致。美国著名报人李普曼在《舆论学》一书中说："新闻与真实性是不同的两个概念，二者应该明显地区分开来。新闻的作用是突出说明某个事件，而真实性的作用是揭示出隐藏的事实，摆出这些事实之间的关系，然后根据人们的活动描绘一幅实际的图画。"也就是说，新闻并不是对事实的直观呈现，它在生产的过程中体现着传播者选择。例如，某地若连续发生恶性事件，新闻媒体为了吸引关注只对此类事件进行报道，那么人们通过报道对这个地方形成的印象便是民风刁蛮，虽然这也是建立在尊重事实的基础上，但这样的事实显然与真实的现实是不符合的。因此，这就要求新闻工作者在报道时拥有大局观，实现报道的平衡。

也正因如此，一部分新闻学者提出，在满足事实真实的基础上，更应该做到总体真实，通过平衡来描述现实社会的真实状况。新闻媒介作为社会公器，不是某个利益集团的工具，应该是为人民发声的，因此要对现实社会做出最真实客观的反映，这也就对新闻工作者们提出了更高的要求：一是要讲真话、说实事，保证新闻报道的要素是真实的，新闻传播的全部事实、事实的所有层面都是真实存在或发生的；二是要总体真实，即新闻工作者们既要坚持真实性原则，同时要提高个人对社会的认识能力和把握程度，对社会有综合性的认识，对事实有全局性的了解，对现实生活中的同类事实有较为明确的把握，并通过对报道量的控制与平衡实现总体性的真实。

二、不同媒介形态的新闻真实

真实性作为抽象的原则，既在不同的国家有着操作层面的差异，同时也因媒介形态的差异而呈现出不同的特征。通过认识真实性在不同的媒介上表现出的不同个性，更能帮助我们认识新媒体传播态势下新闻真实的含义，从而提高新闻真实的适用性。

（一）报纸的新闻真实

报纸作为一种以纸张为介质，以文字为载体的媒介形式，赋予新闻真实以独特性，主要体现在以下几个方面。

其一，报纸主要借助语言文字，通过描述的手段去讲述事实。就我国而言，汉语具有博大精深的特点，其背后的寓意往往能激起受众的多层解读与想象。因此，报纸在对客观事实进行描述时拥有着极大的自由度，它虽然作为一种冷媒介，但可以通过对语言文字的强把控来制造出热媒介的效果，正如梅尔文·门彻所说："上乘的报道能帮助人们目睹事件经过，能使人物栩栩如生，能使人们亲临现场。"① 正因为文字拥有如此之强的塑造力，我们在面对报纸的时候，反而要以更为审慎的态度来面对它所提供给我们的事实。

其二，报纸在反映新闻事实时拥有更强的深度优势。报纸作为冷媒介，更加能诉诸人类的理性。因此，相较以往，以报纸为主要大众媒介的时代也代表着公共讨论更为活跃的时代。报纸不是即时性媒介，它需要一定的生产周期，但同时这也成为它的优势所在。相比较电视媒介，报纸不依赖画面，通过文字的方式对现场进行复原，相比电视媒介来说，留存时间更长久，可以进行深度剖析的空间也更大。

---

① 梅尔文·门彻. 新闻报道与写作（插图第11版）[M]. 展江, 等, 译. 北京：世界图书出版公司, 2014：300.

其三，报纸所呈现给受众的并不是直观的现实世界，读者在对新闻事实进行解读通常伴随着自身经验及想象。因此，即使是同一份报纸，不同的读者也会读出不同的关于现实世界的真实面目。正如罗杰·菲德勒所说："在文献传播领域，内容和文章是通过表音字母或象形文字，而不是通过自然的声音和形象来传送的。读者必须把书面词语和符号译过来并给它们赋予意义。因此，阅读和浏览书面信息比起大部分广播传播形式来说，需要受众更多的内部分析。文献可以在一定的情感层次上影响人们，但是它们往往在激发人们的想象力和促进人们抽象性和分析性思考上最具影响力。"[1]

（二）广播的新闻真实

广播是一种主要作用于人们听觉系统的传播媒介，广播所呈现出的新闻真实与报纸的新闻真实有一定的差异性，主要体现在以下几个方面。

广播是一种即时性媒介，这是报纸所不具备的得天独厚的优势，但另一方面也是它的劣势所在。首先，广播可以在第一时间播报新闻，这种即时性能够提供给人们极大的真实感。因为要求快速，说出即所得，这就使得广播无法进行后台加工，也正因如此人们会对广播传递出来的信息有更强的信任感。在这个意义上，广播新闻的真实性是对事实最生动的说明。其次，比起冰冷的文字符号，广播具备着文字无法达到的传情达意的效果，它可以通过不同的音色、音量、音调传递不同的情绪，这种情绪对受众而言有着最直接的冲击力，这种情绪会作用于人们对事实的认知。广播通过人声传递事实信息，这就为受众营造了一种亲切感，久而久之，这种准社会互动的关系便能获得听众更多的信任。

例如，罗斯福在经济危机时期的炉边谈话，达到了很好的镇定民心的效果。再者，听众在接听来自广播的事实信息时，也会动用到大量的想象力和感性思维。报刊、广播新闻也有镜像的视域，给人们创造声色形味的动感世界，但它们不是直接提供影像，而是在手中意像中刻印出影像来。[2]广播相对报纸而言是一种热媒介，带给人更强烈的真实感，然而这种真实感越强势，就越要警惕和审视它真正所呈现的信息。

相较于报纸，广播一旦出现错误不会被立即察觉。报纸所呈现出的新闻，事后如果要再追查也是有迹可循的，并且读者可以对报纸内容进行反复阅读，若发现有不对的地方也可以细细查证。然而，广播转瞬即逝，很多时候人们在听的时候是来不及做出反应的，事后也没办法再反复多听，因此，广播如果出现虚假信息相较报纸而言更不容易被察觉出来。

从创作手法来讲，广播要随时播送，很多时候事情紧急，没办法提前准备好要播送的稿件，这也就对广播新闻从业者提出了更高的专业要求。用广播播报新闻时要注意以下两点：一是将复杂的新闻事实简单化，同时又不能失去准确性，即既要充分发挥广播媒介的优势，又要有效避免它的劣势；二是广播新闻虚假性、失实性的难辨性，说明对广播新闻机构、从业人员新闻报道的真实性监督起来比较困难，因而，广播播出机构及其从业人员更应该严格要求自己，以高度的新闻专业主义理念和职业精神，合理运用广播技术手段，确保新闻的真实性。[3]

---

[1] 罗杰·菲德勒. 媒介形态变化[M]. 明安香，译. 北京：华夏出版社，2000：35.
[2] 刘建明. 新闻学前沿：新闻学关注的 11 个焦点[M]. 北京：清华大学出版社，2005：189.
[3] 杨保军. 新闻真实论[M]. 北京：中国人民大学出版社，2006：139-140.

综上所述，广播相对报纸而言是即时性媒介，但正因如此无法在深度和广度上与报纸相较量。因而，广播在对新闻事实进行呈现时，要尊重媒介自身的属性，虽然也可以对复杂的事件进行报道，但这并不是其自身的优势所在。在新闻事实发生以后，广播应当第一时间简明扼要地让听众知道发生了什么事，而不是对新闻事实的详细情况展开叙述。

（三）电视的新闻真实

电视作为一种以画面为主的、运用多种符号对事实进行再现的媒介在整体上拥有报纸和广播无法比拟的优势，它不仅会作用于人的视觉系统，更会作用于人的听觉系统，这种多符号的综合表现、相互配合、立体传播是其他任何传媒所不能比拟的，它充分地展示了电视新闻的优势。[1]

和广播一样，电视也能实现实时传播或现场直播。[2] 而相较于广播，电视是通过动态的画面和声音作用于人的多个感知系统的，因此它在呈现现实世界的时候能带给人更强烈的真实感。尤其是新闻现场直播，将新闻现场的实时动态传输给观众时便更是如此。新闻现场直播是最能发挥、展现电视传播优势的一种最迅速、最直接的新闻报道与传播方式。[3] 电视通过画面和声音截取的是现场的片段，虽然不是全貌，但也是对局部现场的复原，并且，由于是直播，不经过剪辑和后期加工，现场原本是什么样，呈现给观众的就是什么样，这种形式也会获得观众更多的信任。总之，电视新闻以直观形象、信息量大、高清晰度、感染力强、受众广泛等特点成为呈现现实世界的重要手段，也在表现新闻真实上拥有报纸和广播媒介无法比拟的优势。

然而，电视新闻也存在着诸多的劣势，这主要体现在以下五个方面。其一，观众在收看电视新闻时是处于被动状态的。[4] 和报纸不同，观众只能在电视台有播放安排的时候才能接收到新闻信息，这个时间段是不受观众自身控制的，只能迎合电视台的播出需要。其二，和广播一样，电视画面也是转瞬即逝的，观众无法将某个片段截取出来细细观看，即使有错过的或者有疑问的也是一晃而过，因此，观众在接收电视新闻信息时也是被支配的，很难有精力对其进行慢慢分析。其三，电视作为一种扩张性的热媒介对受众水平几乎没有要求，它需要照顾到所有观众的感受，这也使得电视新闻无法具备与报纸一样的深度。其四，由于电视是以画面语言来传播新闻的，也因此它只有亲临现场才能拍摄到画面，反之只能采取别的手段，而报纸和广播相对而言受此限制较少。其五，电视需要借助电视机来观看，观众无法随身携带电视机随时观看，存在一定的局限性。

综上所述，电视新闻在再现新闻事实上有着特有的优势，也有它随之而来的局限性，因此我们不能将电视新闻呈现新闻事实的优势过于夸大，要以批判的眼光来看待电视新闻所呈现的真实。而对新闻从业人员而言，电视新闻要做到真实，电视记者、电视编辑就必须坚持实事求是的作风。[5]

---

[1] 叶子. 电视新闻学[M]. 北京：北京广播学院出版社，1997：90.
[2] 杨保军. 新闻真实论[M]. 北京：中国人民大学出版社，2006：141.
[3] 叶子. 电视新闻学[M]. 北京：北京广播学院出版社，1997：265.
[4] 黎炯宗. 电视新闻学[M]. 广州：广东高等教育出版社，2008：74.
[5] 巨浪. 电视新闻[M]. 杭州：浙江大学出版社，2010：25.

具体而言，电视新闻工作者要在新闻发生后尽可能深入一线，对事实有深入、全面的了解，努力获取第一手素材。在获取声画素材时，要选取多个角度和机位，做到全面；在素材的选择上，要注意多方"声音"出镜的平衡性，而不能重点报道某个"声音"而忽略其他声音；在剪辑过程中，要顾及声音、画面等信息内容指向的一致性，不仅确保单一画面或声音是客观真实的，还要确保同期声、现场画面以及文字稿匹配后新闻信息整体的真实可靠。①

（四）新媒体的新闻真实

新媒体即网络媒体，也就是以数字技术为基础，以网络为载体进行信息传播的媒介。②新媒体具有信息量大、使用方便、检索快速便捷、图文声像并茂、互动性强、信息通过计算机高速传播，以及信息获取快、传播快、更新快等特性，并且具有计算机检索功能、超文本功能，是一种拥有强大生命力的传播媒体，给人类社会带来了深刻的影响。新媒体允许读者与作者之间进行网络交流，能及时反馈，改变了传统的学术交流方式。③因此，在新闻事实的呈现上，新媒体几乎克服了报纸、广播、电视的缺点，以一种碾压性的优势胜出。随着新媒体的快速发展，现实世界的信息可以更加无损和快速地被传输出去，人们足不出户便能实现很多事件的缺席在场。

然而在新媒体时代，信息快速、低成本的复制和传播也造成了信息的泛滥，虚假信息层出不穷，混淆视听，真实的信息在大量的冗余信息中被淹没。在新媒体时代，由于人人都手握话筒，都可以是信息的传递者和接收者，过去主编掌握的权力被下放到每一个个体手中，这就造成了信息审核环节的高成本和高压力，因此很多人认为新媒体时代主编已经不存在了。陈序在《主编死了》中谈到，"主编的'圣杯'是'真相'和'客观'，新闻的'真相'和'客观'不是一个概念的两面，而是一对矛盾的咬合。媒体人的信条是在事实层面揭示'真相'，在价值观层面紧守'客观'。对受众来说，新闻'真相'不止于事实本身，更融入了媒体对事实的理解和判断。就媒体的功能和价值而言，后者往往比前者更重要。对事实的理解和判断不仅会因不同受众的接受程度不同而异，更可能因政治、社会和文化的时移势易而变化。新闻'真相'不仅是事实性的，更是历史性的。当主编'死'了，'真相'又栖身于何处？"

尤其是在社交网络流行的新媒体时代，事实的获取成本越来越高昂，人人都手握话筒，但却不是人人都有耐心去核实真相，珍贵的信息和大量的情绪意见交织在一起，也就促成了后真相时代的到来。2016年，"后真相"一词被英国《牛津词典》评选为世界年度热词，暗示着我们已经进入了"情感先于事实"的后真相时代。在后真相时代，人们不再关注事实与真相本身，而更容易被观点和情绪所操纵。新媒体的快速发展降低了人们表达的门槛，提供了丰富多元的传播渠道，但也为虚假信息的传播提供了温床。

从报纸到广播到电视，再到新媒体，媒介技术的进步让事实越来越丰满，以更加清晰

---

① 巨浪. 电视新闻[M]. 杭州：浙江大学出版社，2010：25.
② 陶丹，张浩达. 新媒介与网络广告[M]. 北京：科学出版社，2001：3.
③ 匡文波. 新媒体概论[M]. 北京：中国人民大学出版社，2015：33.

的姿态呈现在我们面前。媒介的进化是人类利用空间方式的进化，人们把网络看成一种新的生活空间，这种空间与我们熟悉的物理空间是全然不同的。从空间使用的角度来认识，网络不是联系的工具，而是构成了生活的环境。①我们通过网络构筑的环境来认识和理解真实世界，来与这个世界取得联系，这种联系不再受限于时间和空间，真实世界对我们而言仿佛触手可及。

但另一方面，人们看似对真实的世界拥有了更强的把控力，但同时我们所看到的这种清晰的世界也是来源于媒介为我们构建的，它未必就是对真实世界的再现，正如杨保军所言，伴随着信息传播技术的发展和进步，人类越来越拥有真实反映事实对象真实面目的能力，但同时人类造假的水平也越来越高。可以说，越是依赖先进技术的新闻传播，越容易造假；越是依赖先进技术的造假，越是难以识破。但也正是因为如此，人们一旦发现传播者利用先进的信息传播技术故意造假，就会由个别到一般，形成一种连锁反应或效应，很难或不再相信媒体的其他报道。这恐怕也是为什么现在的人们对新闻媒体的信任度不断降低的一个重要原因。②

第二节 虚假新闻的内涵和表现形式

要厘清虚假新闻的内涵和表现形式，首先应当从性质和程度上认识什么是假新闻，什么是失实新闻，了解这二者有何特点和表现形式。只有明晰了概念的区别才能对虚假新闻展开深入的学习和研究，探究其在新媒体环境下的表现形式及表现特点。

一、虚假新闻的内涵

自新闻业诞生以来，虚假新闻就与之相伴，对它的内涵、特点和表现的研究也一直持续不断。虚假新闻是相对于真实新闻而言的，而要厘清什么是虚假新闻，我们还要从性质和程度上认识什么是假新闻，什么是失实新闻。只有认识到虚假新闻的实质特点，我们才能从根源上制定出行之有效的应对之策。

虚假新闻指的是没有任何客观事实根源的"新闻"，即虚假新闻所依据的"新闻事实"是想象、臆造、捏造的产物，是通过想象思维虚构的"事实"。③从定义上来看，虚假新闻是个充满矛盾的词汇，因为新闻已经代表着真实了。然而，虚假新闻却是新闻传播中实实在在存在的一种现象。赵振宇在《进一步厘清虚假新闻概念的几个层次》中认为，"假新闻报道"是指根本没有该事实的发生，却有了对该事实生动翔实的报道。它的实质在于违背了新闻学的根本——新闻是人们主观对于客观的真实反映，一切脱离了客观存在的反映，只能是虚假的报道。④

---

① 醒客. 重新理解媒介[M]. 北京：中信出版社，2014：58.
② 杨保军. 新闻真实论[M]. 北京：中国人民大学出版社，2006：152.
③ 杨保军. 新闻真实论[M]. 北京：中国人民大学出版社，2006：253.
④ 赵振宇. 进一步厘清虚假新闻概念的几个层次[J]. 新闻记者，2011（6）：62-65.

从新闻本源论的角度看，虚构出来的新闻事实必然是主观故意的产物，因此，虚构新闻事实者，不管是什么人或什么组织、团体，都具有自觉的造假意图，是自觉的说谎者、造假者（当然，这里不排除个别媒介素质、新闻素养极低的人，会把想象的、虚构的产物当作新闻事实）。①对事实进行虚构的人，不仅违背了新闻职业道德，更背离了新闻报道的根本原则。

从新闻报道意图上分，虚假新闻可以分为故意性虚假新闻和非故意性虚假新闻。前者是指报道者明知其为假而报道，后者是指报道者并不知道其为假而报道。②无论是出于何种报道意图，最后形成的结果是一样的，都给受众传递了虚假的信息。

从新闻传播的结果上看，不管是由什么动机造成的虚假新闻，首先都是虚假新闻，都是对社会和新闻收受者的蒙蔽或欺骗。不能因为动机的差异而改变虚假新闻的性质和结果，当然也不能因为动机的非故意性而不承担虚假新闻引发的后果。③例如，一些个体为了哗众取宠，将自己所闻所得进行修辞夸大，虽然这样的事实是被其虚构出来的，但满足了人们的猎奇心理，具备很高的"新闻价值"，尽管大部分真相也能在传播过程中浮出水面，但长此以往，损伤的还是新闻机构的权威性。

失实新闻是指具有新闻事实根据，但却没有全面、正确、恰当报道新闻事实而形成的新闻。④如果说虚假新闻是其没有做到事实层面的真实，那么失实新闻则是因为对事实的操作不当而使得新闻并不符合真实的情况，虽然它的素材是真实的，但它所呈现出来的结果会带给人误导。因此，失实新闻不是完全意义上的虚假新闻，和虚假新闻有着性质和程度上的差异。虚假新闻的动机和影响都是恶劣的，而失实新闻则主要体现在操作层面的不合适。失实新闻一些时候不是报道者的主观恶意造成的，而是其对问题认识不全面，在报道中忽视了一些关键的事实部分，因此在结果的呈现上损伤了新闻真实的完整性，它带给人们的只是关于事实的一个片段，并不是全局，给人以误导，让人认为全局便是这样的。

失实新闻主要违背了新闻真实性原则在操作层面的第二层次，即总体真实。失实新闻往往会和宣传结合在一起，比如为了营造出某种形象，选择某些素材，在对素材的描述上避重就轻，从而塑造出传播者想要让受众形成的印象。失实新闻根据失实程度，可以分为一般性失实新闻和严重性失实新闻，或者分为部分失实新闻和整体失实新闻，而根据失实新闻报道者的动机又可以把失实新闻分为故意失实新闻和非故意失实新闻。⑤失实新闻还会以多种面目出现，迷惑人心。总体而言，失实新闻有以下几种类型。

（1）意愿先行型。这种类型的失实新闻是完全根据报道者的主观意图来进行报道的。报道者在写作这样的新闻时，不是根据事实来写作，而是根据写作需要来选择事实，通过对事实的选择来服务和佐证自己的观点，以达到某种意图。一般的新闻报道都要求报道者在充分了解事实以后，通过对各方观点的呈现而实现平衡，在平衡中呈现事件以及事件中的人物。一些失实新闻会选择某些事实点加以浓墨重彩地描绘，而对某些很关键的点避而

---

① 杨保军. 新闻真实论[M]. 北京：中国人民大学出版社，2006：253.
② 牛静. 新闻传播伦理与法规：理论及案例评析[M]. 上海：复旦大学出版社，2015：24.
③ 杨保军. 新闻真实论[M]. 北京：中国人民大学出版社，2006：254.
④ 杨保军. 新闻真实论[M]. 北京：中国人民大学出版社，2006：256.
⑤ 牛静. 新闻传播伦理与法规：理论及案例评析[M]. 上海：复旦大学出版社，2015：25.

不谈，虽然全程都没有传递虚假的信息，但和真正的事实也相去甚远。这类新闻让新闻该有的客观、公正被损伤，其独立性更是沦陷在与利益的纠缠中。

（2）"合理想象"型。在此类"新闻"中，基本新闻事实和新闻中应该包含的 5W 要素属实，但有些细节问题由于时间关系或者其他方面的条件限制，报道者无法掌握到足够的原始素材和一手资料，于是就想通过所谓的"合理想象"来加以补足，认为这无非是细节问题，无关大局，不会影响新闻的真实性。[①]

（3）"借人之口"型。这类新闻是报道者常常把采访对象的一句话当成重点加以突出，从而引导受众形成"这就是现存事实"的印象。这种新闻时常会在娱乐新闻中出现，如记者想要表达某两位明星不和，有时就会在采访中截取采访者的某句话并进行大肆宣扬，将某句话截取出来作为标题。很多时候，采访者的发言是要联系语境的，脱离语境其本意就可能全然被歪曲，但这是报道者想要达到的效果。

（4）暗示诱导型。这类新闻是报道者往往不便直接在报道中明示自己的观点，而是通过别的方式绕着圈地表明自己的观点，看似报道者没有在文中表达自己的倾向，但读者在读过之后却完全可以体察到作者心意。例如，某记者对两位同时参加某活动的明星进行报道，其中一位因为耍大牌、不守时等问题而引得非议，记者不好明说，便在报纸头版发文对另一位明星进行大肆颂扬，而颂扬的内容全是另一位明星的不足之处。读者在关注这个活动时，自然会引发多番猜测。

（5）数据非代表型。数据在新闻报道中往往是无可替代的佐证材料，因为它代表着客观、公正，因此报道者往往喜欢用数据来佐证自己的观点，然而并非所有的数据都是科学的和权威的。一些商业机构出于利益也会做出一些报告，其数据虽然是真实的，但数据的得出过程很多时候却是有待商榷的，因此这样的数据就无法被用到报道中，因为它并不具备权威性，也无法代表事实。

从某种程度上来看，虚假新闻和失实新闻都算是虚假信息，但在真实的传播领域，失实新闻的数量远远多于虚假新闻。这也是因为，失实新闻相较虚假新闻而言，有着更好的隐蔽性。虚假新闻主要是事实层面的错误，很容易被识破，也很容易辨认，尤其是在人工智能技术与传媒业深度融合的现如今。相比之下，失实新闻在操作上就更加"高明"，它所言都是真的，事实细节也经得起核对，但却因为恶意或无意操作而有失偏颇，导致所反映出的事实只是传播者想让受众记得的那部分，并不是最真实的现实世界。对于专业的传媒工作者而言，对二者都应尽量避免，因为无论是虚假新闻还是失实新闻最终都将破坏健康的传媒生态。

二、虚假新闻的表现形式

虚假新闻的形式多样，既有不同层面的表达形式，又可以根据具体的表现形式来划分。

杨保军从新闻传播的不同层面对虚假新闻的表现形式做出了分析，主要分为以下三层。

（1）宏观层面的表现。宏观层面的表现指的是一个国家的新闻传播，在一定的历史时空范围内，对这个国家的报道在整体上是虚假的，至少是大面积失实的，也就是说在一

[①] 郝雨，郑涵. 新闻理论问题十讲[M]. 上海：上海大学出版社，2015：155.

定的历史时期，一个国家的新闻传媒在整体上没有反映出国家本来的、基本的、主导的面目。① 宏观层面虚假报道中的新闻已经不再是新闻了，而是迎合着意识形态的宣传，更像是一种宣传工具。它也不是以反映世界最新的变动为己任，而是一切报道都是为了配合需要。在这样的大环境下，虚假新闻并不是某几篇新闻是虚假的，它是顶层设计下的异化，因此也不是某位记者或是编辑就能够纠正过来的。这类新闻的性质已经完全走偏了，报道完全沦为政治宣传工具。

（2）中观层面的表现。中观层面的表现是指个体新闻媒体新闻报道造成的整体性虚假，表现为两种可能：一是个体对自己设定的目标报道领域的报道在一定时期内整体上是失实的；二是个体媒体所有新闻报道在一定时期内整体上是失实的。② 中观层面的虚假新闻主要与媒介机构或个人为自己制定的报道目标有关。每家媒介机构都会有自己的品牌调性和主要报道领域，如有的定位为民生报，有的定位是财经媒体，还有的则主要报道时政，更多的则是社会领域的报道。根据报道领域的不同，各家的媒介机构都会有自己的报道风格和倾向，如时政类的比较正经严肃，民生类的则相对自由和活泼。这些风格也会形成媒介机构内部的职业习惯，并进而形成"潜规则"，指导着个体记者的工作。然而，有的时候媒介机构也会由于定位不准或是为了追求特定的利益而影响整体的报道。例如，19世纪末美国两位著名的办报人约瑟夫·普利策和威廉·伦道夫·赫斯特由于竞争而引发的"黄色新闻"浪潮，该时期的报道注重以渲染、夸张的手段报道暴力、色情、战争、天灾人祸等耸人听闻的消息，一切都为了吸引读者的眼球，从而扩大销量。在这种思路的指导下，新闻本身具备的公共属性荡然无存。这类新闻也不再是通过报道客观事实、满足人们的信息需求为己任，因而也造成了整体失实。

（3）微观层面的表现。宏观层面和中观层面的虚假新闻受到制度、机构等影响较深，除非是指导方针的改变，否则难以纠正过来。相较而言，微观层面的虚假新闻则主要是由新闻的操作者个体造成的，也是我们日常经常会看到的现象。另外，微观层面的虚假新闻虽然是日常新闻实践中难以避免的，但却是最容易更正的。因为微观层面的虚假新闻主要出自于报道者个体、审核者或环节，是有具体的责任人指向的。当然，虽然微观层面的虚假新闻主要是由个体造成的，但往往也会受到来自媒介机构的压力，比如各家媒体都要求在最短的时间内发出头条新闻，这对报道者自身有着非常高的要求，一些报道者就会为了抢时间而在事实核查上有所忽视，最终形成虚假新闻。因此，虽然微观层面的虚假新闻现象是个体造成的，但其中也有来自中观层面的压力，要改善这样的现象，还是要从制度体系上来考虑问题。

虚假新闻从成因上来看，不仅有来自不同层次的压力，其随着媒介技术的进步，也呈现出多种多样的表现形式。郑保卫在《新闻理论教程》一书中将虚假新闻的表现形式主要分成10种：政治需要，公开造假；于己不利，隐匿真情；宣传典型，任意拔高；屈从压力，昧心写稿；唯利是图，编造新闻；粗枝大叶，调查不实；道听途说，捕风捉影；知识贫乏，不懂装懂；合理想象，添枝加叶；偷梁换柱，移花接木。③

---

① 杨保军. 新闻真实论[M]. 北京：中国人民大学出版社，2006：259.
② 杨保军. 新闻真实论[M]. 北京：中国人民大学出版社，2006：259.
③ 郑保卫. 新闻理论教程[M]. 北京：北京师范大学出版社，2012：141-142.

综上所述,虚假新闻主要表现出以下几个特点。

1. 捕风捉影

很多新闻从业人员在缺乏选题时,会通过各种渠道搜索新闻来源,而很多来源是极其不靠谱的,媒介从业者对该类新闻未经核实便擅自发布,是极其不负责任的一种表现。这种现象在娱乐新闻中常常会出现,明星作为公众人物,其私生活常常被大众所关注,网络平台也到处充斥着所谓"知情人士""同学""同事"的爆料,一些媒介从业人员便将这些不知真假的信息直接搬运并发布,很多时候,还会在事件之前添加"疑似"等词汇,这样既博得了大众眼球,同时又避免了相应的法律责任。

2. 事实变形

新媒体技术的发展为事实提供了丰富的传播渠道,但同样也很容易造成事实歪曲。同时,由于高昂的事实核查成本,很多人在转发消息后都会添加想当然的意见,甚至还有相当一部分创作力旺盛的人会就着一点点事实物料开始生产小说,在事实逐渐被丰满以后,它本身的信息含量已经不那么为人注意了,人们只能看到有模有样的部分,甚至有的细节描写十分逼真,仿佛是描述者亲身经历一样。事实在不断地传播中也被添油加醋,到最后歪曲了本来的面貌。

3. 标题党

新媒体时代,受众的注意力是非常昂贵的资源,也因此成为各大媒介机构和平台抢夺的热点。一些媒介从业者为了吸引受众的注意力,将爆点以渲染夸张的方式体现在标题中,很多时候标题甚至与内容截然不同。更甚的是,为了骗取读者点击量,他们完全不顾文章的内容,夸大其词,严重误导读者。

4. 凭空捏造

新媒体时代,人们接收信息的方式变得更为多元,每天会接触到海量的信息,这也就使得人们越来越难以被普通的信息满足。因此,一些平台为了吸引用户量,便罔顾事实,凭空捏造,无中生有,很多时候还会以丰满的细节来提高事件的"真实度"。

第三节 新媒体虚假信息的法律规制及治理

虚假新闻的治理从来都不是某一单方主体可以完成的,它需要整个传播生态的参与者包括外部的监管部门共同发挥作用,本节从外部监管以及内部自律等层面针对新媒体环境下的虚假信息治理问题提出意见和建议,由此也可看出风清气正的网络空间需要多方主体的共同维护。

一、健全法律法规

新媒体时代,人们在很大程度上通过网络信息了解真实世界,这些信息形成人们对这个世界的认知。虚假信息以虚构的方式构筑了一个虚假的世界,不仅损伤了新闻的真实性原则,更误导了人们对于这个世界的理解,危害极大,更严重的甚至会影响社会稳定。

因此，政府应发布详尽的规定条文对相应的问题做出解释和规定，以适应最新的时代特点，最大限度地保证人民的权益。建立专门的新闻法规不仅是对新闻从业人员的合法行动给予支持，更可以通过惩处不法行为对行业进行规制，以更好地构建新闻传播业的生态。

除了建立专门的新闻法，政府还应该积极推动相应法律法规的执行和落实。我国现行法律其实有针对虚假新闻的部分，但都未能得到有效的落实。例如，新闻出版署 2011 年公布的《关于严防虚假新闻报道的若干规定》，对于治理虚假新闻做出了较翔实的规定，其中规定：新闻记者开展新闻采访活动必须遵守国家法律法规，严禁编发虚假新闻和失实报道；新闻机构要建立健全内部防范虚假新闻的管理制度；新闻机构要建立健全虚假失实报道的纠错和更正制度，完善虚假失实报道的责任追究制度；新闻出版行政部门要加强行政监督，严肃查处损害国家利益和公共利益的虚假失实报道；同时也规定了新闻机构及其新闻记者如果报道虚假新闻应当受到的惩罚。

对新闻机构而言，新闻机构有下列行为之一的，由省级以上新闻出版行政部门依据《出版管理条例》《新闻记者证管理办法》等法规规章给予处罚，情节严重的依法给予停业整顿或者吊销出版许可证的处罚：刊播虚假新闻损害国家利益、公共利益或者发表失实报道造成恶劣社会影响的；未按本规定建立健全并实施各项新闻采编管理制度的；拒绝对已确认的虚假新闻报道发表道歉、更正的；未尽到管理职责，致使本新闻机构从业人员违反有关法律规定，被新闻出版行政部门给予行政处罚的或者被司法机关追究刑事责任的。

对新闻记者而言，新闻记者编发虚假新闻损害国家利益、公共利益的或者发表失实报道造成恶劣社会影响等问题的，由新闻出版行政部门依据《出版管理条例》《新闻记者证管理办法》等法规规章给予警告；情节严重的，依法吊销其新闻记者证，并列入不良从业行为记录，5 年内不得从事新闻采编工作；构成犯罪的，依法追究刑事责任，终身不得从事新闻采编工作。

二、加强行业自律

虚假新闻的产生原因是多种多样的，如市场环境、媒介运作、从业人员自身素质等，但归根结底很多时候虚假新闻主要还是内部矛盾造成的。因此，要防治虚假新闻，媒介机构必须加强行业自律，具体可以从以下几个方面做起。

（一）明确行业规范与准则

各行各业都有自身的行为规范与准则，新闻业也不例外。为了维护新闻业的正常秩序，促进新闻业健康良好发展，世界各国新闻界都根据本国特点形成了相应的规范。美国是世界上较早制定新闻道德规范的国家。美国著名报人华特·威廉斯 1908 年出任美国密苏里大学新闻学院首任院长后，主持制定了《记者守则》（后称《报人守则》），其中规定，"新闻记者只需写出心目中认为真实的事物"，"广告、新闻与评论均应为读者的最高利益服务。因此，一种有益的求真求实的观念高于一切，是唯一的标准"，这个守则被译为五十多种语言，成为许多国家新闻他律与自律的重要参考。

英国全国记者联合会制定的《英国记者道德自律守则》强调，"要努力做到公正地、准确地传播信息，避免将评论和猜测表达为既成事实，避免扭曲报道、有选择性地报道或不实报道等造假现象""记者要快速纠正影响恶劣的失实报道，做到纠正和道歉同等显眼，当问题严重到一定程度时要给予被批评者反驳的权利""记者不能因为广告或其他诱因参与扭曲报道或失实报道"。

德国新闻出版委员会 1973 年制定、1992 年修订的《新闻界规范》指出，"尊重真理、向公众做真实的报道是新闻界的最高准则"。俄罗斯新闻记者联合会 1994 年 6 月 23 日通过的《俄罗斯记者道德自律守则》规定，"记者只传播和评论他认为是可靠的、来源确切的信息。记者要尽可能地避免因工作疏忽或不准确给人造成损害，不能故意隐瞒社会重大新闻或传播虚假新闻"。"在任何情况下，记者应视恶意歪曲事实、诽谤、有偿传播假信息或隐瞒真信息为严重职业犯罪"。

《中国新闻工作者职业道德准则》也重点阐述了新闻真实性原则，新闻从业人员要把真实作为新闻的生命，努力到一线、到现场采访核实，坚持深入调查研究，报道做到真实、准确、全面、客观，并对新闻从业人员做出如下要求：① 通过合法途径和方式获取新闻素材，认真核实新闻信息来源，确保新闻要素及情节准确；② 根据事实来描述事实，不夸大、不缩小、不歪曲事实，不摆布采访报道对象，禁止虚构或制造新闻，刊播新闻报道要署记者的真名；③ 摘转其他媒体的报道要把好事实关、导向关，不刊播违背科学精神、伦理道德、生活常识的内容；④ 刊播了失实报道要勇于承担责任，及时更正致歉，消除不良影响；⑤ 坚持网上网下"一个标准、一把尺子、一条底线"，统一导向要求、管理要求。

（二）加强行业内部互相监督

新闻行业进行内部监督是防治虚假新闻的一个有效手段。正如《一个自由而负责的新闻界》中所言："只要新闻单位造成的错误、欺诈和罪行在其他业内人士的沉默中得不到追究，其职业标准就不太可能形成……如果新闻界是可问责的——如果它想保持自由就必须如此，那么其成员就必须以它们可用的唯一手段，即公共批评，来互相约束。"[①]

新闻业内部进行彼此监督相较于外部监督而言能取得更大的成效，基于以下几点原因：首先，新闻同行对彼此的新闻生产环节更为了解，也更加知道在哪些地方容易出问题；其次，同行作为内行人士，更能识破报道上的避重就轻和伪装策略；最后，同行对作品质量有着最为专业的感知，因此对于提高同行的作品质量而言也是大有裨益的。现如今新闻业屡次出现虚假新闻的现象，既是因为整个行业尚未形成对真实性原则维护的默契，也是因为彼此之间因为竞争投机取巧反倒弄巧成拙。因此，以内部监督推动良好风气的建立，加强彼此之间的平等监督，也会提升新闻传播的职业水准。

（三）新闻从业者进行自我约束

虽然虚假新闻的产生有很多外部原因，但归根结底还是要落到新闻从业者个体身上。很多新闻从业者职业修养不高，缺乏业务能力，造成其在工作中出现或有意或无意的失误，导致虚假新闻的产生。因此，新闻从业者既要从道德上进行自我约束，培育自身对于行业、对于社会的正确认知，同时还应该提高业务能力，真实、客观地反映现实世界，做好党和人民的传声筒。

---

① 新闻自由委员会. 一个自由而负责的新闻界[M]. 展江, 等, 译. 北京: 中国人民大学出版社, 2004: 57.

就道德层面而言，新闻从业者首先要坚守作为人的道德，即真诚，不弄虚作假；其次是践行新闻专业主义，维护新闻真实性，时刻为报道真实世界而努力，坚守新闻职业道德，做好自我约束，也就是"自律"。新闻自律最基本的含义是指新闻传播活动主体（主要是作为职业人的新闻传播者）用一定准则或规范约束自我新闻传播活动的行为。新闻自律的规范由两部分组成：一是一般的社会道德规范（所谓公共道德），这是生活在一定社会中的任何一个人在从事社会性或公共性活动时都应该遵守的规范，他或她都应该以这样的规范约束自己的言行；二是新闻职业特有的职业道德规范，这是真正用来规范一个新闻职业者的规范，也是一个新闻职业者用来自律的"工具"。[1]

从业务层面上来看，新闻从业者应当掌握全面、系统的关于新闻业的知识，不断锻炼自身相应的能力，努力做好各个环节的工作，为受众传递最为真实、客观的世界。具体而言，新闻从业人员需要做好以下几个方面的工作。

（1）事实核查。对事实进行调查核实是新闻从业人员不可推卸的责任，新闻从业者有责任，也有义务对客观世界进行调查，将事实真相诉诸公众。新闻工作者在对事实进行调查时，要坚持"三贴近"原则，即贴近实际、贴近生活、贴近群众，通过实地勘察和多方走访以获得第一手资料。新媒体时代，人与人有了更加方便的沟通交流方式，然而越是在这种时刻，新闻从业者越是要回到最初的"跑"新闻的活动中，重点就是"跑"，新闻永远不是从别人嘴巴里问出来的，更何况从别人口中得到的信息往往已经进行了有意识或无意识的选择和修饰。因此，在新媒体时代，新闻从业者对事实信息进行亲身核查就显得尤为重要，这也是机器人记者出现以后人类记者的极大优势。信息得到成本越是低廉的时代，对事实的亲身核查就显得更加珍贵。

（2）坚持辩证的态度。新闻报道要立足于客观实际，要把事实作为新闻的本源和依据，要辩证地、全面地反映和报道事物，要防止新闻工作中的片面现象。[2] 很多时候，虚假新闻的形成正是因为媒介从业者未能全面反映现实世界，只体现出现实世界的某一个方面，因此人们了解到的也只是事物的单面，这样就无法反映出总体事实。因此，在对真实性、客观性、公正性有着如此高要求的新闻业，从业人员更要时刻坚持辩证唯物主义立场，全面考虑问题，多维度呈现现实世界。

（3）接受批评与自我批评。接受批评，意味着新闻从业者要保持谦虚的态度，敢于面对来自外界或内部的质疑。时常进行批评与自我批评是一位优秀的新闻从业人员必不可少的习惯，而能否接受批评则是新闻从业人员业务能力得到提高的标准之一。尤其是在新媒体时代，很多时候新闻从业人员因为浮躁、不能沉下心来屡屡失误，长此以往消耗的是受众对媒介的信任。因此，越是处在这样快节奏的时代，新闻从业人员越要时刻保持清醒的头脑，并不断开展批评与自我批评，总结经验教训与不足，以期在未来的实践能够得到真正的提高。

（四）受众提高媒介素养

新媒体信息环境与现实环境一样复杂，虚假信息甚至披上了真实信息的外衣，这无疑

---

[1] 杨保军. 新闻真实论[M]. 北京：中国人民大学出版社，2006：311-312.
[2] 郑保卫. 新闻理论教程[M]. 北京：北京师范大学出版社，2012：147.

增加了辨别虚假信息的难度,并且仅寄希望于媒体坚守专业精神来营造健康的信息生态并不现实。在此情况下,受众有必要提高自身的媒介素养,新媒体赋予了受众表达权等一系列权力,但更重要的是受众要有运用好这些权力的能力。正如比尔·科瓦奇和汤姆·洛森斯蒂尔在《真相》中所言:"我们身处用户主导媒体的时代,受众掌握着前所未有的控制权,这意味着公民自身必须拥有发现正确方向的能力。"[①]在《真相》一书中,作者提出了"怀疑性认知心理"这一方法,并总结出了怀疑性认知的六条原则,对于提升用户的信息消费能力,辨别新媒体环境中的虚假信息十分有帮助,以下为这六条原则的内容。

(1)判断信息类型。首先要分辨看到或听到的是什么类型的信息,新闻、宣传或是广告、公关类信息。

(2)判断信息的完整性,若不完整,又缺少哪些部分。建议受众从"5W"和"1H"入手,虽然听上去很基本,但是能迅速帮助受众获知所接收的信息是否完整。

(3)判断信源从何而来。我们必须问:"这些信源是谁?为什么我们应该相信他们?"对信源的了解越具体越好。信源的名字可能是判断信源价值最微不足道的一个元素,考虑信源是否权威、是否掌握核心信息更重要。

(4)判断信息提供了何种证据,这些证据又是如何被核实的。如今的信息生产与传播进入了"秀我"时代,评估证据的责任开始落到受众身上。正如作者所说:"我们辨别信息提供者是否可靠的方法是寻找并理解证据。"

(5)判断证据何在。我们应当了解一家新闻媒体是如何处理证据的,判断其是否进行了开放式调查,是否遵循了严格的核查流程等。

(6)判断信息的重要性。新媒体时代是信息最多的时代,也是信息最少的时代。面对大量的信息,受众应判断哪些信息对自己而言是最重要的,哪些信息是最有必要花时间辨别其真伪性的。

除了信息消费素养的提升,作为"信息产消者",受众也应当重视自身发布信息时应承担的主体责任。新媒体环境中,流量所到之处,金钱必将追随。此种情况下,用户更加应该负责任地发布信息,不可为了"出风头"肆意发布虚假内容,破坏网络传播生态。我们应明白,靠博眼球赚取流量的挣快钱之路最终都将回归新闻专业主义的正轨。

(五)提高技术治理能力

在传媒发展的历程中,我们应当明确技术是一种底层的逻辑。因此,从底层出发,提高技术水平对于打击虚假新闻大有裨益,区块链技术便是一个有益的尝试。

区块链的概念由中本聪在《比特币白皮书》中提出,可以将其理解为一种分布式记账技术,它并非是把数据统一存放于某个中心,而是分散在全球互联网的各个节点,并通过加密技术保证数据的安全性,具有去中心化、不可篡改性、可追溯性等特点。区块链技术的这些特点意味着信息发布者在发布信息时需要更加小心谨慎,如若不负责任地发布了虚假信息,凭借区块链的追溯机制能够追根溯源,找到信息发布的源头,并且信息一经发布便不再允许更改。

[①] 科瓦奇,罗森斯蒂尔. 真相[M]. 陆佳怡,孙志刚,译. 北京:中国人民大学出版社,2014.

此外，区块链技术超强的记录功能对于打击虚假新闻也十分有帮助。新媒体环境下，许多虚假新闻的产生是源于事实信息碎片化，发布者在未知事件全貌时抢先做出断言，区块链技术强大的记录和收集功能能快速将散落在各个节点的碎片化信息收集起来并进行整合，为用户提供全面的信息环境，从而减少虚假新闻的产生。

实际上，不仅是区块链技术，随着5G技术的发展，信息把关技术也必将得到很大的提升，人机共同参与信息的把关与核查将成为未来的发展趋势，这既保证准确性和效率，又不失人文关怀。作为一种底层逻辑，新闻传媒机构应保持最基本的技术敏感，善用技术为搭建健康的传播生态服务。

第四节　新媒体虚假信息的案例分析

本节选取了《新闻记者》杂志评选出来的2019年度九个虚假新闻，该课题组在遴选这一年度的典型案例时发现，能够进入视野的案例不仅数量相当少，而且在典型性方面也十分有限。一方面，可以看到近年来持续的虚假新闻专项治理工作确实产生了一定的效果；而另一方面，虚假新闻的"衰落"似乎也是专业新闻业在当下新的媒介环境中日趋式微的一种表现。

案例 9-1

辟谣"易会满或任证监会主席"

【刊播时间】2019年1月24日

【"新闻"】2019年1月24日凌晨，"每经网"发文称有知情人士透露，中国工商银行董事长易会满21日通过考察，将有新的职务变动。1月24日上午，新浪等网站发布《金融理财》杂志记者采写的文章称，有权威人士透露，中国工商银行董事长易会满即将接棒刘士余担任证监会主席。这两则信息引发了大量自媒体的传播与讨论。

1月24日晚，《证券日报》官网刊发《证监会人事变动消息不实》一文，将此前的报道都归为自媒体发布的"虚假消息"，并义正言辞地评论道："自媒体不是法外之地，对于不负责任的虚假消息的传播，应当依法依规处理。"

1月26日，新华社发布快讯《中国证监会主要领导调整》称，中共中央决定，任命易会满同志为中国证监会党委书记、中国证监会主席。

【真相】2月18日，证券日报社发布相关通报称，《证监会人事变动消息不实》一文为《证券日报》副总编辑董少鹏以"冀远"名义撰写，未经充分采访，也未经请示和审核，而是安排自己分管的新媒体中心予以刊发。新媒体中心主任亦未执行"副总编的稿件要经过总编审查"的规定。报社给予董少鹏"停职反省、做出深刻检查和罚款5000元"的处理，新媒体中心主任白宝玉则被处以"做出深刻检查、罚款3000元"的处理决定。

【分析】在对时效的追求空前狂热的今日，专业媒体对未经证实的人事调整流言进行辟谣是正本清源、重拾威信的举措。在生产环节,《证券日报》显然没有对信源进行多方核实,也没有经过充分的调查采访。在新闻发布的环节,他们违反了组织内部的把关审核流程,即便对媒体同行的新闻抱有质疑也应该遵守规范的新闻采编流程,意欲辟谣的《证券日报》反倒陷入了因"造谣"而被迫自我通报的窘境,客观上损害了专业媒体的公信力。

案例 9-2

部分字词改读音

【刊播时间】2019 年 2 月 18 日

【"新闻"】2 月 18 日,有微信公众号推送《注意!这些字词的拼音被改了!》一文,随即刷屏微信朋友圈,浏览量很快达到"10 万+"。此文列举了一大串读音改变的例子,比如"一骑红尘妃子笑"中的"骑(jì)"现读"qí";"远上寒山石径斜"中的"斜(xiá)"现读"xié";"粳米"的"粳(jīng)"现读"gěng"。"部分字词改拼音"的消息引发网友热议,一度登上新浪微博热搜榜单,转发者中不乏"中央人民广播电台"这样的官方媒体的微博。

【真相】2 月 19 日,澎湃新闻采访了教育部语言文字应用所王晖教授,他表示微信文章中提到的个别字词拼音的变化已经在教材和《现代汉语词典》中体现,如"一骑红尘妃子笑"中的"骑"。文章中涉及的其他字词读音的变化,大部分来源于 2016 年国家语委公布的《〈普通话异读词审音表(修订稿)〉征求意见稿》。《咬文嚼字》的主编黄安靖则表示,今后正式发布的《审音表》应该和《征求意见稿》不完全一样。

同日,教育部有关部门的回应称,修改后的审音表尚未通过审议,目前还应以原读音为准。

【分析】这则"新闻"本身并非蓄意捏造,汉字读音修订也确有其事,"原创者"只是未对能对新闻本身的发布时间、尚在征求意见中等细节进行更详尽的解释与限定,而这本来也并非自媒体的职责,这个自媒体充其量是为了吸引眼球而发布了一则尚未通过审议的意见稿。而对于以中央人民广播电台为代表的专业媒体,则应该恪守专业的新闻采编规范,但他们不仅未能尽到核查责任,反而允许自媒体上炒冷饭的"旧闻"借助专业媒体的公信力变身为"新闻"。自媒体与专业媒体都急于通过此类议题提升自己账号的活跃性,恰恰忘记了对事实的求证永远是新闻工作的根本原则。

案例 9-3

中美贸易战停火

【刊播时间】2019 年 5 月 20 日

【"新闻"】5 月 20 日,包括今日头条、UC 浏览器、搜狐新闻、凤凰新闻、网易新闻在内的多家新闻门户网站和新闻聚合平台都以"新华社最新消息"的名义,向用户推送了《中美贸易战停火！止战！》的消息。

【真相】5月20日上午9时49分，新华社通过其法人微博"新华视点"发布声明，称《中美贸易战停火！止战！》一文系2018年的旧闻，对盗用新华社名义发布虚假新闻的行为予以谴责，并保留依法追究其责任的权利。

【分析】"旧闻"时过境迁后变身为新闻，是虚假新闻的一个新变种。在中美贸易战的敏感时期，一家网站发出假新闻，其余网站纷纷跟进，暴露出整个行业内部的把关机制存在问题。网易、搜狐、今日头条等商业媒体缺乏新闻媒体的身份认同和公共责任的价值担当，在实践中的表现就是把关审核机制的不健全，一味追求速度和点击量。毫无疑问，作为具有互联网新闻信息服务资质的网络媒体，无论从其公共服务精神还是商业利益角度出发，都应该严格遵守新闻审核程序，切实防范假新闻的产生。

案例9-4

水氢发动机在南阳下线

【刊播时间】2019年5月22日

【"新闻"】5月22日，南阳报业传媒微博发布《水氢发动机在南阳下线，市委书记点赞！》称："水氢发动机在我市正式下线啦，这意味着车载水可以实时制取氢气，车辆只需加水即可行驶。5月22日上午，市委书记张文深到氢能源汽车项目现场办公时，为氢能源汽车项目取得的最新成果点赞。市委副书记、市长霍好胜参加现场办公。"当晚到次日，南阳新闻联播、《南阳日报》等媒体上均出现了这篇文章。报道一出，舆论哗然，网友纷纷质疑：车辆只需加水就能跑，听起来像"永动机"。5月24日，南阳市工信局就此事回应《新京报》的《紧急呼叫》视频栏目称，水氢发动机尚未认证验收，该报道中用词不当，信息发得也不太准。同日，南阳市工信局相关负责人接受澎湃新闻采访时解释道："所谓下线，是指从生产线下来试跑，并未通过验收。并不能说《南阳日报》的报道不准确，是理解不太一样，并非说加水就能跑，是需要加水后经过一些反应才能跑。目前，官方已经要求涉事企业初步做出说明。"

【真相】5月24日，澎湃新闻采访多位行业专家都表示质疑，认为水氢发动机"违反了基本上所有的科学原理"。5月26日，水氢发动机的关键制氢技术专利发明人、湖北工业大学教授董仕节接受央视财经记者采访时说：《南阳日报》的报道存在误导作用，试验车不是只加水就能反应，还加了铝合金，青年汽车集团的负责人没有如实介绍原理。董还告诉记者，目前在这方面的研究中，他们已经获得了十多项专利，其中有两项专利授权给了青年汽车集团，但目前距离大规模的技术应用还有一定距离。同日，南阳高新区管委会对南阳高新区与青年汽车项目合作相关情况进行了说明，解释了关于"车载水解即时制氢能源汽车"技术情况，说明称：今年5月22日，青年汽车在南阳研发基地试制了第一台样车，定型量产还需要进一步改进完善。社会各界关注的40亿元投资南阳氢能源汽车产业园项目尚未立项、没有实质性启动，下一步，将继续本着积极审慎的态度，对该项目做进一步可行性研究，严控风险，确保在资金投入方面不出问题。

【分析】事件发生后，《科技日报》发表评论指出："如果记者在采写这一报道时能更尊重常识和科学，稍微分辨下'车辆只需加水就可行驶'的可能性，探究下青年汽车集团所说的神秘催化剂到底是什么，与水发生反应的究竟是什么物质，更加客观、科学地探究相关技术的本质和特点，或许就可避免发布出如此夸大其词、耸人听闻的报道。"

孙小果等9人恶势力犯罪集团被逮捕

【刊播时间】2019年5月27日

【"新闻"】5月27日，包括央视网、北京头条、《中国妇女报》、新浪新闻、网易新闻在内的数十家媒体几乎在同一时间推送或发布了"孙小果等9人恶势力犯罪集团被逮捕"的消息。这些报道称，2019年4月，中央扫黑除恶第20督导组进驻云南省期间，昆明市打掉了孙小果等一批涉恶犯罪团伙。相关报道还称，全国扫黑办已将云南昆明孙小果涉恶案列为重点案件，实行挂牌督办。

【真相】5月23日，人民检察院案件信息公开网上发布了一则"昆明市盘龙区检察院审查逮捕孙某某等9人涉恶案件"的消息。5月27日，新浪新闻、央视网、网易新闻、《中国妇女报》等媒体在转载或发布中，自行将标题中的"孙某某"改成"孙小果"。5月27日午间，昆明市盘龙区检察院进一步证实，称此前公示的孙某某不是孙小果，"同姓而已"。中新网、《北京青年报》、澎湃新闻等媒体的记者证实，该案件只是一起普通涉恶案件。5月27日下午，央视网微信公众号发布道歉声明，称在转载《孙小果等9人恶势力犯罪集团被逮捕！》的新闻时，未经仔细核实，造成信息失实。

【分析】该新闻发布时孙小果实际是轰动一时、媒体密切关注的另一案件的当事人。只因同姓，央视网、《中国妇女报》、新浪新闻、网易新闻等媒体就想当然地把孙某某"解密""破译"为孙小果。这同样是一起想抢一条大新闻、对新闻事实加入了自己的想象的案例，再次暴露了媒体从业人员薄弱的职业意识和职业能力，以及内部把关审核机制存在的缺陷。网络新闻的可更改性虽然降低了媒体的犯错成本，但集体密集发布却容易引起假新闻的进一步曝光。值得注意的是，多家专业媒体加入了此次集体发布假新闻的行列，事后只有央视网一家媒体就此道歉，其余媒体都默不作声。犯错成本如此之低，甚至连一个轻微的道歉也无须做出，媒体无惧出错也就不足为奇了。

百度新闻发布章子欣父亲感言

【刊播时间】2019年7月13日

【"新闻"】7月4日，杭州9岁女童章子欣被租客带走，7月7日失去联络，次日家人报警。7月8日，两租客在宁波投湖自杀。经媒体报道后，章子欣的安危牵动着社会各方的心。7月13日中午，中共象山县委官方微博发布权威消息称发现疑似失联女童章子欣遗体，当晚21点30分左右，当地警方正式通报遗体系失联女孩章子欣。7月13日，百度新闻用"章子欣父亲"账号以章子欣父亲口吻发布动态消息称："刚刚得知我的子欣已经离开了这个世界，去了天堂，这一辈子我们无缘继续做父女，希望下辈子她还是我的女儿，让我能够继续照顾她……"

【真相】百度新闻提到的章子欣父亲账号的真实性引发媒体和网友质疑。7月13日18:57，百度新闻表示"章子欣父亲"账号经过章子欣父亲授权确认，故媒体质疑的账号为假一事并不属实。21点30分，百度承认，发布章子欣去世的消息未经章子欣父亲确认。百度新闻声明做出删除动态、开除相关编辑、全面复查百度新闻管理机制等处理措施。

【分析】章子欣的安危引发全国关注的时刻，百度新闻帮助她的家人设立账号，如能帮助其发声，亦为善举一件。但百度索性取而代之，在联系不到受害人家属的情况下擅自使用其账号，"代表"家属发布消息，不仅违背了新闻的真实性原则，更赤裸裸地暴露了此举纯属为了吸引眼球、抢流量的商业主义目的。从搜索引擎到内容服务商，2019年百度受到的争议不断，在传媒伦理、企业责任方面，的确需要好好反思。另外，关于章子欣遇害的报道中，还有不少专业媒体把网友们对案情的猜测直接作为新闻来报道，有违职业伦理，也不符合新闻流程规范，同样是值得重视的问题。

 案例9-7

中国建筑师巴黎圣母院重建方案夺冠

【刊播时间】2019年8月7日

【"新闻"】4月15日，法国著名建筑巴黎圣母院被大火烧毁，标志性的尖顶被烧断、坍塌、倒下，中世纪的木结构屋顶被完全摧毁。起火次日，法国总统马克龙表示，希望在5年内重建巴黎圣母院。法国政府宣布，将邀请来自世界各地的建筑师提交方案，以重建圣母大教堂的尖顶。8月6日，一段"中国建筑师巴黎圣母院重建方案夺冠"的视频开始在网上热传。视频显示，两名中国建筑师蔡泽宇、李思蓓设计的Paris Heart Beat（巴黎心跳）方案获巴黎圣母院屋顶建筑竞赛冠军，该方案从来自56个国家的226个方案中脱颖而出。次日，澎湃新闻、环球网、《中国日报》等媒体的官方微博纷纷报道了这一消息，声称巴黎圣母院屋顶建筑设计竞赛主办方Go Architect公布了比赛结果，中国建筑师提出的方案获得冠军。随后，这一消息被进一步解读为中国建筑师的方案将成为巴黎圣母院的重建方案。《环球时报》微信公众号以《中国设计师设计方案，赢得巴黎圣母院重建竞赛》为标题做了报道，报道中直到最后一小段才说明，此次赛事并无法国官方授权，设计落地的可能性非常小。

【真相】8月7日，《新京报》、紫牛新闻等媒体披露了进一步的消息。据称，此次引发热议的竞赛名叫"The People's Notre-Dame Cathedral Design Competition（人民的巴黎圣母院设计竞赛）"，由美国一家创意图书出版公司Go Architect单独发起，任何人都可参加，获奖作品将结集出版。Go Architect 对比赛的性质早已有所声明："本次比赛与法国政府的任何成员无关，本次比赛与天主教会或巴黎圣母院大教堂的任何管理机构无关。"事实上，获胜方案也不能变为现实，因为法国参议院批准政府的重建法案时附加了一项条款，即必须将圣母院恢复至大火前的原貌，其实已经变相终止了法国政府征集大教堂重建方案的国际性竞赛。

【分析】所谓中国建筑师的设计方案将成为巴黎圣母院重建方案的说法一时间成为网络热点，不过兴起得快，被澄清得也很快。该"新闻"之所以能引起部分媒体和网友的狂欢，恐怕在于"中国建筑师"与巴黎圣母院产生的关联给人一种油然而生的民族自豪感。主办方和获奖人都不会想到，这样一场赛事能在中国引起这么大的反响，其中媒体的"推波助澜"是激活这场"误读"很重要的原因。法国政府确实曾宣布举办征集重建方案的竞赛，但媒体最初的报道要么没有提及主办机构到底是何方神圣、比赛是什么性质，有意给读者造成错觉。

送避孕套晚了 8 分钟，徐州女子状告外卖小哥

【刊播时间】2019 年 9 月 23 日

【"新闻"】9 月 19 日，百度百家号"都市故事会"（目前已销号）发布一篇文章称，徐州一名女子通过网络渠道购买避孕套后，因为外卖小哥送货延误，导致其意外怀孕，该女子于是起诉了这名外卖小哥，索赔三万余元。此文随后经过西湖之声、《济南时报》《新晚报》等媒体二次加工发布，网易新闻、新浪新闻也先后转发。

【真相】9 月 24 日，江苏网警发布微博称，经过与相关部门的核实，近期并未发现类似诉讼案件，而新闻配图中的外卖小哥、徐州女子皆为网络图片。其中，外卖小哥的图片出现在 2018 年的多个新闻报道中，而女子的图片则来自于 2015 年发生在东莞的一个采访。

【分析】这则新闻中充斥着"避孕套""状告"及"外卖小哥"等夺人眼球的元素，新闻本身也散发着浓浓的"故事会"风格。原本只是"都市故事会"编造的一条奇闻，却在专业媒体与网络媒体的加工下摇身一变成为"新闻"，扩大了传播范围，走进了更多公众的视野。如今，只要几段文字配合几张图片，自媒体就可以炮制出一则以假乱真的"新闻"，此类新闻往往缺乏明确的信源、时间和地点，媒体其实只需稍加溯源、仔细核查就能避免其出笼。

荷兰改名为尼德兰

【刊播时间】2019 年 12 月 29 日

【"新闻"】12 月 29 日，环球网、《南方都市报》微信公众号等相继刊出报道称荷

兰要改国名了。环球网的消息来自《美国新闻与世界报道》（*U.S. News & World Report*），称其网站于12月27日刊发了文章《"尼德兰"不想让你再叫它"荷兰"》。文中称："自2020年1月起，'荷兰'这一名称将被停用。据报道，这是荷兰政府重塑国家形象计划的一部分，预计耗资22万美元（约合人民币154万元）。"文章还称："荷兰政府希望，在2020年奥运会及第65届欧洲歌唱大赛举行之前，可以通过'改名'进一步提升自己的国际形象。"自2020年1月起，荷兰国内公司、使馆、各个政府部门和大学，只使用其官方名称"尼德兰"（Netherlands）来指代该国。

【真相】12月30日，"一网荷兰"微信公众号刊文对上述信息进行了辟谣，所谓的"改名"只是荷兰外交部更换了一个荷兰的徽标。12月30日，荷兰旅游局的官方微博表示："我们的官方名称还叫'荷兰'哦！请叫我们'荷兰'Netherlands。"中国驻荷兰使馆也刊文指出，荷兰的正式国名叫荷兰王国，荷语为Koninkrijk der Nederlanden，英语为The Kingdom of the Netherlands，简称The Netherlands，而非Holland。但多年来，荷兰国家旅游会议促进局（NBTC）在对外宣传荷兰时一直采用郁金香图案和Holland字样组成的徽标。荷兰推出的新徽标采用含有郁金香造型的大写字母NL和Netherlands字样，以取代仅有Holland字样的旧徽标。

【分析】事实上，从12月18日开始，所谓"荷兰改名"的新闻就已经在一些自媒体上流传了。12月29日，环球网等专业媒体的报道使得这条假新闻获得了更为广泛的传播。虽然报道援引的是《美国新闻与世界报道》网站上的新闻，文中还插入了上述美国媒体发布新闻时的截图，不过，原文中只是说将停止使用"荷兰"一词作为该国昵称，并无"改名"一说。因此，改名新闻"对事实本身存在一定的误读，对公众也有误导之嫌"。全球化的今天，国际新闻传播愈加便捷，但是转载、编译过程中也容易出现各种失误，作为以国际报道为主的环球网，在这方面更应谨慎，绝不能抱着"抢个大新闻"的心态，疏于对真实性进行核实，误导公众。

---- **思 考 题** ----

1. 虚假新闻的内涵是什么？
2. 与传统媒体时代相比，虚假新闻在新媒体环境下有何表现特点？
3. 尝试说明虚假新闻的治理措施。

---- **实 践 任 务** ----

你还能举出哪些关于虚假新闻的案例？又是什么原因造成了这些虚假新闻的传播？

第十章

新媒体传播与国家安全及其治理

> **学习提示**
>
> 本章介绍了我国及英、美与新媒体传播相关的涉及国家安全的法律规制及治理，主要探讨泄密、煽动和信息主权三个方面的问题，并评析"棱镜门"案件。本章着重介绍新媒体传播给国家安全治理带来的挑战和解决问题的路径，通过分析"棱镜门"事件，探讨网络空间治理对保护国家安全的重要性，并介绍分析此类问题的一般思路。

在国家与社会层面，安全是人类生存发展的首要条件。21世纪以来，以互联网、数字技术、移动通信为代表的新媒体发展迅速。作为新的手段和工具，互联网平台承载了海量信息与庞大的新闻用户，对国家的政治稳定、社会经济、文化交流、人际关系等产生了深刻影响，成为影响国家安全的重要因素。伴随着新媒介技术的不断发展和创新，国家安全观也在不断变化。要想维护新媒体时代的国家安全，就需要厘清新媒体传播的表达自由、新闻自由与相关法律规制的关系。

第一节　新媒体传播与国家安全

新媒体这一概念首次被提出是在1967年，时任美国哥伦比亚广播电视网（CBS）技术研究所所长P. 高尔德马克（P. Goldmark）以"new media"代称一份"电子录像"，新媒体概念由此产生。[①] 从时间维度和技术属性上来说，关于新媒体的讨论多被放置在互联

[①] 廖祥忠. 何为新媒体？[J]. 现代传播（中国传媒大学学报），2008（5）：121-125.

网语境下，伴随信息技术的发展，新媒体可以指称手机媒体、智能终端、自媒体、智能媒体等不同的形态。因此，新媒体可以说是以互联网、移动互联网以及人工智能媒体等为形态特征的一种媒体发展新形态，仍属媒体范畴。1948年，拉斯韦尔（Lasswell）在论述"传播三功能"中将监测环境列为媒体的第一功能，媒体被类比为生物族群中发挥预警作用的"哨兵"，是独立于政治共同体外的特定角色。[1]与传统媒体一样，新媒体的重要功能之一是监测环境，即监测国家所处的政治、经济、社会环境，并在其中充当传递信息、思想、主张的角色。

新媒体传播在全球范围内的不断普及，给全球的政治经济、社会文化、信息交往均带来巨大改变，其所构筑的网络空间使人的生活方式、生产方式和思维方式都摆脱了层级体制的限制，加速了人类传统社会的解构和重构。其中，新媒体行使的"传播"职能存在滥用的危险，如传播了涉及国家机密的信息，或打破了信息传递的垄断导致了权力分散等，这不仅涉及新闻自由与国家安全之间的冲突平衡问题，还涉及国家对信息安全的控制能力及治理成本问题。

关于国家安全的定义，目前已知最早的概念由美国学者李普曼（Walter Lippmann）于1943年在《美国外交政策》中提出。[2]国家安全关系着国家的安危或重大利益，世界各国无论采取何种政体，都极度重视国家安全。人民必须在国家存立且能健全运作的前提下，方能自由地行使其权利，因此国家对于危及国家安全的信息，有限制人民知悉的正当性与必要性。世界上很多国家的法律均明确指出故意侵害国家安全应受到法律惩罚。《欧洲保障人权和基本自由公约》第十条第二款指出在行使表达自由的权利时应受到"基于对国家安全、领土完整或公共安全利益的约束。"[3]《俄罗斯联邦宪法》第五十五条规定："人和公民之权利、自由，只能在维护宪法法制基础、他人道德、健康、权利和合法利益、保证国防和国家安全必要界限内，由联邦法律予以限制。"[4]美国《宪法》及《权利法案》虽未以"国家安全"为由对言论、出版自由提出明确限制，但联邦最高法院通过判例法（case law）提出"明显且即刻危险原则"等一系列构成事后制裁的律令，来处理有涉言论出版自由与国家安全的冲突。[5]我国《宪法》第五十四条规定："中华人民共和国公民有维护祖国的安全、荣誉和利益的义务，不得有危害祖国的安全、荣誉和利益的行为。"随着互联网的普及发展，"非军事因素"逐渐成为和平年代影响国家安全的首要因素。在此语境下，国家安全的外延被不断扩大，继陆、海、空、天之后，网络空间被视为"第五维"作战空间，它指由计算机、计算机系统、网络及其软件支持、计算机数据、内容数据、流量数据以及用户组成的领域。基于该网络空间，所有信息传播均被纳入"国家安全"的议题框架中。

目前，各国都深刻认识到新媒体在网络空间中的传播职能对国家安全带来的挑战，已有四十余个国家颁布了网络空间国家安全战略。美国先后颁布了四十多份与网络安全有关

---

[1] HAROLD LASSWELL. The structure and function of communication in society[M]. New York: Cooper Square Publishers Inc, 1964: 38-39.
[2] 王立新. 美国国家身份的重塑与"西方"的形成[J]. 世界历史, 2019（1）：1-26+155.
[3] 赵海峰. 欧洲法问题专论[M]. 北京：中国法制出版社, 2007.
[4] 于洪君. 俄罗斯联邦宪法[J]. 外国法译评, 1994（2）：87-107.
[5] 唐纳德·M. 吉尔摩. 美国大众传播法[M]. 梁宁, 等, 译. 北京：清华大学出版社, 2002.

的文件，2017年启动的《美国国防授权法》（NDAA）的配套法案提出，希望成立一个跨部门"全球作战中心"，整合联邦政府资源，直接参与"对外国政治宣传和谣言进行曝光和反制"，并通过种种其他手段进行"信息战"。俄罗斯总统于2014年签署了《信息、信息技术和信息保护法》的修正法案，规定日均访问人次数量超过三千的为知名博主，知名博主不得匿名，必须在俄罗斯联邦通讯、信息技术和大众传媒监督局进行注册登记，必须在其博客上公布其个人信息及联系方式；知名博主不得利用网站或自己的网页从事违法活动，包括泄露国家机密、传播包含公开呼吁实施恐怖活动或公开美化恐怖主义的材料及其他极端主义材料等。[①]德国于2018年公布了旨在监管社交媒体平台的法案——《网络执行法》，对在德国境内提供内容服务的社交网络平台提出了更严格的监管要求。如果社交媒体对虚假新闻、仇恨言论等内容处理不力，最高将被处以高达5000万欧元的罚款。作为中国的邻国，日本和印度也在积极行动。日本于2013年6月出台《网络安全战略》，明确提出"网络安全立国"，印度于2013年5月出台《国家网络安全策略》，目标是营造"安全可信的计算机环境"。[②]

在中国，互联网中的新媒体传播也被纳入国家安全保障的框架之下。2000年，国务院公布的《互联网信息服务管理办法》第十五条明确规定了互联网信息服务提供者的"九不准"：反对宪法所确定的基本原则的；危害国家安全，泄露国家秘密，颠覆国家政权，破坏国家统一的；损害国家荣誉和利益的；煽动民族仇恨、民族歧视，破坏民族团结的；破坏国家宗教政策，宣扬邪教和封建迷信的；散布谣言，扰乱社会秩序，破坏社会稳定的；散布淫秽、色情、赌博、暴力、凶杀、恐怖或者教唆犯罪的；侮辱或者诽谤他人，侵害他人合法权益的；含有法律、行政法规禁止的其他内容的。[③]2014年，"中央网络安全和信息化领导小组"宣告成立，习近平总书记在第一次会议上指出，没有网络安全就没有国家安全，没有信息化就没有现代化。2015年，《中华人民共和国反恐怖主义法》第十九条规定了互联网服务提供者应承担的相关义务，要求"电信业务经营者、互联网服务提供者应当依照法律、行政法规规定，落实网络安全、信息内容监督制度和安全技术防范措施，防止含有恐怖主义、极端主义内容的信息传播；发现含有恐怖主义、极端主义内容的信息的，应当立即停止传输，保存相关记录，删除相关信息，并向公安机关或者有关部门报告。"[④]同年，第十二届全国人民代表大会常务委员会第十五次会议通过新版《中华人民共和国国家安全法》，该法第二十五条规定："加强网络管理，防范、制止和依法惩治网络攻击、网络入侵、网络窃密、散布违法有害信息等网络违法犯罪行为，维护国家网络空间主权、安全和发展利益。"[⑤]2017年6月1日起施行的《中华人民共和国网络安全法》第一条规定："为了保障网络安全，维护网络空间主权和国家安全、社会公共利益，保护公民、法人和其他组织的合法权益，促进经济社会信息化健康发展，制定本法"，将"维护网络空间主权"与"国家安全"并列确立为该法的立法目的。[⑥]

[①] 王康庆. 俄罗斯网络安全法发展实证分析[J]. 中国信息安全, 2016（12）：84-86.
[②] 于志刚. 网络安全对公共安全、国家安全的嵌入态势和应对策略[J]. 法学论坛, 2014, 29（6）：5-19.
[③] 支振锋. 网络安全风险与互联网内容治理的法治化[J]. 改革, 2018（1）：44-46.
[④] 白宇. 中华人民共和国反恐怖主义法[N]. 人民日报, 2015-12-28.
[⑤] 李忠. 国家安全法的六大亮点[N]. 人民日报, 2015-07-13.
[⑥] 王春晖. 《网络安全法》六大法律制度解析[J]. 南京邮电大学学报（自然科学版）, 2017, 37（1）：1-13.

据此，我国《刑法》规定的危害国家安全罪在新媒体传播层面得到了补充——危害国家安全罪的侵犯客体是国家安全，即危害中华人民共和国的主权、领土完整和安全，包括网络空间主权；犯罪主体是自然人，包括网络信息服务提供者；客观方面表现为实施危害国家安全的行为，包括煽动、泄密等各项行为；主观方面表现为故意构成，具有危害中华人民共和国国家安全的故意，即行为人必须具有明知自己的行为会引发危害国家安全的结果，并且希望或放任这种结果发生的心理态度。

第二节　与国家安全相关的法律规制

危害国家安全罪有很多种类。新媒体技术的发展冲破了各种社会之间的藩篱，一方面，传统媒体的新媒体化重新定义了媒介的公信力，为社会舆情的产生、发酵提供了新的场域；另一方面，自媒体主体的泛化、新媒体技术的话语赋权，让活跃在各类社交媒体平台的用户成为真正的"信息产销一体者"。在这种新媒介生态下，危害国家安全的犯罪行为除了传统的煽动和泄密之外，还新增了包括冒犯信息主权等不当行为。当下，世界上大多数国家均禁止新媒体工作者在内的公民利用传播媒介进行煽动、泄密、冒犯国家信息主权等行为。

一、煽动

（一）与煽动相关的法律规制

煽动，指的是通过演讲、公开发表乃至广播电视等言论方式公然散布虚假信息，以鼓动人们的反常情绪，采取某种不利于社会、他人甚至国家的行为。煽动主要有以下几个特点：一是表述方式的非理性，即使用浮夸的、情绪化的、蛊惑性的语言；二是内容的虚假性，如造谣、诽谤、夸大其词等；三是面向大众传播，即强调言论的公然性；四是具有诱发大众反常情绪的目的，煽动大众采取不利于社会、他人甚至是国家的行为。[①]新媒体普及尤其是"自媒体"的迅猛发展让信息流通得更便捷、快速，同时也为网络诽谤、谣言等虚假信息提供了"温床"。针对新媒体语境下的网络诽谤，很多国家都先后出台了相关法律规制，但是目前各国对新媒体言论自由的保护界限和针对政府的煽动罪的规定界限仍处在相互博弈阶段。因此，目前大多数国家对煽动、诽谤做出的都是相对宽泛的界定，在实践中对针对政府的煽动罪的惩罚并非是对批评政府行为的惩罚，而是对那些有可能引起破坏国家安全、社会秩序的行为的惩罚。

1. 英国的法律规制

英国诽谤案件产生的历史可以追溯到 13 世纪，但对诽谤行为既可以提起民事诉讼也可以提起刑事诉讼大约始于 14 世纪末到 15 世纪初。英国历史上出台的诽谤法案、法规，

[①] 黄瑚. 新闻法规与职业道德教程[M]. 上海：复旦大学出版社，2011.

主要有《诽谤权贵法》(The Statutes de Scandals Magnatum)、《1792年诽谤法案》(The Libel Act 1792)、《1843年诽谤法案》(The Libel Act 1843)、《1881年报纸注册和报纸诽谤法案》(The 1881 Newspaper Libel and Registration Act)、《1884年报纸诽谤和登记法案—1888年修正案》(Newspaper Libel and Registration Act 1884 Amendment Act 1888)、《1952年诽谤法案》(Defamation Act 1952)、《1996年诽谤法案》(Defamation Act 1996)七部。① 随着新媒体的普及发展,英国网络诽谤诉讼越来越多,英国诽谤法也越来越注重对网络诽谤的规制。

在民法方面,针对互联网上的诽谤和诋毁行为,1996年英国的《诽谤法》在实践中存在诉讼成本高昂以及对言论自由保障乏力等缺陷,英国于2013年对《诽谤法》再次进行修订,在惩治诽谤行为的同时注重对言论自由的保障。在网络诽谤规制上,新《诽谤法》对制度做了改进。首先,提高原告起诉诽谤的门槛。新《诽谤法》规定原告必须证明被告行为造成或足以造成对其名誉的严重损害,方可起诉诽谤。其次,增加了被告的抗辩事由,如果被告能证实他是出于真实观点、诚实意见以及公众利益而发表意见,则能免除承担法律责任。最后,在经济赔偿外增加了其他救济手段。原告提起诽谤诉讼的目的一方面在于赔偿损失,另一方面在于恢复名誉,因此,新《诽谤法》除了规定赔偿经济损失外,还增加了要求被告刊登法庭判决以向原告赔礼道歉的救济方式,体现了对原告名誉权的保护。②

在刑法方面,英国2003年《通信法》(Communications Act 2003)规定了"与网络与服务相关的犯罪"。该法第一百二十七条规定:如果某人使用公共通信网络发布其明知为虚假的信息,或者导致该信息被发出,或者持续性地发布相关信息,其目的在于造成他人的烦恼、不便或焦虑,则该行为即属于犯罪行为。此外,2006年《反恐怖法》(Terrorism Act 2006)明确规定,"鼓励恐怖主义"属于犯罪行为,在网络等媒体上发布美化、粉饰恐怖行为或者导致相关信息发布的行为构成犯罪。③

尽管英国不乏治理网络谣言的法律规范,但实践中对网络诽谤治理起主导作用的还是互联网新闻媒体行业的自律行动。在英国,新闻媒体被"视作一个'人',他们强调不准制定任何特别法来限制言论自由,也就是保障新闻出版自由"④。正如英国网络安全专家艾德萨维奇所说的:"政府试图对网络空间进行管控或者用法律进行规范必须非常小心谨慎,因为对大众来说,网络空间的自由性几乎没有任何讨价还价的余地。"⑤

2. 美国的法律规制

在18世纪的美国,其《煽动暴乱法》规定,任何对政府的批评行为或引起公众对政府恶感的言论,都构成煽动诽谤政府罪。1789年,美国通过了第一部联邦煽动性诽谤法,即《排外与煽动法》(Alien and Seditious Act),并于1917年在联邦立法层面颁布了《反间谍法》(Espionage Act)和1918年作为《反间谍法》修订法的《煽动法》,其中《反间

---

① 朱文雁. 英国诽谤诉讼及其法律规制[J]. 烟台大学学报(哲学社会科学版), 2012 (1): 43-48.
② 张雅光. 发达国家网络谣言综合治理机制及其借鉴[J]. 理论导刊, 2016 (05): 110-112.
③ 白净, 魏永征. 论英国诽谤法改革的趋势[J]. 国际新闻界, 2011, 33 (6): 99-103.
④ 吴飞, 林敏. 政府的节制与媒体的自律——英国传媒管制特色初探[J]. 浙江大学学报(人文社会科学版), 2005, 35 (2): 108-116.
⑤ 英国依靠立法强化监管互联网 打击网络恐怖主义[EB/OL]. [2014-02-25]. https://www.chinanews.com.cn/gj/2014/02-25/5880019.shtml.

谍法》规定:"当美国处于战争状态时,任何人故意制造,或传达虚假报告,或虚假陈述干扰陆海军的行动,或故意造成或企图导致这些部队不服从、不忠、叛变,或拒接执勤,或故意妨碍招募及征兵服务的,应受惩。"1940年,美国颁布第二部联邦煽动性诽谤法《史密斯法1940》(*Smith Act of* 1940),其中专门为新闻出版机构规定了一种煽动颠覆政府的行为,即出版、发行煽动颠覆政府的出版物罪,它是指"任何人以引起推翻或毁坏政府为目的,印刷、出版、编辑、发表、流通、出售、发行或者公开展览任何宣传、劝导或教导以武力或暴力推翻或毁坏位于美国领土范围内政府的职责、必要性、愿望或者合适性的出版物,或者试图实施前述行为"。①

由于受到美国宪法保护言论自由的影响,从联邦政府到州政府的很多立法都难以获得法院的支持。1964年在《纽约时报》诉沙利文案中,煽动性诽谤被正式宣布违宪,布伦南大法官认为煽动性诽谤必须在这样一个背景下考虑:全国人民坚信这样一条原则——人们可以不受限制地、生动活泼地和完全开放地讨论公共事务,可以对政府和政府官员进行猛烈的、辛辣的,有时还是令人不悦的尖锐抨击。而煽动性诽谤"为批评政府和政府官员施加了限制,所以与宪法第一修正案相抵触"②。因此,进入互联网时代,美国对于煽动诽谤的治理仍举步维艰,更多体现在各州的刑法中为数不多的与语言表达有关的犯罪中。例如,美国各州立法将"故意散布谣言的行为"定为犯罪,以保护一定的社会秩序和公共利益。纽约州的银行法(*McKinney's Banking Law*)第六百七十一条将故意散布有关银行等金融机构的偿付能力、经营状况等方面谣言的行为定为犯罪,以保护金融秩序。加州的《金融法典》中也有类似条款,将传播有关商业银行经营状况的不实言论行为定为犯罪,但是该条款已于2012年被法院宣布违宪而予以废除。③

可见,在关于网络煽动诽谤的法律规制上美国采取的是社会主导的柔性自治模式。虽然美国联邦和各州政府也做过努力,但由于美国独立司法和违宪审查制度,政府的相关立法均因为涉嫌干涉言论自由而被宣布违宪。美国政府不得不以网络服务提供商自我管理等方式为主对网络煽动、诽谤进行治理。

3. 中国的法律规制

我国法律中与煽动相关的罪名主要包括以下五条。④

其一,煽动分裂国家罪。本罪是指煽动分裂国家、破坏国家统一的行为。依照《刑法》第一百零三条第二款规定,犯煽动分裂国家罪的,处五年以下有期徒刑、拘役、管制或者剥夺政治权利;首要分子或者罪行重大的,处五年以上有期徒刑。

其二,煽动颠覆国家政权罪。本罪是针对以造谣、诽谤或者其他方式煽动颠覆国家政权、推翻社会主义制度的行为。依照《刑法》第一百零五条第二款规定,以造谣、诽谤或者其他方式煽动颠覆国家政权、推翻社会主义制度的,处五年以下有期徒刑、拘役、管制或者剥夺政治权利;首要分子或者罪行重大的,处五年以上有期徒刑。

---

① 班克庆. 煽动型犯罪研究:以宪法权利为视角[D]. 苏州:苏州大学,2012.
② 耐普曼. 美国要案审判[M]. 北京:新华出版社,2009.
③ LAUREN HACKETT. Taming cyberspace: broadcasting as a model for regulating the internet[J]. 14 Widener L. Rev, 2008(2): 265-272.
④ 周道鸾,张军. 刑法罪名精释[M]. 4版. 北京:人民法院出版社,2013.

其三，煽动民族仇恨、民族歧视罪。本罪是针对用各种蛊惑人心方法，公开煽动民族仇恨、民族歧视的情节严重的行为。依照《刑法》第二百四十九条规定，煽动民族仇恨、民族歧视，情节严重的，处三年以下有期徒刑、拘役、管制或者剥夺政治权利；情节特别严重的，处三年以上十年以下有期徒刑。

其四，煽动暴力抗拒法律实施罪。本罪是针对煽动暴力抗拒国家法律、行政法规等实施的行为。依照《刑法》第二百七十八条规定，煽动群众暴力抗拒国家法律、行政法规实施的，处三年以下有期徒刑、拘役、管制或者剥夺政治权利；造成严重后果的，处三年以上七年以下有期徒刑。

其五，煽动军人逃离部队罪。本罪针对的是以语言、文字等形式，鼓动军人逃离部队的情节严重的行为。依照《刑法》第三百七十三条规定，煽动军人逃离部队或者明知是逃离部队的军人而雇用，情节严重的，处三年以下有期徒刑、拘役或者管制。

在互联网新媒体的实时、便捷、跨界等特征之下，目前，我国有关网络煽动、诽谤的法律规定主要包括：《互联网电子公告服务管理规定》第九条第八款规定，任何人不得在电子公告服务系统中发布含有下列内容之一的信息——侮辱或者诽谤他人，侵害他人合法权益的；第十三条规定，电子公告服务提供者发现其电子公告服务系统中出现明显属于本办法第九条所列的信息内容之一的，应当立即删除，保存有关记录，并向国家有关机关报告。《互联网新闻信息服务管理规定》第二十条规定，互联网新闻信息服务单位应当建立新闻信息内容管理责任制度。不得登载、发送含有违反本规定第三条第一款、第十九条规定内容的新闻信息；发现提供的时政类电子公告服务中含有违反本规定第三条第一款、第十九条规定内容的，应当立即删除，保存有关记录，并在有关部门依法查询时予以提供。此外，我国新闻传播领域的《出版管理条例》《电信条例》等也规定，传播内容中不得含有的内容包括：反对宪法确定的基本原则的；危害国家统一、主权和领土完整的；煽动民族仇恨、民族歧视，破坏民族团结或者侵害民族风俗、习惯的；扰乱社会秩序，破坏社会稳定的。

由此可见，我国目前针对网络诽谤的法律规定基本上是规定、办法、决定等规范性的文件，尚未出台专门针对网络诽谤的法律法规，法律规定层级比较低。制定相关规定、办法的部门有国务院新闻办公室、信息产业部（原）、国家版权局、公安部、文化部等，大多数的规定和办法都是几个部门联合发布的，主要的目标还是通过对提供互联网络服务的法人进行行政管理，间接地遏制网络诽谤的传播和蔓延。同时，只是将网络诽谤作为违法行为的一类作为一个条款予以规定，没有对网络诽谤进行专门的规制。究其原因在于，互联网新兴不久却发展迅速，为了实时应对，相关的部门或单个或联合发布管理办法，以期能够暂时治理。此外，为了管理的便利，这些规范性的文件都是从互联网络服务提供商入手，通过对提供违法行为场所的积极主动的管理来遏制违法行为的发生。

（二）舆论监督不应视为煽动诽谤政府

互联网环境下新媒体同样具有舆论监督与做好批评性报道的社会职责。中国的媒体机构历来承担社会监督的职责。中国宪法赋予公民监督人民政府、司法机关和社会事务的权利，是媒介舆论监督强有力的支撑和保障。新的历史时期，党十分重视发挥舆论监督的作用，十三大政治报告中首次提出了舆论监督的概念；十四大进一步明确了舆论监督的作用和地位，使之成为三大监督形式之一；十五大对如何开展舆论监督做了进一步的论述；十六大报告提出"加强对权力的制约和监督"；十七大报告指出要"完善制约和监督机制"；十八大报告更进一步强调"建立健全权力运行制约和监督体系"；这些为加强和改进媒体舆论监督指明了方向。[1]

因此，在处理新媒体舆论监督与煽动诽谤政府行为之间的关系时，要把媒体的舆论监督与批评性报道和煽动区分开来，即明确监督性、批评性的报道并非属于煽动的范畴。煽动罪与非煽动罪的主要区别表现在以下几个方面：首先，是否具有把群众煽动起来分裂国家、颠覆国家政权，进行民族仇恨歧视、抗拒法律实施的目的。如果不具有这其中的任何一个目的，就不构成煽动罪。例如，民众对于国家法律、政策或者对党和政府工作的事物进行批评建议，则不应视为具有以上煽动目的。其次，两者的区别在于是否具有煽动的行为。一般煽动多是通过捏造不存在的事实或者歪曲事实，进行诋毁。如果没有诽谤、造谣，只是针对政府工作中的失误和缺点进行批评建议，不应被理解为"煽动推翻社会主义制度"或"煽动暴力抗拒法律实施"。

据此，需要重新审视新媒体与政府之间的关系，对新媒体与政府关系的重构是明确新媒体舆论监督与煽动界限的关键一环。相较于传统媒体，网络新媒体并未褪去传统媒体固有的公共交流、传播资讯等基本属性。因此，政府与媒体的关系定位不仅存在于政府与传统媒体之间，同样适用于政府与新媒体之间。已有实践及理论结论表明，片面强调工具价值的传统"喉舌论"和"第四权力论"，将政府与媒体置于对立面，过于强调监管和控制，不利于政府管理目的和媒体社会功能的同时有效实现。因此，应采取"互动与合作原则"来处理新媒体舆论监督与政府的关系，即两者并非是对立和相互排斥的，而是可以调和共生的。正如"政府新闻学"的倡导者叶皓先生指出："政府处理好与媒体的关系，必须认真研究和解决以下几个问题：既要加强对媒体的管理，又要接受媒体的监督；既要通过媒体了解社情民意，又要牢牢掌握舆论主导权；既要让媒体为我所用，又要为媒体提供服务；既要尊重媒体的新闻自由，又要防止媒体权力的异化；既要推动媒体产业发展，又要避免市场带来的低俗化倾向；既要开放境外媒体采访，又要抢占世界舆论的话语权。"[2]

二、泄密

（一）与泄密相关的法律规制

保护国家秘密是为了维护国家的安全和利益，而国家的安全和利益又是国家存在的基本前提。为了维护国家的安全与秩序，保护国家秘密成为必需手段。不同国家、不同历史时期对国家秘密的界定有所不同。美国第 13526 号行政命令将国家秘密定义为："根据本命令或此前的行政命令，被确定为需要保护且未经授权不得披露的信息。"法国将国家秘

---

[1] 孟威. 新媒体舆论监督：良心自觉与责任担当[J]. 新闻战线，2016（3）：36-39.
[2] 叶皓. 从被动应付走向积极应对：试论当前政府和媒体关系的变化[J]. 南京大学学报（哲学、人文、社科版），2008，（1）：46-54.

密限定为："具有国防特征的情报、工艺程序、物品、文件资料、计算机数据资料等压缩文件。"1988 年《中华人民共和国保守国家秘密法》（以下简称《保守国家秘密法》）将国家秘密定义为："关系国家的安全和利益，依照法定程序确定，在一定时间内只限一定范围的人员知悉的事项。"2010 年，修订后的《保守国家秘密法》进一步完善了国家秘密的概念。综上所述，不同国家、不同时期对国家秘密的定义虽有不同，但从本质层面看，所有国家的国家秘密都与该国安全、利益密切相关，这正是国家秘密的核心所在。有研究指出："国家秘密是关系国家安全和利益的事项，这是国家秘密的本质特征。判断一个事项是否属于国家秘密，首先就要分析该事项是否关系国家安全和利益……作为国家秘密的事项，还必须是直接关系国家安全和利益的事项，即必须是一旦被公开或泄露能够直接造成国家安全和利益损害结果的事项。如果某一事项只是间接与国家安全和利益有关，则不能被确定为国家秘密。"[1]

各国对国家秘密的保护有不同的法律规制。

1. 英国的法律规制

1889 年，英国制定了世界上第一部完整的成文保密法《官方保密法》，涉及间谍和泄密两大领域，该法案的颁布旨在防止非法传递国家机密，主要内容包括："凡是获取、收集、记录或向他人传递可能或者旨在对敌方有用的任何情报皆犯有罪行；任何服务于政府部门、在王国政府内担任公职者，或与政府有合同者，利用其职务或持有合同，将任何情报传递给未授权传递者，皆犯有罪行；向高级警官提供消息来源是义务，违者要受指控。"[2] 1989 年，英国又颁布了《政府保密法》，规定处罚的对象可以是现任的公务员，也可以是原公务员；可以是政府雇员，也可以是非政府雇员。其中，情报部门和公务员为"最初透露者"，其他人员是"第二透露者"，指从"最初透露者"获得信息的人，其中包括新闻记者。但是，《政府保密法》对新闻记者等"第二透露者"的规定要比对公务员宽松些，新闻记者构成刑事犯罪的关键条件是：新闻记者从最初透露者接收有关国家安全的信息时必须知道，或者应该知道这些信息是保密的，而且新闻记者公开这些信息时必须知道，或者应该知道公开有可能对国家利益造成损害，并且公开的行为事实上对国家利益造成了损害。[3]

随着网络安全形势飞速变化，英国政府不止一次遭受国家秘密泄露的威胁。为应对日益严峻的网络安全问题，英国政府制定"网络安全战略"（cyber security strategy），旨在用 4 年时间提升国内的网络安全水平。另外，英国国家犯罪局（National Crime Agency）在 2013 年前成立新的网络犯罪小组，与大都会警察局的中央电子犯罪小组和英国打击严重有组织犯罪局（Serious Organized Crime Agency）展开合作，处置泄露国家机密者。

2. 美国的法律规制

美国没有明确成文的"保密法"，但拥有包含《宪法》在内的数十部法律文件构建了保密管理法律体系，是保密法律制度最完善的西方国家。美国与保密相关的法律法规主要

---

[1] 熊开. 论国家秘密的本质[J]. 广西社会科学, 2011（5）: 78-81.
[2] 东辰.《官方秘密法》和英国传统[J]. 保密工作, 2011（2）: 37-39.
[3] 宋军. 英国的国家安全与言论自由[J]. 法学杂志, 2001（4）: 68-70.

有《统一保密条例》《国家安全法》《情报保密计划执行条例》《信息自由法》《国家安全局法》《秘密情报程序法》《中央情报局条例》《阳光下的政府法》《"休斯—瑞安"法案》《情报人员身份保护法》《获取机密资料程序法》《专利法》《个人隐私法》《情报安全监督局条例》《情报保密计划执行条例》以及总统颁布的与保密事项相关的行政命令等。对保密法律体系构成核心制约的是美国 1967 年通过的《信息自由法》，其中规定："全部政府文件在申请人要求时，都必须公开，除非该文件属于该法规定的九项免予公开的情况。"《信息自由法》的颁布标志着美国政府第一次在成文法中保障了公民以个人名义取得政府信息的权利。可以说，美国通过不断完善法律制度，努力使保密制度与信息公开制度间保持平衡。

随着现代科技手段进步加快，诸如手机终端等的使用不仅会暴露个人隐私，更严重的是有可能危害国家安全。为此，美军新修订的反间谍规章规定，如果军方怀疑保密信息落入无权知晓者手上，应向政府发出警报；如果发现有人从办公地点移动保密信息时，士兵也应发出警报；军队应建立收集系统，专门收集保密信息面临威胁的报告。美国参议院有关委员会全票通过了旨在加强美国网络安全、帮助美国政府机构和企业更好地应对网络威胁的《网络安全法案》。该法案要求政府机构和私营部门在网络安全领域加强信息共享，在应对"网络安全紧急情况"时加强合作。为防止军方人员无意间在网络上泄密，美国国防部出台了一项新政策，禁止军人利用工作电脑进入不安全的 11 个社交网站。虽然美军有一年一度的"开放日"，但是，在军事基地开放期间，美军会出动大量军人在现场服务和维持秩序，并对涉及机密的非开放区域加以重点保护。为确保军事网络安全，美军还成立了"军事网络风险评估小组"，专职负责监控博客和其他类别网站，看是否包含"有害"信息，如泄露官方文件、个人联系信息、武器和军营地图等，并规定不得随意带手机出入部队的作战指挥室、办公自动化机房、传真室及其他信息防护部门。

3. 中国的法律规制

中国自 1949 年起就制定了一系列保护国家秘密的法律法规，建立了较为完备的规范和防止危害国家秘密的保密制度。2010 年修订的《保守国家秘密法》第二条明确规定："国家秘密是关系国家的安全和利益，依照法定程序确定，在一定时间内只限一定范围的人员知悉的事项。"可见国家秘密事项的构成要件有三个：一是关系国家的安全和利益；二是依照法律规定的一定程序加以确定，而不应由任何个人或组织任意确定；三是在某一个确定的时间内只能限于一定范围的人员知悉。另外，《保守国家秘密法》第九条规定，下列涉及国家安全和利益的事项，泄露后可能损害国家在政治、经济、国防、外交等领域的安全和利益的，应当确定为国家秘密：国家事务重大决策中的秘密事项；国防建设和武装力量活动中的秘密事项；外交和外事活动中的秘密事项以及对外承担保密义务的秘密事项；国民经济和社会发展中的秘密事项；科学技术中的秘密事项；维护国家安全活动和追查刑事犯罪中的秘密事项；经国家保密行政管理部门确定应当保守的其他国家秘密事项。此外，政党的秘密事项中符合上述规定的，也属于国家秘密。①

《保守国家秘密法》对泄密罪的定义主要包括以下四条。

其一，为境外窃取、刺探、收买、非法提供国家秘密、情报罪。《刑法》第一百一十

---

① 戚红梅. 我国政府信息公开的豁免制度研究[D]. 苏州：苏州大学，2013.

一条规定,为境外的机构、组织、人员窃取、刺探、收买、非法提供国家秘密或者情报的,处五年以上十年以下有期徒刑;情节特别严重的,处十年以上有期徒刑或无期徒刑;情节较轻的,处五年以下有期徒刑、拘役、管制或者剥夺政治权利。

其二,非法获取国家秘密罪,针对的是以窃取、刺探、收买等方法,非法获取国家秘密的行为。《刑法》第二百八十二条规定,以窃取、刺探、收买方法,非法获取国家秘密的,处三年以下有期徒刑、拘役、管制或者剥夺政治权利;情节严重的,处三年以上七年以下有期徒刑。

其三,非法持有国家绝密、机密文件、资料、物品罪,指行为人拒不说明资料来源与用途的行为。《刑法》第二百八十二条第二款规定,非法持有属于国家绝密、机密的文件、资料或者其他物品,拒不说明来源与用途的,处三年以下有期徒刑、拘役或者管制。

其四,泄露国家秘密罪,指侵犯国家保密制度,客观表现为违反保守国家秘密的规定、泄露国家秘密的行为。《刑法》第三百九十八条规定,国家机关工作人员违反保守国家秘密法的规定,故意或过失泄露国家秘密,情节严重的,处三年以下有期徒刑或者拘役;情节特别严重的,处三年以上七年以下有期徒刑。

目前,发达的互联网新媒体传播为泄密、窃密提供了方便的渠道和途径,窃密、泄密等违法行为日益复杂多样,现行保密法关于保密法律责任的规定已不能适应保密工作的需要。为此,十一届全国人大常委会第九次会议初次审议的《保守国家秘密法(修订草案)》着力加强网络管理,完善保密法律责任。该修订草案就现实中存在的这些问题,增加了针对涉密信息系统的保密措施。首先,明确将涉密信息系统按照涉密程度分为绝密级、机密级、秘密级,实行分级保护。对涉密信息系统使用中有关行为做了严格规范,不得将涉密计算机、涉密存储设备接入互联网及其他公共信息网络;不得在未采取防护措施的情况下,在涉密信息系统与互联网及其他公共信息网络之间进行信息交换等。其次,规定对涉密信息系统采取技术保护,涉密信息系统应当按照国家保密标准配备保密设施、设备。同时还加强了对涉密机关、单位和涉密人员的保密管理。另外,规定从事涉及国家秘密活动的企事业单位,实行保密资质管理的制度,将涉密人员按照涉密程度分为核心涉密人员、重要涉密人员和一般涉密人员,实行分类管理,并要求他们严格遵守保密规章制度,签订保密承诺书,不得以任何方式泄露国家秘密。最后,增加了严重违反保密规定,危害国家秘密安全行为应负的法律责任;增加了机关、单位严重危害国家秘密安全或者发生重大泄密案件直接负责的主管人员和直接责任人应负的法律责任。[1]

(二)新媒体传播与国家机密泄露的冲突与平衡

大数据时代,新闻媒体泄密事件频发。由于数据流通的便捷性及新媒体"把关人"角色的缺失,任何人都可以利用新媒体随时随地在网络空间发布、传播形式多样的信息,导致网络空间中的很多信息在未经过严格保密审查、未进行泄密隐患风险评估,或者未意识到信息情报价值的情况下被随意发布。具体而言,新媒体传播给国家秘密泄露带来的威胁

---

[1] 席锋宇. 保守国家秘密法修订草案提请审议——打响防范网络泄密窃密"保卫战"[EB/OL]. (2009-07-11)[2022-05-03]. news.sohu.com/20090711/n265144267.shtml.

主要包括以下几个方面。

其一，泄密渠道更加多样、便捷。在新媒体还没有出现之前，新闻报道引发的泄密只能通过报刊、广播、电视这三个渠道。进入新媒体时代之后，新闻报道泄密的渠道已经不再局限于传统媒体，数字电视、数字报纸、互联网等成了发生新闻泄密事件的重灾区，泄密渠道更加多样化。

其二，大数据时代的"检索"和"记忆"功能模糊了涉密数据和非涉密数据的绝对界限，碎片化数据、模糊化的数据等传统意义上被认为是安全的数据，在大数据时代也有可能引发泄密事件。将海量的碎片化、模糊化的数据汇聚到一起，即使这些数据在公开之前经过了精心的脱敏处理，通过深入的大数据关联分析，也可以洞察到隐藏在大数据表象背后的重要情报。例如，Bellingcat团队对2014年马航MH17空难事件的情报分析，根据飞机失事地区的Twitter推文、Instagram照片、YouTube视频、Google地图等公开数据，快速分析出了飞机坠毁的原因及坠落地。①

然而，媒体本身具有监督、告知的社会职能，媒体信息传播是公众知情权的一项保证，美国最高法院大法官威廉·道格拉斯（William Douglas）曾这样阐述公众知情权与传媒业的重要联系："新闻传媒业在我国宪法体制中占据优先位置，这并不是为了使之能盈利发财，也不是为了将新闻工作者划拨为一个受优待的阶层，而是为了实现公众的知情权，知情权对于人民的统治权至关重要。"从宪法保障公民基本权利来看，保护国家秘密，显然使新闻传媒的报道空间减小，在一定程度上会有损公民的知情权；而另一方面，保守国家秘密与知情权在现代民主法治国家中有其存在的必要。因此，在大数据时代下，新媒体传播保证公众知情权，与新媒体传播保守国家秘密两组关系之间，应于冲突中找到平衡。

首先，从法律规制上对国家秘密的概念范围界定明晰、合理。从《保守国家秘密法》第九条的相关规定可以看出，属于国家保密范围的信息范围广泛且没有严格的界定标准，从而为国家机关隐瞒某些特定信息提供了方便，使一些原本应该公开的政务信息被隐瞒，损害公众知情权。当国家秘密界定模糊时，国家可以借用各种"危害国家安全"的借口阻碍新媒体信息自由传播。因此，对国家秘密范围的界定十分重要，当新媒体传播信息的自由危害国家安全时，国家有权予以限制和惩罚，但同时，限制和惩罚新媒体传播的权力并不应该是滥用、随意的，而应该受到法律限制。

其次，提高新媒体从业人员的保密意识和审查意识。当前，除了《新闻出版保密规定》的第五条至第十五条对如何进行保密审查进行了具体规定外，2017年互联网信息办公室集中发布了《互联网用户公众账号信息服务管理规定》《互联网群组信息服务管理规定》《互联网跟帖评论服务管理规定》《互联网论坛社区服务管理规定》，几项规定都涉及"内容审查"问题，如要求"建立先审后发制度""配备与服务规模相适应的审核编辑队伍，提高审核编辑人员专业素养""落实信息内容安全管理主体责任，配备与服务规模相适应的专业人员和技术能力，设立总编辑等信息内容安全负责人岗位，建立健全用户注册、信息审核、应急处置、安全防护等管理制度"。

---

① Catalina Albeanu. Bellingcat：公开数据破解马航坠落之谜[EB/OL].（2015-06-01）[2022-05-03]. http://media.sohu.com/20150601/n414225568.shtml.

三、冒犯国家信息主权

(一) 与冒犯国家信息主权相关的法律规制

以互联网为代表的新媒体传播，推动信息在电子邮件、博客、微博、微信等新媒介中流动，其中，信息流动方式的分散化、信息传播主体的多元化促成信息流动量日益加快。正因如此，造成信息传播与主权关系的因素是复杂多样的，如国家间意识形态、政治经济体制、利益诉求与信息技术等方面的差异。为了应对信息的自由流动与信息管制之间的矛盾，国家需要关注如何采取一系列措施保护本国公民信息权利、维护国家信息利益等理论问题。由此，主权理论被丰富，其覆盖的一国地理边界被拓展至网络信息空间，也发展为网络主权。

随着网络空间的基础性作用日益凸显，如何打造一个安全独立的网络空间已成为国际社会共同关注的议题，保障网络主权和网络边疆也成为互联网时代国家能力的重要象征。网络主权应当理解为国家主权在网络空间的自然延伸与适用，从而使国家主权的外延从物理空间扩大到网络虚拟空间。从本质上来讲，网络主权并非一种新的权利，而只是国家主权在当下一种新的表现形式和主权范围，即一国能够独立自主地且不受别国干涉管理与控制本国的互联网基础设施及网络空间。它有两个重要内涵：第一，不依附于别国的技术能够控制本国的网络基础设施和网络空间，且在战争或紧急状态下能自我生存，即安全性；第二，国家能够对本国网络空间进行有效的微观管理，即自主性。[①]

新媒体传播生态下，要强调传播活动中国家安全的保障，就无法否定与忽视网络主权的紧迫性与重要性。诚如国际关系专家罗伯特·阿克塞尔罗德（Robert Axelrod）所说的："网络空间没有物理的边界，但网络的每个节点、每个路由、每个开关都在国家主权边境内，因此适用于本国的法律。换言之，网络不存在'没有主权'的公共空间。"[②]各国对网络主权的保护有不同的法律规制。

1. 英国的法律规制

英国在世界范围内的网络和信息化建设都较为先进，其对网络主权的保护聚焦于保障本国网络安全的基础之上，通过构建网络防御空间、威慑网恐敌对分子和发展网络保障能力等措施，稳定本国在网络空间的优势地位，从而促进并实现国家的经济繁荣、国家安全和社会稳定。总体而言，英国侧重于采取防御威慑型战略。

首先，在制度建设方面，英国强调强化网络安全立法和网络战略。早期英国的互联网立法侧重保护关键性信息基础设施，随着网络技术的不断发展，英国更强调网络信息的安全，加强对网络犯罪的打击。2009年，英国发布首个《英国网络信息安全战略》，将网络信息安全与历史上英国重要的安全政策放在同等重要的位置上，并且成立了旨在协调政府部门关系的"网络信息安全办公室和运行中心"，统一协调网络信息安全工作，监测网络空间安全。2010年，英国国家安全战略中特意加入网络反恐内容，并将网络安全列为一级

[①] 刘建伟. 国家"归来"：自治失灵、安全化与互联网治理[J]. 世界经济与政治, 2015 (7)：107-125+159.

[②] P. W. 辛格，艾伦·弗里德曼. 网络安全：输不起的互联网战争[M]. 北京，电子工业出版社：2015.

威胁，凸显了反恐的重要性。时隔两年后的《英国网络信息安全战略》将网络攻击与恐怖主义、国家军事危机、重大事故和自然灾害一并定为国家安全面临的四大主要威胁，并且提出了加强网络信息安全防护的具体行动方案，包括在政府通信总部建立网络监测中心，对公众进行网络安全方面的普及和强化教育，加强高水平网络安全人才队伍建设，敦促工商界提高网络产品和网络服务的安全标准和制定其他国家能共同接受的网络空间国际标准。[①]英国网络信息安全战略除了致力于维护网络信息安全以外，还试图通过构建安全的网络空间来促进英国经济的繁荣。

其次，在网络监管方面，英国强调构建网络安全审查机制。英国允许互联网服务供应商及电信公司建立能够储存通信数据长达一年的数据库，以便于警察和情报部门能够在特定情况下获取通信数据，对严重犯罪和恐怖主义进行调查。早在2008年英国内政部就提出了一项名叫"监听现代化计划"，要求社交网站保留用户相关信息记录，目的在于监视并保留互联网上所有的通信数据（如网页浏览时间和电邮地址等），以备随时进行查询。该项监听计划不仅针对威胁国家安全的恐怖主义，也打击危害公众日常生活的网络犯罪。针对近年来国内外出现的严重骚乱，英国前首相卡梅伦曾表态要加强网络监管，严查社交网站，严厉打击网络犯罪，禁止把社交媒体用于暴力。[②]为了进一步打击犯罪与恐怖主义活动，英国于2014年通过《紧急通信与互联网数据保留法案》，允许警察和安全部门在某些特定情况下获得电信及互联网公司的用户数据。

最后，在网络合作方面，英国政府与产业共建网络安全防护体系。为了对抗全球网络威胁，英国于2013年与美国联手成立全球网络信息安全中心，致力于整合网络安全资源，主要用于研究网络政策，制订应对网络威胁的综合计划，所有来自网络的威胁信息将在政府与企业之间分享。同时，鉴于大多数企业都认识到单靠自身力量不足以抵挡网络攻击，英国政府加强了与产业界的合作，共同建立网络安全防护体系，用于保护经济社会安全。

2. 美国的法律规制

美国借助自己雄厚的经济和政治实力推广"信息自由"的网络治理理念，名义上鼓吹网络自由，主张网络空间无主权，实质上却监视全球网络空间，其360度网络监控体系覆盖了全球，即美国实际奉行网络军事化战略。[③]

首先，在政策制度方面，美国倾向于制定扩张性的网络安全法律文件。美国对网络信息安全防护十分重视，自20世纪90年代以来，美国不仅率先制定了《确保网络空间安全的国家战略》《网络空间国际战略》《网络空间行动战略》《网络空间行动军事战略》等一系列政策性文件和法律法规130多部，还在实践过程中设立了中央情报局、国家安全局、国土安全部等机构，构建强大的"网军"，既用来加强自身的信息安全防护，也用来窃取情报以便反制他国。特别是美国国防部2009年颁布的《四年任务使命评估》将网络战列为美国的核心能力，并正式着手组建网络战司令部。在近年来陆海空军数量大幅减员的趋势下，美军网络部队建设却逆势上扬。自2010年美国正式启动网络司令部后，美国一直

[①] 张彬彬. 英国网络安全现状研究[J]. 中国信息安全，2014，（12）：98-100.
[②] 信莲. 英国将设立全球网络安全中心[N]. 中国日报，2013-04-11.
[③] 冉从敬，王冰洁. 网络主权安全的国际战略模式研究[J]. 信息资源管理学报，2019，9（2）：12-24.

致力于整合网络作战力量，打击敌对国家和黑客的网络攻击。①近些年，美国开始关注"社会安全层面"的网络信息安全立法，审议出台了《网络安全法案》，用以确保美国国内及其国际贸易伙伴通过安全网络进行自由贸易，并对网络信息安全的人才发展、计划和职权、网络安全知识培养、公私合作等进行了全面规划。

其次，在网络监管方面，美国转向全球视域的网络安全监管。美国政府除了制定关于网络信息、数据保护、电话通信、行业进入、网络消费、网络谣言和网络作品等方面的规则以外，还专门加强对 Facebook、Twitter 等社交网站、政治博客及其他网站相关信息的监控。自 2010 年国土安全部设立"社交网络监控中心"起，美国一直秘密执行一项名叫"社交网络/媒体能力"的监控项目，国土安全部利用其分布在各地的指挥中心分别对网上的公共论坛、博客、留言板等进行日常监控，对知名社交媒体和热门博客进行特殊监控，以保护美国国家安全。②除此之外，美国还要求企业与政府合作，加强对美国国家安全的保护。2011 年，美国政府强制 Twitter 同意将用户发布的全部 Tweets（约为每天 2.5 亿条）交给美国国会图书馆收作电子档案。③

最后，在网络合作方面，美国以提供网络保护来拉拢盟友。由于美国 90%的关键网络基础设施为私营企业所拥有，尽管政府每年在财政上都加大投入，但是并不能满足美国网络基础设施建设的需求。为此，美国在消除法律障碍的前提下，采用混合策略强化公共部门与私营部门之间的合作关系，并充分利用私营企业中覆盖面广泛的网络基础设施（如 Microsoft、IBM、CA、Intuit 等多家世界级互联网公司）、高新网络技术（如 TTNT、QUINT 网络进攻技术的开发及 UTM、IDS 及防火墙网络信息保护技术的发展）及雄厚的经济实力来维护国家网络安全。为了加强国际合作，美国积极拉拢盟友，以为盟友提供网络保护来换取网络信息安全合作。美国颁布的《网络空间行动战略》中明确提出："当美国或其盟国遭到网络攻击时，美国会使用所有可能的暴力手段（如外交、经济甚至军事）来阻止或报复。"④

3. 中国的法律规制

2016 年 12 月 27 日，国家互联网信息办公室发布《国家网络空间安全战略》，阐明了中国关于网络空间发展和安全的立场，提出四条原则，第一条就是"尊重维护网络空间主权"。具体来说，就是"网络空间主权不容侵犯，尊重各国自主选择发展道路、网络管理模式、互联网公共政策和平等参与国际网络空间治理的权利"。2017 年 3 月 2 日，网信办发布《网络空间国际合作战略》，希望"推动国际社会携手努力，加强对话合作，共同构建和平、安全、开放、合作、有序的网络空间，建立多边、民主、透明的全球互联网治理体系"，提出将"和平、主权、共治、普惠"的网络空间交流与合作基本原则，充分表明中国秉持的是负责平等的网络主权战略。

首先，在政策制度方面，中国奉行防御性的网络安全空间战略。1994 年 4 月 20 日，

---

① 李恒阳. 美国网络军事战略探析[J]. 国际政治研究，2015，36（1）：113-134.
② 惠志斌. 中美网络安全合作照亮全球数字经济未来[J]. 中国信息安全，2015（12）：77-80.
③ 安丽，徐培喜. 中美网络安全争议的应对之策[J]. 网络传播，2014（8）：48-49.
④ 汪晓风. 美国网络安全战略调整与中美新型大国关系的构建[J]. 现代国际关系，2015（6）：17-24.

中国正式接入国际互联网，从此揭开了中国互联网发展的序幕。此后，中国一直强调网络核心基础设施安全，主张网络空间有主权，并将其视为国家主权的重要组成部分。1997年，我国制定了《国家信息化"九五"规划和2010年远景目标》，并将互联网列入国家信息基础设施建设。2007年7月，公安部等印发《信息安全等级保护管理办法》，旨在提高信息安全保障能力和水平，维护国家安全。2010年6月8日，国务院新闻办公室发布《中国互联网状况》白皮书，其中明确指出："互联网是国家重要基础设施，中华人民共和国境内的互联网属于中国主权管辖范围，中国的互联网主权应该受到尊重和维护。"[1]2014年7月，习近平主席在巴西国会演讲时首次提出"信息主权"，强调每一个国家在信息领域的主权权益都不应受到侵犯，互联网技术再发展也不能侵犯他国的信息主权。同年11月，习近平主席在首届世界互联网大会上指出："没有网络安全就没有国家安全"。2015年12月，在第二届世界互联网大会上习近平主席正式提出"网络主权"，指出尊重网络主权，维护和平安全，促进开放合作，构建良好秩序。2015年7月1日，十二届全国人大常委会第十五次会议表决通过了新《国家安全法》，这是中国首次通过立法明确"网络空间主权"的概念，也确立了我国的网络安全审查制度。

另外，在网络合作方面，中国致力于搭建全球互联网治理的国际对话体系。2014年7月16日，习近平在巴西国会发表演讲时强调："在信息领域没有双重标准，各国都有权维护自己的信息安全，不能一个国家安全而其他国家不安全，一部分国家安全而另一部分国家不安全，更不能牺牲别国安全谋求自身所谓绝对安全。国际社会要本着相互尊重和相互信任的原则，建立多边、民主、透明的国际互联网治理体系。"[2]在第八届中美互联网论坛上，习近平表示："中美都是网络大国，双方拥有重要共同利益和合作空间。双方理应在相互尊重、相互信任的基础上，就网络问题开展建设性对话，打造中美合作的亮点，让网络空间更好造福两国人民和世界人民。"[3]中国政府发布的《网络空间国际合作战略》全面宣示了中国在网络空间相关国际问题上的政策立场，系统阐释了中国开展网络空间国际合作的基本原则、战略目标和行动要点，展现了中国作为全球网络空间建设者、维护者和贡献者的责任与担当，阐明了中国网络空间国际合作的基本原则是和平原则、主权原则、共治原则和普惠原则。[4]

（二）构建新媒体对网络主权发展的价值引领

网络新媒体和网络主权是互联网技术的产物，网络新媒体是网络主权的构建物、传播物、衍生物。从传播功能视角来说，网络新媒体传播对网络主权的功能机制必须有一个限度，超越了限度，正向功能就会向负向功能转化。网络新媒体传播对网络主权具有的负向功能一方面是网络主权的限制性与开放性的矛盾带来的，另一方面则是新媒体自身特性带来的，具体而言有以下几种负向功能。

---

[1] 《中国互联网状况》白皮书[EB/OL]. [2010-06-08]. www.scio.gov.cn/tt/Document/1011194/1011194.htm.
[2] 杨丽娜，程宏毅. 习近平在巴西国会的演讲：弘扬传统友好，共谱合作新篇[N]. 人民日报，2014-07-18.
[3] 刘峣. 6大成果勾勒中美互联网合作前景[N]. 人民日报（海外版），2015-10-08.
[4] 网络空间国际合作战略[EB/OL]. （2017-03-01）[2022-05-09]. http://www.cac.gov.cn/2017-03/01/c_1120552617.htm.

其一，新媒体具有破坏网络疆域主权的功能。一方面，新媒体成为网络监听、网络窃密、网络攻击、网络恐怖主义的重要领域；另一方面，新媒体通过视频、图片、语音、文字等对现实国防问题进行讨论和传播，易于引起他国的注意，甚至被他国利用，成为他国的御用工具。新媒体自觉地或不自觉地传播陆、海、空、天的国防信息，使国防处于不安全状态，在形式和内容上具有破坏网络疆域的可能性与现实性。

其二，新媒体具有破坏网络管辖权和保障权的功能。新媒体内在自由的逻辑与网络主权的管辖权限制自由的逻辑背离，即新媒体传播的自由度越大，网络管辖权就越来越紧缩。此外，网络主权中的保障权的国别性又与新媒体的无疆性相矛盾，也就是说新媒体终端既可以在国内建立，也可以在国外建立，既可以从国外向国内传播，也可以从国内向国外传播，即使有技术性限制，人们也可以通过使用"翻墙"软件在国外通过新媒体传播危害网络主权的信息。网络的无国界带来了新媒体传播活动的无国界，这"使得传统意义上国家主权的管辖地域与范围不再泾渭分明。然而，法律是具有地域性和国别性的，这就决定了管理过程中将不可避免地面临管理本国网络空间的同时侵犯到别国主权。换言之，互联网的跨国性和虚拟性可能导致单一国家网络治理效果的外溢，继而侵犯别国主权"[①]。

其三，新媒体具有破坏网络主流意识形态主权的功能。首先，新媒体改变了意识形态传输格局，把传统的自上而下的媒体精英传输生态变为自下而上的大众多元平等的传输生态，由此政治文化由过去的多元精英主导变为由社会多元自媒体与多元精英媒体共同主导并互相制约的局面。新媒体传播把主流的意识形态进行分化、整合、解构、重组，使其具有碎片化和平面化的特点，对意识形态进行"快餐式消费"，从而具有破坏网络意识形态主权的可能性与现实性。其次，一些危险的非主流意识形态，诸如极端主义和恐怖主义严重地威胁甚至破坏网络主权，新媒体对外的无疆域性和对内的自由性对主流意识形态的挑战性显而易见。

据此，在国家有效地行使网络主权、保障文化安全的过程中，网络新媒体担负着不可推卸的价值引领责任。习近平在2014年8月18日召开的中央全面深化改革领导小组第四次会议上强调，推动传统媒体和新兴媒体融合发展，要遵循新闻传播规律和新兴媒体发展规律，强化互联网思维，着力打造一批形态多样、手段先进、具有竞争力的新型媒体，建成几家拥有强大实力和传播力、公信力、影响力的新型媒体集团，形成立体多样、融合发展的现代传播体系。具体而言，必须构建网络新媒体对网络主权发展的价值引领机制。

首先，增强新媒体意识形态生命力。新媒体已经成为意识形态斗争的前沿阵地，西方敌对势力将互联网看作输出其价值观和制度模式的工具，借助新媒体对我国进行意识形态渗透，使之成为策动"颜色革命"的利器。针对这种情况，我国应通过新媒体传播积极构建具有中国特色的主流意识形态话语体系。对于任何一个国家或社会来说，成功的意识形态不仅能促使人们认同现行社会制度，内在积淀一个国家意识形态安全的民意基础，还能作为一种准则帮助人们在现实生活中做出正确的价值判断。对此，习近平指出，要加强话语体系建设，着力打造融通中外的新概念、新范畴、新表述，增强在国际上的话语权。

[①] 朱诗兵，张学波，王宇，刘韵洁. 世界范围内网络主权的主要观点综述[J]. 中国工程科学，2016，18（6）：89-93.

其次，提升新媒体意识形态战斗力。第一是打造意识形态网络宣传阵地。在重点打造新华网、人民网等新媒体舆论宣传阵地的基础上，积极运用大数据、云计算等技术掌握舆论动向，及时、准确地采取措施引导舆论导向，积极占领新媒体舆论宣传阵地。第二是创新意识形态传播方式。随着信息技术的高速发展，新媒体已成为最具代表性的信息传播工具，要牢牢把握网络新媒体信息的传播规律，依据时代特点对意识形态传播方式进行创造性转换，采用富有时代感、大众喜闻乐见的话语方式，增强主流意识形态亲和力、渗透力和说服力，提升大众主流意识形态情感认同，大力创建新的"主流意识形态新媒体传播机制"。①

第三节 与国家安全相关的案例分析——"棱镜门"案件介绍及评析

一、案件介绍

2013年6月6日，英国《卫报》率先刊发报道称，自2007年起美国国家安全局（NSA）开始实施一项绝密的电子监听项目——"棱镜"计划（代号 PRSM）。根据这一项目，美国情报机构可直接接入九家美国互联网公司中心服务器进行数据挖掘，而无须采取一般黑客的入侵方法。这九家互联网公司包括微软、雅虎、谷歌、苹果、美国在线、Facebook、Skype、YouTube 和 Paltalk，监听的对象包括任何使用这些服务商的美国境外客户，以及与国外人士通信的美国公民。监控的信息主要分为十类：电子邮件、即时消息、视频、照片、存储数据、语音聊天、文件传输、视频会议、登录时间和社交网络资料的细节。通过"棱镜"项目，美国国家安全局甚至可以实时监控某人正在搜索的网络内容，跟踪用户的行动，进而得到他们想要的情报。②当日，美国各大主流媒体，包括《华盛顿邮报》《纽约时报》《今日美国》等纸质媒体，以及 FoxTV、NBC、CBS、CNN 等电视媒体，纷纷对这一事件进行了详细报道。这一事件在美国国内和国际社会掀起了轩然大波，被称为"棱镜门"事件（"PRSM" incident）。截至今日，"棱镜门"事件造成的影响还在全球持续升温，成为近半年来国际媒体评论的焦点。

2013年6月9日，"棱镜门"事件的揭秘者通过《卫报》公开了自己的身份，现年29岁的爱德华·斯诺登在过去4年中一直是美国国防部承包商旗下的一名雇员。斯诺登称其决定爆料的原因是无法说服自己包庇美国政府侵犯全球民众隐私以及互联网自由的行为。美国《时代》周刊援引斯诺登的话，"选择将一切公之于众，让民众自己来判断他们是否愿意容忍'棱镜'计划"。目前看来，此前被曝光的信息还只是"棱镜"项目的冰山一角，7月出版的美国《外交政策》杂志称，自2001年"9·11"事件后，美国中情局实

---

① 陈坤, 李佳. 新媒体时代我国意识形态安全面临的挑战及应对着力点[J]. 思想理论教育导刊, 2016 (9): 121-124.
② 倪光南. 由"棱镜门"事件反思国家信息安全[N]. 中国信息化周报, 2013-07-08.

施"黑袋"行动,以人工方式入侵 NSA 难以遥控攻击的电脑,完成"棱镜"项目和其他电子窃听不能完成的工作。这一系列报道引发了俄罗斯及美国的一些盟国针对美国监听各国首脑及重要事务行为的猛烈抨击,美国政府面临安全与自由的两难境地。[①]事件爆发后,国际涉事多方在新媒介空间中利用新媒体进行辩护、观点表达。

奥巴马在针对"棱镜计划"的监视方式进行辩护时表示:"公民不能在拥有 100%安全的情况下同时拥有 100%隐私和 100%便利。"当网络话语传播的文本内容可能威胁到国家安全时,就会理所应当地受到严格监视。为了防范可能出现的恐怖袭击和确保监视工作的合法性,美国通过了两项与网络话语传播有关的法律法规:一是《爱国者法》;二是《国土安全法》。通过这两部法律法规,美国使以下行为具有了合法性,即网民在网络上的信息,无论是否涉及个人隐私,在必要情况下都可以受到政府的监视。美国将网络话语空间的有机成分——恐怖分子的极端危害性和传统监管渠道的相对有限性——纳入环节之中,通过司法力量,利用公众对于恐怖主义的惧怕和对安全渴望的客观趋势的相互作用,以实现当前这一特定历史阶段的特殊管理手段。

Facebook 表示,在其注册时提供的公开条款中,有针对用户信息使用权的明确规定:所有用户必须同意他们的信息数据"被转送和存储在美国相关安全部门"。依据美国 2001 年颁布的《爱国者法案》,美国政府对信息数据的这种传送和储存方式在欧洲同样具备效力,用户在注册时已确认过该条例,因此企业不存在违法行为。

"棱镜门"事件的爆发,在全球范围内引发了国际社会关于大规模网络监控对个人隐私、国家安全的关注,网络安全、互联网治理一时间成为国际政治领域的优先议题,各国政府陆续发布网络安全报告和网络空间战略报告,加大对网络安全和互联网治理的关注。[②]

二、案件评析

"棱镜门"是一个具有标志性意义的事件,它所暴露出的网络主权问题正是网络新媒体时代的产物。"棱镜门"表明在网络空间这个无政府状态的全球公域内,国家间的竞争和冲突正呈愈演愈烈之势。斯诺登曝光的文件展示了美国发达的信息监控和网络攻击能力,并长期凭借其自身的技术优势把自己霸权主义政策的触角伸向网络空间。对广大被美国入侵网络空间的国家来说,在网络空间中的传播秩序还未形成之时,这种网络扩张霸权严重威胁着国家的综合安全,"棱镜门"事件无疑为世界各个受美国网络霸权主义侵害的国家敲响了警钟。

1. 泄密:新媒体该如何平衡国家安全与个人隐私?

"棱镜门"事件中大量社交媒体用户的数据被无偿提供给政府,引发了关于新媒体与个人隐私、国家安全的讨论——新媒体对用户数据的收集,是对个人隐私的侵犯,还是政府出于维护国家安全目的的必要监管?新媒体传播实践中该如何明确国家安全与个人隐

[①] 陈一鸣,等."棱镜门"让世界重新审视网络安全[N]. 人民日报,2014-03-31.
[②] 方兴东,张笑容,胡怀亮. 棱镜门事件与全球网络空间安全战略研究[J]. 现代传播(中国传媒大学学报),2014,36(1):115-122.

私之间的边界？国家安全和公民隐私如何才能维持平衡状态？

"棱镜门"中，斯诺登认为美情报机构未经允许对公众的电子邮件、通信记录等信息的搜集是一种非法行为，侵犯了公众的个人隐私，而美国官方则辩称是为了反恐和保障美国人民安全的需要，并没有搜集公众的通话内容，搜集的只是通信记录，这些信息不属于个人隐私。

就国家安全而言，政府为了维护国家利益，势必会采取一些必要的手段来获取更多的情报和信息，因此，可能会涉及对一些隐私信息的监控，也就意味着个人隐私有可能会被侵犯。作为公民而言，个人隐私包括自己的习惯、爱好、心理状态等。在大数据时代，新媒体尤其是社交媒体将人类通过强关系、弱关系连接在一个巨大的网络信息空间中，实时监控一个人的通信记录、网络搜索行为。新媒体平台对这些数据信息进行分析，就可以推断出一个人的行为习惯、社会关系及心理状况等，公民的隐私也就透明化了。①

在如今的网络新媒体时代，公众个人隐私与国家安全没有绝对的划分界线，想要在国家安全和公众隐私之间获取合理的平衡是一件很困难的事情。"棱镜门"事件中斯诺登的做法赢得了不少民众的支持，认为他的行为是为保护民众的网络通信隐私和言论自由，是国家的英雄；然而从另一方面考虑，斯诺登与《卫报》的做法确实泄露了美国的国家机密，也对国家利益造成了损害。但从整个人类社会角度来说，斯诺登为维护信息时代网络空间的安全做出了一定贡献，促进世界走向真正的民主与和平。总之，"棱镜门"事件使美国政府陷入舆论的漩涡之中，揭示了美国政府对网络主权、网络空间采取的双重标准。反之，斯诺登的揭露也给众人带来一些警示：对于国家的每一位公民而言，国家利益高于一切，对国家利益的忠诚是每个人最基本的道德要求，背叛自己的国家和民族，即使有正当的理由，也都是不被允许的。

实际上，国家安全、个人隐私与人身自由三者之间从根本上来说并不矛盾，一个好的政府是为公众服务的，要维护公众的安全和利益，政府有权监控危害行为，但需要让这种权利处于监督之下才能更好地发挥它的效力。

2. 网络主权：网络空间究竟是公共领域还是国家私属领域？

"棱镜门"事件实际上唤醒了各国的网络主权意识，打破了美国对互联网的独家控制，开启了网络空间民主治理的进程。从深层次上讲，"棱镜门"事件体现的是各个国家在网络信息空间中生产力、国防力和文化力的一种较量，关系到全球信息化发展的方向。透过网络信息空间可以显现出美国的综合实力和战略优势，以及其实行的网络霸权战略，折射出美国已经拥有全球互联网的控制权和核心网络新媒体的垄断权，在海量数据信息的获取和利用以及网络监控技术等领域占有绝对优势，威胁着整个世界的信息安全。②

"棱镜门"事件借此让世界各国看到了美国谋求全球网络霸权的企图。实际上，美国一直凭借其自身的技术和资源优势，不断地提出变革性、引领性的网络信息空间发展战略，意图单边制定网络信息空间的规则，以保证自身在网络信息空间的行动自由和实际控

---

① 张弛. 国家安全与个人隐私的边界——从棱镜门事件说起[J]. 经营管理者, 2013（26）：232.
② 刘勃然. 21世纪初美国网络安全战略探析[D]. 长春：吉林大学, 2013.

制权,实现其对信息化时代各领域重要数据的寡头控制,进而保障其在现实世界中的掌控能力。因此,该事件引发了对网络主权概念的探讨,以及对网络空间公共性与私域性的探讨。①

阿尔文·托夫勒在《第三次浪潮》中断言:"谁掌握了信息,控制了网络,谁就将拥有整个世界。"如今,移动互联网、云计算以及社交媒体等新兴技术的不断涌现,使得人们从事各种活动的空间环境越来越复杂,正如现实空间一样,网络空间已经成为人们生存的第二空间。首先,网络信息空间承载着先进的技术和生产力,一定程度上引领现实世界经济社会发展的前进方向,整个现实世界正在以信息空间为纽带,连接成一个巨大的利益共同体。其次,信息空间中蕴藏着各个国家最先进的国防力,拥有信息空间中的资源和技术优势则有可能控制整个世界。最后,信息空间在发展过程中可以催生许多新的文化力。作为人类生存的第二空间,信息空间拓展了人们生存空间的广度、宽度和深度,蕴藏着大量的人类隐私,人们将在现实世界中不敢说的话或不敢进行的活动全部转移到信息空间中,催生出一种新的网络信息文化,网络空间已经成为人类社会发展的一个全新"作战领域"。

3. 网络空间传播新秩序:弱势国家如何在不平衡的网络空间中保护国家安全?

"棱镜门"事件推动了网络空间传播新秩序的建立,越来越多的国家不仅认识到网络安全事关国家安全,而且认识到实现网络安全更多地是要依靠国际合作而非仅仅依靠技术手段,至此,该领域出现了美国主导之外的国际合作。

从宏观意义上讲,"棱镜门"事件的曝光揭示出发展中国家与发达国家在新媒体传播时代网络空间的实力差距。针对发达国家而言,具有技术优势的美国占据网络信息空间的主导地位,它可以不经过允许就对其他国家在网络信息空间的几乎所有活动进行严密的监控;发展中国家在信息空间处于劣势地位,"棱镜门"事件折射出的本质问题是发展中国家无法保障自身的利益,提醒弱势国家在不平衡的网络新媒体传播环境中要注意保护自身的权益。

为从根本上维护其他国家在网络新媒体传播空间中的权益,提升其网络主权能力,国际适时呼吁各国联合起来共同构建一个"平等、开放、安全、合作"的信息空间,维护共同拥有的利益。本国的国家安全应该免于受到来自网络信息空间其他国家的冲击与挑战。任何一个国家都应该努力发展与该国相关的网络技术设施,确保本国重要数据及关键服务能够得到有效的监督以保障自身的国家安全。

这时,由美国霸权统治的网络空间传播秩序已被打破,网络空间传播新秩序进程开启。欧盟不仅成立了欧洲网络犯罪中心,还出台了第一份涉及网络安全的全面战略,并正在推动相关立法出台。英国连续发布国家网络安全战略,不仅注重本国在网络空间的对外防御能力建设,也十分注重维护本国企业在网络时代的信息安全,"国家安全与商业安全并重"是其主要特点。德国要求"把美国国家安全局拒之门外",其最大的电信运营商德国电信集团呼吁,应该设立一个德国国内的电子邮件通信网,以防止境外间谍和黑客对德国本地电子邮件内容的监视。2013年年初,俄罗斯国防部长谢尔盖·绍伊古下达命令,要求总参谋部敲定建立陆军网络司令部的计划,印度也在积极招募大批互联网专家构建本国"网

---

① 阚道远. 美国网络国际战略的基本要义与发展动向[J]. 思想理论教育导刊, 2012(10): 28-32.

络安全体系",同时为网络安全构建法律体制。①

在实践中,网络空间传播新秩序应以安全、平等、开放、协商、有序为基本特点。第一是安全,即国家安全应免于受到来自网络空间的冲击与挑战,国际社会支持和鼓励国家通过对关键新媒体技术、关键数据的有效监管来保障自身安全。第二是平等,指不同类型的行为体,无论国家大小与技术能力强弱,都处于平等位置,都有均等的从网络空间发展中受益的权利。第三是开放,即全球网络空间向所有合法用户开放,国家不得因自身私利垄断性地使用网络媒体技术及资源。掌握先进技术、应用和资源的行为体,应该主动协助弱势行为体以缩小差距,协助弱势行为体培育和发展自身的能力。第四是协商,在新秩序中,存在矛盾与冲突的行为体应通过谈判、磋商的方式,而非使用威胁或使用武力来解决彼此之间的分歧。第五是有序,新秩序追求在全球网络空间中建立有利于信息有序传播的行为准则。这种有序的信息传播,以信息传播能够促进人类生活的实际改善为主要的衡量标准。②

思 考 题

1. 新媒体传播给国家安全带来哪些威胁?
2. 政府应当如何治理新媒体平台上危害国家安全的信息?
3. 面对新媒体平台上危害国家安全的信息,公民应该具备何种媒介素养?

实 践 任 务

根据本章"棱镜门"事件的评析思路,分小组讨论 Facebook 剑桥事件涉及的泄密、网络安全主权和网络空间传播秩序问题。

---

① 阚道远. 美国软实力衰落的"历史转折"——"棱镜事件"的全球影响与现实启示[J]. 太平洋学报,2014,22(3):19-28.
② 沈逸. 从"棱镜门"看全球网络空间新秩序的建构[J]. 学习月刊,2013(15):38.

第十一章
新媒体传播与淫秽、色情信息及其治理

> **学习提示**
>
> 随着5G时代的到来,互联网技术快速发展变化,催生了新媒体环境下的淫秽、色情信息传播,因其隐匿性、快速扩散性的特点,对社会有较大危害性,同时,也使得监管难度大幅增加。本章界定了淫秽、色情信息的概念,并对新媒体环境下淫秽、色情信息的表现形式和传播特点进行了概括;另外,本章重点介绍了我国关于淫秽、色情信息的法律法规与治理现状,并结合具体违法传播案件进行了分析。

伴随着互联网技术的进一步普及与运用,网络成为淫秽、色情信息的主要传播途径。相较于传统的淫秽、色情传播违法犯罪行为,网络淫秽、色情犯罪的表现形式更为复杂多样,其结果不仅违背了社会道德风尚,也污染了互联网的清朗空间,危害性更大,政府监管与治理的难度也更大。

第一节 新媒体时代下的淫秽、色情信息问题

一、淫秽、色情信息的概念界定

日常生活中,我们常将"淫秽""色情"混在一起使用,但从严格意义上来讲,"淫秽"和"色情"并不是同一个概念,相对"色情"来说,"淫秽"是一个更加严谨的法律概念。在有些国家,一定程度的色情信息是被允许存在或传播的,而淫秽信息的存在或传播则通

第十一章
新媒体传播与淫秽、色情信息及其治理

常都被各个国家严格管束。比如，英国最开始并未将色情信息与淫秽信息进行严格区分，而是到了 19 世纪，当色情作品严重泛滥到不得不对其进行控制的时候，英国法律才开始着手将某些具有社会危害性的色情作品界定为淫秽信息，并通过法律予以严厉打击。这种将色情信息与淫秽信息从法律上区分开来的做法，也为现代英国所接受，同时也被其他国家所效仿。

在我国，"淫秽"和"色情"也分别有着法律意义上的明确界定。我国最早确定"淫秽"含义的法律法规是 1985 年 4 月 17 日国务院颁布的《关于严禁淫秽物品的规定》（国发〔1985〕57 号），根据该规定，"淫秽"可理解为"具体描写性行为或露骨宣扬色情淫荡形象"。但为了防止该规定被扩大滥用，其第三条同时规定了将"夹杂淫秽内容的有艺术价值的文艺作品""表现人体美的美术作品""有关人体的生理、医学知识和其他自然科学作品"三类作品排除在淫秽物品范畴之外。随后，在 1990 年 12 月 28 日全国人大常委会颁布的《全国人民代表大会常务委员会关于惩治走私、制作、贩卖、传播淫秽物品的犯罪分子的决定》中，其第八条也基本沿用了此前的规定，区别仅在于对"露骨宣扬色情"增加了"诲淫性"之目的的限制。我国《刑法》第三百六十七条对淫秽物品的定义便完全采用了该决定第八条中的描述。

而对淫秽、色情信息界定更为细致的，则是主管查禁淫秽、色情信息以及淫秽、色情出版物的行政管理机关——国家新闻出版署。其于 1988 年 12 月 27 日和 1989 年 11 月 3 日，先后发布了《关于认定淫秽及色情出版物的暂行规定》和《关于部分应取缔出版物认定标准的暂行规定》，这两项规定对淫秽、色情出版物的类型与认定标准做了明确规定。依照以上两个行政规章，淫秽、色情出版物主要分为三种：淫秽出版物；色情出版物；夹杂淫秽、色情内容的出版物。《关于认定淫秽及色情出版物的暂行规定》第二条规定："淫秽出版物是指在整体上宣扬淫秽行为，具有下列内容之一，挑动人们的性欲，足以导致普通人腐化堕落，而又没有艺术价值或者科学价值的出版物：（一）淫亵性地具体描写性行为、性交及其心理感受；（二）公然宣扬色情淫荡形象；（三）淫亵性地描述或者传授性技巧；（四）具体描写乱伦、强奸或者其他性犯罪的片段、过程或者细节，足以诱发犯罪的；（五）具体描写少年儿童的性行为；（六）淫亵性具体描写同性恋的性行为或其他性变态行为，或者具体描写与性变态有关的暴力、虐待、侮辱行为；（七）其他令普通人不能容忍的对性行为淫亵性描写。"

而其对色情出版物的界定则体现该规定第三条中："色情出版物是指在整体上不是淫秽的，但其中一部分有第二条（一）至（七）项规定的内容，对普通人特别是未成年人的身心健康有毒害，而缺乏艺术价值或者科学价值的出版物。"但其第四条同时又规定了："夹杂淫秽、色情内容而具有艺术价值的文艺作品；表现人体美的美术作品；有关人体的解剖生理知识、生育知识、疾病防治和其他有关性知识、性道德、性社会学等自然科学和社会科学作品，不属于淫秽出版物、色情出版物的范围。"

而夹杂淫秽、色情内容的出版物是指尚不能定性为淫秽、色情出版物，但是具有下列内容之一，低级庸俗，妨害社会公德，缺乏艺术价值或者科学价值，公开展示或阅读会对普通人特别是青少年身心健康产生危害，甚至诱发青少年犯罪的出版物：（一）描写性行为、性心理，着力表现生殖器官，会使青少年产生不健康意识的；（二）宣传性开放、性

自由观念的;(三)具体描写腐化堕落行为,足以导致青少年仿效的;(四)具体描写强奸、通奸、淫乱、卖淫细节的;(五)具体描写与性行为有关的疾病,如梅毒、淋病、艾滋病等,令普通人厌恶的;(六)其他刊载有猥亵情节,令普通人厌恶或难以忍受的。

而对于淫秽、色情的认定标准,我国相关法律法规都强调认定的整体性,即综合考虑整部作品而非仅着眼于局部,并强调"艺术价值或科学价值"的排除标准。我国法律严格禁止淫秽、色情产品和信息的生产与传播,对于制作、复制、出版、贩卖、传播淫秽、色情物品、信息行为的,与之相应的处罚方式主要有刑事和行政处罚。

而对淫秽出版物界定最为权威的,当属《刑法》第三百六十七条的规定:"本法所称淫秽物品,是指具体描绘性行为或者露骨宣扬色情的诲淫性的书刊、影片、录像带、录音带、图片及其他淫秽物品。有关人体生理、医学知识的科学著作不是淫秽物品。包含有色情内容的有艺术价值的文学、艺术作品不视为淫秽物品。"[①]此后在《刑法》的多次修订中均沿用了这一界定。在这里,刑法规定并没有使用"色情物品"或者"黄色物品"的说法,而是确切使用了"淫秽物品"的说法,这表明我国法律区别对待"淫秽物品""色情物品"和"夹杂淫秽、色情内容的物品",并依据三类物品危害程度的不同,给予不同层级的处罚,这是符合国际惯例的。

网络淫秽、色情信息,是指不法分子在网络上传播的,没有艺术或科学价值的,能够挑动人们性欲、诱发腐化的信息。网络淫秽、色情违法犯罪就是以现代电子通信技术为媒介,通过播放、粘贴、发送等数据传输方式,致使淫秽、色情信息传播扩散的行为。网络淫秽、色情违法犯罪的内容与传统的淫秽、色情违法犯罪基本一致,均为传播宣扬淫秽行为,挑动人的性欲,而又没有艺术或科学价值的文字、图片、音频、视频等信息内容。但就犯罪客体、手段、对象而言,与传统的淫秽、色情违法犯罪不同,其侵犯的是复杂客体,除了侵犯社会道德风尚,也侵犯了互联网的管理秩序;其犯罪手段是借助网络传播淫秽、色情信息;其危害到的是不特定对象尤其是青年少年儿童,具有人数多、分布广的特点。总而言之,其危害性较传统方式更为严重。

二、新媒体下淫秽、色情信息的表现形式

互联网新媒体技术的快速发展变化,催生出了许多新的淫秽、色情信息的内容和表现形式,这些新的内容和表现形式结合新媒体的传播方式,使得新媒体环境下的淫秽、色情信息愈加泛滥,对社会的危害性也随着传播范围的广泛和监管难度的增加而不断加大。

(一)网络色情文学

相对于音视频等媒介形式,网络色情文学属于相对比较传统的网络淫秽、色情信息。它是用网络传播原创色情文学,通过色情文字,有时还会配以色情图片,以此引发人们的性想象,以至于使读者产生性冲动的小说、记叙、自传等内容。例如,广州凡天网络科技

[①] 参见《中华人民共和国刑法释义》,第367条。

有限公司旗下的"烟雨红尘"文学网站里有大量涉及淫秽、色情内容的电子书籍。该网站有约六百万注册会员，网友可购买该网站的代币"雨币"，来观看或下载网站提供的收费淫秽、色情文学内容。该公司自成立以来，已累计获利近一千七百万元，后被广州天河警方查封。

（二）网络色情直播

网络色情直播本质上是网络色情音视频的一种，是通过听觉和视觉的挑逗、刺激使人产生感官冲动的音视频内容，它比网络色情文学更直观、更刺激，引起的社会危害性也更大。在互联网技术快速发展的今天，这种网络色情内容逐渐演变为引人注目的网络色情直播。

网络直播随着互联网的快速发展，成为当下风靡一时的新媒体形式之一，给予了人们展示自己的平台。技术是把双刃剑，一些网络直播平台将直播技术应用于传播淫秽、色情信息，通过色情表演来吸引用户观看，以此获取收益，屡屡挑战社会道德底线，严重破坏了网络环境，危害社会公共秩序。例如，《北京青年报》记者在探访"嘿秀"直播平台时发现，部分直播内容打黄色"擦边球"，有部分主播在直播时暗示观看者加入相关QQ群，然后通过QQ群直播裸聊，并展示身体私密部位画面，以进入"表演群"的名义向观看者索要红包，以此获利。

（三）网络色情游戏

网络色情游戏是指含有色情成分的网络游戏，其游戏模式通常为玩家在游戏的过程中通过虚拟角色扮演，与异性进行虚拟性爱，从而获得愉悦满足。豌豆荚、91手机助手等14家手机游戏平台，以及趣游科技等8家网游公司，曾因运营"苍老师打飞机""蹂躏女优"等41款违规游戏产品或在推广宣传中宣扬色情内容被文化部点名。①网络游戏的服务对象主要是青少年，若青少年不小心接触到网络色情游戏，沉溺其中而不能自拔，不仅会影响学业，甚至会使得心智尚不成熟的青少年将虚拟角色复制到现实生活中，造成严重的社会危害。

（四）淫秽、色情信息的"微"传播

随着微博、微信以及抖音等移动社交媒体平台的快速发展，传播信息呈现出由宏到微的发展态势，具体表现是文字越来越少，视频越来越短，这种信息特征的变化符合个人传播者生产、传播信息的需要。而淫秽、色情信息同样不例外，甚至对这种变化适应得更加迅速。

在移动互联网领域，为了适应手机观看淫秽、色情信息的需要，多种淫秽、色情内容形式都进行了微小化改编，最为常见的有淫秽、色情短视频，淫秽、色情图片，带有淫秽、色情内容的微博等。例如臭名昭著的"三里屯优衣库事件"，其内容最开始在微博平台发出，随后引发了社会的巨大争议，即使在微博平台对其进行删除后，因其视频内容较为短

---

① 温天越. 14家手游平台运营色情游戏被查[EB/OL].（2014-05-28）[2022-05-03]. news.sohu.com/20140528/n400172842.shtml.

小可随意下载传播，导致仍然在微信等人际传播渠道大量流传，造成了极恶劣的社会影响。

在这个人人有手机的移动新媒体时代，短小内容获取和传播的便捷性使得每个人都有可能成为淫秽、色情信息的传播者。一个个简单的转发便可使得淫秽、色情信息如病毒般在人群间传播开来，从而使得那些平时无法主动搜寻此类信息的人群，如青少年儿童也被动接收淫秽、色情信息，其传播范围空前广泛。

三、新媒体下淫秽、色情信息的传播特点

随着互联网和新媒体的快速发展，使用网络、智能手机的人数快速增长，加之新媒体互动便利的传播特点，都使得淫秽、色情内容的传播在新媒体环境下更加容易。新媒体环境下淫秽、色情内容的传播也呈现出一些新的特点，如快速扩散性、形式多样性、传播跨国界、身份虚拟性、手段隐蔽性等，使其对社会的危害更大，对网络淫秽、色情内容的界定、防控及调查取证也变得更为困难。

（一）网络淫秽、色情内容及传播形式的多样性

相较于淫秽、色情信息在传统媒体中一对一且主要依靠人际传播的传播方式，在互联网新媒体环境下，淫秽、色情信息既可以实现隐蔽的一对一传播，又能够通过一对多的大范围传播方式进行扩散。此外，在传统媒体中，多数淫秽、色情内容的呈现形式较为单一，无论是文字、图片、音频、视频，都或多或少地受到载体特性的局限，无法实现多种内容形式共存。而在互联网新媒体环境下，淫秽、色情内容的传播则可以将上述多种内容完全归于一体，通过五花八门的各种传播方式大范围地扩散。

除了互联网刚刚开始发展时的淫秽、色情网站、论坛外，随着移动互联网尤其是社交媒体平台的快速发展，如今微博、微信、网盘等全新的媒体传播平台正成为淫秽、色情信息传播的新路径，并且较之前更为隐蔽，更加难以监管，且传播范围更广，危害更大。以微信为例，作为近年来新兴的社交平台，其凭借即时性、便捷性等特点受到了网民的热烈推崇，用户数呈指数级增长。但正是由于其信息发送的便捷性和广泛性，使得其成为淫秽、色情信息传播的优良土壤。由于微信平台上个人间的信息发送无须通过严格审核，淫秽、色情信息能够迅速且便捷地到达传播对象手中，并且随着微信群组的日益壮大，其兼具了一对多的传播模式，又使得淫秽、色情信息的传播效率大大提高，监管更加困难。

在人人都是传播者的新媒体社会，由于不同人群拥有的终端设备不同且对内容关注点的不同，传播的方式和内容都呈现出多元化态势，各种不同类型的淫秽、色情信息以各自适合的传播方式快速且隐蔽地进行传播。淫秽、色情文字、声音、图像等不同内容形式呈现互相交融的内爆状态，使得传播内容更为虚拟多样，传播方式也花样百出，这些都对新媒体环境下的淫秽、色情信息的治理提出了更高的要求。

（二）网络淫秽、色情内容传播的交互性和即时性

在互联网新媒体环境下，网络淫秽、色情的内容不仅多样，并且呈现出一些传统媒体内容所不具备的新特点。

由于互联网是一个具有高度交互性的虚拟空间，不同用户均可以参与其中，并随时随地与他人共享、交流淫秽、色情信息，发表意见并进行即时的互动，甚至直接参与到淫秽、色情信息的生产制作，如直接点播网络淫秽、色情直播，或是利用网络技术制作文字、图片、音频、视频等任何一种或几种形式组合起来的淫秽、色情内容。随网络直播一同产生并发展起来的网络色情直播，就是新媒体环境下淫秽、色情信息传播高度交互性的一大证明。

网络淫秽、色情信息传播的即时性主要体现在实时性和便捷性上。实时是指通过网络传播的信息可以与现实社会发生的事件连为一体，达到时间上的高度一致，即事件发生时，信息也已在网上发布，突破了传统媒体受时间、地点、版面等的限制。除了上文提到的网络色情直播外，利用社交媒体快速传播的与个人有关的淫秽、色情信息也是实时性特点的一大体现。而网络淫秽、色情信息传播的便捷性则是指相较于过去传统传播方式的烦琐、复杂、等待时间长，互联网新媒体环境下的淫秽、色情信息传播几乎不需要任何等待时间，传播难度大为缩减，便捷程度大大提升，使得淫秽、色情信息的获取几乎没有成本，随时随地，唾手可得。而这也使得互联网中淫秽、色情信息的传播范围更广，尤其是对于青少年儿童，社会危害性更大。

（三）网络淫秽、色情信息传播的隐蔽性和广泛性

传统淫秽、色情信息往往采取由上向下的传播方式，受众一般来说并不参与信息的制作、发布和传播，淫秽、色情网站和论坛是最主要的传播途径，其易于被发现和举报，并且淫秽、色情信息的源头也易于查找。但在互联网新媒体环境下，社交媒体成为淫秽、色情信息的重要传播途径，社交媒体尤其是新兴的去中心化的移动社交媒体，使得淫秽、色情信息的传播不依赖于某一个源头，而是人人都可以成为其传播者，并且信息一旦复制传播开来，便难以通过封禁源头的方式予以管治。传播者也可以变换多种形式对其进行传播，使得传播的隐蔽性大大增强，管理难度极大。

正如前文所述，互联网中淫秽、色情信息的传播范围较以往大大扩展且便捷性大幅提高，使得任何人都可以轻易通过互联网尤其是新媒体获取到相关信息，从而极大拓宽淫秽、色情信息的受众范围。任何参与到新媒体中的用户都有可能成为受传对象，而这其中原本受社会重点保护的青少年儿童，往往会因其正处于心智尚未成熟且好奇心旺盛的年纪，而成为最主要的受害对象。

（四）网络淫秽、色情内容的跨国传播

互联网空间的无界性和信息传播的便捷性，使得淫秽、色情信息的跨国传播成为一个重要问题。不同国家间对于淫秽、色情信息管治的不同法律要求，给予了一些犯罪分子钻法律漏洞的机会。此前，许多淫秽、色情网站在国内通过托管服务器或者租用服务器空间的方式来提供相关违法内容。但随着我国监管力度的加强，大部分发展成熟的淫秽、色情网站为逃避监管，将服务器转移到了国外，以躲避国内监管机构的管理和制裁。比如，一些太平洋岛国的法律是允许本国网站从事色情业务的而且成本低廉，我国大量的淫秽、色情网站都是通过这种方式建立起来的。

作为一种超越国家地域限制的新型犯罪，除了加强对本国互联网环境的监管治理外，要想对其实现根本上的杜绝，还需要各个国家或地区对其建立起统一的监管标准，共同行动，维护互联网空间的安全与健康。

第二节 与淫秽、色情信息有关的法律规制及治理

一、我国与淫秽、色情信息有关的法律法规

网络传播淫秽、色情信息危害社会正常秩序，毒害思想，腐蚀人性，尤其是对青少年危害更大，要对其坚决予以治理。我国对传播淫秽、色情信息形成了较为全面的依法管理机制，由以《刑法》为依据的刑事处罚、以《中华人民共和国治安管理处罚法》（简称《治安管理处罚法》）为依据的治安管理处罚、以多项一般性法律法规为主的文化行政处罚以及行业自律规章构成了阶梯级治理机制。

（一）以《刑法》为依据的刑事治理机制

我国在应对传播淫秽、色情物品等违法犯罪行为时，主要的法律依据是《刑法》第三百六十三条至三百六十七条，主要涉及以下几个罪名。

1. 制作、复制、出版、贩卖、传播淫秽物品牟利罪

我国《刑法》第三百六十三条规定："以牟利为目的，制作、复制、出版、贩卖、传播淫秽物品的，处三年以下有期徒刑、拘役或者管制，并处罚金；情节严重的，处三年以上十年以下有期徒刑，并处罚金；情节特别严重的，处十年以上有期徒刑或者无期徒刑，并处罚金或者没收财产。"需要特别说明的是，上述"制作、复制、出版、贩卖、传播"这五种行为不需要同时具备，而只要实施其中一种行为，即可构成本罪。而同时实施几种行为的，也只定该罪一项罪名，不适用数罪并罚。

此外，2010年1月通过的《最高人民法院、最高人民检察院关于办理利用互联网、移动通讯终端、声讯台制作、复制、出版、贩卖、传播淫秽电子信息刑事案件具体应用法律若干问题的解释（二）》（以下简称《解释（二）》）中的第一条规定：以牟利为目的，利用互联网、移动通讯终端制作、复制、出版、贩卖、传播淫秽电子信息的，依照《最高人民法院、最高人民检察院关于办理利用互联网、移动通讯终端、声讯台制作、复制、出版、贩卖、传播淫秽电子信息刑事案件具体应用法律若干问题的解释》第一条、第二条的规定定罪处罚。以牟利为目的，利用互联网、移动通讯终端制作、复制、出版、贩卖、传播内容含有不满十四周岁未成年人的淫秽电子信息，具有下列情形之一的，依照刑法第三百六十三条第一款的规定，以制作、复制、出版、贩卖、传播淫秽物品牟利罪定罪处罚：

（一）制作、复制、出版、贩卖、传播淫秽电影、表演、动画等视频文件十个以上的；

（二）制作、复制、出版、贩卖、传播淫秽音频文件五十个以上的；（三）制作、复制、

出版、贩卖、传播淫秽电子刊物、图片、文章等一百件以上的;(四)制作、复制、出版、贩卖、传播的淫秽电子信息,实际被点击数达到五千次以上的;(五)以会员制方式出版、贩卖、传播淫秽电子信息,注册会员达一百人以上的;(六)利用淫秽电子信息收取广告费、会员注册费或者其他费用,违法所得五千元以上的;(七)数量或者数额虽未达到第(一)项至第(六)项规定标准,但分别达到其中两项以上标准一半以上的;(八)造成严重后果的。实施第二款规定的行为,数量或者数额达到第二款第(一)项至第(七)项规定标准五倍以上的,应当认定为刑法第三百六十三条第一款规定的"情节严重";达到规定标准二十五倍以上的,应当认定为"情节特别严重"。

《解释(二)》第四条规定,以牟利为目的,网站建立者、直接负责的管理者明知他人制作、复制、出版、贩卖、传播的是淫秽电子信息,允许或者放任他人在自己所有、管理的网站或者网页上发布,具有下列情形之一的,依照刑法第三百六十三条第一款的规定,以传播淫秽物品牟利罪定罪处罚:(一)数量或者数额达到第一条第二款第(一)项至第(六)项规定标准五倍以上的;(二)数量或者数额分别达到第一条第二款第(一)项至第(六)项两项以上标准二倍以上的;(三)造成严重后果的。实施前款规定的行为,数量或者数额达到第一条第二款第(一)项至第(七)项规定标准二十五倍以上的,应当认定为刑法第三百六十三条第一款规定的"情节严重";达到规定标准一百倍以上的,应当认定为"情节特别严重"。

《解释(二)》第六条规定,电信业务经营者、互联网信息服务提供者明知是淫秽网站,为其提供互联网接入、服务器托管、网络存储空间、通讯传输通道、代收费等服务,并收取服务费,具有下列情形之一的,对直接负责的主管人员和其他直接责任人员,依照刑法第三百六十三条第一款的规定,以传播淫秽物品牟利罪定罪处罚:(一)为五个以上淫秽网站提供上述服务的;(二)为淫秽网站提供互联网接入、服务器托管、网络存储空间、通讯传输通道等服务,收取服务费数额在二万元以上的;(三)为淫秽网站提供代收费服务,收取服务费数额在五万元以上的;(四)造成严重后果的。实施前款规定的行为,数量或者数额达到前款第(一)项至第(三)项规定标准五倍以上的,应当认定为刑法第三百六十三条第一款规定的"情节严重";达到规定标准二十五倍以上的,应当认定为"情节特别严重"。

《解释(二)》第七条规定,明知是淫秽网站,以牟利为目的,通过投放广告等方式向其直接或者间接提供资金,或者提供费用结算服务,具有下列情形之一的,对直接负责的主管人员和其他直接责任人员,依照刑法第三百六十三条第一款的规定,以制作、复制、出版、贩卖、传播淫秽物品牟利罪的共同犯罪处罚:(一)向十个以上淫秽网站投放广告或者以其他方式提供资金的;(二)向淫秽网站投放广告二十条以上的;(三)向十个以上淫秽网站提供费用结算服务的;(四)以投放广告或者其他方式向淫秽网站提供资金数额在五万元以上的;(五)为淫秽网站提供费用结算服务,收取服务费数额在二万元以上的;(六)造成严重后果的。实施前款规定的行为,数量或者数额达到前款第(一)项至第(五)项规定标准五倍以上的,应当认定为刑法第三百六十三条第一款规定的"情节严重";达到规定标准二十五倍以上的,应当认定为"情节特别严重"。

2. 传播淫秽物品罪

我国《刑法》第三百六十四条规定:"传播淫秽的书刊、影片、音像、图片或者其他淫秽物品,情节严重的,处二年以下有期徒刑、拘役或者管制。组织播放淫秽的电影、录像等音像制品的,处三年以下有期徒刑、拘役或者管制,并处罚金;情节严重的,处三年以上十年以下有期徒刑,并处罚金。制作、复制淫秽的电影、录像等音像制品组织播放的,依照第二款的规定从重处罚。向不满十八周岁的未成年人传播淫秽物品的,从重处罚。"

《解释(二)》第二条规定,利用互联网、移动通讯终端传播淫秽电子信息的,依照《最高人民法院、最高人民检察院关于办理利用互联网、移动通讯终端、声讯台制作、复制、出版、贩卖、传播淫秽电子信息刑事案件具体应用法律若干问题的解释》第三条的规定定罪处罚。利用互联网、移动通讯终端传播内容含有不满十四周岁未成年人的淫秽电子信息,具有下列情形之一的,依照刑法第三百六十四条第一款的规定,以传播淫秽物品罪定罪处罚:(一)数量达到第一条第二款第(一)项至第(五)项规定标准二倍以上的;(二)数量分别达到第一条第二款第(一)项至第(五)项两项以上标准的;(三)造成严重后果的。

《解释(二)》第三条规定,利用互联网建立主要用于传播淫秽电子信息的群组,成员达三十人以上或者造成严重后果的,对建立者、管理者和主要传播者,依照刑法第三百六十四条第一款的规定,以传播淫秽物品罪定罪处罚。

《解释(二)》第五条规定,网站建立者、直接负责的管理者明知他人制作、复制、出版、贩卖、传播的是淫秽电子信息,允许或者放任他人在自己所有、管理的网站或者网页上发布,具有下列情形之一的,依照刑法第三百六十四条第一款的规定,以传播淫秽物品罪定罪处罚:(一)数量达到第一条第二款第(一)项至第(五)项规定标准十倍以上的;(二)数量分别达到第一条第二款第(一)项至第(五)项两项以上标准五倍以上的;(三)造成严重后果的。

(二)以《治安管理处罚法》为依据的治安管理处罚机制

对于情节显著轻微尚不构成犯罪的制作、复制、出售或传播淫秽物品的行为,《治安管理处罚法》第六十八条规定:"制作、运输、复制、出售、出租淫秽的书刊、图片、影片、音像制品等淫秽物品或者利用计算机信息网络、电话以及其他通讯工具传播淫秽信息的,处十日以上十五日以下拘留,可以并处三千元以下罚款;情节较轻的,处五日以下拘留或者五百元以下罚款。"

(三)以多项一般性法律法规为主的文化行政处罚机制

新闻出版署发布的《关于重申严禁淫秽出版物的规定》规定:淫秽出版物应一律查禁。对出版、印制、贩卖、出租、窝藏淫秽出版物者,根据法律规定,应由公安、司法机关依法惩处。在公安、司法机关惩处之前,可先按此文补充规定第二条给予经济的、行政的处罚。虽不属淫秽出版物,但是色情内容突出,毒害青少年身心健康的,一律不得出版、印制、贩卖、出租、窝藏。如有违反,应给予该单位一项或几项处罚,包括停印、停售、没收所得全部收入、罚款、停业整顿、吊销社号刊号或营业执照。对虽有艺术价值但夹杂淫秽内容,对青少年产生不良影响的文艺作品如果安排出版,地方出版单位必须事先将选题、印数和发行范围上报省、自治区、直辖市新闻出版局审核批准,并报新闻出版署备案。中央一级出版单位必须事先报新闻出版署审核批准。如有违反,应给出版单位以一项或几项行政处罚,包括没收所得利润、罚款、停业整顿。对地方出版单位的处罚决定,由省、自治区、直辖市新闻出版局做出,报新闻出版署备案;对中央一级出版单位的处罚决定,由其上级主管单位做出。必要时新闻出版署可以直接处理。

2016年7月,文化部出台《文化部关于加强网络表演管理工作的通知》,首次明确了表演者为直接责任人,今后网络直播将实行随机抽查,表演者一旦上"黑名单"将被全国禁演。若开展含有低俗、色情、暴力等国家法律法规禁止内容网络表演的,对提供上述违法违规网络表演的网络表演经营单位,文化行政部门和文化市场综合执法机构应坚决予以查处,没收违法所得,并处罚款;情节严重的,责令停业整顿直至吊销《网络文化经营许可证》;构成犯罪的,依法追究刑事责任。

2017年6月1日正式实施的《中华人民共和国网络安全法》第十二条也明确规定了:"国家保护公民、法人和其他组织依法使用网络的权利,促进网络接入普及,提升网络服务水平,为社会提供安全、便利的网络服务,保障网络信息依法有序自由流动。任何个人和组织使用网络应当遵守宪法法律,遵守公共秩序,尊重社会公德,不得危害网络安全,不得利用网络从事危害国家安全、荣誉和利益,煽动颠覆国家政权、推翻社会主义制度,煽动分裂国家、破坏国家统一,宣扬恐怖主义、极端主义,宣扬民族仇恨、民族歧视,传播暴力、淫秽、色情信息,编造、传播虚假信息扰乱经济秩序和社会秩序,以及侵害他人名誉、隐私、知识产权和其他合法权益等活动。"

(四)行业自律规章

2004年6月10日,中国互联网协会发布的《互联网站禁止传播淫秽、色情等不良信息自律规范》是直接与网络淫秽、色情信息传播相关的一部行业自律规章。该规范开篇第一条明确说明:"为促进互联网信息服务提供商加强自律,遏制淫秽、色情等不良信息通过互联网传播,推动互联网行业的持续健康发展,特制订本规范。"并且提出"互联网站不得登载和传播淫秽、色情等中华人民共和国法律、法规禁止的不良信息内容""不渲染、不集中展现关于性暴力、性犯罪、性绯闻等新闻信息;此类内容须严格控制数量,并不得在多个频道或栏目同时登载。登载这类新闻信息,应有利于弘扬社会正气和维护社会公德,确保导向正确""不以任何形式登载和传播含有淫秽、色情等不良信息内容的广告;不为含有淫秽、色情等不良信息内容的网站或网页提供任何形式的宣传和链接"的自律约定。[1]

二、网络淫秽、色情信息传播的治理现状及问题

新媒体技术的快速发展给治理网络传播淫秽、色情信息增加了难度,具体表现在以下几个方面。

---

[1] 互联网站禁止传播淫秽、色情等不良信息自律规范[J]. 信息网络安全, 2004 (7): 7.

(一) 法律法规不完善

美国的《儿童在线保护法案》《儿童在线隐私保护法案》和《儿童互联网保护法案》，法国的《未成年人保护法》，日本的《关于处罚致使儿童卖春、儿童涉黄相关行为以及儿童保护法律》，以及德国的《阻碍网页登录法》都从保护未成年的角度出发管制网络淫秽信息，明确了互联网企业和家长、学校的义务责任。[①]

目前，我国对网络管理的现行法律法规尚不健全、不完备，不利于打击网络传播淫秽、色情违法犯罪活动。当前我国网络涉黄的法律主要集中在行政法规上，具有局限性，稍显笼统，现实可操作性较弱，在一定程度上滞后于打击和治理网络涉黄违法犯罪形势的发展。

(二) 管辖问题

互联网时代的淫秽、色情信息常常突破省市甚至国界，网上传播淫秽、色情违法犯罪活动更是人物分离，也就是说通常违法犯罪行为人与淫秽、色情数据所在的服务器并不处于同一地区。对于不同国家和地区来讲，存在着司法管辖权的问题，法律冲突在所难免，使得一些原本极具危害性的网络违法犯罪行为难以受到同一国法律的制裁，贻害无穷。

(三) 证据问题

网络涉黄案件取证难、难取证。所谓取证难是由网络的开放性、虚拟性、无地域性决定的。网上淫秽、色情信息的传播都非常隐蔽，网站的建立、维护都是通过互联网来完成的，管理人员通过加密、代理等方式进行维护，且网站域名经常更换。建站人员、信息采集人员和其他相关人员互相之间完全通过互联网进行联系，并使用其行话和暗语交流，很难获得网站完整的组织结构，用户账号和密码只是一个网上虚拟身份并不对应具体的人，而 IP 对应的也是一个上网终端而不是一个具体的人，由单一案件到确定具体的犯罪嫌疑人极其困难。[②]牟利资金结算使用第三方支付的方式完成或者异地开户并网上存取，证据极易被篡改、破坏和丢失。此外，该类网站常使用境外主机空间建立网站，涉案数据均保存在境外的服务器上，通过涉外司法途径获取证据的周期长、难度大。

所谓难取证就涉及有关互联网的立法问题。网络涉黄案件同其他网络违法犯罪案件证据一样已经超出了《刑事诉讼法》规定的证据范畴。尽管网络涉黄案件证据可以归类到《刑事诉讼法》规定证据的视听资料，但网上传播淫秽、色情违法犯罪活动形式各异，证据也呈现出多样性、电子性、存储性的特点，如何取证、怎样取证、取证有什么标准等，都需要从法律上予以明确。

(四) 查阅问题

网上淫秽、色情信息的泛滥与网上查阅淫秽、色情信息密切相关。尽管《中华人民共和国计算机信息网络国际联网管理暂行规定》《计算机信息网络国际联网安全保护管理办法》《互联网上网服务营业场所管理条例》都明确规定，任何单位和个人不得查阅淫秽、

[①] 杨丽莉. 网络淫秽信息的治理——反思"运动式"治理模式[J]. 法制与社会，2014（23）：195-196.
[②] 张洁. 构建打击网络淫秽色情犯罪的电子证据体系[J]. 云南警官学院学报，2012（1）：72-76.

色情信息，但不少人认为法律难以调控人们的道德领域，因为在自己家中浏览网络色情内容，对他人以及社会并无太大的危害影响，不应算是违法行为。因而，虽然网络法规规定任何单位和个人不得查阅淫秽、色情信息，但在现实操作中是很难做到的。

（五）购黄问题

现行网络立法和法律法规难以解释"网上购买淫秽物品是否违法"。《刑法》仅对制作、复制、出版、贩卖、传播淫秽物品的行为进行了明确的法律规定，《中华人民共和国治安管理处罚条例》中也只是禁止制作、复制、出售、出租或者传播淫秽物品的行为，而网络法规则规定不得制作、查阅、复制和传播淫秽、色情信息。如此，如果仅是购买淫秽物品且不以牟利为目的以及不形成传播，那么就不构成犯罪。但是，如果购买淫秽物品不违法，那么以牟利为目的的复制、贩卖淫秽物品等行为就会屡禁不绝。因而，利用互联网购买淫秽物品等是打击淫秽、色情信息传播中遇到的一个缺乏法律依据的问题，需要在今后的网络立法中予以明确。[①]

（六）手机淫秽问题

移动互联网和手机等移动终端设备的快速发展，使得手机也成为网络传播淫秽、色情信息的一大渠道。目前我国对"手机黄毒"现象的治理成效并不明显，究其深层原因是因为我国缺少一部具有权威性的专门调整电信关系的电信法，而美国、日本、韩国及欧洲各国几乎都在 20 世纪中后期就出台了电信法。目前我国电信行业比较权威的法律仅仅是一部《中华人民共和国电信条例》，这是一部行政法规，内容主要偏重行政措施的规定，很少涉及规范移动运营商、手机内容提供商与手机用户之间民事法律关系。[②]

（七）监管技术手段落后

相对互联网信息海量的增长和网盘存储、内容分发网络等新技术的兴起，原有的淫秽、色情信息监管方法存在发现速度慢、全网排查周期长、节目研判智能化程度低、一线工作人员劳动强度大等问题，且主要依靠人工进行排查、研判、封堵的方式，已经难以满足政府部门的管理要求和行业健康发展的需求。

美国目前采用的主要分级技术标准为互联网内容选择平台（platform for internet content selection，PICS）。PICS 并非为了审查而设立，而是为了控制网络不良信息的使用，更是为了避免青少年借助网络平台获取不良信息。新加坡则开发了家庭上网系统（family access networks，FAN），通过政府与媒体机构的合作，过滤淫秽、色情信息等。此外，学校、社区和图书馆等场所的计算机中，也安装了必要的过滤软件。从 2001 年开始，韩国也正式施行网络内容分级制度，政府要求网络运营商必须依照 PICS 标准，对包含不适宜未成年人浏览和阅读的内容设置醒目的标志，且相关部门必须安装过滤系统，将含有淫秽和暴力等不良信息的网站列入"黑名单"。

[①] 杜剑虹. 打击淫秽色情网站的几个法律问题探讨[J]. 公安学刊-浙江公安高等专科学校学报，2005（2）：44-46.

[②] 纪红心. 手机黄毒对青少年的毒害及对策研究[J]. 青少年犯罪问题，2013（5）：67-71.

（八）运动式治理不能治本

为了净化网络环境，相关部门定期开展的网络"扫黄打非"运动，虽然取得了较为显著的成果，但这种紧一阵松一阵的严打手段只能治标而不能治本，网络淫秽、色情信息传播会死灰复燃，不能从根本上解决问题。为此，我们必须要建立一套长效机制。要想从根本上净化环境，就需要通过稳定的制度进行治理，网络淫秽、色情信息传播的问题才能够得到根治。

三、治理网络淫秽、色情信息传播的对策建议

（一）完善法律法规

第一，完善《刑法》和《刑事诉讼法》的有关规定，将网络涉黄立法纳入《刑法》，加强网络传播淫秽、色情信息治理的针对性。明确《刑法》中有关该性质犯罪的罚金数额规定。《刑法》中的有关条文，只是规定了对犯罪人在判处主刑之时需要并处罚金和没收财产，并没有明确罚金的数额标准，这就影响了司法部门的实际操作，应对该性质犯罪罚金的数额标准做出明确的规定。

第二，制定国际公约，加强国际司法协作。由于互联网存在着跨国家、地区传播信息的特性，利用网络传播淫秽、色情的违法犯罪已经趋于国际化了，因此，应当及时制定有关的国际公约，加强国际司法的协作，共同防范和打击网络传播淫秽、色情信息的违法犯罪行为。

第三，确立电子证据的法律地位。在实际操作中，从《刑事诉讼法》到《公安机关办理刑事案件程序规定》都没有对电子证据具体的法律定位，只有《计算机犯罪现场勘验与电子证据检查规则》对电子证据扣押、封存、提取、固定相关内容进行了描述，在指引和规范日益复杂的实际案件取证工作方面已显现出极大的矛盾。因此，为司法实务提供明确的法律依据，结束电子证据法律定位的规避状态，已成为我国证据立法迫切需要解决的问题。

第四，规范移动运营商、手机内容提供商与手机用户之间的民事法律关系。对于移动运营商，规定供应商提前安装相关软件的义务。可借鉴日本《青少年网络环境整备法》要求，手机网络运营商在向未满 18 岁的未成年提供服务时必须在手机中安装过滤有害网站的软件。对于内容提供商，要规定严格的分级制度。在美国，如果让年龄限制以下的孩子接触到对其所处年龄段有害的信息，电信运营商及内容提供商就会受到法律的制裁。我国应该加强这方面的立法，将手机游戏分级，针对未成年人制定相应的保护和惩罚措施。对特定网站实行上网实名制。在韩国，那些不适宜青少年浏览的网站，实行了严格的年龄和身份核实措施，如有违反必定重罚。我国应当借鉴韩国的做法，在手机实名制的基础上，增加特定网站上网实名制的法律规定。

第五，构建网络信息分级制度。美国、法国、意大利、新加坡等国家都采取分级治理的制度，尤其突出对未成年人的保护，美国的分级制度建设得较为成熟。例如，美国联邦政府 2006 年提案要求含色情内容的网站必须加入官方警示标识；众议院司法委员会要求色情邮件须加注标识以便收件人有权在未阅读的情况下删除邮件；涉及色情的分级采用内

容分级(软色情和硬色情)、受众分类(成年人和未成年人)、控制分层(代码层、内容层、物理层)的划分方式,在保护正当表达自由的同时对淫秽、色情内容进行管制。[①]我国法律体系中并未清晰地对涉淫秽、色情的内容进行具体分类,可针对未成年人制定单独的法律,保护未成年人不受网络淫秽、色情内容的污染。我国可借鉴新加坡、美国等国家的经验,采取事先分级许可制度,对有关网站内容进行分类、甄别、细化,根据受众心理将其限定在什么范围、哪种程度、可以通过什么途径为哪些人接收。[②]

(二) 注重安全技术的研发和大数据的应用

注重安全技术的研发,要从根本上把握与网络淫秽、色情信息斗争的主动权,必须拥有信息安全核心技术。我国要大力加强原始性创新、集成创新和在引进先进技术基础上的消化、吸收、创新,努力在若干重要领域掌握一批核心技术,拥有一批自主知识产权,造就一批具有国际竞争力的企业和品牌,为我国信息安全和打击网络色情的斗争提供强大的技术支撑。

大数据技术是指所处理的信息规模巨大到无法通过目前的工作模式,在合理的时间内统计、分析出更加有价值的结论。维克托·迈尔·舍恩伯格及肯尼斯·库克耶指出,大数据具有大量、高速、多样、价值的特点。[③]近年来,大数据领域的研究成果已经成功地应用在消费预测、天气预报、疾病治疗等各个方面。大数据技术在解决海量信息的采集、分类、分析和综合等方面具有突出优势。大数据能够快速、准确地定位网络传播的淫秽、色情信息,辅助违规信息研判以及违规效果复核,提高监管效率,从而满足政府相关部门的管理需求,减少对青少年身心健康的危害。

利用大数据可以对淫秽、色情网站的特征进行总结,归纳出其模板特征,如网站名称、图片信息、视频类型等信息,对访问量大的网站进行搜索,一旦发现符合相关特征,直接上报封堵即可,可有效提高发现能力。网络视听节目爬虫技术对疑似网站的视听节目分别进行广度和深度搜索,与关键词库进行比对,查找是否存在已经定性的违规内容,提高对于网站的研判能力。加强对网络热词的重点排查,针对网络中传播较多的淫秽、色情节目进行重点排查,并且对网络中的热搜词加强关注,特别是出现的各种事件,做到及时发现、及时上报。面对系统上报的庞大数据,需要系统进行二次筛选,区别对待已经确定上报过的数据和新发现的数据。对于新上报的网站需要根据其浏览量和影响力来判断,使用不同的颜色进行标注。在得到庞大数据之后,还需要对数据进行分析整理,按照网站名称、域名、IP地址、归属地、采集次数等相关方式进行整理,自动生成报告,以供相关政府部门参考使用。[④]

(三) 转变突击式整治为长久式防控

突击式治理的基本逻辑是:高强度、间歇反复,集中力量打一阵、放松力量停一阵、

[①] 毕研韬. 各国对网络色情的控制手段[J]. 信息网络安全, 2007 (8): 70-73.
[②] 武静. 中国网络淫秽色情的法律规制[J]. 太原大学学报, 2013, 14 (1): 27-32+52.
[③] 维克托·迈尔·舍恩伯格, 肯尼思·库克耶. 大数据时代[M]. 杭州: 浙江人民出版社, 2013.
[④] 司凯威. 大数据在网络淫秽色情节目监管中的应用研究[J]. 广播与电视技术, 2015, 42 (11): 109-111.

再抓紧时机打一阵、再停下步伐稳一阵。其行动永远在路上，解决永远无可能。[①]只有建立长效机制，坚持"打防结合、预防为主，专群结合、依靠群众，加强管理、重在治本"的方针，调动一切积极因素，深入持久地打击网络淫秽、色情信息，维护网络和谐稳定，才能保护网民特别是青少年的身心健康，具体做法包括以下几方面。

第一，建立全方位的防范监控机制。由于网络淫秽、色情违法犯罪蔓延传播快，难以控制，因此需要建立全方位的防范控制机制，实现全方位的有效监管。① 通过信息管理部门，利用信息技术分析潜在的淫秽、色情信息，预测可能形成的衍生信息，从而做出主体性的防范和应对措施；② 对信息网络和信息系统安全进行监管，对密码进行监管，对信息安全产品进行监管，对安全服务单位资质、检测机构资质和安全从业人员资质进行监管，对互联网域名、IP地址和网络服务提供商等进行监管，有效地监视和控制违法犯罪。

第二，加强科学化管理。从教育、预警、防范、监控、应急处理和打击犯罪等环节和信息网络方面，采取多种措施进行管理，积极推行"谁主管、谁负责，谁经营、谁负责，谁建设、谁负责，谁使用、谁负责"的管理责任制。各有关单位都应认真履行自己的责任，齐抓共管，形成合力，对网络淫秽、色情信息的制作、销售、传播的各个环节同时采取措施，切断网络淫秽、色情网络牟利的各个链条，特别要切断淫秽、色情网站的资金渠道，从源头堵住色情网络的收费渠道。相关部门应建立网络分级制度，明确网络淫秽信息的分级标准和相应的管理制裁标准，并根据淫秽信息的等级对淫秽事件的信息进行管理。例如，相关视频、图片不得在主流媒体中出现，对相关评论采取注册制、审核制度，从而有效控制、节制淫秽信息，净化网络信息传播空间。

第三，加强群防群治。网络上淫秽信息越来越隐蔽和趋于多变，尤其是借助论坛、贴吧、博客、微博、微信、即时通信群组等渠道进行传播，而公安机关的力量有限，导致整治难度不断加大。加强群防群治就是要做到：① 选择典型案件公开曝光、宣传，发动广大人民群众自觉同网络淫秽、色情违法犯罪活动做斗争，形成对网络淫秽、色情人人喊打的浩大声势；② 进一步完善举报奖励制度，充分调动广大人民群众参与防范和打击网络淫秽、色情犯罪的积极性，努力形成人人关心网络安全，共同抵御网络淫秽、色情违法犯罪的浓厚氛围；③ 继续抓好信息安全法制宣传工作和网络思想道德教育，增强人民群众的法制意识和思想道德观念，自觉遵守网络道德，规范网络行为，逐步削弱和铲除滋生网络淫秽、色情违法犯罪的根源。[②]

（四）加强行业和网民自律

网络技术使信息的传播内容和传播方式发生了颠覆性的变革，普通公众可以更自由地发布信息，这也导致网络信息包含大量不适宜未成年获取的信息。美国将"减少干预、重视自律"作为规制网络的一项重要原则，通过自律机制这种软性的社会调控方式，来规避立法滞后性带来的风险。当前，美国的自律模式主要有两方面：一方面是传媒行业的自律，政府制定引导性的政策，传媒行业组织制定实施具体的操作细则通过政府与行业组织的共

[①] 杨志军. 运动式治理悖论：常态治理的非常规化——基于网络"扫黄打非"运动分析[J]. 公共行政评论，2015，8（2）：47-72+180.
[②] 卢新德，刘晶晶. 网络淫秽色情屡打不绝的原因及对策[J]. 山东社会科学，2008（5）：157-160.

同合作，推动传媒行业自律机制的不断完善；另一方面是普通大众的自律，政府借助教育和技术等手段呼吁普通大众加强个人自律。网络媒体兴起后，英国组建了半官方性质的行业自律组织——互联网观察基金会（Internet Watch Foundation，IWF）。IWF 将网络上的不良信息和相关网站通报给网络和技术服务商，让其对上述信息做出拦截或者过滤。公众还可以通过网络热线向 IWF 投诉，IWF 会进行深入调查并做出相应处理。

当今的网络淫秽、色情违法行为已经形成一个暴利的黑色产业链，主要包括内容提供（内容制造）、平台提供（网络空间）和资金支付渠道三大环节。少数内容提供商、网络运营商和金融单位已经形成了一个利益共同体，他们为了获取巨额利润，为网络淫秽、色情犯罪分子提供互联网接入、服务器托管、网络存储空间、通信传输通道、费用结算等帮助。因此，只有切断网络色情产业牟利的各个链条，从源头上堵住其财源渠道，才能从根本上铲除网络淫秽、色情违法行业。

思 考 题

1. 具备何种类型和特点的信息将被视作淫秽、色情信息？
2. 新媒体环境下的淫秽、色情信息有哪些传播形式？
3. 网络环境下淫秽、色情信息的传播呈现出了哪些新特点？
4. 我国针对淫秽、色情信息传播形成了怎样的治理机制？
5. 在以《刑法》为依据的刑事治理机制下，应对传播淫秽、色情信息的行为进行哪些处罚？
6. 我国在网络淫秽、色情传播问题治理方面还存在哪些挑战？

实 践 任 务

选取一例典型网络淫秽、色情案件进行分析，讨论其构成哪些违法违规行为，应当如何处理行为主体？又应当如何整治此类行为从而避免类似案件的再发生？

第十二章

新媒体传播与侵权问题及其治理

> **学习提示**
>
> 媒体侵权在司法界尚未有确切的法律定义，但业内人士均认为媒体侵权指的是新闻主体通过新闻媒体传播新闻作品的方式，在新闻传播活动中对他人（包括公民和法人）的合法权益造成某种侵害的行为，如新闻媒体因采访报道和发布广告侵害到他人的名誉权、姓名权、肖像权、隐私权等行为就构成了媒体侵权。在过去有关媒体侵权的司法审判中参照的是《民法通则》（现已废止）等一般的民事侵权法规，但在二十余年的司法沿用过程中，媒体侵权逐渐涌现出了一些新的形式和内容，使得媒体侵权同一般的民事侵权有着诸多不同之处，给司法界定带来种种不便。本章分别从名誉权、隐私权、公民个人信息以及与公民权利相关的法律规制及新媒体侵权案例介绍了新媒体传播与侵犯公民权利的问题及治理。

新媒体凭借其报道即时、内容丰富、形式多样、裂变传播等优势极大地改变了人们的视听习惯，方便了人们的生活。然而，由于新媒体传播的低成本和公众法治意识的不完善，侵害媒体与公民合法权利，扰乱公共生活秩序的事件层出不穷。侵权案件的频繁发生，充分暴露了媒体技术高速发展的环境下我国法治建设的滞后。因此，对我国新媒体传播过程中的侵权行为和维权困境进行分析和建议，有利于构建和谐健康的新媒体传播环境。

第一节 侵犯名誉权

传播学认为大众传媒具有赋予地位的功能，即被传播者的声望和地位可以通过传播得到提高，但传播也可能给被传播者带来负面影响。在大众传媒上非法贬低特定人的正常社会评价、损害其人格尊严，是最常见的侵害名誉权行为。

新闻媒体的性质和社会角色,决定了它们在传播信息、实施舆论监督时,经常要把公民活动作为其报道的对象。在这个过程中,侮辱、诽谤、公布与公众利益无关的隐私,乃至报道失实、言论不公正、不合理地使用肖像等问题时有发生。这些会给公民合法权利带来损害的行为,对媒体来说应该是尽力规避的。

一、名誉及名誉权的概念

新闻侵害名誉权是新闻侵害公民权利最常见的表现形式,在实践中产生的纠纷最多,在理论界引发的争议也最多。

名誉(reputation),一般来说是指社会对民事主体的品德、才能以及其他素质的综合评价。①名誉权(right of reputation)是公民、法人享有的应该受到社会公正评价的权利和要求他人不得非法损害这种公正评价的权利。②

名誉权的权利主体既包括自然人,也包括法人和其他民事主体。在自然人(公民)的名誉权问题上,存在着死者是否享有名誉权的争议。我国《民法典》第十三条规定:"自然人自出生时起到死亡时止,具有民事权利能力,依法享有民事权利,承担民事义务。"按照此规定,名誉权作为公民享有的民事权利,在公民死亡时就已经不再具有,也就是说,死者是不具有名誉权的。但是,在司法实践中,又有许多案件牵涉死者的名誉问题,对此,最高人民法院在 1989 年以"复函"形式就"处理荷花女名誉权纠纷案"做出《关于死亡人的名誉权应受法律保护的函》的答复,其中明确指出:"吉文贞(艺名荷花女)死亡后,其名誉权应受法律保护。"这就是说,我国法律认定死者不享有名誉权,但其名誉如受到损害,在一定条件下仍可由近亲属提起诉讼。

法人的名誉权则与公民的名誉权不同。第一,名誉的内容不同。公民的名誉主要是对公民的能力、品行、作风、思想、才干等方面的社会评价,而法人的名誉则是对法人的信誉、资产经营活动、办事效率等的评价。第二,侵权形式不同。侵害公民名誉权的主要方式有侮辱、诽谤等。侮辱、诽谤的对象也主要是针对公民的品质、操守、能力等人格内容。针对法人的名誉侵害一般不会是暴力侮辱等只作用于自然人的侵权方式。由于法人无性格、操守等自然人的属性,因此侵权行为不可能针对这方面的内容。对法人名誉权的侵害通常采用的方式是捏造、散布虚伪事实,损害竞争对手的商业信誉、声誉,或者在新闻媒体上发表内容不实或者评论不当的新闻作品而损害法人的名誉等。侵害法人名誉权的行为有可能因为违反不正当竞争法的规定而构成不正当竞争行为,可以依照反不正当竞争法的规定要求侵害者承担责任。此外,两者在归责原则和举证责任、抗辩事由和赔偿方式上都有所不同。③

二、新闻侵害公民名誉权的构成要件

新闻侵权的构成,是指我国法律规定的受法律制裁的新闻违法行为必须具备的客观和

---
① 魏振瀛. 民法[M]. 北京:北京大学出版社,2000:652.
② 魏永征. 新闻传播法教程[M]. 北京:中国人民大学出版社,2002:134.
③ 王生智,刘庆传. 新闻侵害公民名誉权与法人名誉权之辨[J]. 新闻记者,2005(10):50-53.

主观方面要件的总和。不同的新闻侵权有不同的构成要件。造成侵害名誉权后果的,既有民事上的侵权行为,也有刑事上的侮辱罪、诽谤罪。[①]如今,新闻侵害名誉权是指通过新闻报道的方式实施了侵害公民、法人或非法人组织的名誉的行为。

一般来讲,新闻侵害名誉权的构成要件包括以下四点。

1. 行为人客观上存在损害他人名誉的事实,并为第三人知悉

侵权人实施了侮辱、诽谤等行为。所谓侮辱是指以语言或行为公然损害他人人格,毁坏他人名誉的行为。侮辱既可以以口头方式进行,也可以以行为方式进行,其表现形式是将现有的缺陷或其他有损于人的社会评价的事实扩散、传播出去,以诋毁他人的名誉,让其蒙受耻辱。

所谓诽谤,是指捏造和散布某些虚假事实、破坏他人名誉的行为。诽谤的方式有口头和文字等两种方式,其内容包括捏造和散布一切有损于他人名誉的虚假事实。只有在行为人所实施的侮辱、诽谤、披露其隐私权等行为影响到社会公众对受害人的评价时,才构成对名誉权的侵害。

2. 行为人主观上有过错

从法理上讲,对于公众人物提起的名誉侵权之诉,在主观过错方面的考察应当以行为人是否具有实际恶意为标准,没有实际恶意的行为,即使确实损害了公众人物的名誉,也不应认定为侵权。这种过错包括故意和过失。故意是指明知自己的行为会造成他人名誉的损害,仍然积极追求这种结果的发生。过失是指应当预见自己的行为可能造成他人名誉的损害,但由于疏忽大意或过于自信等而使损害后果发生。

3. 被侵害的对象应当是特定的人

所谓特定的人是指某个具体的自然人或法人。如果没有特定的人,则在法律上就不存在所谓的受害人了。但是,如果某些文学作品在描写中对特定的人进行了侮辱或诽谤,虽然使用的是代号或假名,但读者一看便可知晓其所指的对象是谁,这显然不能因其使用代号或假名而否认作者侵权。因此,如果所指定的对象是特定环境、特定条件下的具体人,即使没有指名道姓,同样可以构成对他人名誉权的侵害。

4. 造成了损害后果

所谓造成损害后果是指侵权人的行为对受害人的名誉造成了较严重的损害,使受害人感觉到一种不公正的社会压力或心理负担,精神上受到折磨,心理上遭受创伤。

第二节 侵犯隐私权

一、隐私及隐私权的概念

(一)隐私

隐私是指个人与社会公共生活无关的不愿为他人知悉或者受他人干扰的私人事项。这

[①] 张西明. 关于新闻侵害公民名誉权行为的研究[J]. 新闻与传播研究,1995(03):3-19.

个定义包括两个方面：一是个人与社会公共生活无关的事，即所谓"私"；二是个人不愿意被他人知悉（包括被他人打听、收集、传播等）或者受他人干扰（包括侵入、窥探、摄录等），即所谓"隐"。

隐私的内容可分为三种：第一，私人信息，包括个人的姓名、肖像、住址、私人电话，个人的储蓄、财产状况，日记、信件、未公开的遗嘱等私人文件，个人健康状况和疾病的记录，个人社会关系的记录等；还有一些特殊信息，如未成年人在未成年时的犯罪记录、犯罪（特别是性犯罪）受害人的受害记录等，应做隐私处理。第二，私人活动，如恋爱、婚姻、家庭生活，夫妻生活，个人的通信活动，私人交往活动，个人在公务工作之余的休憩活动等。第三，私人空间。首先指私人场所，除住宅外，至少还应包括酒店卧室、医院病房等在一定时限内归个人专门使用的生活场所。

（二）隐私权

隐私权是指自然人享有的私人生活安宁与私人信息秘密依法受到保护，不被他人非法侵扰、知悉、收集、利用和公开的一种人格权，而且权利主体对他人在何种程度上可以介入自己的私生活、对自己是否向他人公开隐私以及公开的范围和程度等具有决定权。"（隐私权）从其一产生就是针对新闻出版界的，因为大众传播媒介最容易、最经常地越出道德行为准则，宣扬他人隐私。"[1]

隐私权包括的内容主要包括以下几项。

第一，公民个人隐私保密权。公民对自己的隐私进行保密，不让他人知晓是隐私权首要的权利。保密权是隐私权的本质所在，如果不能拥有保密权，隐私权也没有存在的必要了。一是公民对于自己与社会公共生活无关的私人事项，有权要求他人不打听、不搜集、不传播，也有权要求新闻媒介不报道、不评论以及不非法获得。二是公民对于自己与社会公共生活无关的私生活，有权要求他人不得任意干扰，包括自己的身体不受搜查，自己的住宅和其他私生活区域不受侵入、窥探。

第二，公民在合法范围内对其隐私拥有支配权。公民有在合法范围内对其隐私进行支配的权利，如将自己的某种嗜好公开，将自己个人或家庭生活方面的有关内容公开，同意他人将自己的某种隐私进行合法利用，如拍成电影或电视、自己或同意他人以自己的某些隐私为蓝本撰写小说或戏剧等，以上均属于公民支配自己的隐私行为。但是，公民在支配自己的隐私时，不得违反法律法规的规定，不得有悖于社会公序良俗，不得侵犯他人权利。

第三，公民个人通信自由与通信秘密权。根据《宪法》规定，中华人民共和国公民的通信自由和通信秘密受法律保护。这条权利涉及公民的自由权及隐私权，具体到隐私问题上，这条权利的范围可扩展至通信、电报、电话、传真、电子邮件等。我国《刑法》对妨害通信自由情节严重的，要追究刑事责任。

第四，公民在隐私权被侵害时，有司法保护请求权。公民的隐私权受法律保护，当其隐私权被他人以披露、干涉、干扰、传播等方式侵害时，有权向司法机关寻求保护，请求侵权者进行赔偿。隐私权的权利主体只能是自然人，死者隐私也受法律保护。法人也有自

---

[1] 张新宝. 隐私权的法律保护[M]. 北京：群众出版社，1997：28.

己的秘密，如商业秘密、技术秘密，但这是与社会公共生活无关的秘密，应由相应法律加以保护，不属隐私权保护的范围。

二、我国法律对隐私权的保护

在我国，公民的主要私人事项一贯受法律保护，"隐私"这个概念进入法律比人格尊严、名誉等还要早一些，但是我国法律将隐私权作为一项独立的人格权来加以规定却比较晚。我国现行法律对隐私权的保护主要有以下几种情况。

一是对公民的人身、人格尊严、家庭、住宅等最基本的隐私事项予以保护。例如，现行《宪法》规定了公民人身自由不受非法侵犯和限制，人身不受非法搜查，人格尊严不受侵犯，公民住宅不受侵犯。公民的通信自由和通信秘密受法律保护，婚姻、家庭受法律保护，严重侵犯上述权利的行为会构成犯罪。《刑法》规定有非法搜查罪，非法侵入住宅罪，侵犯通信自由罪，私自开拆、隐匿、毁弃邮件电报罪等。对于不构成犯罪的，有行政制裁措施，比如《治安管理处罚条例》对非法侵入他人住宅，非法开拆他人信件、电报等行为规定有处罚条款。以上各项权利是隐私权的基础，表明我国公民的隐私权基本上受法律保护，这同国际人权法也是接轨的。

二是对属于隐私的事项进行专门立法予以保护。例如，《民事诉讼法》规定离婚案件，当事人申请不公开审理的，可以不公开审理，体现了把当事人不愿公开的婚姻、家庭的有关情况视为隐私。《刑事诉讼法》和《未成年人保护法》规定未成年人犯罪案件不公开审理，可以理解为把个人在未成年时的犯罪违法劣迹视为隐私。《未成年人保护法》还规定对未成年人犯罪案件，在判决前，新闻报道、影视节目、公开出版物不得披露该未成年人的姓名、住所、照片及可能推断出该未成年人的资料。最高人民检察院 2014 年 1 月 6 日发布修订后的《人民检察院办理未成年人刑事案件的规定》对检察机关办理未成年人刑事案件的程序予以进一步完善、细化，并规定开展社会调查应当尊重和保护未成年人的名誉，避免向不知情人员泄露未成年犯罪嫌疑人的涉罪信息。此外，法律规定不得公开的个人事项还包括个人的邮件和使用邮政业务情况，收养秘密，个人储蓄情况，以及私人、家庭的单项资料，如某些疾病记录等。

三是明文规定禁止擅自公布和宣扬他人隐私。现行的《民事诉讼法》《刑事诉讼法》《行政诉讼法》都有个人隐私案件不公开审理的规定。有关司法解释还规定在公开审理案件时，如果公诉人或诉讼参与人提出涉及个人隐私的证据，审判长应当制止或转入不公开审理程序。

我国《民法典》第四编第六章"隐私权和个人信息保护"中，不仅对于隐私、个人信息以及个人信息的处理等基本概念做出了清晰的界定，同时明确了禁止实施的侵害隐私权的行为类型，处理个人信息应遵循的原则与合法性要件、个人信息的合理使用，还对隐私权和个人信息保护的关系及权益做出了规定。

此外《中华人民共和国妇女权益保障法》和《中华人民共和国未成年人保护法》中有对妇女和未成年人的隐私加以特别保护的内容。《中华人民共和国妇女权益保障法》第四十二条规定：妇女的名誉权、荣誉权、隐私权、肖像权等人格权受法律保护。禁止用侮辱、诽谤等方式损害妇女的人格尊严。禁止通过大众传播媒介或者其他方式贬低损害妇女人格。未经本人同意，不得以营利为目的，通过广告、商标、展览橱窗、报纸、期刊、图书、音像制品、电子出版物、网络等形式使用妇女肖像。这与间接保护的模式完全相同。《中华人民共和国未成年人保护法》第六十三条规定，任何组织或者个人不得隐匿、毁弃、非法删除未成年人的信件、日记、电子邮件或者其他网络通讯内容。

《关于审理名誉权案件若干问题的解释》规定：违反社会公共利益、社会公德，侵害他人隐私或者其他人格利益，受害人以侵权为由向人民法院起诉请求赔偿精神损害的，人民法院应当依法予以受理。关于"侵害他人隐私"应当理解为包括宣扬隐私、窃取个人资讯、侵入私生活领域等多种情形，"侵权"表明在事实上已经把隐私权视为一项独立权利，从而在操作层面把隐私权置于全面的保护之下。只是由于司法解释不能超越法律，所以没有使用"隐私权"的词语，这是中国隐私权法的一个重大突破。2010年7月1日起施行的《侵权责任法》第二条明文将隐私权列入民事权益予以直接保护。这标志着我国从法律上正式确立了隐私权概念，与此同时《民法通则》（现已废止）司法解释中关于"凡侵害公民隐私权的，一律按照侵犯公民名誉权认定"的规定正式被废止了。

四是网络"人肉搜索"侵犯隐私权责任。《关于审理利用信息网络侵害人身权益民事纠纷案件适用法律若干问题的规定》从正反两个方面划清非法利用个人信息和合法利用个人信息的司法界限，对保护个人信息做出了准确的界定，其列举出的隐私信息包括基因信息、病历资料、健康检查资料、犯罪记录、家庭住址和私人信息等，并列举了可以公布信息的情况。

三、新闻作品侵犯隐私权的方式

保护隐私权问题是随着新闻事业的发展而提出来的。新闻传播就是以公开性为要旨，而且要求信息量大、时效性快，而个人隐私则需保守秘密，两者关系处理不当，就会发生冲突。因此，虽然任何自然人和法人都可能成为侵害他人隐私权的主体，但新闻传播媒介和传媒从业人员往往是最常见的侵权主体。研究媒介侵害隐私权问题，对于保护公民隐私权是十分重要的。

美国的《侵权法重述》[①]把侵犯隐私权的行为分为四种：不合理地侵入他人的秘密领域；窃用他人姓名与肖像；不合理地公开他人私生活；不合理地公开他人个人事件，以至于公众对他人产生错误印象。由于我国有专门法律对姓名权与肖像权进行保护，它们不属于隐私权保护范畴，因此具体到新闻媒体的侵权，主要有两种方式：不合理地公开他人私生活和侵入他人的私密领域。

---

① 美国法律协会（The American Law Institute）的出版物，该协会的宗旨在于提供美国一般法的综述，许多法官和州都引用《侵权法重述》的第2版来作为有影响力的指引。

（一）不合理地公开他人私生活

如果在媒体上公开他人私人生活事实，这对一个理性人来说是极具冒犯性的，而且也不是属于公众正当关注的涉及公众利益的问题，那么就被认为是侵害了他人的隐私权。在此情形中，披露的事实是真实的，是他人私人生活的秘密或至少是个人的私人生活细节，而披露将会是令人窘迫、羞辱的或具冒犯性的。

新闻媒体一般较容易侵犯的隐私主要有：对当事人不做讳避的与性有关的话题；未成年人违法犯罪或其他不良行为；他人的婚姻、恋爱、家庭情况；私人信件、电话等通信的内容。如果披露内容未经当事人同意，又不属于公众利益范畴的内容，则构成对当事人的权利侵害。

（二）侵入他人的私密领域

这种侵权方式是指，记者为了获得吸引公众的秘密资料，在无法正面得到的情况下，以身体或其他方式对公民的独处状态、私人生活和事务实施侵犯，以了解他人生活情况，破坏他人居住之安宁。其侵入的形式是多样的，如不经许可进入公民的房间或病房；窃听公民的电话；使用机械装置观察公民在自己家中的私人活动；持续不受欢迎地联络或发生密切的身体接触；等等。在侵犯行为发生的当时，侵权行为即成立，而不以信息的公开或传播为构成要件。

一般情况下，"侵入"所指向的必定是他人有权保持私密状态的事物。在公众场合的拍摄或观察，以及调查或复制非私人性的记录都不被认为是侵犯行为，但其前提是，记者不得追逐或骚扰他人。

四、新闻作品侵犯隐私权的排除

个人和社会之间既对立又统一。社会是由众多个人所组成的，传播社会信息必定要涉及个人信息，把所有个人信息全都封锁起来，几乎等于取消新闻传播活动；但如果将个体的一切都暴露无遗，既是不必要的，也是不人道的。隐私权反映了人的社会性和个体间的矛盾。由于个人与社会既有联系又有分离，所以隐私就具有相对性和伸缩性，既确定又不确定，在不同的场合，隐私的边界会发生变化。新闻传播活动就要正确处理人的社会性和个体性的矛盾，既能充分反映社会公共生活，又能有效避免侵害隐私权的发生，即使发生纠纷，也能予以排除。因此，有三种情况可排除新闻作品侵犯隐私权。

（一）公共利益

所谓公共利益的原则，是指凡是与社会公共利益有关的事项，或者出于社会公共利益需要必须公开的事项，不受隐私权保护。新闻传播媒介不应揭发与社会和政治生活无关的一般个人的私事，但是如果这种个人的私事涉及或妨碍了社会生活，那么他个人的活动就不属于不应公开的个人私事，而成为新闻报道的对象。政府官员和其他知名人士即所谓"公众人物"，由于他们的行为和社会公共利益密切相关，因此他们个人隐私的范围就比普通人要小。

(二) 当事人同意

隐私权具有自主性的特征。当事人只要自愿或亲自将自己的某一私事公之于众，这一私事就成为非隐私，他就不能再对所有传播此事的行为主张侵犯其隐私权。因此，当事人同意是排除侵犯隐私权的一个重要抗辩理由。然而这里的征得同意不适用于未成年人，未成年人是无行为能力人或限制行为能力人，应当征得其监护人的同意。

(三) 使不可辨认

有一些私人事件确有报道的价值，但当事人又不可能同意。一个变通的办法就是使公众不可能从新闻中辨认或推断有关当事人，如略去当事人的姓名、容貌与当事人的身份等。

第三节 侵犯公民个人信息

一、公民个人信息的含义

(一) 公民个人信息的概念和特征

1. 公民个人信息的概念

公民是一个集合概念，泛指拥有一国国籍的所有人。根据《辞海》的相关解释，所谓公民，指的是取得某国国籍，同时依照该国立法拥有并承担相关权责义务的人。[①]

个人属于自然人的范畴，本节所讨论的侵权行为，所侵犯的是自然人的信息，不包括单位信息。而个人信息是指单个自然人的信息，即能够识别单个自然人的信息。在此所说的识别主要包括两类：一是直接识别；二是间接识别。所谓直接识别，指的是可以直接对某个自然人身份加以识别的信息，比如身份证号；间接识别则是不能直接确定信息主人的身份，但通过分析或借助其他信息能够确定，如姓名、电话号码等。

公民与个人信息一起使用组成公民个人信息一词，是一个集合概念，是指一类人的具有识别性的消息。[②]

2. 公民个人信息的特征

（1）识别性和隐私性。识别性即利用已经获取并知晓的信息对某个特定人加以识别。所谓隐私性，指的是信息所属的自然人不希望其他社会公众了解并知晓的私人信息。

（2）非特定性。非特定性指的是在本罪的犯罪构成中，构成要素中的个人信息应当是宽泛地针对一类具有相同特征的人，而排除是针对某一或某些特定的人。

(二) 公民个人信息与个人隐私

个人隐私是指公民在自己的个人生活中不愿意向他人公开或被他人知悉的秘密。[③]隐

[①] 余意然. 出售、非法提供公民个人信息罪探讨[J]. 现代商贸工业，2013（20）：161-162.
[②] 余意然. 出售、非法提供公民个人信息罪探讨[J]. 现代商贸工业，2013（20）：161-162.
[③] 陈振乾. 公民个人隐私权的法律保护[J]. 湖北广播电视大学学报，2013，33（4）：82-83.

私权是法律规定公民作为自然人所享有的对其与公共利益不具有联系的信息、行动及领域的支配权,属于人格权的一种。

个人隐私与隐私权在法律概念上也有区别:个人隐私的含义是公民个人生活中不愿意向他人公开或被他人知晓的秘密,而不是指公民个人在工作中不愿意向他人公开或被他人知悉的秘密。例如,公民个人的私人存款及数额就属于个人隐私的范畴,其隐私权受到法律保护;但需要注意的是,公民个人在工作中的劳动所得,即工资的数额则不属于个人隐私。隐私权在法律上的法律概念则对个人隐私有了一些限制,一是指个人所有的;二是其与公共利益无关。换言之,自然人只享有对其与公共利益不具有联系的信息、行动及领域的支配权,如果信息、行动或领域超越了这一范畴,那么个人对其没有支配权。不属于其本人所有的、与公共利益有关的个人信息不属于个人隐私,任何个人对其不享有支配权。

二、"非法提供"与"人肉搜索"

(一)对"非法提供"的理解

非法提供,是指获取公民个人信息的组织或个人在没有法律的授权或信息所有人的事先同意或事后追认的情况下,通过向公民提供服务或履行职务时获知公民信息并将其提供给第三方的行为。[①]此处"提供"前缀"非法"是因为行为存在阻却事由。有些行为经过允许实施或在特定条件下实施因而没有侵犯法律时,就不具有违法性。此处违法阻却事由有两个:第一是有合法依据,指公民个人信息提供给他人有依据;第二是信息主人同意。

(1)在司法实践的过程当中,应当通过以下两点来认定是否是非法提供。

① 非法提供的行为人的实施方式是,作为行为人需主动违反国家相关规定,把公民的个人信息主动提供给他人。

② 非法提供的认定需从公民个人的角度出发,其认定也应当以是否侵犯公民的个人信息权来判断。如果将公民的个人信息非法提供给他人或机构,不仅会违背公民对个人信息使用的合理期待,而且会侵犯公民的合法权益。因此,判断提供公民个人信息的行为是否违法,其根本标准应是其行为是否侵犯了公民的个人信息权。

(2)此外,非法提供公民个人信息的行为还存在以下几种例外。

① 提供公民个人信息的行为是基于法律的规定,例如,公安机关由于案情需要,要求医院提供病人的病情资料、疾病史与记录,在此情况下医院对信息的提供就不构成非法提供。

② 提供公民个人信息是基于社会公共利益,为了维护国家稳定和民族团结。

③ 基于公民同意而提供个人信息的行为。由于这种提供行为是建立在公民同意基础上的,并且不会损害公民的个人信息权,故不属于非法提供行为。

(二)对"人肉搜索"行为的定性

人肉搜索是随着互联网的发展而出现的一种行为,它区别于机器搜索,但又是一种以

[①] 孙卫国. 论非法提供公民个人信息罪[D]. 重庆:西南政法大学,2010.

互联网为媒介的行为。人肉搜索是一种网络群众运动，它采用人工的方式对网络搜索引擎提供的信息——辨别真伪，同时还会通过一些知情人士采取匿名方式提供信息来达到搜集的目的，以此来查找特定人物或揭露事件真相。

最高人民法院就网络渠道中侵害自然人人事权益的纠纷出台了司法解释，其中规定，人民法院支持的侵权损害情况包括网络的用户、服务运营商等通过网络渠道公开公民个人的病史、健康资料、基因资料、犯罪记录、住址等隐私事项给当事人造成损害的情形。因此，人肉搜索行为有可能构成犯罪。

三、非法提供公民信息的界限问题

（一）罪与非罪的界限

根据我国《刑法修正案（九）》的规定，非法提供公民信息在定罪时还有一个行为后果严重程度的标准，即只有在达到情节严重的情形时，才成立本罪。虽然有这样的规定，刑法却还没有对此罪中的"情节严重"做出进一步的规定或解释，目前为止最高院也尚未明确这一情节的具体标准，那么就意味着此处的情节严重与否，乃至罪与非罪都给予了法官范围较大的自由裁量权，这给具体的司法实践带来了一定的考验。

根据刑法与司法实践判断，上述"情节严重"可能出现以下几种情况：① 非法提供公民个人信息以获取利益且数额较大的；② 实施非法提供公民个人信息行为的次数过多或向多人提供；③ 情节特别严重、手段特别恶劣的，一般认为对国家利益造成损害或严重扰乱社会秩序的；④ 非法提供的公民个人信息在其他犯罪活动中被使用的；⑤ 由于行为人的行为造成公民在经济上遭受重大损失；⑥ 其他情节严重的行为。

由此可见，当行为人已经实施了非法提供公民个人信息的行为，但行为的后果尚未构成情节严重的程度时，行为人不成立非法提供公民信息。通过这种界定方式，一方面能够使行为人的罪名是否成立有明确的界线，另一方面也能够使刑法打击的范围有所缩小。

（二）非法提供公民信息与相似犯罪的界限

1. 非法提供公民信息与非法提供信用卡资料罪的界限

非法提供公民信用卡资料罪与本罪在客观方面具有相似性，侵犯的都是公民保有个人信息的权利，但两罪之间也有区别，主要表现在以下几个方面。① 犯罪主体不一致。在本罪的犯罪构成中，主体具有特殊性，即国家机关或金融企业、电信公司等单位的工作人员。而非法提供信用卡资料罪的犯罪主体，是一般主体，即只要求行为人具有完全刑事责任能力。② 客体不同。非法提供公民个人信息罪侵犯的是公民个人信息的合法权益，侵犯的客体是公民的人格权。非法提供信用卡资料罪侵犯的是持卡人的经济利益。③ 所违反的规定不同。非法提供公民个人信息罪是违反了法律规定，把在工作中因为履行职务或提供服务而得到的公民个人信息给予无权获取和知晓的人。非法提供信用卡资料罪是违反信用卡管理规定，是非法提供他人信用卡信息的行为。

2. 非法提供公民信息与非法泄露国家秘密罪的界限

非法提供公民信息与非法泄露国家秘密罪的主要区别表现在以下几个方面。① 主体不同。非法提供公民个人信息罪的主体为国家机关或金融企业、电信公司等单位的工作人员，属于特殊的犯罪主体；而非法泄露国家机密罪的主体是具有完全刑事责任能力的自然人，主体为一般主体。② 客体不同。本罪侵犯的是公民个人信息的合法权益，侵犯的客体是公民的人格权；而泄露国家机密罪是违反了国家保守秘密法的有关规定。③ 行为对象及其方式不同。本罪的行为对象是公民的个人信息，行为方式是把自己在履行职务或提供服务过程中得到的公民个人信息给予无权获取和知晓的人。非法泄露国家秘密罪的行为对象是国家秘密，行为方式是个人用任何方式将国家秘密非法泄露给无权知晓国家秘密的个人。

四、我国个人信息保护的立法缺陷及完善建议

（一）国外个人信息保护的立法规定

1. 美国

在隐私权的保护方面，美国在国际上起步较早。在信息化进程中，虽然美国一直强调自由，但这并不能说明美国不重视个人信息的保护。美国早在1970年就颁布了《公平信用报告法》，以保护公民的信用卡信息。1974年12月31日，美国的参、众两院通过了《隐私权法》，该法对公民个人信息的采集、公开、使用等做了详细的规定，也是美国对个人隐私实施保护所依循的法律。根据美国的现行制度，通过虚构的身份骗得公民的个人信息，或者泄露公民个人信息都被纳入美国刑法规制的范围。随后的《联邦隐私法》详细规定了政府和法律执行机关收集、储存、公开个人资料的程序问题。在这个时期内，美国就公民个人信息的权利问题出台了多部法律，包括《信息保护和安全法》《防止身份盗用法》，针对互联网环境的《网上隐私保护法》以及《反网络欺诈法》等。20世纪末，克林顿任美国总统的期间，保护网络隐私权作为一项基本原则就被克林顿政府在《全球电子商务发展框架》报告中提了出来。①

总之，在公民个人信息的保护方面美国的制度和法律比较分散，但又比较全面，在法律方面有专门法来保护，在实践过程中也会有美国消费者委员会的支持。

2. 欧洲

欧洲的法律制度可以被分为两个层次：一是在欧盟体制内的立法，为欧盟的公民提供个人信息的保护；二是欧盟各国在自己国内制定的法律。本部分选择英国、法国和德国三个国家的法律为例进行分析。

为了保护公民个人信息，英国在1984年就颁布了《个人数据保护法》。1999年，英国议会又对其进行了修改，信息保护的原则被确立，信息主体的权利与义务也进行了完善。此外，《信息公开法》首次对信息进行了界定。

与英国有所不同，在德国，有关个人信息的保护是通过成文法的形式来实现的。德国出台的有关个人信息保护、损害赔偿、监督等的法律制度相对成熟。1983年，德国颁布的《人口普查法案》中规定了信息自决权，这使个人资料权利成为一种宪法权利，德国公民

---

① 孙卫国. 论非法提供公民个人信息罪[D]. 重庆：西南政法大学，2010.

个人信息保护的发展由此可见一斑。①

根据法国《刑法典》的相关规定，部分对公民个人信息加以收集与处置的行为可被认定为犯罪的范畴，具体表现在以下几个方面：① 在对公民个人信息进行收集或处置之前并未事先办理相应申报手续的；② 通过欺骗的方式获取同公民个人信息相关资料的；③ 妨碍全国信息自由委员会动议执行的；④ 以非法的方式获得公民个人信息而没有得到当事人事先同意的；⑤ 未经信息所有人授权泄露公民个人信息并因此使当事人遭受损失的。

3. 日本

日本的信息化程度非常高，日本非常注重公民个人隐私的保护，因而其相关立法也较为完善。日本对公民个人信息实施保护的根本法律是 2005 年 4 月生效的《个人信息保护法》。2007 年，日本出台了把以非法使用网络技术对公民个人信息进行入侵为代表的一系列行为均纳入处罚范畴的一系列法规。除此之外，日本政府不仅在公民个人信息保护方面狠下功夫，同时还在日常生活中通过各种渠道和途径树立和培育公民的个人信息保护意识，通过大力宣传号召公民对自身个人信息进行有效保护，从而让公民从小便养成保护个人信息的观念和意识。

（二）我国个人信息保护的立法缺陷

1. 非法提供公民个人信息罪概念的内涵与外延模糊

本罪名在对犯罪主体进行界定的过程中采取了逐一列举的模式。依照我国《刑法》的相关规定，非法提供公民个人信息罪的主体是国家机关或金融、电信、教育、医疗等单位及其工作人员，在列举单位后用"等"字结尾，会造成不同人针对"等"这一名词存在着不同的解读，进而使得在司法实践中本罪名主体范围认定方面存在争议。由此可见，本罪主体范围的规定相对模糊，可能导致在司法实践过程中受到影响。

即使《刑法修正案（九）》将侵犯公民个人信息这一行为认定为犯罪，但也为此罪设置了前提，那就是达到"情节严重"。按照本法条的规定，本罪需要达到"情节严重"这一标准方可入罪，但对于"情节严重"的标准，立法机关还没有出台相关规定或说明。②此缺陷使得司法实践中法官在审理具体案件时可能会出现量刑标准失衡、入罪门槛悬殊等现象。

2. 可操作性差

本罪的另一个缺陷就是可操作性较差，因而在司法实践中无法很好地落实到位。本罪的可操作性差主要体现在很难对犯罪行为进行调查取证。由于本罪主体在履职时是否存在着将公民个人信息非法提供给他人使用的情况很难取证，因而在调查时往往会遭遇瓶颈和尴尬。在没有行之有效的调查取证措施的情况下，本罪规定在具体实施过程中会有很多困难。

由于我国《刑法》中明确规定了相应的正当违法阻却事由，因而倘若发生此类情形，则行为实施人所实施的行为将会被归于合法的范畴。通常来说，这些事由包括：① 正当防卫；② 紧急避险；③ 职务行为。倘若有证据证明限制个人信息的提供建立在当事人自

---

① 孙卫国. 论非法提供公民个人信息罪[D]. 重庆：西南政法大学，2010.
② 朱雅博. 论出售、非法提供公民个人信息罪的缺陷与完善[D]. 长沙：中南大学，2013.

愿的基础上，则也应当作为无罪处理。①

如今我们都处于信息高度发达的社会，自然人彼此间的信息交流伴随着大量信息传递的发生，人们处理信息已成为生活中的常态。如何判断对公民个人信息的处理是否合法，在实践操作方面还存在很大的困难。

3. 缺乏系统的法律规范

从我国当前法律体系方面来看，我国立法尚未建立起一套科学、完善的对公民个人信息进行有力保护的法律法规。举例来说，不仅同侵犯公民个人信息行为相关的民事和行政处罚没有具体的规定，同时，在对刑事违法进行判断之前，首当其冲便是证明其存在着行政违法性，要成立该罪的基础条件在于违法行为已经经由《刑法》的选择，并且将其中存在着严重违法事实的行为视为犯罪的范畴。由此可知，行政违法性是刑事违法性的前提，非法提供公民个人信息罪应具有行政违法和刑事违法的双重性。②《刑法修正案（九）》的推出使得我国在对公民个人信息保护方面首先通过《刑法》加以规制，这比行政法以及民事法规更先行一步，只通过刑法这一种手段规制公民个人信息的流通、制止非法提供公民个人信息行为还有很大缺陷，因而我国立法机关应当尽快出台一套专门的个人信息保护法来对公民个人信息侵权行为加以规制，以此有效规避断层的发生。

4. 公共机构与信息主体两者间的权利失衡

目前相关立法另一方面的缺陷在于当前已有的信息保护相关立法所给予信息管理主体的权利与义务存在着严重不对称的情况。很多规定的存在导致公共机构能够轻而易举地获取公民个人信息，然而立法中却没有对其所需承担的相应义务加以明确，进而导致公共机构与信息主体两者间出现严重的权利失衡现象。公共机构可以通过较为简单方便的方式和渠道得到公民个人信息，却缺乏相应的监督和制约，由此导致这些拥有公民个人信息的主体能够随意地向第三方提供公民个人信息，而不论是合法的还是非法的。又由于合法与非法之间的界限规定不是很清晰，因此信息主体的权利更加不能得到有效的法律保护，如此一来，就很难行之有效地对公民的个人信息加以保护。

（三）加强我国个人信息保护的立法建议

1. 尽快完善立法

我国应当尽快制定并推出相应的《个人信息保护法》，并依法加强对此罪行政手段和刑事处罚的力度。此外，还应做到：加大对我国公众个人信息的保护强度，使公民个人隐私权真正得到维护；对公民信息获取主体所需肩负起的权责义务加以明确，加强行业自律，调节公共机构与信息主体之间的权利失衡；对侵犯、非法提供公民个人信息而造成损失的行为进行处罚，并依法赔偿受害者损失；尽力避免公民个人信息法律法规的杂乱性和实践上的缺乏可操作性，针对仅仅明确了要对公民的个人信息采取保密措施，不得对其进行非法提供，然而并未明确规定倘若违反该规定需承担什么样的法律后果的法律条款进行补充。

2. 细化"情节严重"的认定标准

在《刑法修正案（九）》中规定了非法提供公民个人信息罪，然而并没有其他立法对

---

① 张明楷. 刑法学[M]. 北京：法律出版社，2007：102.
② 刘宪权，方晋晔. 个人信息权刑法保护的立法及完善[J]. 华东政法大学学报，2009（3）：120-130.

该行为加以有力规制。在对行为实施人所实施的行为是否构成本罪时,要判定其行为是否达到"情节严重",在面对这种问题时,应当更加谨慎,判定所参照执行的标准也必须满足"清晰明确"这一标准。我国当前实行的刑法以及相关司法解释并未明确非法提供公民个人信息罪这项罪名如何界定其"情节严重"。尽管这种缺失能够在司法实践中通过法官的自由裁量权得到解决,但这也为本罪的判定带来了很多不确定因素,因此必须细化本罪"情节严重"的认定标准。

3. 明确个人信息的概念和法律属性

唯有认定了某一种行为对特定的权益实施了侵犯,才可将这一行为界定为犯罪的范畴。在对本罪加以认定的过程中,关键在于明确行为人所实施的行为是否对公民个人信息的相关权益造成了侵害。然而,从当前我国立法来看,并没有在《刑法》以及相关司法解释中对什么是公民个人信息加以明确,其概念尚不存在官方的界定。因而,未来在对《刑法》再次进行修订或是在做出司法解释时,要根据时代的发展和司法实践的要求对公民个人信息这一概念进行更明确的界定。在对此概念界定时,笔者认为应当用基本条款的形式对公民个人信息这一名词进行更加清晰的界定,对其无论在内涵方面还是外延方面均予以明确,确立公民个人信息作为其人格权中不容分割的重要组成部分,对公民作为个人信息持有者的权责义务加以明确,并对公民个人信息的收集、使用进行规定和限制。

第四节 新媒体传播与公民权利相关的法律规制及治理

一、新闻传播侵权法

新闻传播侵权法是指有关新闻传播侵权行为的定义、构成以及调整因新闻传播侵权行为而发生的社会关系的法律规范的总称。新闻传播侵权法既是侵权行为法的组成部分,也是媒介法的重要组成部分。新闻传播侵权法包含保护言论、出版、新闻自由的法律和保护人格权的法律,在人格权法中,又包含关于保护人格权行为的一般规定和约束大众传播媒介维护人格权的特殊规定。

二、中国新闻传播侵权法的渊源

中国新闻传播侵权法的渊源十分广泛,在中国宪法以及各基本法律和一些专门的行政法规、规章,都有适用于调整新闻传播侵权行为的社会关系的规定。

(一)宪法

《宪法》第三十八条规定:"中华人民共和国公民的人格尊严不受侵犯。禁止用任何方法对公民进行侮辱、诽谤和诬告陷害。"此外,《宪法》还规定公民的人身自由不受侵犯,公民的住宅不受侵犯，公民的通信自由和通信秘密受法律保护，婚姻、家庭受法律保护。

（二）相关法律

1. 民法典

人身权和财产权是广大人民群众最基本的两项权利，大部分刑事犯罪都是侵犯了公民的人身财产权。《民法典》人身权主要包括人格权和身份权两大类，其中人格权又可以细分为很多小的权利，包括生命权、健康权、名誉权和肖像权等，而身份权主要包括探视权、监护权及著作发明权等。当公民人身权受到侵害后，应该立即报案。

2. 刑法

1979 年《刑法》和 1997 年《刑法》都规定了以侵犯名誉权和人格尊严为客体的侮辱罪和诽谤罪。1997 年《刑法》还规定了两种特殊的诽谤罪和侮辱罪，即损害商业信誉、商品声誉罪和出版歧视、侮辱少数民族作品罪。关于侵犯公民住宅、侵犯公民通信自由和通信秘密的犯罪，《刑法》也有相应的规定。

3. 行政法

2005 年《治安管理处罚法》对尚不构成刑事处罚的侮辱、诽谤行为，非法侵入他人住宅和偷窥、偷拍、窃听他人隐私的行为规定了行政处罚。

4. 其他法律中的有关规定

《中华人民共和国广告法》就广告使用他人名义、形象（包括肖像）做出规定；《中华人民共和国未成年人保护法》《中华人民共和国预防未成年人犯罪法》就保护未成年人的人格尊严、个人隐私做出规定；《中华人民共和国妇女权益保障法》就保障妇女的人格尊严和名誉权、荣誉权、隐私权、肖像权做出规定；《中华人民共和国消费者权益保障法》《中华人民共和国监狱法》《中华人民共和国老年人权益保障法》《中华人民共和国残疾人权益保障法》等，也有保护相关人员的人格尊严或名誉权的规定；《中华人民共和国统计法》《中华人民共和国收养法》《中华人民共和国商业银行法》等，有对相关的个人秘密事项或隐私加以特别保护的内容；《中华人民共和国母婴保健法》《中华人民共和国执业医师法》《中华人民共和国律师法》等，对特定工作者有为当事人保守隐私秘密的规定；《中华人民共和国反不正当竞争法》特别就经营者不得故意损害竞争对手的商业信誉、商品声誉做出规定；还有《中华人民共和国民事诉讼法》《中华人民共和国刑事诉讼法》《中华人民共和国行政诉讼法》中关于隐私案件不公开审理的规定，是较早的保护个人隐私的规定。

（三）行政法规

关于保护公民言论出版自由的具体规范，目前只有行政法规《出版管理条例》中有关于出版自由的规定。关于保护人格权的内容，《出版管理条例》和《电影管理条例》《广播电视管理条例》等行政法规均把"侮辱、诽谤他人"的内容列为禁载禁播的内容，并规定了相应的行政处罚办法。其他行政法规也有对侵犯人格权行为进行行政处罚的规定。《出版管理条例》还规定了出版单位对侵权内容的更正义务和侵权内容的当事人的更正权和答辩权。2000 年 10 月，国务院发布《互联网信息服务管理办法》，规定互联网信息服务提供者不得制作、复制、发布、传播包括"侮辱或诽谤他人，侵害他人合法权益的"信息，发现后立即停止传输，保存有关记录，并向有关部门报告，此外还规定了处罚办法。

（四）地方性法规

各省、直辖市、自治区和其他有立法权的行政区域所制定的地方性法规，有的是规范新闻、出版、广播、电视等大众传播媒介的，有的是关于保护未成年人、妇女、老年人等特定人群的合法权益的，其中有关内容也可以成为中国新闻传播侵权法的渊源。

（五）规章

国家新闻出版行政管理部门（即新闻出版总署）、国家广播电影电视行政管理部门（即广播电影电视管理总局）、国家广告行政管理部门（即国家工商管理总局）以及其他国家行政管理部门制定的有关规章，涉及管理相关大众传播活动，保护人格权，禁止诽谤、侮辱和侵犯隐私的条款，也是中国新闻传播侵权法的渊源。

三、新闻传播侵权行为的构成要件

侵权行为是指对他人（自然人和法人）的合法权益的不法侵害行为。按照民法理论，构成民事侵权行为必须同时具备四个要件：一是损害事实的客观存在；二是致害行为的违法性；三是致害行为和损害事实的后果之间存在因果关系；四是致害人主观上有过错。

（一）传播活动已经发生（如作品已经发表）

在法理和司法实践上都把侵权作品已经发表（刊登或播放）作为大众传播侵权行为的损害事实的依据。言论性的侵权行为必须有受害人之外的至少第三人知悉。如果侵权作品没有发表，没有产生任何社会影响，则谈不上对他人权利的侵害。大众传播媒介的影响力是公认的，因此对自然人来说，侵权作品通过大众传播媒介发表就足以表明损害事实已经发生，而无须再提出侵权作品造成诸如社会公众对受害人评价降低等其他的损害事实。

侵权作品发表后，社会公众对受害人的贬损性议论以及周围的人们对受害人疏远、排斥、蔑视或引发家庭不和、朋友误解等表现，是大众传播侵权行为的损害事实直接引起的后果之一。受害人的精神痛苦、可能造成受害人的财产损失，是侵权损害事实造成的另一种后果。

（二）传播活动具有侵害他人人格权的违法性

致害行为的违法性，是构成侵权行为的又一要件。违法行为就是法律所禁止的行为。有的致害行为如执行职务行为、正当防卫、紧急避险等，无须为法律规定范围内的损害事实承担法律责任，因为这些行为是合法的。法律既然规定了名誉权、肖像权等人格权利，那么侵害这些权利的行为当然是违法的。国际上认为，诽谤法就是在保护议论自由和名誉之间寻求合理的平衡。按中国法律，被明文禁止的行为有诽谤、侮辱以及宣扬隐私。

（三）具有特定的指向

新闻传播侵权行为一定是有特定指向的，也就是可以被指认。为叙述某一特定人的，只报道或者评论事件、现象，或者泛指某方面的情况，也会发生失实和其他错误，但并未侵害特定人的权益，就不是侵权作品，如有文章称"现在的医生不负责任""他们单位的领导有的是外行"等，就属此情况。但是，如果侵权作品中虽没有指名道姓，但内容中的特征和背景情况等足以使一般人能合理推断出其所指为某一特定人时，即可构成特定指向。

（四）行为人（大众传媒及其从业者）主观上有过错

民事侵权行为的主观构成实行过错责任原则：主观有过错的承担责任，没有过错的不承担责任（法律有特别规定的除外）。过错包括故意和过失。故意有直接故意和间接故意之分。故意指行为人已经预见到传播的内容可能或肯定会对他人造成损害结果，却希望或放任这种结果的发生。希望结果发生为直接故意，放任结果发生为间接故意。

过失包括疏忽大意的过失和过于自信的过失。疏忽大意过失是指行为人对自己的行为及其可能产生的后果应当预见、能够预见而没有预见，过于自信的过失是指虽然已经预见但是却轻信其不会发生。

第五节　新媒体侵权案例分析

一、韩某等侵犯公民个人信息案①

国家工作人员利用职务便利非法获取公民个人信息并出售，构成侵犯公民个人信息罪的，应当从重处罚。

（一）基本案情

2014年初至2016年7月期间，上海市疾病预防控制中心工作人员韩某利用其工作便利，进入他人账户窃取上海市疾病预防控制中心每月更新的全市新生婴儿信息（每月一万余条），出售给黄浦区疾病预防控制中心工作人员张某某，再由张某某转卖给被告人范某某。直至案发，韩某、张某某、范某某非法获取新生婴儿信息共计三十万余条。

2015年初至2016年7月期间，范某某通过李某向王某某、黄某出售上海新生婴儿信息共计二十五万余条。2015年6月至7月，吴某某从王某某经营管理的大犀鸟公司内秘密窃取七万余条上海新生婴儿信息。2015年5月至2016年7月期间，龚某某通过微信、QQ等联系方式，向吴某某出售新生婴儿信息八千余条，另分别向孙某某、夏某某二人出售新生儿信息共计七千余条。

上海市浦东新区检察院于2016年8月18日以韩某等8人涉嫌侵犯公民个人信息罪将其批准逮捕，同年11月25日提起公诉。2017年2月8日，上海市浦东新区法院以侵犯公民个人信息罪分别判处韩某等8人有期徒刑七个月至二年零三个月不等。

（二）典型意义

随着信息化社会的到来，个人信息的重要性日益凸显，侵犯公民个人信息获取经济利

---

① 侵犯公民个人信息犯罪典型案例[EB/OL]. [2022-06-14]. http://www.zjph.jcy.gov.cn/html/phjcy/news/show-1464.html.

益的现象逐渐增多，相关灰色产业链已初现雏形，其中，国家工作人员利用职务便利非法获取公民个人信息引起的社会影响尤其恶劣。本案涉及国家工作人员与销售商勾结，买卖婴儿信息数量达几十万条，给人民群众的家庭生活造成困扰，该案件引发社会的广泛关注。

检察机关认真办理该案，取得了较好的法律效果和社会效果。一是有力监督，有效追诉。浦东新区检察院在办理案件过程中，派员提前介入，伙同公安机关从获取公民个人信息的数量、方式、来源、动机及后果等方面进行全面考量。在审查逮捕过程中，发现孙某某、夏某某等人的行为已涉嫌侵犯公民个人信息罪，遂向公安机关发出直接移送审查起诉建议书。二是制发检察建议，延伸办案效果。针对国家工作人员利用职务便利窃取公民个人信息的情况，浦东新区检察院向上海市疾病预防控制中心发出检察建议，要求其系统账号密码专人专用、使用留痕、签订岗位保密协议、建立事后备查制度等方面进行整改完善，上海市疾病预防控制中心收函后立即采取相应措施进行整改，并将相关整改落实情况由专人至区检察院进行通报，以防止类似事件再次发生。

二、范冰冰名誉权纠纷案[①]

（一）基本案情

2012年5月19日，香港《苹果日报》刊登一篇未经证实的关于内地影星章子怡的负面报道。2012年5月30日，毕成功转发并评论其于2012年3月31日发布的微博，主要内容是，前述负面报道是"Miss F"组织实施的。2012年5月30日，易赛德公司主办的黔讯网新闻板块之"娱乐资讯"刊登了《编剧曝章子怡被黑内幕，主谋范冰冰已无戏可拍》（以下简称《内幕》）一文，以前述微博内容为基础称："……知名编剧毕成功在其新浪微博上揭秘章子怡被黑内幕，称范冰冰是幕后主谋……"之后，易赛德公司刊载的文章以及毕成功发表的微博被广泛转发、转载，新浪、搜狐、腾讯、网易等各大门户网站以及国内各知名报刊均进行了转载并发表了衍生性报道，致使网络上出现了大量对于范冰冰的侮辱、攻击性言论及评价。范冰冰起诉，请求易赛德公司和毕成功停止侵权、删除微博信息、公开赔礼道歉并赔偿精神抚慰金50万元。毕成功则辩称，"Miss F"指的是在美国电影《致命契约》中饰演"Clary Fray"的美国女演员莉莉·科林斯（Lily Collins）。

（二）裁判结果

北京市朝阳区人民法院和北京市第二中级人民法院认为，在一定情况下，毁损性陈述有可能隐含在表面陈述中（即影射）。这时并不要求毁损性陈述指名道姓，只要原告证明在特定情况下，具有特定知识背景的人有理由相信该陈述针对的对象是原告即可。从毕成功发布微博的时间、背景来看，易让读者得出"Miss F"涉及章子怡报道一事。从毕成功该微博下的评论、《内幕》一文以及后续大量网友的评论和相关报道来看，多数人认为

[①] 最高法公布 8 起利用信息网络侵害人身权益典型案例[EB/OL].[2014-10-09]. http://www.cac.gov.cn/2014-10/09/c_1112751156_3.html.

"Miss F"所指即是范冰冰。毕成功虽于2012年6月4日发表微博,称其未指名道姓说谁黑章子怡,但该微博下的大量评论仍显示多数网友认为是范冰冰实施的所谓诬陷计划,而毕成功并未就此做出进一步明确的反驳,否认"Miss F"是范冰冰。毕成功提交的证据未能证明莉莉·科林斯与"诬陷计划"的关系,且毕成功在诉讼前面对大量网友认为"Miss F"就是指范冰冰时,也从未提及"Miss F"是指莉莉·科林斯,故毕成功有关"Miss F"的身份解释明显缺乏证据支持。易赛德公司作为网络服务提供者应对其主办的"黔讯网"发布的新闻负审查、核实义务。《内幕》一文系由易赛德公司主动编辑、发布,但事前未经审查、核实,故由此所产生的责任理应由易赛德公司自行承担。综上,毕成功和易赛德公司应分别赔礼道歉,赔偿精神抚慰金3万元和2万元。

(三)典型意义

在利用信息网络侵害他人名誉权等人身权益的案件中,侵权信息往往具有"含沙射影""指桑骂槐"的特征,并不明确指明被侵权人,尤其是在针对公众人物的情况下。如何判断网络信息针对的对象就是原告?如何判断原告因这些信息受到损害?本案的结论是,要从信息接收者的角度判断,即"并不要求毁损性陈述指名道姓,只要原告证明在特定情况下,具有特定知识背景的人有理由相信该陈述针对的对象是原告即可"。这种判断标准实质性地把握了损害后果与侵权信息之间的因果关系,对于利用网络信息侵害名誉权案件的审理具有启发意义。

三、庞理鹏诉东航案[①]

(一)基本案情

2014年10月11日,庞理鹏委托鲁超通过北京趣拿信息技术有限公司(以下简称趣拿公司)下辖网站去哪儿网平台(www.qunar.com)订购了中国东方航空股份有限公司(以下简称东航)机票1张,所选机票代理商为长沙星旅票务代理公司(以下简称星旅公司)。去哪儿网订单详情页面显示该订单登记的乘机人信息为庞理鹏的姓名及身份证号,联系人信息、报销信息均为鲁超及其尾号**58的手机号。2014年10月13日,庞理鹏尾号**49手机号收到来源不明号码发来短信称由于机械故障,其所预订航班已经取消。该号码来源不明,并且未向鲁超发送类似短信。鲁超拨打东航客服电话进行核实,客服人员确认该次航班正常,并提示庞理鹏收到的短信应属诈骗短信。2014年10月14日,东航客服电话向庞理鹏手机号码发送通知短信,告知该航班时刻调整。当晚19:43,鲁超再次拨打东航客服电话确认航班时刻,被告知该航班已取消。庭审中,鲁超证明其代庞理鹏购买本案机票并沟通后续事宜,认可购买本案机票时未留存庞理鹏手机号。东航称庞理鹏可能为东航常旅客,故东航掌握庞理鹏此前留存的号码。庞理鹏诉至法院,主张趣拿公司和东航泄露的

[①] 最高人民法院发布第一批涉互联网典型案例[EB/OL]. [2018-08-17]. https://cq5zy.chinacourt.gov.cn/article/detail/2018/08/id/3460555.shtml.

隐私信息包括其姓名、尾号**49 手机号及行程安排（包括起落时间、地点、航班信息），要求趣拿公司和东航承担连带责任。

（二）裁判结果

北京市海淀区人民法院于 2016 年 1 月 20 日做出（2015）海民初字第 10634 号民事判决：驳回庞理鹏的全部诉讼请求。庞理鹏向北京市第一中级人民法院提出上诉。北京市第一中级人民法院于 2017 年 3 月 27 日做出（2017）京 01 民终 509 号民事判决：一、撤销北京市海淀区人民法院（2015）海民初字第 10634 号民事判决；二、北京趣拿信息技术有限公司于本判决生效后十日内在其官方网站首页以公告形式向庞理鹏赔礼道歉，赔礼道歉公告的持续时间为连续三天；三、中国东方航空股份有限公司于本判决生效后十日内在其官方网站首页以公告形式向庞理鹏赔礼道歉，赔礼道歉公告的持续时间为连续三天；四、驳回庞理鹏的其他诉讼请求。

（三）典型意义

随着科技的飞速发展和信息的快速传播，现实生活中出现大量关于个人信息保护的问题，个人信息的不当扩散与不当利用已经逐渐发展为危害公民民事权利的一个社会性问题。本案是由网络购票引发的涉及航空公司、网络购票平台侵犯公民隐私权的纠纷，各方当事人立场鲜明，涉及的焦点问题具有代表性和典型性。公民的姓名、电话号码及行程安排等事项属于个人信息。在大数据时代，信息的收集和匹配成本越来越低，原来单个的、孤立的、可以公示的个人信息一旦被收集、提取和综合，就完全可以与特定的个人相匹配，从而形成某一特定个人详细准确的整体信息。此时，这些全方位、系统性的整体信息，就不再是单个的可以任意公示的个人信息，这些整体信息一旦被泄露扩散，任何人都将没有自己的私人空间，个人的隐私将遭受威胁。因此，基于合理事由掌握上述整体信息的组织或个人应积极地、谨慎地采取有效措施防止信息泄露。任何人未经权利人的允许，都不得扩散和不当利用能够指向特定个人的整体信息，而整体信息也因包含了隐私而整体上成为隐私信息，可以通过隐私权纠纷而寻求救济。

本案中，庞理鹏被泄露的信息包括姓名、尾号**49 手机号、行程安排等属于隐私信息，可以通过本案的隐私权纠纷主张救济。从收集证据的资金、技术等成本上看，作为普通人的庞理鹏根本不具备对东航、趣拿公司内部数据信息管理是否存在漏洞等情况进行举证证明的能力。因此，客观上，法律不能也不应要求庞理鹏证明必定是东航或趣拿公司泄露了其隐私信息。东航和趣拿公司均未证明涉案信息泄漏归因于他人，或黑客攻击，抑或是庞理鹏本人。法院在排除其他泄露隐私信息可能性的前提下，结合本案证据认定上述两公司存在过错。东航和趣拿公司作为各自行业的知名企业，一方面因其经营性质掌握了大量的个人信息；另一方面亦有相应的能力保护好消费者的个人信息免受泄露，这既是其社会责任，又是其应尽的法律义务。本案泄露事件的发生，是由于航空公司、网络购票平台疏于防范导致的结果，因而可以认定其具有过错，应承担侵权责任。综上所述，本案的审理对个人信息保护以及隐私权侵权的认定进行了充分论证，兼顾了隐私权保护及信息传播的平衡。

思 考 题

1. 相比一般的民事侵权，媒体侵权的特点是什么？
2. 目前我国在保护公民权利方面做出了哪些努力？存在哪些不足？
3. 新闻传播侵权行为的构成要件包括哪几个部分？
4. 如何防止媒体侵权的发生？

实 践 任 务

选择近一年来自媒体平台出现的媒体侵权案例 1～2 则，分析其具体侵犯了公民的哪些合法权利，提出自己对该侵权案例的看法。

第十三章
新媒体传播与著作权问题

> **学习提示**
> 著作权，是指自然人、法人或者其他组织对文学、艺术和科学作品享有的财产权利和精神权利的总称。在我国，著作权即指版权。广义的著作权还包括邻接权，我国《著作权法》称之为"与著作权有关的权利"。本章分为三个小节，分别从概念、相关法律法规、典型案例三个方面介绍了著作权的基本概念，著作权的主体与客体，以及我国著作权相关的法律法规，特别是著作权的归责原则和解决纠纷的途径。此外，通过新媒体传播侵犯著作权的案例分析来介绍新媒体传播给著作权保护带来的挑战。

著作权与专利权、商标权是知识产权的重要组成部分。随着互联网和新媒体技术的发展和文化内容的不断积累，保护著作权的重要性日益凸显。一方面，新媒体传播使得界定著作权保护上的各方权利和责任变得困难；另一方面，网络技术的发展为权利的转换提供了动力，从而衍生出一种以开放共享为特征的新型版权保护制度，以适应市场和时代的需要。本章从著作权的基本概念出发，进而探讨新媒体时代著作权的特点、机遇和挑战。

第一节　著作权概述

一、著作权的概念

著作权，亦称版权，是指公民、法人依照法律规定能够对自己创作的文学、艺术和科学作品享有的权利。作品是指文学、艺术和科学领域内具有独创性并能以一定形式表现的智力成果，如小说、诗歌、散文、戏剧、绘画等。权利包括人身权和财产权，具体指发表权、署名权、修改权、保护作品完整权、复制权、表演权、放映权等权利。著作权有狭义与广义之分。狭义的著作权，仅指作者就其创作的作品而享有的权利。广义的著作权，还包括作品的传播者的权利。

二、著作权的客体

著作权的客体，是指著作权所保护的对象，即作者创作出来的文学、艺术和自然科学、社会科学、工程技术等作品。

《中华人民共和国著作权法》（以下简称《著作权法》）第三条对著作权客体的种类做了明确的规定：本法所称的作品，是指文学、艺术和科学领域内具有独创性并能以一定形式表现的智力成果，包括：（一）文字作品；（二）口述作品；（三）音乐、戏剧、曲艺、舞蹈、杂技艺术作品；（四）美术、建筑作品；（五）摄影作品；（六）视听作品；（七）工程设计图、产品设计图、地图、示意图等图形作品和模型作品；（八）计算机软件；（九）符合作品特征的其他智力成果。

根据《著作权法》的有关规定，一些作品是不受著作权法保护的。在《著作权法》第五条"本法不适用"中，规定了以下作品不受保护：（一）法律、法规，国家机关的决议、决定、命令和其他具有立法、行政、司法性质的文件，及其官方正式译文；（二）单纯事实消息；（三）历法、通用数表、通用表格和公式。同时，《著作权法》第四条规定，著作权人和与著作权有关的权利人行使权利，不得违反宪法和法律，不得损害公共利益。国家对作品的出版、传播依法进行监督管理。

著作权的客体有以下两个主要特征。

（一）独创性

我国《著作权法》规定，作为著作权客体的作品，必须具备独创性这个条件。作品的独创性，又称为原创性或初创性。所谓独创性就是要求作品是作者独立完成的，作者在整个创作过程中投入了主观的精神和智力的劳动，这个作品必须有能够与其他作品区别开来的特质。如果作品是作者抄袭其他作品而来的，该作品就不是著作权的客体，不受著作权法的保护。

（二）思想观念不受著作权保护

著作权法只保护对思想观念的表述，而不保护思想观念本身。著作权法中的思想观念是指概念、客观事实、发现、原理等，著作权不保护思想。例如，"灰姑娘爱上王子"这一主旨就是思想，不受著作权的保护，而编剧可以根据这一思想创作出无数的影视剧，这些原创的影视剧受著作权法保护。①

---

① 牛静. 新闻传播伦理与法规：理论及案例评析[M]. 上海：复旦大学出版社，2015：220-221.

三、著作权的主体

(一) 著作权主体的概念

著作权的主体就是著作权所有者,即作品的著作权人。著作权产生于作品完成之后。根据《著作权法》规定,著作权人包括:作者、其他依照本法享有著作权的公民、法人或者其他组织。

1. 作者

作者就是创作作品的人。创作活动是一种智力活动,智力活动主要用大脑进行,只能是自然人的个体劳动,因此著作权最基本的权利主体就是自然人。著作权法重在保护自然人的合法权益。

2. 法人或其他组织

法人或其他组织也可以成为作者,其条件是:由法人或其他组织主持创作;代表了法人或其他组织的意志;由法人或其他组织承担责任。这样的作品,法人或其他组织可视为作者。在新闻传播活动中,最常见的就是报刊的社论、评论员文章,它的作者就是报社。整体的报刊也是一件新闻作品,其作者也是报社。

3. 不是作者的自然人或组织

依照法律规定接受转让、赠与、继承以及通过委托等方式获得他人著作权的人,也可以成为著作权的主体,称为"继受著作权人"。"继受著作权人"只能享有著作权中的财产权,不能享有著作权中的人身权。

4. 国家

在特殊情况下,国家也可以成为著作权的主体,比如法人或其他组织的作品在法人或其他组织终止后没有承受人,作者或享有著作权的公民把作品赠与国家,这些作品的著作权就归国家所有。①

(二) 多个主体的著作权归属问题

有的作品在创作和传播过程中会涉及多个主体,这就产生了著作权的归属问题。

1. 职务作品的著作权人

《著作权法》第十八条规定:"自然人为完成法人或者非法人组织工作任务所创作的作品是职务作品"。根据《著作权法》的规定,一般情况下,职务作品的著作权由作者享有,但作者所在的单位有权在其业务范围内优先使用。作品完成两年内,未经单位同意,作者不得许可第三人以与本单位使用的相同方式使用该作品。

在以下三种情况下,职务作品的作者只享有署名权,著作权的其他权利(指发表权、修改权、使用权、获得报酬权等)由法人或者非法人组织享有,法人或者非法人组织可以给予作者奖励:(一)主要是利用法人或者非法人组织的物质技术条件创作,并由法人或者非法人组织承担责任的工程设计图、产品设计图、地图、示意图、计算机软件等职务作

---

① 魏永征. 新闻传播法教程[M]. 5版. 北京:中国人民大学出版社,2016:186-189.

品；（二）报社、期刊社、通讯社、广播电台、电视台的工作人员创作的职务作品；（三）法律、行政法规规定或者合同约定著作权由法人或者非法人组织享有的职务作品。

2．改编作品的著作权人

《著作权法》第十三条规定，改编、翻译、注释、整理已有作品而产生的作品，其著作权由改编、翻译、注释、整理人享有，但行使著作权时不得侵犯原作品的著作权。

3．汇编作品的著作权人

汇编作品，是根据特定要求选择若干作品、作品的片段或者不构成作品的数据或其他材料加以汇编而成的作品，只要这种选择或者编排体现了独创性，就称为汇编作品。汇编作品的著作权由汇编人享有。互联网网页属于汇编作品，制作者享有汇编著作权，但是这不等于汇编人对汇编作品中的任何独立作品也享有权利。

4．合作作品的著作权人

《著作权法》规定，两人以上合作创作的作品，著作权由合作作者共同享有。没有参加创作的人，不能成为合作作者。新媒体传播活动中的审稿者和信息源不应成为新媒体作品的著作权人。

5．电影作品和以类似拍摄电影的方法创作作品的著作权人

以类似拍摄电影的方法创作的作品，包括网络中的视频作品等，按《著作权法》规定，这类作品的著作权由制作者享有，但编剧、导演、歌曲的词曲作者和拍摄者都享有对自己创作部分的署名权，并且有权按照与制作者签订的合同获得报酬。这类作品中可以单独使用的剧本、音乐作品，作者有权单独行使自己对作品的著作权。

6．委托作品中的著作权人

委托作品是指作者受委托创作的作品。按《著作权法》规定，委托他人创作作品，著作权的归属由委托人和受托人通过合同约定。如果合同未做明确约定或者没有订立合同的，著作权属于受托人，即作者。

四、新媒体服务提供者的网络信息传播权

在著作权法体系中，新媒体服务者在提供内容服务过程中形成的权利都受著作权保护。新媒体服务提供者在著作权方面的核心权利就是信息网络传播权，并依法享有其他可能享有的著作权。我国目前主要以行政法规《信息网络传播权保护条例》对信息网络传播权予以规范，最高人民法院曾多次就著作权纠纷发布或修改司法解释，现行有效规定是2012年的《最高人民法院关于审理侵害信息网络传播权民事纠纷案件适用法律若干问题的规定》。

（一）权利的保护

所有提供内容服务的新媒体平台，有的内容是自己制作的，有的内容是通过各种授权获得的，这种传播形式与各种传统媒介无异，它们在传播过程中也享有与传统媒介相同的权利。《世界知识产权组织版权公约》第5条规定："数据或其他资料的汇编，无论采用何种形式，只要由于其内容的选择或编排构成智力创作，其本身即受到保护。"这种保护与

对编辑作品或传播产品的保护相同,既不延伸至数据或资料本身,亦不得损害数据或资料已有的任何权利。我国《著作权法》规定除了汇编作品及其片段外,还包括汇编不构成作品的数据或者其他材料,只要体现了独创性,即为汇编作品。新媒体平台制作的内容和版式,以及各种连接设置、数据文件汇编等只要有独创性,就可以成为汇编作品受到著作权法保护。服务提供者自己的作品,和按照合同获得著作权的雇员职务作品以及其他委托作品,其著作权也不受侵犯。网络服务者作为从事传播业的法人,也可以参与其他方式的创作活动,由此获得的各种著作权益也受法律保护。

新媒体平台提供的内容,更多是别人的作品,它们主要是获得使用权,即信息网络传播权。新媒体平台有两种提供内容的方式:一种是作为平台本身内容的组成部分,由平台登载,这时平台与作者的关系与传统媒体无异;另一种是平台只提供存储空间,由用户自行上传文字、图片和视听作品等内容,平台不过问内容,但是上传的作品要符合平台提供的格式要求,它也获得了作品的信息网络传播权。

(二) 特殊的责任设计:"避风港原则"

通常认为,提供信息存储空间和搜索、链接等网络服务,只是单纯给用户提供技术服务,平台并不参与内容制作、加工和编辑等行为,对内容不负有事先审查义务,平台由于不知情所以无过错,可以不负责任,有责任的应该是上传侵权内容的用户。但是平台的存储空间或搜索、链接工具,依然在平台控制之下。如果平台发现自己平台存有或者链接到违法侵权内容,却听之任之,那就不能说没有过错和责任。[①]为此我国在《信息网络传播权保护条例》中制定了"避风港原则"。《信息网络传播权保护条例》第十四条规定:"对提供信息存储空间或者提供搜索、链接服务的网络服务提供者,权利人认为其服务所涉及的作品、表演、录音录像制品,侵犯自己的信息网络传播权或者被删除、改变了自己的权利管理电子信息的,可以向该网络服务提供者提交书面通知,要求网络服务提供者删除该作品、表演、录音录像制品,或者断开与该作品、表演、录音录像制品的链接。通知书应当包含下列内容:(一) 权利人的姓名(名称)、联系方式和地址;(二) 要求删除或者断开链接的侵权作品、表演、录音录像制品的名称和网络地址;(三) 构成侵权的初步证明材料。权利人应当对通知书的真实性负责。"第十五条规定:"网络服务提供者接到权利人的通知书后,应当立即删除涉嫌侵权的作品、表演、录音录像制品,或者断开与涉嫌侵权的作品、表演、录音录像制品的链接,并同时将通知书转送提供作品、表演、录音录像制品的服务对象;服务对象网络地址不明、无法转送的,应当将通知书的内容同时在信息网络上公告。"

同时,该条例也规定了平台的免责条件,第二十条规定:"网络服务提供者根据服务对象的指令提供网络自动接入服务,或者对服务对象提供的作品、表演、录音录像制品提供自动传输服务,并具备下列条件的,不承担赔偿责任:(一) 未选择并且未改变所传输的作品、表演、录音录像制品;(二) 向指定的服务对象提供该作品、表演、录音录像制品,并防止指定的服务对象以外的其他人获得。"第二十一条规定:"网络服务提供者为提

[①] 魏永征. 新闻传播法教程[M]. 5 版. 北京:中国人民大学出版社,2016:211-213.

高网络传输效率，自动存储从其他网络服务提供者获得的作品、表演、录音录像制品，根据技术安排自动向服务对象提供，并具备下列条件的，不承担赔偿责任：（一）未改变自动存储的作品、表演、录音录像制品；（二）不影响提供作品、表演、录音录像制品的原网络服务提供者掌握服务对象获取该作品、表演、录音录像制品的情况；（三）在原网络服务提供者修改、删除或者屏蔽该作品、表演、录音录像制品时，根据技术安排自动予以修改、删除或者屏蔽。"第二十二条规定："网络服务提供者为服务对象提供信息存储空间，供服务对象通过信息网络向公众提供作品、表演、录音录像制品，并具备下列条件的，不承担赔偿责任：（一）明确标示该信息存储空间是为服务对象所提供，并公开网络服务提供者的名称、联系人、网络地址；（二）未改变服务对象所提供的作品、表演、录音录像制品；（三）不知道也没有合理的理由应当知道服务对象提供的作品、表演、录音录像制品侵权；（四）未从服务对象提供作品、表演、录音录像制品中直接获得经济利益；（五）在接到权利人的通知书后，根据本条例规定删除权利人认为侵权的作品、表演、录音录像制品。"第二十三条规定："网络服务提供者为服务对象提供搜索或者链接服务，在接到权利人的通知书后，根据本条例规定断开与侵权的作品、表演、录音录像制品的链接的，不承担赔偿责任；但是，明知或者应知所链接的作品、表演、录音录像制品侵权的，应当承担共同侵权责任。"

（三）对"明知和应知"的界定

避风港原则最重要的前提就是平台必须"不知道也没有合理的理由应当知道用户提供的内容侵权"或者并非"明知或应知所链接内容侵权"。2009 年，《侵权责任法》第三十六条写作"知道"。最高人民法院在 2012 年司法解释提出对于认定是否构成"应知"应当综合考虑以下因素：基于网络服务提供者提供服务的性质、方式及其引发侵权的可能性大小，应当具备的管理信息的能力；传播内容的类型、知名度及侵权信息的明显程度；服务提供者是否主动对内容进行了选择、编辑、修改、推荐等；是否积极采取了预防侵权的合理措施；是否设置便捷程序接收侵权通知并及时对侵权通知做出合理反应；是否针对同一网络用户的重复侵权行为采取了相应的合理措施及其他因素。从用户提供的内容中直接获得经济利益的，应当认定服务者对用户侵权行为负有较高的注意义务。

第二节 与著作权相关的法律规制

一、著作权法的制定与修订

著作权法是对文学、艺术和科学等作品作者的著作权以及与著作权有关的其他权益提供保护的法律。在我国，1990 年 9 月 7 日第七届全国人民代表大会常务委员会第十五次会议通过了《著作权法》。《著作权法》自颁布实施以来，曾于 2001 年、2010 年和 2020 年进行过三次修订。

二、著作权的归责原则

(一) 侵犯著作权的行为

如果他人未经著作权人的许可,行使了只能由著作权人行使的权利,就属于侵犯著作权。《著作权法》第五十二、五十三条罗列了19种侵犯著作权的行为。

第五十二条规定:有下列侵权行为的,应当根据情况,承担停止侵害、消除影响、赔礼道歉、赔偿损失等民事责任:(一)未经著作权人许可,发表其作品的;(二)未经合作作者许可,将与他人合作创作的作品当作自己单独创作的作品发表的;(三)没有参加创作,为谋取个人名利,在他人作品上署名的;(四)歪曲、篡改他人作品的;(五)剽窃他人作品的;(六)未经著作权人许可,以展览、摄制视听作品的方法使用作品,或者以改编、翻译、注释等方式使用作品的,本法另有规定的除外;(七)使用他人作品,应当支付报酬而未支付的;(八)未经视听作品、计算机软件、录音录像制品的著作权人、表演者或者录音录像制作者许可,出租其作品或者录音录像制品的原件或者复制件的,本法另有规定的除外;(九)未经出版者许可,使用其出版的图书、期刊的版式设计的;(十)未经表演者许可,从现场直播或者公开传送其现场表演,或者录制其表演的;(十一)其他侵犯著作权以及与著作权有关的权利的行为。

第五十三条规定:有下列侵权行为的,应当根据情况,承担本法第五十二条规定的民事责任;侵权行为同时损害公共利益的,由主管著作权的部门责令停止侵权行为,予以警告,没收违法所得,没收、无害化销毁处理侵权复制品以及主要用于制作侵权复制品的材料、工具、设备等,违法经营额五万元以上的,可以并处违法经营额一倍以上五倍以下的罚款;没有违法经营额、违法经营额难以计算或者不足五万元的,可以并处二十五万元以下的罚款;构成犯罪的,依法追究刑事责任:(一)未经著作权人许可,复制、发行、表演、放映、广播、汇编、通过信息网络向公众传播其作品的,本法另有规定的除外;(二)出版他人享有专有出版权的图书的;(三)未经表演者许可,复制、发行录有其表演的录音录像制品,或者通过信息网络向公众传播其表演的,本法另有规定的除外;(四)未经录音录像制作者许可,复制、发行、通过信息网络向公众传播其制作的录音录像制品的,本法另有规定的除外;(五)未经许可,播放、复制或者通过信息网络向公众传播广播、电视的,本法另有规定的除外;(六)未经著作权人或者与著作权有关的权利人许可,故意避开或者破坏技术措施的,故意制造、进口或者向他人提供主要用于避开、破坏技术措施的装置或者部件的,或者故意为他人避开或者破坏技术措施提供技术服务的,法律、行政法规另有规定的除外;(七)未经著作权人或者与著作权有关的权利人许可,故意删除或者改变作品、版式设计、表演、录音录像制品或者广播、电视上的权利管理信息的,知道或者应当知道作品、版式设计、表演、录音录像制品或者广播、电视上的权利管理信息未经许可被删除或者改变,仍然向公众提供的,法律、行政法规另有规定的除外;(八)制作、出售假冒他人署名的作品的。

（二）不适用著作权法保护的行为

《著作权法》第五条规定："本法不适用于：（一）法律、法规，国家机关的决议、决定、命令和其他具有立法、行政、司法性质的文件，及其官方正式译文；（二）单纯事实消息；（三）历法、通用数表、通用表格和公式。"通过对著作权做出必要和合理的限制，可以实现著作权与社会公共利益之间的平衡。

时事新闻不受著作权法保护，是国际社会的惯例。《著作权法实施条例》把"时事新闻"界定为"通过报纸、期刊、广播电台、电视台等媒体报道的单纯事实消息。"时事新闻不适用于著作权法，首先是因为时事新闻不具有著作权客体必须具有的独创性；同时，这又是为了满足公民的知情权而对著作权予以适当的界定的限制。时事新闻不受著作权法的保护，并不等于它不受任何保护。信息是一种资源，经过人的劳动加工就成为一种财产。时事新闻不是智力成果，传播者不能享有知识产权，但是传播者投入了劳动，理应享有一般意义上的财产权。《互联网新闻信息服务管理规定》要求商业网站设立的互联网新闻信息服务单位，转载新闻报道应当同有关新闻单位签订协议，体现了对新闻单位某些权益的保护；2015年版权局下发《关于规范网络转载版权秩序的通知》，要求媒体单位同作者签订许可合同、同职工订立工作合同、建立作品信息库等。①

（三）他人合理使用作品的行为

合理使用，即使用人根据著作权法的规定，在一定范围内，不经著作权人许可，不支付报酬，基于正当目的而使用他人的作品。合理使用有以下几个原则：必须由法律规定；作品必须是已发表的；必须处于正当目的，主要是为了个人学习研究和出于信息传播、教育、科学和社会公共利益的需要，并非以营利为目的；必须说明作品的名称、作者的姓名和作品的出处，不得损害作者的其他权益，如不得对作品进行歪曲、篡改等。②

《著作权法》第二十四条规定：在下列情况下使用作品，可以不经著作权人许可，不向其支付报酬，但应当指明作者姓名或者名称、作品名称，并且不得影响该作品的正常使用，也不得不合理地损害著作权人的合法权益：（一）为个人学习、研究或者欣赏，使用他人已经发表的作品；（二）为介绍、评论某一作品或者说明某一问题，在作品中适当引用他人已经发表的作品；（三）为报道新闻，在报纸、期刊、广播电台、电视台等媒体中不可避免地再现或者引用已经发表的作品；（四）报纸、期刊、广播电台、电视台等媒体刊登或者播放其他报纸、期刊、广播电台、电视台等媒体已经发表的关于政治、经济、宗教问题的时事性文章，但著作权人声明不许刊登、播放的除外；（五）报纸、期刊、广播电台、电视台等媒体刊登或者播放在公众集会上发表的讲话，但作者声明不许刊登、播放的除外；（六）为学校课堂教学或者科学研究，改编、汇编、播放或者少量复制已经发表的作品，供教学或者科研人员使用，但不得出版发行；（七）国家机关为执行公务在合理范围内使用已经发表的作品；（八）图书馆、档案馆、纪念馆、博物馆、文化馆等为陈列或者保存版本的需要，复制本馆收藏的作品；（九）免费表演已经发表的作品，该表演未

---

① 魏永征. 新闻传播法教程[M]. 5版. 北京：中国人民大学出版社，2016：194-196.
② 魏永征. 新闻传播法教程[M]. 5版. 北京：中国人民大学出版社，2016：197.

向公众收取费用,也未向表演者支付报酬且不以营利为目的;(十)对设置或者陈列在公共场所的艺术作品进行临摹、绘画、摄影、录像;(十一)将中国公民、法人或者非法人组织已经发表的以国家通用语言文字创作的作品翻译成少数民族语言文字作品在国内出版发行;(十二)以阅读障碍者能够感知的无障碍方式向其提供已经发表的作品;(十三)法律、行政法规规定的其他情形。

(四)他人依照法定许可使用作品的行为

法定许可使用又被称为"非自愿许可使用",是使用人根据著作权法规定的范围,可以不经作者同意而使用作品,但必须向作者支付报酬。"法定许可使用"和"合理使用"都是不经著作权人同意可以使用作品,所使用的作品都必须是已发表的作品,但前者必须支付报酬,而后者则不必支付报酬。"法定许可使用"首先满足了社会对作品共享的需要,同时,有关作者许可他人使用自己作品的权利虽然受到了一定的限制,但是增加了自己作品被使用的机会从而可以获得更多的收益。

法定许可使用需要遵照以下原则:必须由法律规定,涉及的主要是著作权人同传播者的关系;只能是已发表的作品;以作者在发表作品时未曾声明对他人使用的保留意见为限;必须向著作权人付酬,支付方式或是直接交付著作权人,或是由著作权集体管理机构转交;不得损害著作权人的其他权益,比如必须注明作者姓名、作品原题和原载何处,并且不得歪曲、篡改作品的原意。①

《著作权法》中对教科书出版,报刊相互转载,录音制作者,广播电台、电视台播放几种情况进行了法律许可使用的规定:《著作权法》第二十五条规定,为实施义务教育和国家教育规划而编写出版教科书,可以不经著作权人许可,在教科书中汇编已经发表的作品片段或者短小的文字作品、音乐作品或者单幅的美术作品、摄影作品、图形作品,但应当按照规定向著作权人支付报酬,指明作者姓名或者名称、作品名称,并且不得侵犯著作权人依照本法享有的其他权利。《著作权法》第三十五条第二款规定,作品刊登后,除著作权人声明不得转载、摘编的外,其他报刊可以转载或者作为文摘、资料刊登,但应当按照规定向著作权人支付报酬。《著作权法》第四十二条第二款规定,录音制作者使用他人已经合法录制为录音制品的音乐作品制作录音制品,可以不经著作权人许可,但应当按照规定支付报酬;著作权人声明不许使用的不得使用。《著作权法》第四十六条第二款规定,广播电台、电视台播放他人已发表的作品,可以不经著作权人许可,但应当按照规定支付报酬。《著作权法》第四十八条规定,电视台播放他人的视听作品、录像制品,应当取得视听作品著作权人或者录像制作者许可,并支付报酬;播放他人的录像制品,还应当取得著作权人许可,并支付报酬。

2015年国家版权局办公厅《关于规范网络转载版权秩序的通知》指出,报刊单位与互联网媒体、互联网媒体之间相互转载不适用法定许可。《信息网络传播权保护条例》设立了两项法定许可:一是为发展教育设定的法定许可,"为通过信息网络实施九年制义务教育或者国家教育规划,可以不经著作权人许可,使用其已经发表作品的片断或者短小的文

---

① 魏永征. 新闻传播法教程[M]. 5版. 北京:中国人民大学出版社,2016:200.

字作品、音乐作品或者单幅的美术作品、摄影作品制作课件,由制作课件或者依法取得课件的远程教育机构通过信息网络向注册学生提供,但应当向著作权人支付报酬";二是扶助贫困设定的法律许可,"为扶助贫困,通过信息网络向农村地区的公众免费提供中国公民、法人或者其他组织已经发表的种植养殖、防病治病、防灾减灾等与扶助贫困有关的作品和适应基本文化需求的作品,网络服务提供者应当在提供前公告拟提供的作品及其作者、拟支付报酬的标准。自公告之日起30日内,著作权人不同意提供的,网络服务提供者不得提供其作品;自公告之日起满30日,著作权人没有异议的,网络服务提供者可以提供其作品,并按照公告的标准向著作权人支付报酬……依照前款规定提供作品的,不得直接或者间接获得经济利益。"

三、解决著作权纠纷的途径

侵犯著作权的纠纷发生之后,权利人可以选择多种途径来解决有关的纠纷并维护自己的权利。

(一)调解

《著作权法》第六十条规定:"著作权纠纷可以调解"。在《著作权法》中将调解规定为解决侵权纠纷的一种方式,是中国著作权法的特色。各地著作权行政管理部门的职责就是调解著作权侵权纠纷,当事人既可以通过当地的著作权行政管理部门进行调解,也可以委托其他的机构或个人进行调解。

(二)仲裁

《著作权法》第六十条第一款规定:"著作权纠纷可以调解,也可以根据当事人达成的书面仲裁协议或者著作权合同中的仲裁条款,向仲裁机构申请仲裁。"仲裁是一种由独立的争端解决机构裁定纠纷的做法,其程序类似于司法程序,但又比司法程序简单快捷。根据仲裁法的有关规定,仲裁采取"一裁终局"的做法,即由专业的仲裁员在充分考虑事实和证据的基础上,一次性做出有关是非的裁定,不得再次向法院提起仲裁。仲裁虽然是一种比较节省费用和事件的争端解决方法,但到目前为止,通过仲裁解决著作权侵权纠纷的案例还比较少见。[①]

(三)诉讼

《著作权法》第六十条第二款规定:"当事人没有书面仲裁协议,也没有在著作权合同中订立仲裁条款的,可以直接向人民法院起诉。"侵犯著作权的诉讼有两种:一是民事侵权诉讼;二是刑事诉讼。权利人自己提起的诉讼,只能是民事诉讼。如果是刑事诉讼,则应当由国家的公诉机构代表国家提起。和侵犯人格权诉讼中的"谁主张谁举证"不同,侵犯著作权的诉讼执行"举证责任倒置",即不是由权利人举证证明被告侵犯了自己的权利,而是由被告举证证明自己没有侵犯他人的权利。如果被告从事了某些应当由权利人控

[①] 李明德,许超. 著作权法[M]. 北京:法律出版社,2003:242.

制的行为，但又不能证明自己没有侵犯他人的权利，则推定被告侵犯了他人的权利。[①]《著作权法》第五十九条规定："复制品的出版者、制作者不能证明其出版、制作有合法授权的，复制品的发行者或者视听作品、计算机软件、录音录像制品的复制品的出租者不能证明其发行、出租的复制品有合法来源的，应当承担法律责任。"

四、侵犯著作权的法律责任

（一）违约责任

使用他人作品应当同著作权人订立合同，合同应对使用作品的方式、范围、期限、付酬标准和办法、违约责任以及是否有专有使用等做出规定。违反合同的行为就是违约行为，应当依照《合同法》有关规定和合同约定承担违约责任。《著作权法》第二十六条规定："使用他人作品应当同著作权人订立许可使用合同，本法规定可以不经许可的除外。许可使用合同包括下列主要内容：（一）许可使用的权利种类；（二）许可使用的权利是专有使用权或者非专有使用权；（三）许可使用的地域范围、期间；（四）付酬标准和办法；（五）违约责任；（六）双方认为需要约定的其他内容。"

（二）侵权责任

《著作权法》第五十二条规定了 11 项应当承担民事责任的侵犯著作权行为，第五十三条又规定了 8 项除承担民事责任外还可以给予行政处罚直至刑事责任的侵犯著作权行为。承担民事责任包括停止侵害、消除影响、赔礼道歉、赔偿损失等方式，即赔偿著作权人因著作权受到侵害造成的经济损失，也可以用于赔偿著作权人人身权利遭受的损害，即精神损害。追究民事责任，采取告诉才受理原则。

（三）行政责任

《著作权法》第五十三条规定，对 8 项侵权行为除要求侵权人承担民事责任外，还可以由著作权行政管理部门对侵权人进行行政处罚。这 8 项侵权行为含有非法出版、发行、播放、传播活动性质，同时损害了社会公共利益，因此还要予以行政处罚。处罚措施包括：警告；责令停止非法侵权行为；没收非法所得；没收侵权复制品，即制作设备；罚款。著作权管理部门在进行行政处罚时，也可以责令侵权人赔偿受害人的损失。

（四）刑事责任

以营利为目的，违法所得数额较大、巨大或者有其他严重情节的侵犯著作权行为构成侵犯著作权犯罪。我国《刑法》规定了侵犯著作权罪和销售侵权复制品罪两个罪名。这两项犯罪行为的主体可以是个人，也可以是单位（法人或非法人单位），其犯罪行为不仅侵犯了著作权人的合法权益，还扰乱了出版物市场秩序和文化管理秩序，侵害了社会公共利益。犯罪人在主观上必须是出于故意，即以营利为目的，明知自己的行为侵犯了他人和社

---

① 戴永明. 传播法规与伦理[M]. 上海：上海交通大学出版社，2009：122-123.

会的合法权益而坚持加以实施来谋取非法利益。[①]

《刑法》第二百一十七条规定了"侵犯著作权罪"："以营利为目的，有下列侵犯著作权情形之一，违法所得数额较大或者有其他严重情节的，处三年以下有期徒刑或者拘役，并处或者单处罚金；违法所得数额巨大或者有其他特别严重情节的，处三年以上十年以下有期徒刑，并处罚金：（一）未经著作权人许可，复制发行其文字作品、音乐、电影、电视、录像作品、计算机软件及其他作品的；（二）出版他人享有专有出版权的图书的；（三）未经录音录像制作者许可，复制发行其制作的录音录像的；（四）制作、出售假冒他人署名的美术作品的。"

《刑法》第二百一十八条规定了"销售侵权复制品罪"："以营利为目的，销售明知是本法第二百一十七条规定的侵权复制品，违法所得数额巨大的，处三年以下有期徒刑或者拘役，并处或者单处罚金。"

第三节　新媒体传播侵犯著作权的案例分析

新媒体著作权虽然伴随移动互联网的发展而产生，但其法律本质仍属于著作权范畴。由于新媒体是以数字科技为存在基础，而且新媒体著作权的适用范围是移动互联网，因此结合新媒体自身特点，新媒体著作权具有以下几个特征。[②]

一、新媒体环境下侵权主体范围不断扩大

在新媒体环境下侵权主体除了传统媒体下的侵权主体以外，还包括新媒体用户和新媒体服务提供者两类主体。无论是新媒体的用户还是服务提供者对于著作权的侵犯主要是由于法律意识淡薄所导致的。新媒体用户认为传统媒体下的作品才享有著作权，新媒体环境下的作品不享有著作权，作者可以随意地使用而不用加以限制，如2010年李强诉于芬案。我国《著作权法》对于新媒体环境下侵犯著作权的规则并没有一个很明确的规定，但是我国《民法典》第一千一百八十五条规定，故意侵害他人的知识产权，情节严重的，被侵权人有权请求相应的惩罚性赔偿。此外，被侵权者发现侵权作品后应及时通知新媒体服务提供者，新媒体服务者应及时将侵权作品予以撤销，否则也要承担相应的过错责任。

二、新媒体环境下侵犯著作权的手段更为隐蔽

在传统媒体下，作品和载体的不可分割性这一特点"使得复制作品需要花费的原材料及人力都巨大，即使再高级的仿制品也和原作品有显著不同"。但是在数字化的新媒体环

[①] 魏永征. 新闻传播法教程[M]. 5版. 北京：中国人民大学出版社，2016：217.
[②] 马燕，杨敬辉. 新媒体环境下著作权保护[J]. 湖南科技学院学报，2013，34（3）：139-141.

境下，对于作品的侵犯则相对简单得多，这种操作所制作的并不是一种我们在新媒体环境下所看到的作品，而是一种"数字"。这种复制"数字"的行为不仅使得侵权作品和原作品能够完全一致，而且这种"数字"因为隐藏在虚拟服务器的海量信息当中，使得该种侵权行为更具有隐蔽性。

三、新媒体环境下的侵权纠纷审理较为困难

一方面，各国的民事诉讼法一般都规定法院受理案件以地域管辖为主，新媒体环境下的著作权侵权主体所在地不明确，导致管辖法院不明。另一方面，侵权收益不明确，赔偿额不易确定。传统媒体下侵犯著作权的"侵权数额"可依据其侵权生产出的产品计算出来，而在新媒体环境下对于数字之间的转换再加上"擦写"技术的使用，如何计算侵权造成的损失成为一个难题。

在传统媒体环境下，新闻作品的著作权，尤其是复制传播权牢牢掌握在报纸、广播、电视等传统媒介组织手中。进入新媒体时代，搜索引擎、门户网站、客户端等媒介传播平台成为信息传播的主要渠道，传统媒体沦落为新闻作品的免费工厂，其利用数字技术传播新闻作品的权利正在被新媒体蚕食。当下新媒体生态中，传统媒体新闻作品内容上的优势正在被互联网和数字媒体的便捷、廉价复制传播所化解，传统媒体新闻作品传播的平台劣势已关乎媒体自身的存亡。传统媒体新闻作品版权重点保护的内容已成为新闻信息网络传播权。

当前新媒体环境下，著作权侵权行为出现了更多的具体形式。本节将着重对著作权侵权行为在存储空间网络服务、新闻聚合平台、影视作品、网络图书平台、盗版软件、网络小说平台、网络游戏几个方面的案例进行展示与分析，呈现新媒体中著作权侵权的案情与判定情况。

（一）存储空间网络服务商侵犯著作权的认定

案例 13-1

韩寒与北京百度网讯科技有限公司侵害著作权纠纷案①

1. 案情摘要

韩寒为当代知名青年作家，其在百度文库中发现有多位网友将其代表作《像少年啦飞驰》（以下简称《像》书）上传至百度文库，供用户免费在线浏览和下载，其多次致函经营百度文库的北京百度网讯科技有限公司（以下简称百度公司）协商处理未果。韩寒认为百度公司侵犯了其《像》书的信息网络传播权，向北京市海淀区人民法院提起诉讼，请求立即停止侵权、采取有效措施制止侵权、关闭百度文库、赔礼道歉、赔偿经济损失25.4万元并承担律师费、公证费等。百度公司强调百度文库属于信息存储空间，其中的文档由网友贡献，百度公司收到韩寒投诉后，及时删除了投诉链接和相关作品，并将投诉作品纳入

---

① 2012 年中国法院知识产权司法保护十大案件[EB/OL]．[2013-04-22]．https://www.chinacourt.org/article/detail/2013/04/id/949760.shtml．

文库反盗版系统正版资源库，采用技术措施预防侵权，不存在过错，不应承担侵权责任。北京市海淀区人民法院审理后认为，百度公司经营百度文库，一般不负有对网络用户上传的作品进行事先审查、监控的义务，但并不意味着百度公司对百度文库中的侵权行为可以不加任何干预和限制。韩寒曾于2011年3月作为作家代表之一就百度文库侵权一事与百度公司协商谈判，考虑到涉案作品为知名作家的知名作品，百度公司理应知道韩寒不同意百度文库传播其作品，也应知道百度文库中存在侵犯韩寒著作权的文档，百度公司对韩寒作品负有较高的注意义务。对于负有较高注意义务的《像》书侵权文档，百度公司消极等待权利人提供正版作品或通知，未能确保其反盗版系统正常运行之功能，也未能采取其他必要措施制止该侵权文档在百度文库传播，主观上存在过错，故判决百度公司赔偿韩寒经济损失39 800元及合理开支4000元。该判决一审生效。

2. 新媒体时代下的案例意义

本案是作家维权联盟与百度公司就文库模式发生冲突寻求司法解决的典型案件，也是认定存储空间网络服务商侵犯著作权的典型案件，广受各界关注。

本案判决在论证信息存储空间网络服务商的过错时以"注意义务"为切入点，结合百度文库的客观现状、作者及作品的知名度、作者与百度公司就百度文库引发纠纷的协商情况等情节，审查百度公司是否采取了符合其身份、满足其预见水平和控制能力范围内的措施，并对百度公司所采取技术措施的妥当性进行了判断。

该判决肯定了百度公司为文库这一商业模式预防侵权所做的积极努力，但也指出其制止侵权应注重规范化管理，而不能依赖于应急措施和尚不完善的技术措施。本案结合新媒体时代下信息传播的特点以及存储空间服务本身的特性，判决意在平衡文化产品创作者、传播者以及公众的利益，促成权利人与网络企业的合作，实现互联网文化的繁荣。

（二）新闻聚合软件侵犯著作权的认定

案例 13-2

深圳市腾讯计算机系统有限公司诉北京字节跳动科技有限公司侵害作品信息网络传播权纠纷案①

1. 案情摘要

深圳市腾讯计算机系统有限公司（以下简称腾讯公司）与北京字节跳动科技有限公司（以下简称字节跳动公司）在作品信息网络传播权上产生纠纷。经合法授权，腾讯公司依法享有《保险巨头的野心：平安进军互联网，会威胁到BAT吗？》一文（以下简称涉案作品）的著作权。腾讯公司发现，字节跳动公司运营管理的"今日头条"手机客户端未经许可向公众提供的《平安集团进军互联网主攻互联网金融和医疗健康》一文（以下简称被告文章）使用了涉案作品内容，认为侵害了腾讯公司对涉案作品享有的信息网络传播权，故诉至法院。腾讯公司请求字节跳动公司立即停止涉案作品的在线传播，并赔偿经济损失

---

① 深圳市腾讯计算机系统有限公司与北京字节跳动科技有限公司侵害作品信息网络传播权纠纷一审民事判[EB/OL]．（2018-08-31）[2022-05-04]．https://aiqicha.baidu.com/wenshu?wenshuId=77dd7ae22f058a30575d6d00d53976281aa3e8d5．

8000元及合理开支2000元。

字节跳动公司辩称,字节跳动公司基于授权协议从第三方处转载了涉案作品,有合法来源;腾讯公司主张的赔偿数额过高,没有事实和法律依据,涉案作品属于新闻类作品,具有较强的时效性,受关注时间较短并且主张的合理开支过高。本案为腾讯公司起诉的300起案件中的其中一件,大部分律师工作、公证工作为一次性整体完成,且属于常规的知识产权案件,因此不同意腾讯公司的诉讼请求。庭审中,双方确认涉案作品已删除。同时,字节跳动公司表示,涉案作品仅在"今日头条"手机客户端上传播,未通过其他途径进行传播,腾讯公司对此予以认可。

法院认为,如无相反证据,在作品上署名的公民、法人或者其他组织为作者。本案现有证据证明,腾讯公司经授权独占性取得涉案作品除署名权外的著作权,有权以自己的名义对侵权行为提起诉讼。字节跳动公司未经许可,在其经营的今日头条网上使用了涉案作品部分内容,使公众可以在其个人选定的时间和地点获得涉案作品部分内容,侵害了腾讯公司享有的信息网络传播权,字节跳动公司应当对其侵权行为承担相应的法律责任。字节跳动公司抗辩称其公司基于与第三方的授权协议从第三方处转载了涉案作品,但未提交相应的证据,且未提交证据证明第三方取得涉案作品的合法授权,并有权转授权字节跳动公司通过信息网络传播涉案作品,腾讯公司亦否认许可他人转授权使用涉案作品,故对字节跳动公司的辩称,法院不予采信。综上,本案判决被告北京字节跳动科技有限公司赔偿原告深圳市腾讯计算机系统有限公司经济损失160元及合理开支650元。

2. 新媒体时代下的案例意义

本案体现了新媒体环境下新闻聚合软件在著作权问题上的纠纷。在求证后,法院判断腾讯公司拥有涉案作品除署名权外的著作权,而字节跳动公司无证据证明取得了涉案作品的合法授权,因此侵害了腾讯公司的信息网络传播权。《著作权法》第四十八条规定:未经著作权人许可而发表其作品的属于侵权行为,应当根据情况,承担停止侵害、消除影响、赔礼道歉、赔偿损失等民事责任。本案就典型地展现了新闻聚合软件侵犯他人著作权的情况,判决意在保护新媒体平台上著作权人的合法权益,避免自身著作权受到侵害,支持新媒体平台原创文章的繁荣发展。

(三)影视网站经营者侵犯著作权的认定

被告人张俊雄侵犯著作权罪案[①]

1. 案情摘要

2009年年底,被告人张俊雄申请注册网站域名后设立www.1000ys.cc网站(网站名称为"1000影视",现已封禁)。之后,被告人张俊雄未经著作权人许可,通过网站管理后台,链接至哈酷资源网获取影视作品的种子文件索引地址,通过向用户提供并强制使用

---

① 上海市静安区人民检察院诉张俊雄侵犯著作权案[EB/OL].(2017-07-31)[2020-01-04]. http://shfy.chinacourt.gov.cn/article/detail/2017/08/id/2940758.shtml.

QVOD播放软件的方式,为网站用户提供浏览观看影视作品的网络服务。为提高网站的知名度和所链接影视作品的点击量,被告人张俊雄通过设置目录、索引、内容简介、排行榜等方式向用户推荐影视作品。同时,被告人张俊雄加入"百度广告联盟",从而获取广告收益。经鉴定,网站链接的影视作品中,有941部与中国、美国、韩国、日本等相关版权机构认证的具有著作权的影视作品内容相同。上海市静安区人民检察院以被告人张俊雄犯侵犯著作权罪,向上海市普陀区人民法院提起公诉。

上海市普陀区人民法院经审理认为,被告人张俊雄以营利为目的,未经著作权人许可,通过信息网络向公众传播发行影视作品达941部,情节严重,其行为已构成侵犯著作权罪,被告人张俊雄到案后能如实供述自己罪行,依法可从轻处罚。被告人张俊雄在被司法机关取保候审期间能遵纪守法,可适用缓刑。据此判处被告人张俊雄犯侵犯著作权罪,判处有期徒刑一年三个月,缓刑一年三个月,并处罚金人民币3万元。判决后,被告人张俊雄未提起上诉,公诉机关未提起抗诉,判决已发生法律效力。

2. 新媒体时代下的案例意义

该案犯罪行为类型新颖,涉及P2P等专业性较强的新媒体网络技术,是全国首例进入刑事诉讼程序的网络服务提供行为侵犯著作权罪案件。该案被告人并非影视作品的直接提供者,而是网络服务提供者,两高司法解释中规定的"通过信息网络向公众传播"行为外延应大于信息网络传播权控制的行为,被告人的网络服务提供行为构成侵犯著作权罪。该案通过刑事裁制的方式规制涉案网络服务提供行为,具有较大意义。

案例13-4

上海隐志网络科技有限公司擅自通过信息网络向公众提供他人作品和录音录像制品案①

1. 案情摘要

2011年1月17日,上海市文化行政执法总队收到国家版权局《移转函》(权司〔2010〕142号),该函所附美国电影协会北京代表处《投诉书》称:上海隐志网络科技有限公司未经权利人许可,擅自在其经营的互联网站(网名:VERY CD网,网址:www.verycd.com)上向公众提供美国电影协会成员美国二十世纪福斯电影公司等拥有信息网络传播权的《飞屋环游记》等20部影视作品。

经查,当事人在上海市内从事互联网视听节目服务,经营互联网站"VERY CD网"。2007年10月至2011年1月,当事人未经著作权利人许可,擅自通过"VERY CD网"向公众提供著作权人美国二十世纪福斯电影公司的《冰河世纪3》《博物馆奇妙夜2》《刺杀希特勒》《七龙珠:进化》《X战警前传:金刚狼》《澳洲乱世情》《后天》,著作权人华纳兄弟乐公司的《哈利·波特与混血王子》,著作权人索尼影视娱乐公司的《蜘蛛侠3》《达芬奇密码》,著作权人派拉蒙影业公司的《星际迷航》《马达加斯加2:逃往

---

① 上海隐志网络科技有限公司侵害作品信息网络传播权纠纷二审民事裁定书[EB/OL].(2020-01-27)[2022-05-04]. https://aiqicha.baidu.com/wenshu?wenshuId=a71c02a180ca515a62bcec9070c34497b104b0fe.

非洲》《怪兽大战外星人》《功夫熊猫》，著作权人环球城市制片公司的《速度与激情4》共15部作品，供公众浏览、使用和下载。公众累计下载和使用上述15部影视作品37 450次。当事人通过用户点击下载页面的广告获取收益，2007年10月至2011年1月，违法所得共计人民币28 129.32元。

上海市文化执法总队在调查取证后认定，当事人的上述行为已违反了《信息网络传播权保护条例》第二条的规定，同时损害公共利益，依据《信息网络传播权保护条例》第十八条第(一)项的规定，责令当事人停止侵权行为，并做出了没收违法所得人民币28 129.32元、罚款人民币20 000元的行政处罚决定。

在案件查处过程中，案件调查部门与当事人进行了沟通，要求其按照法律法规的规定，改正侵权经营模式，删除侵权内容。在办案人员的督促下，VERY CD网站经营者决心彻底转变经营模式，对网站进行全面整改。2011年6月30日，"VERY CD网"正式更名为"电驴大全"，停止侵权的影视剧、音乐内容的下载功能，全面调整核心业务模式，转变为聚合网友对各种影视、音乐、图书资源的讨论、评价等内容的网站，将正规视频网站的优秀内容整理出来，提供给用户一个一站式的娱乐导向平台，实现网站的合法化、正版化经营。

2. 新媒体时代下的案例意义

本案是全国"双打"行动国家版权局的重点案件，同时也是市文化执法总队落实文化部"全国文化市场知识产权保护专项执法行动"的重点督办案件。人民网、东方卫视近一百家知名媒体相继报道了"VERY CD网"转型的事件，形成了媒体热点，产生巨大反响。"VERY CD网"转型是新媒体环境下国家保护知识产权、打击侵权盗版的生动成果，继"VERY CD网"后，大批互联网共享类网站相继停止了侵权的影视剧、音乐内容的下载功能，步入转型之路，互联网内容正版化成为大势所趋。美国关于知识产权保护的《2011年301特别报告》对于该网站的调整予以了肯定。

(四)网络图书阅读平台侵犯著作权的认定

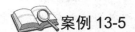

案例13-5

北京众咖科技有限公司与深圳市腾讯计算机系统有限公司著作权纠纷案①

1. 案情摘要

原告北京众咖科技有限公司（以下简称众咖公司）与被告腾讯科技（深圳）有限公司（以下简称腾讯科技公司）、被告深圳市腾讯计算机系统有限公司（以下简称腾讯计算机公司）侵害作品信息网络传播权纠纷一案中，刘会然为作品《秧村往事》（涉案作品）的原创作者。2018年4月16日，众咖公司经刘会然授权获得了涉案作品的专有信息网络传播权、维权及转授权的权利，授权期限为3年。腾讯科技公司和腾讯计算机公司未经合法授权，擅自通过其共同经营的"微信读书"手机APP（以下简称微信读书APP）向公众有

---

① 北京众咖科技有限公司与深圳市腾讯计算机系统有限公司等著作权权属纠纷一审民事判决书[EB/OL].（2019-11-06）[2022-05-08]. https://aiqicha.baidu.com/wenshu?wenshuId=0545156a7ebce7f8902516346b22890949d78b13.

偿提供上述书籍，众咖公司认为其侵害了自身享有的专有信息网络传播权，请求判令腾讯科技公司和腾讯计算机公司（以下简称腾讯二公司）共同赔偿公司经济损失 55 600 元等。

腾讯科技公司辩称，我公司并非微信读书 APP 的开发者，亦非微信读书 APP 的实际运营者，因此与本案无关；域名为 qq.com 的网站主办单位为腾讯计算机公司，微信读书 APP 的官方网站为 weread.qq.com，腾讯计算机公司系微信读书 APP 的实际运营者，故众咖公司起诉我公司属于起诉主体错误，请求法院裁定驳回起诉。

腾讯计算机公司辩称，我公司系微信读书 APP 的实际运营者，腾讯科技公司与本案无关，并非本案适合主体；腾讯计算机公司作为网络服务提供者，涉案作品系上海阅文信息技术有限公司（以下简称阅文公司）提供，我公司审查了涉案作品的授权链条，已经充分尽到了平台应尽的形式审查义务，在接到起诉材料后立即对涉案作品采取了屏蔽、删除措施，尽到了作为平台的合理注意义务，不应当承担侵权责任；众咖公司主张的赔偿数额过高，无事实及法律依据，不应得到支持。

法院认为，根据涉案作品的署名，在无相反证据的情况下，可以认定刘会然是涉案作品的作者，享有著作权。众咖公司经刘会然授权取得了涉案作品在授权期限内独家专有的信息网络传播权、维权和转授权的权利，有权以自己的名义提起本案诉讼。众咖公司经受让取得了涉案作品信息网络传播权，他人未经许可不得擅自传播涉案作品。根据腾讯计算机公司与阅文公司之间的平台合作协议，双方对提供网络在线付费阅读存在分工合作，并就收益进行分成，超出了仅提供网络技术服务的范畴，腾讯计算机公司称其仅提供网络服务的抗辩意见，法院不予采信。因此判决被告深圳市腾讯计算机系统有限公司赔偿原告北京众咖科技有限公司经济损失 22 000 元和公证费、律师费共计 1500 元。

2. 新媒体时代下的案例意义

认定此类平台的性质是提供网络技术服务还是实际内容运营者的问题，本案给出了明确的分析：由于腾讯计算机公司与阅文公司对提供网络在线付费阅读存在分工合作并就收益进行分成，超出了仅提供网络技术服务的范畴，因此腾讯计算机公司并不是仅提供网络服务，需要对侵犯他人著作权的行为负责。此案的审判意在规范网络图书阅读平台保护他人著作权的行为，也推动了新媒体图书业的健康有序发展。

（五）计算机软件侵犯著作权的认定

案例 13-6

彭勇坚、王桂光侵犯著作权罪上诉案[①]

1. 案情摘要

被告人王桂光系广西鑫威科技有限公司（以下简称鑫威公司）和湖南新太极计算机有限公司（以下简称太极公司）的法定代表人，被告人彭勇坚负责鑫威公司的商务工作。太

[①] 湖南省公布 2012 年知识产权十大典型案例：彭勇坚、王桂光侵犯著作权罪上诉案[EB/OL].（2013-04-25）[2022-05-08]. http://www.chinapeace.gov.cn/chinapeace/c39355/2013-04/25/content_12187139.shtml.

极公司中标湘潭县某单位正版软件采购后，被告人王桂光授意被告人彭勇坚从微软（中国）有限公司购得 Office 2007 软件一套、windows server standard 2003 R2 软件一套、windows server CAL 2003（客户端）5 套，并对《微软开放式许可协议》上许可的数量进行篡改，将 office2007 的许可数量 1 套篡改为 119 套，将 windows server standard 2003 R2 的许可数量 1 套篡改为 2 套，将 windows server CAL 2003（客户端）的许可数量 5 套篡改为 10 套，并按篡改后的数量将软件通过太极公司交付给某单位，两被告人获利 122 120 元。人民法院经审理认为，被告人彭勇坚、王桂光以营利为目的，未经著作权人许可，复制发行计算机软件，违法所得数额较大，其行为均已构成侵犯著作权罪。据此判决：被告人王桂光犯侵犯著作权罪，判处有期徒刑六个月，缓刑一年，并处罚金二万元；被告人彭勇坚犯侵犯著作权罪，判处拘役四个月，并处罚金一万元。

2. 新媒体时代下的案例意义

本案属于单位犯罪，因犯罪单位鑫威公司和太极公司已被注销，所以依法追究直接责任人员的刑事责任。本案判决严厉惩治了计算机软件盗版行为，对于保护正版计算机软件、规范计算机软件市场、促进企业尊重知识产权、合法经营有较强的警示作用，也有利于维护我国平等保护外国企业知识产权的良好形象。

（六）网络小说平台侵犯信息网络传播权的认定

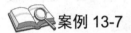
案例 13-7

"鬼吹灯 2"等作品信息网络传播权侵权案[①]

1. 案情摘要

玄霆公司经授权取得小说《鬼吹灯 2》《近身保镖》等作品的信息网络传播权。玄霆公司发现机客公司通过机客网提供上述作品的付费下载服务，侵害了其对作品享有的信息网络传播权，请求法院判令机客公司停止侵权并赔偿经济损失。

法院经审理认为，机客公司未经玄霆公司许可，在机客网上提供与小说《鬼吹灯 2》《近身保镖》等作品内容相同的小说下载，虽然侵权作品系机客网会员上传，但机客公司系专业电子书下载服务的提供者，对侵权作品进行了管理、推荐，并直接从中获利。其作为网络服务提供者主观上具有过错，其行为侵犯了玄霆公司的信息网络传播权，应当承担侵权赔偿责任。法院判决机客公司在该系列案中停止侵权并赔偿经济损失 33 万余元。

2. 新媒体时代下的案例意义

新媒体环境下，传统内容，如小说等文字内容依然存在着著作权被侵害的危险，并且由于新媒体传播的便捷性，此类传统内容更容易被非法传播。本案对网络小说的侵权行为进行了判定，认为专业电子书下载服务的提供者，对侵权作品进行了管理、推荐，并直接从中获利后，其作为网络服务提供者主观上具有过错，因此其行为侵犯了信息网络传播权。

[①] 玄霆公司与先锋文化公司等著作权侵权及不正当竞争纠纷案[EB/OL].（2021-07-21）[2022-05-08］. https://www.thepaper.cn/newsDetail_forward_13770827.

（七）网络游戏侵犯著作权的认定

陈立平、汤佩玲侵犯著作权罪案[①]

1. 案情摘要

2009年3月至2012年5月间，被告人陈立平、汤佩玲夫妇未经著作权人上海盛大网络科技有限公司授权，擅自在互联网上下载《热血传奇》软件，并由被告人汤佩玲在网上联系上线广告代理商，委托广告代理商发布其盗版《热血传奇》游戏广告，募集更多的游戏玩家，并通过玩家以现金、点卡、Q币等方式购买盗版游戏中的"元宝"从中获利。2011年9月18日至2012年4月28日期间，两被告人非法经营额达728 965元，非法获利14万余元。

人民法院经审理认为，被告人陈立平、汤佩玲以营利为目的，未经著作权人上海盛大网络科技有限公司许可，盗用其游戏软件获利，情节特别严重，其行为均已构成侵犯著作权罪。据此判处：被告人陈立平犯侵犯著作权罪，判处有期徒刑三年，缓刑二年，罚金十万元；被告人汤佩玲犯侵犯著作权罪，判处有期徒刑二年，缓刑二年，罚金四万元；两被告人犯罪违法所得十四万元，予以没收，上缴国库。

2. 新媒体时代下的案例意义

采用私自架设、租用网络游戏服务器、游戏外挂等方式，运营或挂接运营合法出版、他人享有著作权的互联网游戏作品，是近年来利用互联网实施侵犯著作权犯罪的重要手段，这种行为严重侵犯了著作权人、出版机构以及游戏消费者的合法权益，扰乱了互联网游戏出版行业的正常秩序。本案中人民法院依法认定被告人构成侵犯著作权罪并给予刑事制裁，对社会公众予以警示和教育，对促进网络游戏创意产业的规范发展起到了积极的作用。

著作权与媒体形态有着天然的联系。自1710年第一部近代著作权法《安娜法案》颁布以来，著作权制度一直与传播技术的进步相伴而行，著作权制度就是在不断回应传播技术发展要求的过程中实现自我发展的。[②]如今，新媒体的发展又给著作权制度提出了新的课题。新媒体以传播速度的即时性、传播方式的互动性、传播内容的自主性等特点为人们获取信息与传播信息带来了前所未有的便捷，但随着新媒体使用频率的不断上升，我国司法实践中涉及移动新媒体著作权侵权的各种问题也陆续出现，移动新媒体环境下的著作权纠纷更为复杂。如果一味地执行传统法律的处理办法，就会在新形势下造成传统法律有失公平的现象。著作权制度作为新媒体发展的重要之维，应在回答"当前问题"的过程中规划"未来愿景"，在"坚守原则"的前提下寻求"规则变革"，推动新媒体向纵深发展，最终推动国家文化产业健康有序发展。

[①] 湖南高院发布知识产权司法保护状况白皮书[EB/OL].（2013-04-25）[2020-01-04]. https://hunanfy.chinacourt.gov.cn/article/detail/2013/04/id/1415856.shtml.

[②] 王国柱. 新闻媒体融合发展的著作权之维——以聚合类移动新闻客户端为分析样本[J]. 编辑之友，2015（9）85-89.

思 考 题

1. 新媒体传播给版权保护带来哪些新挑战？
2. 我国对新媒体平台上的著作权保护有哪些相关法律法规？
3. 公民应该如何保护新媒体平台上的著作权？

实 践 任 务

选取近期发生的1~2则新媒体平台上侵犯著作权的案例，分析如何认定其侵权行为。

参考文献 References

一、中文图书

[1] 中共中央马克思恩格斯列宁斯大林著作编译局. 马克思恩格斯选集[M]. 北京：人民出版社，2012.

[2] 克利福德·G. 克里斯琴斯，等. 媒介伦理：案例与道德推理[M]. 孙有中，郭石磊，范雪竹，译. 北京：中国人民大学出版社，2014.

[3] 乔治·恩德勒，等. 经济伦理学大辞典[M]. 王淼洋，译. 上海：上海人民出版社，2001.

[4] 新闻自由委员会. 一个自由而负责的新闻界[M]. 展江，王征，王涛，译. 北京：中国人民大学出版社，2004.

[5] P. W. 辛格，艾伦·弗里德曼. 网络安全：输不起的互联网战争[M]. 中国信息通信研究院，译. 北京：电子工业出版社，2015.

[6] T. 巴顿·卡特，朱丽叶·L. 迪，马丁·J. 盖尼斯，哈维·祖克曼. 大众传播法概要[M]. 黄列，译. 北京：中国社会科学出版社，1997.

[7] 埃德加·莫兰. 伦理[M]. 于硕，译. 上海：学林出版社，2017.

[8] 埃弗里特·E. 丹尼斯，梅尔文·L. 德弗勒. 数字时代的媒介：连接传播、社会和文化[M]. 傅玉辉，等，译. 北京：中国人民大学出版社，2019.

[9] 埃里克森·R. C. 无需法律的秩序[M]. 苏力，译. 北京：中国政法大学出版社，2016.

[10] 安德鲁·基恩. 网民的狂欢[M]. 丁德良，译. 海口：南海出版公司，2010.

[11] 伯恩斯，等. 美国式民主[M]. 谭君久，等，译. 北京：中国社会科学出版社. 1993.

[12] 陈超南. 彩色的天平：传媒伦理新探[M]. 武汉：湖北教育出版社，2001.

[13] 陈金华. 应用伦理学引论[M]. 上海：复旦大学出版社，2015.

[14] 陈力丹. 传播学是什么[M]. 北京：北京大学出版社，2007.

[15] 陈力丹. 精神交往论：马克思恩格斯的传播观[M]. 北京：开明出版社，1993.

[16] 陈龙. 大众传播学导论[M]. 苏州：苏州大学出版社，2006.

[17] 陈汝东. 传播伦理学[M]. 北京：北京大学出版社，2006.

[18] 陈文华. 民间规则在民事纠纷解决中的适用[M]. 北京：中国政法大学出版社，2012.

[19] 陈晓宁. 广播电视新媒体政策法规研究[M]. 北京：中国法制出版社，2001.

[20] 戴维·冈特利特. 新媒体研究[M]. 彭兰，等，译. 北京：新华出版社，2004.

[21] 戴永明. 传播法规与伦理[M]. 上海：上海交通大学出版社，2009.

[22] 邓名瑛. 传播与伦理：大众传播中的伦理问题研究[M]. 长沙：湖南师范大学出版社，2007.

[23] 丁柏铨. 新闻理论新探[M]. 北京：新华出版社，1999.

[24] 甘绍平. 伦理学的当代建构[M]. 北京：中国发展出版社，2015.

[25] 戈登·塔洛克. 寻租：对寻租活动的经济学分析[M]. 李政军，译. 成都：西南财经大学出版社，1999.

[26] 郭庆光. 传播学教程[M]. 2版. 北京：中国人民大学出版社，2011.

[27] 郭秋永. 当代三大民主理论[M]. 北京：新星出版社，2006.

[28] 郭薇. 政府监管与行业自律：论行业协会在市场治理中的功能与实现条件[M]. 北京：中国社会科学出版社，2011.

[29] 哈罗德·拉斯韦尔. 社会传播的结构与功能[M]. 何道宽，译. 北京：中国传媒大学出版社，2015.

[30] 哈耶克. 法律、立法与自由[M]. 邓正来，等，译. 北京：中国大百科全书出版社，2000.

[31] 郝雨，郑涵. 新闻理论问题十讲[M]. 上海：上海大学出版社，2015.

[32] 郝振省. 中外互联网及手机出版法律制度研究[M]. 北京：中国书籍出版社，2008.

[33] 黑格尔. 法哲学原理[M]. 范扬，张企泰，译. 北京：商务印书馆，1961.

[34] 亨利·马尔塞文，格尔·范德唐. 成文宪法的比较研究[M]. 陈云生，译. 北京：华夏出版社，1987.

[35] 侯建. 表达自由的法理[M]. 上海：上海三联书店，2008.

[36] 胡锦光，韩大元. 中国宪法[M]. 2版. 北京：法律出版社，2007.

[37] 胡正荣. 新闻理论教程[M]. 北京：中国广播电视出版社，2001.

[38] 黄传武，等. 新媒体概论[M]. 北京：中国传媒大学出版社，2013.

[39] 黄富峰. 大众传媒伦理研究[M]. 北京：中国社会科学出版社，2009.

[40] 黄珊. 新闻传播法规与职业道德教程[M]. 上海：复旦大学出版社，2012.

[41] 黄惟勤. 互联网上的表达自由：保护与规制[M]. 北京：法律出版社，2011.

[42] 巨浪. 电视新闻[M]. 杭州：浙江大学出版社，2010.

[43] 康为民. 媒体与司法[M]. 北京：人民法院出版社，2004.

[44] 科恩. 论民主[M]. 聂崇信，朱秀贤，译. 北京：商务印书馆，1994.

[45] 科瓦奇，罗森斯蒂尔. 真相[M]. 陆佳怡，孙志刚，译. 北京：中国人民大学出版社，2014.

[46] 匡文波. 新媒体概论[M]. 北京：中国人民大学出版社，2014.

[47] 黎炳宗. 电视新闻学[M]. 广州：广东高等教育出版社，2008.

[48] 李明德，许超. 著作权法[M]. 北京：法律出版社，2003.

[49] 李晓东，等. 走进伦理学[M]. 北京：中国社会出版社，2010.

[50] 李衍玲. 新闻伦理与规制[M]. 北京：社会科学文献出版社，2008.

[51] 李永刚. 我们的防火墙[M]. 桂林：广西师范大学出版社，2009.

[52] 理查德·斯皮内洛. 铁笼，还是乌托邦：网络空间的道德与法律[M]. 李伦，等，译. 北京：北京大学出版社，2007.

[53] 列宁. 列宁选集（第2卷）[M]. 北京：人民出版社，1995.

[54] 林刚. 新媒体概论[M]. 北京：中国传媒大学出版社，2014.

[55] 林子仪. 言论自由与新闻自由[M]. 台北：元照出版有限公司，1999.

[56] 刘建明. 新闻学前沿：新闻学关注的11个焦点[M]. 北京：清华大学出版社，2005.

[57] 刘雪梅，王泸生. 新媒体传播[M]. 广州：暨南大学出版社，2018.

[58] 卢正涛. 新加坡威权政治研究[M]. 南京：南京大学出版社，2007.

[59] 鲁篱. 行业协会经济自治权研究[M]. 北京：法律出版社，2003.

[60] 罗杰·菲德勒. 媒介形态变化[M]. 明安香，译. 北京：华夏出版社，2000.

[61] 罗兰·盖荷尔. 法国的新闻立法[M]. 林仪摘，译. 北京：人民日报出版社，1981.

[62] 马尔科姆·格拉德威尔. 引爆点：如何引发流行[M]. 钱清，覃爱冬，译. 北京：中信出版社，2014.

[63] 马克思，恩格斯. 马克思恩格斯选集（第1卷：上）[M]. 北京：人民出版社，1972.

[64] 马克思. 黑格尔法哲学批判[M]. 北京：人民出版社，1963.

[65] 马克思，恩格斯. 马克思恩格斯选集（第1卷）[M]. 北京：人民出版社，1995.

[66] 马为公，罗青. 新媒体传播[M]. 北京：中国传媒大学出版社，2011.

[67] 马歇尔·麦克卢汉. 理解媒介：论人的延伸[M]. 何道宽，译. 北京：商务印书馆，2000.

[68] 马志刚. 中外互联网管理体制研究[M]. 北京：北京大学出版社，2014.

[69] 梅尔文·门彻. 新闻报道与写作[M]. 展江，译. 北京：世界图书出版公司，2014.

[70] 弥尔顿. 论出版自由[M]. 吴之椿，译. 北京：商务印书馆，2009.

[71] 莫纪宏. 宪法学[M]. 北京：社会科学文献出版社，2004.

[72] 耐普曼. 美国要案审判[M]. 北京：新华出版社，2009.

[73] 尼葛洛庞帝. 数字化生存[M]. 胡泳，范海燕，译. 海口：海南出版社，1997.

[74] 倪愫襄. 伦理学导论[M]. 武汉：武汉大学出版社，2002.

[75] 牛静. 新闻传播伦理与法规：理论及案例评析[M]. 上海：复旦大学出版社，2015.

[76] 帕特森，威尔金斯. 媒介伦理学：问题与案例[M]. 李青藜，译. 北京：中国人民大学出版社，2006.

[77] 潘瑞芳，谢文睿，钟祥铭. 新媒体新说[M]. 北京：中国广播电视出版社，2014.

[78] 乔治·恩德勒. 经济伦理学大辞典[M]. 王淼洋, 译. 上海: 上海人民出版社, 2001.

[79] 邱小平. 表达自由: 美国宪法第一修正案研究[M]. 北京: 北京大学出版社, 2005.

[80] 沈宗灵. 现代西方法理学[M]. 北京: 北京大学出版社, 1992.

[81] 施治生, 沈永兴. 民主的历史演变[M]. 北京: 北京出版社, 1982.

[82] 唐凯麟. 伦理学[M]. 合肥: 安徽文艺出版社, 2017.

[83] 唐纳德·M. 吉尔摩, 等. 美国大众传播法[M]. 梁宁, 等, 译. 北京: 清华大学出版社, 2002.

[84] 陶丹, 张浩达. 新媒介与网络广告[M]. 北京: 科学出版社, 2001.

[85] 童兵, 展江, 郭青春. 新闻传播学原理[M]. 北京: 中央广播电视大学出版社, 1999.

[86] 托马斯·阿奎纳. 阿奎那政治著作选[M]. 马清槐, 译. 北京: 商务印书馆, 1963.

[87] 王锋. 表达自由及其界限[M]. 北京: 社会科学文献出版社, 2006.

[88] 王海明. 伦理学方法[M]. 北京: 商务印书馆, 2003.

[89] 王利明, 杨立新. 人格权与新闻侵权[M]. 北京: 中国方正出版社, 2000.

[90] 王利明. 人格权法新论[M]. 长春: 吉林人民出版社, 1994.

[91] 王利明. 新闻侵权法律词典[M]. 长春: 吉林人民出版社, 1994.

[92] 王强华, 魏永征. 舆论监督与新闻纠纷[M]. 上海: 复旦大学出版社, 2000.

[93] 维克托·迈尔·舍恩伯格, 肯尼思·库克耶. 大数据时代[M]. 盛杨燕, 周涛, 译. 杭州: 浙江人民出版社, 2013.

[94] 魏永征. 中国新闻传播法纲要[M]. 上海: 上海社会科学院出版社, 1999: 211.

[95] 魏永征. 新闻传播法教程[M]. 5版. 北京: 中国人民大学出版社, 2016.

[96] 谢鹏程. 公民的基本权利[M]. 北京: 中国社会科学出版社, 1999.

[97] 醒客. 重新理解媒介[M]. 北京: 中信出版社, 2014.

[98] 亚历山大·米克尔约翰. 表达自由的法律限度[M]. 侯健, 译. 贵阳: 贵州人民出版社, 2003.

[99] 杨保军. 新闻真实论[M]. 北京: 中国人民大学出版社, 2006.

[100] 叶子. 电视新闻学[M]. 北京: 北京广播学院出版社, 1997.

[101] 余晖. 行业协会及其在中国的发展理论与案例[M]. 北京: 经济管理出版社, 2002.

[102] 袁祖社, 董辉. 公共伦理学[M]. 西安: 陕西师范大学出版社, 2018.

[103] 约翰·密尔. 论自由[M]. 程崇华, 译. 北京: 商务印书馆, 1959.

[104] 张国良. 新闻媒介与社会[M]. 上海: 上海人民出版社, 2001.

[105] 张基温, 张展赫. 新媒体导论[M]. 北京: 清华大学出版社, 2017.

[106] 张明楷. 刑法学[M]. 北京: 法律出版社, 2007: 102.

[107] 张千帆．西方宪政体系上册：美国宪法[M]．北京：中国政法大学出版社，2000．

[108] 张小罗．论网络媒体之政府管制[M]．北京：知识产权出版社，2009．

[109] 张新宝．隐私权的法律保护[M]．北京：群众出版社，1997．

[110] 张秀兰．网络隐私权保护研究[M]．北京：北京图书馆出版社，2006．

[111] 赵海峰．欧洲法问题专论[M]．北京：中国法制出版社，2007．

[112] 甄树青．论表达自由[M]．北京：社会科学文献出版社，2000．

[113] 郑保卫．新闻理论教程[M]．北京：北京师范大学出版社，2012．

[114] 郑根成．媒介载道：传媒伦理研究[M]．北京：中央编译出版社，2009．

[115] 周道鸾，张军．刑法罪名精释[M]．4版．北京：人民法院出版社，2013．

[116] 周文彰．狡黠的心灵：主体认识图式概论[M]．北京：中国人民大学出版社，1991．

二、中文期刊、报纸和论文

[1] 常江，田浩．克利福德·克里斯琴斯：用存在伦理学替代理性伦理学——媒介伦理研究对个体理性的"抵制"[J]．新闻界，2020（1）：4-10．

[2] 陈灿军．网络信息权利的几个伦理问题[J]．湘潭师范学院学报（社会科学版），2007，29（5）：228-230．

[3] 陈昌凤．工具性兼人性：技术化时代的媒介伦理[J]．新闻与写作，2019（4）：1．

[4] 陈坤，李佳．新媒体时代我国意识形态安全面临的挑战及应对着力点[J]．思想理论教育导刊，2016（9）：121-124．

[5] 陈力丹，王辰瑶．"舆论绑架"与媒体逼视——论公共媒体对私人领域的僭越[J]．新闻界，2006（2）：24-26+1．

[6] 陈一鸣，等．"棱镜门"让世界重新审视网络安全[N]．人民日报，2014-03-31．

[7] 陈振乾．公民个人隐私权的法律保护[J]．湖北广播电视大学学报，2013，33（4）：82-83．

[8] 大卫·V.施耐德，姜世波．民间立法何以被称为法律[J]．山东大学学报（哲学社会科学版），2006（6）：1．

[9] 邓正来．社会秩序规则二元观——哈耶克法律理论的研究[J]．北大法律评论，1999（2）：395-445．

[10] 东辰．《官方秘密法》和英国传统[J]．保密工作，2011（2）．

[11] 杜剑虹．打击淫秽色情网站的几个法律问题探讨[J]．公安学刊-浙江公安高等专科学校学报，2005（2）：44-46．

[12] 范杰臣．从多国网络内容管制政策谈台湾网络规范努力方向[J]．资讯社会研究，2002（2）：205-223．

[13] 方兴东，张笑容，胡怀亮．棱镜门事件与全球网络空间安全战略研究[J]．现代传播（中国传媒大学学报），2014，36（1）：115-122．

[14] 方兴东，钟祥铭，彭筱军．全球互联网50年：发展阶段与演进逻辑[J]．新闻记者，2019（7）：4-25．

[15] 高宇杰．短视频社交平台中的伦理问题探析——以抖音短视频为例[J]．新闻研究导刊，2019，10（14）：61+130．

[16] 高中，刘道远．韩国国家安全与表达自由案例研究[J]．时代法学，2005，3（4）：112-119．

[17] 郭恩强．"媒介模板"的建构与协商：马航事件中中国媒体的职业行为与反思[J]．编辑之友，2014（9）：76-82．

[18] 郭帅．新媒体与自媒体：专业人士"逆袭"媒体人[N]．新文化报，2014-03-29．

[19] 胡钰．如何建构当代中国新闻舆论生态[J]．新闻与写作，2016（5）：12-15．

[20] 胡钰．以"五个尊重"为着眼点，确立新媒体传播的伦理规范[J]．红旗文稿，2016（6）：41．

[21] 惠志斌．中美网络安全合作照亮全球数字经济未来[J]．中国信息安全，2015（12）：77-80．

[22] 纪红心．手机黄毒对青少年的毒害及对策研究[J]．青少年犯罪问题，2013（5）：67-71．

[23] 江必新．论软法效力兼论法律效力之本源[J]．中外法学，2011（6）：1163-1170．

[24] 江帆．灾难面前媒体不该做什么？[N]．大江晚报，2014-03-17．

[25] 江作苏，刘志宇．从"单向度"到"被算计"的人——"算法"在传播场域中的伦理冲击[J]．中国出版，2019（2）：3-6．

[26] 寇成茂．权力与权利莫较劲[J]．经济杂志，1999（7）：57．

[27] 匡文波．关于新媒体核心概念的厘清[J]．新闻爱好者，2012（19）：32-34．

[28] 狂飞．社交媒体时代，记者何为？[N]．南方都市报，2014-03-21．

[29] 黎军．基于法治的自治——行业自治规范的实证研究[J]．法商研究，2006，23（4）：47-54．

[30] 李爱军．自媒体时代虚假新闻有效治理的路径探析[J]．传播力研究，2019，3（34）：52．

[31] 李芳方．公共信息传播中媒介素养的缺失——以罗一笑事件为例[J]．传播与版权，2018（5）：3-5．

[32] 李恒阳．美国网络军事战略探析[J]．国际政治研究，2015，36（1）：113-134．

[33] 李怀德．论表达自由[J]．现代法学杂志，1988（6）：17-19．

[34] 李伟．马航事件与中国媒体的软肋[N]．东方早报，2014-03-18．

[35] 李希光．新闻学核心原理：公正性[J]．采·写·编，2003（2）：58-59．

[36] 廖祥忠．何为新媒体？[J]．现代传播（中国传媒大学学报），2008（5）：121-125．

[37] 刘勃然．21世纪初美国网络安全战略探析[D]．长春：吉林大学，2013．

[38] 刘建伟．国家"归来"：自治失灵、安全化与互联网治理[J]．世界经济与政治，2015（7）：107-125+159．

[39] 刘清波. 论美国联邦最高法院及其最近的判例[J]. 中外法学杂志，1991（2）：52-58+30.

[40] 刘宪权，方晋晔. 个人信息权刑法保护的立法及完善[J]. 华东政法大学学报，2009（3）：120-130.

[41] 刘峣. 六大成果勾勒中美互联网合作前景[N]. 人民日报（海外版），2015-10-08.

[42] 卢新德，刘晶晶. 网络淫秽色情屡打不绝的原因及对策[J]. 山东社会科学，2008（5）：157-160.

[43] 马燕，杨敬辉. 新媒体环境下著作权保护[J]. 湖南科技学院学报，2013，34（3）：139-141.

[44] 梅术文. 信息网络传播权的法律规制与制度完善[J]. 时代法学，2007（2）：67-77.

[45] 孟威. 新媒体舆论监督：良心自觉与责任担当[J]. 新闻战线，2016（3）：36-39.

[46] 倪光南. 由"棱镜门"事件反思国家信息安全[N]. 中国信息化周报，2013-07-08.

[47] 宁丽丽. 新媒体时代的媒介伦理倡导与道德干预：对克利福德·G. 克里斯琴斯的访谈[J]. 国际新闻界，2017，39（10）：45-54.

[48] 彭兰. 群氓的智慧还是群体性迷失——互联网群体互动效果的两面观察[J]. 当代传播，2014（2）：4-7.

[49] 彭兰. 新媒体传播：新图景与新机理[J]. 新闻与写作，2018（7）：5-11.

[50] 彭增军. 从把关人到公民新闻：媒介伦理的社会化[J]. 新闻记者，2017（4）：51-55.

[51] 戚红梅. 我国政府信息公开的豁免制度研究[D]. 苏州：苏州大学，2013.

[52] 冉从敬，王冰洁. 网络主权安全的国际战略模式研究[J]. 信息资源管理学报，2019，9（2）：12-24.

[53] 邵志择. 表达自由：言论与行为的两分法——从国旗案看美国最高法院的几个原则[J]. 新闻与传播研究，2002，9（1）：80-89+96.

[54] 沈逸. 从"棱镜门"看全球网络空间新秩序的建构[J]. 学习月刊，2013（15）：38.

[55] 石宇航. 浅谈虚拟现实的发展现状及应用[J]. 中文信息，2019（1）：20.

[56] 司凯威. 大数据在网络淫秽色情节目监管中的应用研究[J]. 广播与电视技术，2015，42（11）：109-111.

[57] 宋海龙. 网络经济时代伦理规范面临的挑战与出路[J]. 自然辩证法研究，2003，19（6）：68-74.

[58] 宋军. 英国的国家安全与言论自由[J]. 法学杂志，2001（4）：68-70.

[59] 苏宏元，舒培钰. 网络传播重构新闻生产方式：协作、策展与迭代[J]. 编辑之友，2017（6）：58-62.

[60] 孙卫国. 论非法提供公民个人信息罪[D]. 重庆：西南政法大学，2010.

[61] 汪晓风. 美国网络安全战略调整与中美新型大国关系的构建[J]. 现代国际关

系，2015（6）：17-24.

[62] 王春晖.《网络安全法》六大法律制度解析[J]. 南京邮电大学学报（自然科学版），2017，37（1）：1-13.

[63] 王方. 由英国骚乱看言论自由[N]. 人民日报，2011-08-18.

[64] 王沪宁. 文化扩张与文化主权：对主权观念的挑战[J]. 复旦学报（社会科学版），1994（3）：9-16.

[65] 王金涛，朱薇."换届敏感症"下的错案[J]. 瞭望，2006（46）：10-11.

[66] 王靖华. 新加坡对大众传媒的法律管制[J]. 东南亚纵横，2005（2）：33-38.

[67] 王康庆. 俄罗斯网络安全法发展实证分析[J]. 中国信息安全，2016（12）：84-86.

[68] 王磊. 互联网场域下社交网络社区规则研究——以微博社区委员会为例[J]. 科技与法律，2015（4）：732-756.

[69] 王立，杨丽萍. 新媒体环境下的新闻报道反转现象——从人民网所评2015年十大反转新闻说起[J]. 新闻世界，2016（10）：75-78.

[70] 王立新. 美国国家身份的重塑与"西方"的形成[J]. 世界历史，2019（1）：1-26+155.

[71] 王生智，刘庆传. 新闻侵害公民名誉权与法人名誉权之辨[J]. 新闻记者，2005（10）：50-53.

[72] 王四新. 限制表达自由的原则[J]. 北京行政学院学报，2009（3）：77-80.

[73] 王晓红. 新型视听传播的技术逻辑与发展路向[J]. 新闻与写作，2018（5）：5-9.

[74] 魏永征. 传统传播形态的颠覆和新闻传播法的架构——写于《新闻传播法教程》第六版出版之际[J]. 青年记者，2019（25）：71-75.

[75] 魏永征. 新闻侵害名誉权的损害事实[J]. 政治与法律，1994（1）：49-51.

[76] 吴飞，傅正科. 大数据与"被遗忘权"[J]. 浙江大学学报（人文社会科学版），2015，45（2）：68-78.

[77] 吴飞，林敏. 政府的节制与媒体的自律——英国传媒管制特色初探[J]. 浙江大学学报（人文社会科学版），2005，35（2）：108-116.

[78] 武静. 中国网络淫秽色情的法律规制[J]. 太原大学学报，2013，14（1）：27-32+52.

[79] 习近平. 胸怀大局把握大势，着眼大事，努力把宣传思想工作做得更好[N]. 人民日报，2013-08-21.

[80] 谢青. 日本的个人信息保护法制及启示[J]. 政治与法律，2006（6）：152.

[81] 谢艳军. 微信"反转新闻"产生的原因与防治[J]. 青年记者，2016（27）：27-28.

[82] 邢璐. 德国网络言论自由保护与立法规制及其对我国的启示[J]. 德国研究，2006（3）：34-38+79.

[83] 熊澄宇. 中国媒体走向跨界融合[N]. 北京青年报，2003-08-18.

[84] 熊开. 论国家秘密的本质[J]. 广西社会科学，2011（5）：78-81.

[85] 熊壮, 贺碧霄. 失范视角下的社会转型时期新闻人员的职业规范[J]. 新闻记者, 2012（10）: 71-77.

[86] 薛京. 论网络表达自由的限制与保障[D]. 北京: 中国政法大学, 2007.

[87] 阎晓璐. 论表达自由的法律保障[D]. 大连: 辽宁师范大学, 2009.

[88] 燕道成. 新媒介伦理建构的基本维度: 责任伦理[J]. 湖南师范大学社会科学学报, 2015, 44（1）: 145-153.

[89] 杨丽莉. 网络淫秽信息的治理——反思"运动式"治理模式[J]. 法制与社会, 2014（23）: 195-196.

[90] 杨琳桦. 科技是第七种生命形态[N]. 21世纪经济报道, 2010-11-29.

[91] 杨琪. 公共利益观在新闻传播中的应用[J]. 新闻界, 2012（7）: 8-10.

[92] 杨士林. 表达自由在我国构建和谐社会中的价值[J]. 法学论坛, 2008, 23（3）: 95-101.

[93] 杨志军. 运动式治理悖论: 常态治理的非常规化——基于网络"扫黄打非"运动分析[J]. 公共行政评论, 2015, 8（2）: 47-72+180.

[94] 尧新瑜. "伦理"与"道德"概念的三重比较义[J]. 伦理学研究, 2006（4）: 21-25.

[95] 叶皓. 从被动应付走向积极应对: 试论当前政府和媒体关系的变化[J]. 南京大学学报（哲学、人文、社科版）, 2008（1）: 46-54.

[96] 叶铁桥. "最残忍的采访"有违新闻伦理[N]. 中国青年报, 2011-11-12.

[97] 易前良, 孟婧. 电视传播中的伦理失范: 以娱乐节目为例[J]. 中国电视, 2013（10）: 50-54.

[98] 尤达. 媒介运营战略下"网状叙事"结构演变与传播力提升——以DC漫画公司IP联动剧为例[J]. 南京政治学院学报, 2018, 34（2）: 93-98.

[99] 于洪君. 俄罗斯联邦宪法[J]. 外国法译评, 1994（2）: 87-107.

[100] 于志刚. 网络安全对公共安全、国家安全的嵌入态势和应对策略[J]. 法学论坛, 2014, 29（6）: 5-19.

[101] 余意然. 出售、非法提供公民个人信息罪探讨[J]. 现代商贸工业, 2013（20）: 161-162.

[102] 余玥. 公信力消失: 社交媒体马航事件传播之痛[N]. 南方都市报, 2014-03-14.

[103] 喻国明, 侯伟鹏, 程雪梅. 个性化新闻推送对新闻业务链的重塑[J]. 新闻记者, 2017（3）: 9-13.

[104] 喻国明, 曲慧. "信息茧房"的误读与算法推送的必要——兼论内容分发中社会伦理困境的解决之道[J]. 新疆师范大学学报（汉文哲学社会科学版）, 2020, 41（1）: 127-133.

[105] 喻国明, 曲慧. 边界、要素与结构: 论5G时代新闻传播学科的系统重构[J]. 新闻与传播研究, 2019, 26（8）: 62-70+127.

[106] 张彬彬. 英国网络安全现状研究[J]. 中国信息安全, 2014（12）: 98-100.

[107] 张弛. 国家安全与个人隐私的边界——从棱镜门事件说起[J]. 经营管理者, 2013（26）：232.

[108] 张化冰. 互联网内容规制的比较研究[D]. 北京：中国社会科学院研究生院, 2011.

[109] 张西明. 关于新闻侵害公民名誉权行为的研究[J]. 新闻与传播研究, 1995, 2（3）：3-19.

[110] 张向英.《传播净化法案》：美国对色情网站的控制模式[J]. 社会科学杂志, 2006（8）：136-143.

[111] 张雅光. 发达国家网络谣言综合治理机制的主要经验[J]. 党政视野, 2016（7）：25.

[112] 张咏华, 贾楠. 传播伦理概念研究的中西方视野与数字化背景[J]. 新闻与传播研究, 2016, 23（2）：120-125+128.

[113] 张元. 网络虚拟社会的道德困境与规范建构[J]. 理论月刊, 2017（9）：158-163.

[114] 张志安, 束开荣. 微信谣言的传播机制及影响因素——基于网民、媒介与社会多重视角的考察[J]. 新闻与写作, 2016（3）：63-67.

[115] 张志安. 新闻腐败背后是权力与资本双重逻辑[N]. 时代周报, 2012-04-12.

[116] 章诗依. 灾难现场的媒体人[N]. 经济观察报, 2014-03-17.

[117] 周挥辉. 论传播伦理的内涵建构[J]. 理论月刊, 2018（4）：157-161.

[118] 朱诗兵, 等. 世界范围内网络主权的主要观点综述[J]. 中国工程科学, 2016, 18（6）：89-93.

[119] 朱文雁. 英国诽谤诉讼及其法律规制[J]. 烟台大学学报（哲学社会科学版）, 2012（1）：43-48.

[120] 朱雅博. 论出售、非法提供公民个人信息罪的缺陷与完善[D]. 长沙：中南大学, 2013.

三、英文文献

[1] CAMPBELL C C. Journalism as a democratic art[J]. The idea of public journalism, 1999: xiii-xxxiii.

[2] HAROLD LASSWELL. The structure and function of communication in society[M]. New York: Cooper Square Publishers Inc,1964:38-39.

[3] KOFFERT J, GERSHMAN B L. The new seditious libel[J]. Cornell law review, 1983(4): 816-817.

[4] LAUREN HACKETT. Taming cyberspace: broadcasting as a model for regulating the internet[J]. 14 Widener l. rev, 2008(2): 265-272.

[5] LEVINSON P. Digital mcluhan: a guide to the information millennium[M]. London: Routledge, 2003.

[6] RILEY J W, RILEY M W . Mass communication and the social system, 1965.

[7] ROBERT BORK. Neutral principles and some first amendment problems[J]. 47 Indiana law journal1, 1971, 24-25.

[8] RODAN GARRY. The internet and political control in Singapore[J]. Political science quarterly, 1998, 113(1): 80.

[9] CHRAMM W. The process and effects of mass communication[J]. Political science quarterly, 1971, 70(2):997.

[10] SHANNON C E. A mathematical theory of communication[J]. The bell system technical journal, 2001, 5(3):3-55.